출제자가 **좋**아하는 독해·논리 **포**인트

최종 합격자 4.12배 증가! 2관왕 다수 배출!!

New 공무원 국어 출제 기조 전환 완벽 반영

논리 추론, 강화 약화, 문법+독해, 문학+독해

2026 국어 독해·논리 신유형 완벽 마스터!

박혜선 편저

박혜선 국어
출좋포 독해·논리

2025 출제기조 변화도
최종 합격자 배출 4.12배 증가!
박문각 국어 1위, 亦시 功무원 국어,
박혜선이 亦功이들의 단기합격을 간절하게 기도하며,

안녕하세요. 여러분들의 단기 합격을 책임지는, 亦功 국어 박혜선입니다.

국어 영어의 2025년 출제 기조의 대대적인 변화로

5과목을 푸는 제한 시간이 100분에서 110분으로 늘게 되었습니다.

기존에는 19-23분이면 마킹까지 마칠 수 있었다면
이제는 25-27분, 적어도 30분 안에는 시험을 마쳐야
다른 과목에 부정적인 영향을 미치지 않을 수 있습니다.

사실 25분 이하로 문제를 풀게 되면
다른 과목을 풀 때에 훨씬 긍정적인 영향을 미칠 수 있음이 자명합니다.
다음은 이번 시험의 구체적인 영역 비중을 나눠놓은 표입니다~^^

영역	세부 영역	유형		번호
독해 (16)	화법	말하기 방식		20번
	작문	공문서 개요 작성		2번
		내용 고쳐 쓰기		5번
	비문학	강화, 약화		18번
				19번
		순서 배열		6번
		내용 추론 긍정		4번
				11번
		세트형	중심 내용	7번
			내용 추론 긍정	9번
			지시 대상	10번(오답률 3위)
				12번
	문법	공문서 문장 고쳐 쓰기		1번(오답률 5위)
		형태론-단어의 형성		3번
		언어의 본질		13번(오답률 4위)
		표준 발음법		14번(오답률 1위)
논리 (3)		반드시 참인 명제		17번
		빈칸에 들어갈 결론		16번(오답률 2위)
		숨겨진 전제 추론		15번
어휘 (1)		바꿔 쓸 수 있는 유사한 표현 (한자어 → 고유어)		8번

1. 독해

오답률 톱 5에서 1문제만 독해에 있다는 점에서 알 수 있듯이 독해의 난도는 그렇게까지 늘지 않았습니다.

이는 다 맞는 게 중요한 게 아니라 독해를 빠르게 맞히는 것이 중요한 시험을 여실히 보여주고 있습니다.

하지만 그렇다고 해서 모든 문제를 속독하는 것은 곤란합니다.

독해는 시간 배분 밸런스가 굉장히 중요하기 때문에 혜선 쌤의 강의를 통해 문제 유형들 간의 시간 배분 기준을 잘 세워둬야 합니다.

특히 2025년부터 신유형으로 떠오르는 강화약화 추론, 지시 대상 추론, 개요 작성 등은 문제 풀이 방식이 따로 존재하기 때문에 이에 대한 대비가 꼭 필요합니다.

2. 문법

문법+독해 결합형은 "출좋포 문법, 어휘"를 통해 습득하는 것이 제일 좋습니다.

아무리 독해 유형으로 나온다고 하더라도 최소한의 문법 개념은 있어야 추론 독해도 가능하기 때문입니다.

정말 독해로만 문법을 접근하려고 한다면 정확하게 풀기 힘들뿐더러, 정답률도 현저히 떨어질 수 있습니다. 실제로 오답률 톱 5 중 3개나 문법 문제에 포진되어 있는 것은 이를 증명합니다. 문법을 배울 때에는 힘들지만 시험장에서 날아다니면서 문제를 푸는 것이 고득점을 맞을 수 있는 방법일 것입니다. 문법을 빠르게 풀기만 해도 독해 유형은 13문제로 줄게 되기 때문에 시간 절약에서 우위를 점할 수 있기 때문입니다.

3. 논리추론

아주 어렵게 나오지는 않으나 기출의 데이터가 부족하여 인사혁신처 샘플이나 얼마 안되는 기출만으로 공부하게 되면 새로운 출제 방향 시에 매우 당황할 수 있습니다.

인사혁신처에서 이미 ncs에 나온 논리추론 유형을 기반으로 내겠다고 했기 때문에

ncs에서 기본적으로 다루는 논리퀴즈에 대한 이론을 배우고 기본적인 훈련을 해줘야 합니다.

혜선 쌤이 알려주는 정말 쉬운 논리추론 야매 꼼수도, 문제를 푸는 쉬운 과정들도 자기 것으로 만들려는 노력을 해야 합니다.

이 영역들은 다행히 출좋포, 콤단문, 동형 모의고사에서 여러 번 적중되었기 때문에

독해를 잘하시는 亦功이들은 각 유형별 문제의 답을 '신속하게' 찾기 위해
독해가 아직 어려우신 亦功이들은 각 유형별 문제의 답을 '정확하게' 찾기 위해
혜선 쌤의 독해 강의에서 각 유형별 야매꼼수 꿀팁, 빨리 푸는 전략들을 전수 받으시기 바랍니다.

각 유형별 풀이 전략을 무시한 채로 자신의 입맛대로 문제를 풀면 시간을 단축할 수 없습니다.
혜선 쌤 강의를 들은 합격 제자들은 처음에는 익숙지 않더라도 편견을 갖지 않고 '독해의 왕도'를 훈련하였습니다.

각 발문을 읽고 어떤 순서로 제시문을 읽어야 하는지,
선택지를 읽어야 하는지까지도 정말 디테일하게 기준을 세워 드릴 테니
편견을 갖지 말고 강의를 들어 주시길 바랍니다.
그렇게 된다면 독해 고득점을 보장해 드릴 수 있습니다.

수석합격 릴레이, 최단기간 합격의 절대공식,
혜선 쌤의 신화는 2025에도 계속된다!

🔍 亦功 국어의 관전 포인트 1

독해에서 외워야 할 최소한의 이론만 뽑음! 논리 추론, 강화 약화 추론 제일 쉽게 배우는 '출좋포 독해, 논리 이론'

혜선 쌤의 최고 장점으로 뽑히는 출제자들이 좋아하는 포인트 섹션! 독해 이론은 외울 것이 많지 않지만 꼭 외워야 하는 독해 이론들만, 꼭 알아야 하는 출제자들이 좋아하는 포인트만 뽑아서 확실하게 수업에서 각인시켜 드립니다. 특히! 이번에 완전히 새로운 영역이라 무서운 '논리 추론' 파트까지 이 세상에서 가장 쉽고 재미있게 머릿속에 쏙쏙 담아 드립니다~^^

🔍 亦功 국어의 관전 포인트 2

2025 출제 기조로 겁먹은 역공이! '2025 출제 기조 반영 독해 워밍업'으로 실력 상승~^^

가장 좋은 독해 훈련은 독해 고수의 머릿속으로 들어가 그의 인지 과정을 모델링하는 것입니다. 합격의 당락을 좌우할 논리 추론 섹션 등 어려운 부분들을 어떻게 풀어가는지 함께 모델링하며 훈련할 수 있는 '2025 출제 기조 반영 독해 워밍업'이라는 섹션을 넣었습니다. '2025 출제 기조 반영 독해 워밍업'으로 충분히 최빈출 포인트를 훈련한 후에 본격적으로 문제를 풀 수 있는 기반을 마련합니다.

🔍 亦功 국어의 관전 포인트 3

'2025 출제 기조 반영 독해, 논리 Pin Point'를 통해 혜선 쌤의 머릿속으로 쏙 들어가 풀이 전략을 각인합니다.

워밍업 후에 반드시 점검해야 하는 '2025 출제 기조 반영 독해, 논리 Pin Point'!! 각 유형의 세부 타입을 돌아보고 혜선 쌤이 직접 그어준 밑줄과 기호를 보면서 역공이들도 함께 맞춰 보는 시간을 가질 예정입니다. 단! 기록되어 있는 밑줄과 기호만을 보시지 마시고! 교재에 기록되지 않은 혜선 쌤의 야매, 꼼수 꿀팁을 강의를 통해 확인하시기를 바랍니다.

🔍 亦功 국어의 관전 포인트 4

'亦功 독해 빨리 푸는 전략!'으로 절대적인 시간 부족 문제를 극복하기

2025년 이후 출제 기조 변화된 시험은 독해의 비중, 논리 추론의 비중이 크기 때문에 절대적인 시간 부족이 예상됩니다. 따라서 혜선 쌤이 전수해 드리는 빨리 푸는 전략으로 정확하고 빠르게 문제를 푸실 수 있게 될 것입니다. 1단계, 2단계, 3단계로 빨리 푸는 전략을 한눈에 보기 쉽게 제시하여 체계적으로 다양한 유형의 풀이법을 배우실 수 있습니다~^^

🔍 亦功 국어의 관전 포인트 5

출좋포 독해 亦功 노트

독해 유형에 따라 어떤 제시문 구조로 되어 있는지, 빠르게 혹은 천천히 읽어야 하는 기준은 어떠한지, 어느 곳에 밑줄을 치고 강약을 조절해서 읽어야 할지를 디테일하게 알려드리는 독해 노트입니다.
한 땀 한 땀 혜선 쌤이 만든 각 유형별 독해 노트로 결정적 단서에 밑줄을 긋는 기준을 제시해 드립니다.

🔍 亦功 국어의 관전 포인트 6

논리 독학 가능! '기호 논리 시각화', '혜선 쌤의 속닥속닥'

논리추론 문제에 모두 한 땀 한 땀 기호 논리 시각화를 통해 독학이 가능하도록 하였습니다. 복습 시에 혜선 쌤이 없어도 스스로 기호화하고 문제를 풀 수 있도록 하는 섹션을 만들었습니다~^^
또한 각 유형마다 사용할 수 있는 논리 야매 꼼수를 '혜선 쌤의 속닥속닥'에 넣어서 亦功이들이 복습할 때에 야매 꼼수를 명확하게 습득할 수 있도록 하였습니다.

🔍 亦功 국어의 관전 포인트 7

독해는 훈련이다! 단 21시간 만에 끝내는 최고 문제만 선별한 Day 1~Day 25! 최고 문제만 선별한 Day 1~Day 25!

각 유형의 문제 중에서 혜선 쌤이 가장 애정하는 최고 퀄리티 문제를 4~6문제씩 뽑았습니다. 해당 단원을 통해 혜선 쌤과 충분히 학습한 후 집에 간 역공이들이 스스로 문제를 풀어 보고 오답을 할 수 있는 섹션을 마련했습니다. 독해를 어떻게 오답해야 하는지, 어떻게 복습해야 하는지 모르겠다면!!! 혜선 쌤이 마련한 '메타인지 오답 방식'이 있으니 걱정 마시길 바랍니다.

🔍 亦功 국어의 관전 포인트 8

오픈 카톡, 네이버 카페 등 혜선 쌤과의 직접적인 소통

제 카페에 놀러 오면 볼 수 있으시겠지만, 저는 참 수강생들을 애정합니다. 그들을 "역시 성공하는 사람들(亦功이)"이라고 다정하게 부르며 시험에 필요한 모든 자원과 관심을 아끼지 않습니다. 현강 학생들은 물론, 인강 학생들도 '인증 게시판, 커리큘럼 및 상담, 학습 질문'까지 할 수 있습니다. 오픈 카톡방을 이용하여 학생들과 직접적인 소통을 하며 오프라인 상담을 잡기도 합니다. 여러분들이 합격까지 가길 누구보다 간절히 원하는 저는 항상 여러분들에게 열려 있습니다. 박혜선 교수의 카페와 오픈 카톡방으로 연결되는 QR 코드는 책 뒤 수강 후기 위에 있습니다.

본 교재를 통해 꼭 단기 합격을 이루시기 바랍니다. 여러분의 단기 합격을 간절하게 응원합니다.

2025년 6월 편저자

박혜선 惠旋

1

출제 경향, 빈출 정도 알려주는 개관 칠판

각 유형의 빈출 정도를 통해 2026의 출제 경향을 예언하는 섹션

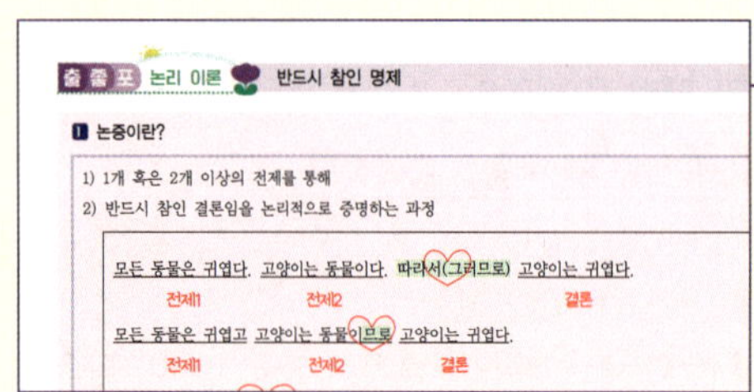

2

출좋포 독해, 논리 이론

혜선 쌤의 최고 장점으로 뽑히는 출제자들이 좋아하는 포인트 섹션
논리 추론, 강화 약화, 문장 고쳐 쓰기에서 꼭 알아야 하는
출제자들이 좋아하는 포인트만 정리!
편견 없이 출좋포를 적용하며 훈련하신다면 독해에서 고득점을
받으실 수 있습니다.

3

2025 출제 기조 반영 독해 워밍업

혜선 쌤과 함께 모델링하며 훈련할 수 있는 워밍업이라는
훈련 시스템입니다.
빈출 포인트를 훈련한 후에 본격적으로 문제를 풀 수 있는
기반을 마련합니다.

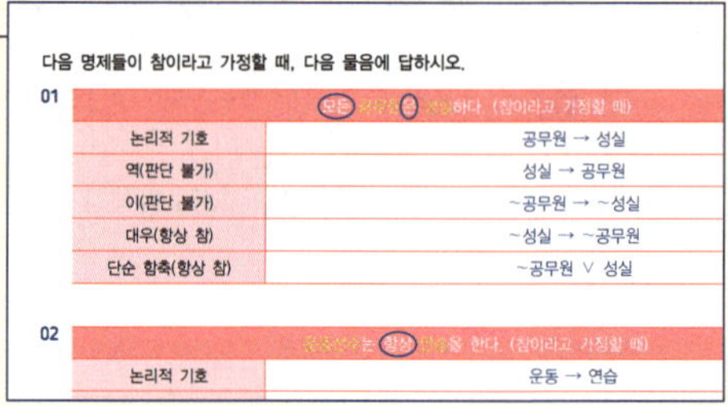

4

亦功 독해 빨리 푸는 전략

1단계, 2단계, 3단계로 빨리 푸는 전략을 한눈에 보기 쉽게 제
시하여 체계적으로 다양한 유형의 풀이법을 배우실 수 있습니
다~^^

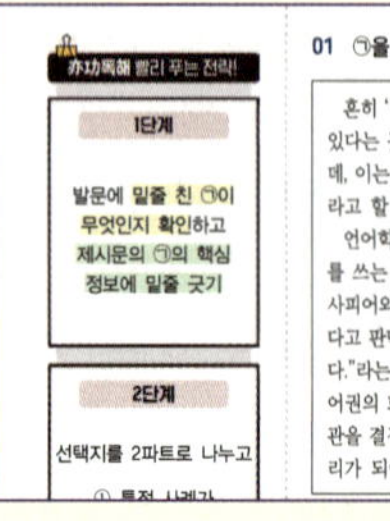

5

2025 출제 기조 반영 독해, 논리 Pin Point

반드시 점검해야 하는 2025 출제 기조 반영 독해 Pin Point!
혜선 쌤이 직접 그어준 밑줄과 기호를 보면서 역공이들도 함께
맞춰 보는 섹션입니다.

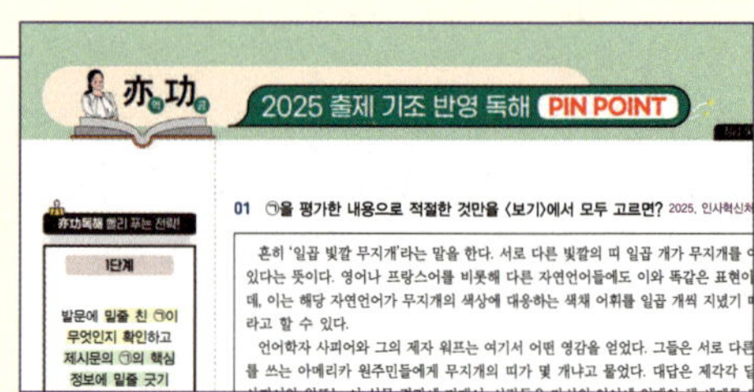

6

출좋포 독해 亦功 노트

한 땀 한 땀 혜선 쌤이 만든 각 유형별 독해 노트로 결정적 단서에 밑줄을 긋는 기준을 제시해 드립니다. 어떤 제시문 구조로 되어 있는지, 빠르게 혹은 천천히 읽어야 하는 기준은 어떠한지도 디테일하게 알려드리는 독해 노트입니다.

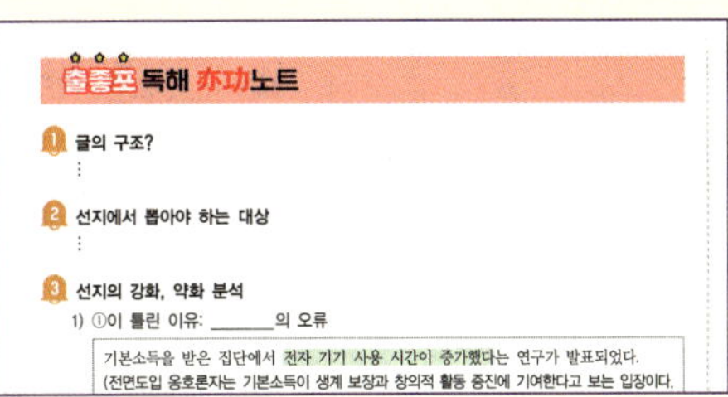

7

논리 독학 가능! '기호 논리 시각화'

논리추론 문제에 모두 한 땀 한 땀 기호 논리 시각화를 통해 독학이 가능하도록 하였습니다. 복습 시에 혜선 쌤이 없어도 스스로 기호화하고 문제를 풀 수 있도록 하는 섹션을 만들었습니다 ∿^^

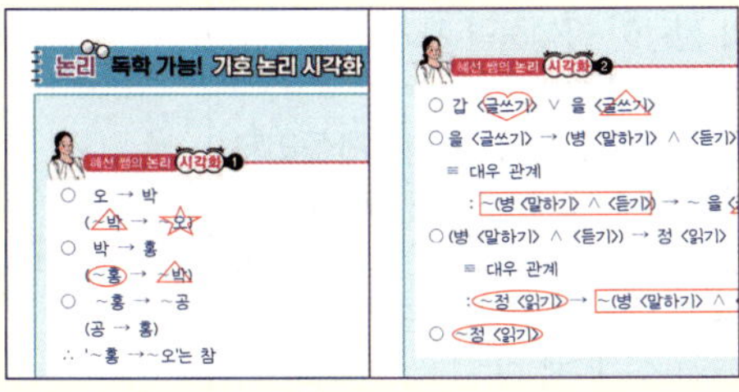

8

혜선 쌤의 속닥속닥

각 유형마다 사용할 수 있는 논리 야매 꼼수를 '혜선 쌤의 속닥속닥'에 넣어서 亦功이들이 복습할 때에 야매 꼼수를 명확하게 습득할 수 있도록 하였습니다.

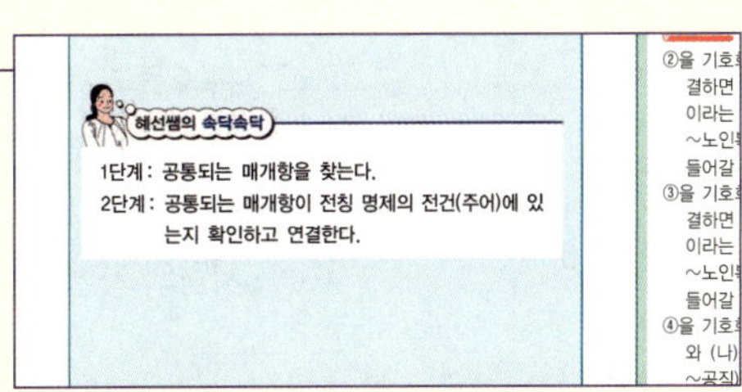

9

최고 문제만 선별한 Day 1~Day 25!

각 유형의 문제 중에서 혜선 쌤이 가장 애정하는 최고 퀄리티 문제를 4문제씩 뽑았습니다.
스스로 문제를 풀어 본 후 오답을 하는 최고의 섹션입니다.

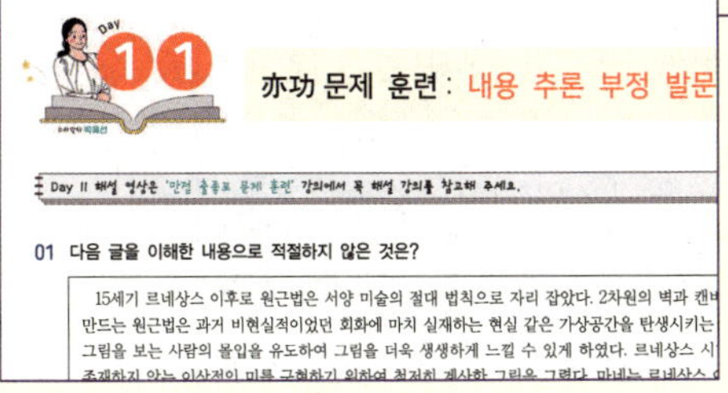

10

day 문제들을 모두 풀어주는 '만점 출좋포 문제 훈련' 강의

출좋포에 있는 독해 문제의 해설지만 보고 공부하는 게 아쉽다고 했던 역공이들을 위해 야심차게 준비한 최고의 독해 훈련 강의! day 문제들을 꾸준하게 훈련할 수 있도록 해설해 드리는 강의입니다.

2026 박혜선 국어 [2단계:필수 문제 풀이]
만점 출좋포 문제 훈련 (25년 7,8월)

25년도 국가직 9급
5번 문항

5 다음 글의 ㉠~㉣ 중 어색한 곳을 찾아 가장 적절하게 수정한 것은?

소리는 보통 귀로 듣는다고 생각한다. 그렇지만 앰프에서 강력한 저음이 흘러나오는 것을 듣고 몸이 흔들리는 것을 경험할 때, 우리는 소리를 몸으로 느낀다고 생각하기도 한다. 가청 주파수 대역의 하한인 20㎐보다 낮은 주파수의 진동이 발생하면 ㉠ 우리의 몸은 흔들리지만 귀로는 아무것도 듣지 못한다. 우리는 이 들리지 않는 진동을 '초저주파음'이라고 부른다. ㉡ 귀에 들리지 않는 진동도 소리로 간주할 수 있다는 생각에서이다.

높은 주파수의 영역에서도 귀에 들리지 않는 진동이 있다. ㉢ 사람은 보통 20,000㎐ 이상의 진동이 귀에 도달하면 소리로 인식한다. 가청 주파수 대역의 상한을 넘겨서 더 높은 주파수의 진동이 발생하면 사람의 귀에 들리지 않는 것이다. 이때의 음파를 '초음파'라고 부른다.

사람과 동물은 가청 주파수 대역이 다르다. 그래서 동물은 사람에게 들리지 않는 소리를 들을 수 있다. 예컨대 우리와 가까이 지내는 개의 경우, 가청 주파수 대역의 하한은 사람과 비슷하지만 50,000㎐의 진동까지 소리로 인식할 수 있다. 그래서 개는 사람이 듣지 못하는 기척을 알아차리기도 한다. 이는 개의 가청 주파수 대역이 ㉣ 사람의 가청 주파수 대역보다 넓기 때문이다.

① ㉠: 우리의 몸이 흔들리지 않을 뿐 귀로는 저음을 들을 수 있다

② ㉡: 귀에 들리지 않는 진동은 소리로 간주할 수 없다는 생각에서이다

✓③ ㉢: 사람은 보통 20,000㎐ 이상의 진동이 귀에 도달하면 소리로 인식하지 못한다

④ ㉣: 사람의 가청 주파수 대역보다 좁기 때문이다

완벽적중

'내용 고쳐 쓰기'
독해 유형
완벽 적중
2025 족집게 적중
동형 모의고사 Vol.1
4회 10번

10 다음 글의 ㉠~㉣ 중 어색한 곳을 찾아 가장 적절하게 수정한 것은?

인지 심리학에서 정보 처리 방식은 두 가지로 나뉜다. 탑다운 처리와 바텀업 처리이다. 탑다운 처리는 ㉠ 이미 가지고 있는 지식이나 기대를 바탕으로 새로운 정보를 해석하는 방식이다. 이 방식에서는 기존의 지식이나 문맥적 단서를 활용해 전체적인 의미를 먼저 파악한 후, 세부 정보를 보완적으로 처리한다. 예를 들어, 익숙한 문장에서 일부 글자가 가려져 있더라도 문맥을 통해 전체적인 의미를 추론하는 과정이 이에 해당한다. 탑다운 처리는 빠르고 효율적으로 정보를 처리할 수 있지만, ㉡ 선입견이나 고정관념이 개입될 가능성이 있어 잘못된 결론을 내릴 수 있다는 한계도 있다. 바텀업 처리는 감각 기관에서 들어온 새로운 정보에 집중하여 세부 정보를 통해 전체를 이해하는 방식이다. 배경 지식 없이도 ㉢ 세부 정보에 의존해 정보를 조합하며 의미를 파악하는 과정이다. 예를 들어, 처음 보는 단어를 철자 하나하나씩 읽으며 의미를 추론하는 것이 바텀업 처리다. 바텀업 처리는 새로운 상황에서 정확한 해석을 제공하지만, 처리 속도가 느릴 수 있다는 단점이 있다. 탑다운 처리는 상위 수준의 지식이 하위 수준의 정보 처리에 영향을 미친다는 특징이 있으며, 이를 통해 정보 처리의 효율성을 높일 수 있다. 반면 바텀업 처리는 하위 수준의 정보가 상위 수준의 이해를 구성하는 데 기여한다는 특징이 있으며, ㉣ 복잡한 정보를 여러 개의 직관적인 단계로 나누어 처리하는 데 유리하다.

① ㉠ 새로운 상황에 맞추어 기존 지식을 변경하는 방식

② ㉡ 정보 처리 과정에서 새로운 아이디어가 생성될 가능성

③ ㉢ 기존 지식을 활용하여 빠르게 전체 의미를 유추하는 과정

④ ㉣ 복잡한 정보를 정확하게 분석하는 데 유리하다

25년도 국가직 9급
7~8번 문항

[7~8] 다음 글을 읽고 물음에 답하시오.

동물이 신체의 내부 온도를 정상 범위 안에서 유지하는 과정을 '체온조절'이라고 한다. 체온조절을 위하여 동물은 신체 내부의 물질대사를 통해 열을 발생시키거나 외부 환경에서부터 열을 ⑦ 획득한다. 조류나 포유류는 체내의 물질대사에 의하여 생성된 열로 체온을 유지하기 때문에 '내온동물'이라고 부른다. 대부분의 내온동물은 외부 온도가 변화해도 안정적으로 체온을 유지한다. 추운 환경에 노출되어도 내온동물은 충분한 열을 생성해서 주변보다 더 따뜻하게 체온을 유지할 수 있다.

이와 달리 양서류나 많은 종류의 파충류와 어류는 열을 외부에서부터 획득하기 때문에 '외온동물'이라고 부른다. 외온동물은 체온조절을 위한 충분한 열을 생성하지는 않지만 그늘을 찾거나 햇볕을 쬐는 것과 같은 행동을 통해 체온을 ⑥ 조절한다. 외온동물은 열을 외부에서 얻기 때문에 체내의 물질대사를 통해 큰 에너지를 생성할 필요가 없어서 동일한 크기의 내온동물보다 먹이를 적게 섭취한다.

한편 체온의 안정성을 기준으로 동물을 '항온동물'과 '변온동물'로 ⓒ 구분하기도 한다. 주위 환경과 관계없이 비교적 일정한 체온을 유지하는 동물을 항온동물, 주위 환경에 따라서 체온이 변하는 동물을 변온동물이라고 부른다. 한때는 내온동물과 외온동물을 각각 항온동물과 변온동물이라고 부르기도 했다.

그런데 체온조절을 위해 열을 획득하는 방식과 체온의 안정성을 유지하는 것은 별개의 문제이다. 외온동물에 속하는 많은 종류의 해양 어류는 일정한 온도가 유지되는 물에서 ⓔ 서식하기 때문에 체온이 크게 변하지 않는다. 반대로 어떤 내온동물은 체온의 변화가 급격하게 일어나기도 한다. 예컨대 박쥐 중에는 겨울잠을 자면서 체온을 40℃나 떨어뜨리는 종류도 있다. 내온동물과 외온동물을 구분하는 방식과 항온동물과 변온동물을 구분하는 방식 사이에는 어떠한 상관관계도 없다.

7 윗글의 중심 내용으로 가장 적절한 것은?

선택지 생략

8 ⑦~ⓔ과 바꿔 쓸 수 있는 유사한 표현으로 적절하지 않은 것은?

선택지 생략

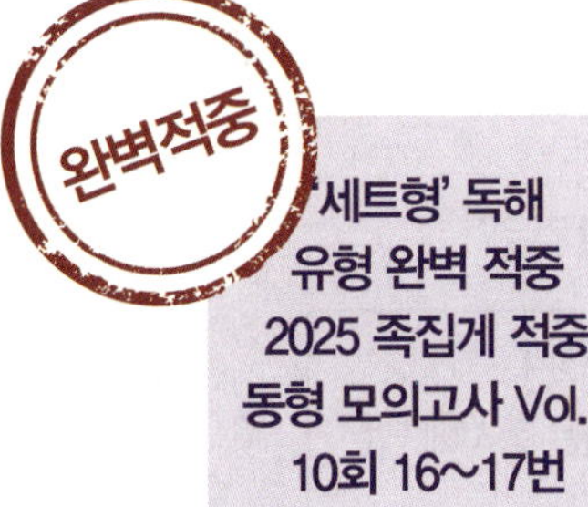

'세트형' 독해
유형 완벽 적중
2025 족집게 적중
동형 모의고사 Vol.1
10회 16~17번

[16~17] 다음 글을 읽고 물음에 답하시오.

현대 산업정책은 지정학적 리스크, 디지털 전환, 저탄소 전환에 대한 대응으로 인해 그 중요성이 크게 부각되고 있다. 과거의 산업정책은 특정 제조업 부문에서 국가 챔피언을 육성하거나 수입 대체를 목표로 하는 보호주의 조치가 중심이었다. 그러나 최근의 산업정책은 시장경제의 틀 내에서 특정 산업의 성장을 ⑦ 도와주는 방향으로 진화했으며, 경제안보와 탄소중립을 실현하기 위한 전략적 기술 및 원자재 확보에 중점을 두고 있다. 미국의 반도체 및 과학법, 유럽의 반도체법, EU의 핵심원자재법 등이 이를 대표하는 사례로 들 수 있다. 이러한 자국중심주의 산업정책은 선진국과 신흥국 모두에서 활발히 진행 중이며, 에너지, 수송, 제조업 등 주요 산업에 보조금과 세제지원을 통해 경제 성장을 ⑥ 꾀하고 있다. 하지만 산업정책이 자원의 비효율적 배분, 무역 왜곡, 재정 부담 증가를 초래할 수 있다는 우려 또한 여전하다. 성공적인 산업정책을 위해서는 민간재원의 활용을 극대화하고 정책금융을 통해 민간 투자를 ⓒ 꾀어내는 것이 중요하며, 이를 통해 새로운 성장동력을 확보하고 산업 ⓔ 성장을 지속 가능하게 하는 것이 필요하다.

16 다음 글의 중심 내용으로 가장 적절한 것은?

선택지 생략

17 ⑦~ⓔ과 바꿔 쓸 수 있는 유사한 표현으로 적절하지 않은 것은?

선택지 생략

25년도 국가직 9급
15번 문항

15 다음 대화의 빈칸에 들어갈 말로 가장 적절한 것은?

> 갑: 설명회는 다음 달 셋째 주 목요일이나 넷째 주 목요일에 개최해야 합니다.
>
> 을: 설명회를 ______________.
>
> 병: 설명회를 다음 달 셋째 주 목요일에 개최하면, 홍보 포스터 제작을 이번 주 안에 완료해야 합니다.
>
> 정: 여러분의 의견대로 하자면, 반드시 이번 주 안에 홍보 포스터 제작을 완료해야 하겠군요.

① 다음 달 넷째 주 목요일에 개최해야 합니다

② 다음 달 셋째 주 목요일에 개최할 수 없습니다

✓ 다음 달 넷째 주 목요일에 개최할 수 없습니다

④ 다음 달 넷째 주 목요일에 개최하면, 이번 주 안에 홍보 포스터 제작을 완료하지 않아도 됩니다

'숨겨진 전제 추론'
논리추론 유형
완벽 적중
2025 족집게 적중
동형 모의고사 Vol.1
4회 20번

20 다음 글의 모든 문장이 참일 때, '결론'을 이끌어내기 위해 추가해야 할 '전제 3'으로 적절한 것은?

> 전제 1: 아름다운 풍경을 선호하는 모든 사람은 조명을 선호하지 않는다.
> 전제 2: 모든 사진가는 좋은 카메라를 선호한다.
> 전제 3: ______________.
> 결론: 좋은 카메라를 선호하는 어떤 사람은 조명을 선호하지 않는다.

① 조명을 선호하는 어떤 사람은 사진가가 아니다.

② 아름다운 풍경을 선호하지 않는 모든 사람은 사진가가 아니다.

③ 모든 사진가는 조명을 선호한다.

④ 아름다운 풍경을 선호하는 어떤 사람은 좋은 카메라를 선호한다.

25년도 국가직 9급
16번 문항

16 (가)~(다)를 전제로 할 때 빈칸에 들어갈 결론으로 가장 적절한 것은?

> (가) 인공일반지능이 만들어지거나 인공지능 산업이 쇠퇴한다.
>
> (나) 인공일반지능이 만들어지면, 인간의 생활이 편리해지는 동시에 많은 사람이 직장을 잃는다.
>
> (다) 인공지능 산업이 쇠퇴하면, 많은 사람이 직장을 잃는 동시에 세계 경제가 침체된다.
>
> 따라서 ______________.

① 세계 경제가 침체된다

② 인간의 생활이 편리해진다

✓ 많은 사람이 직장을 잃는다

④ 인간의 생활이 편리해지고 세계 경제가 침체된다

'빈칸에 들어갈
결론' 논리추론 유형
완벽 적중
2025 족집게 적중
동형 모의고사 Vol.1
8주차 하프 동형

3 유리는 연주할 악기를 정하기 위해 ㉠~㉢과 같은 기준을 세웠다. 이를 따를 때, 반드시 참인 것은?

> ㉠ 피아노를 연주하면 기타는 연주하지 않는다.
> ㉡ 바이올린을 연주하면 드럼도 연주한다.
> ㉢ 기타 또는 바이올린 중 적어도 하나의 악기를 연주한다.
>   단, 두 악기 모두 연주하지는 않는다.

① 바이올린을 연주하면 피아노를 연주한다.
② 적어도 2가지 이상의 악기를 연주한다.
③ 피아노를 연주하면 드럼을 연주한다.
④ 드럼을 연주하면 피아노를 연주하지 않는다.

**25년도 국가직 9급
17번 문항**

17 다음 진술이 모두 참일 때 반드시 참인 것은?

> ○ 갑이 제주도 출장을 가면, 을은 제주도 출장을 가지 않는다.
> ○ 을이 제주도 출장을 가지 않으면, 병은 휴가를 내지 않는다.
> ○ 병이 휴가를 낸다.

① 갑이 제주도 출장을 가지 않는다.
② 을이 제주도 출장을 가지 않는다.
③ 갑이 제주도 출장을 가고 병은 휴가를 낸다.
④ 을이 제주도 출장을 가고 병은 휴가를 내지 않는다.

'반드시 참인 명제'
논리추론 유형
완벽 적중
2025 족집게 적중
동형 모의고사 Vol.1
3회 4번

4 다음 진술이 모두 참일 때, 반드시 참인 것은?

> • E가 구청을 가지 않으면 A는 구청을 간다.
> • C가 구청을 가면 D도 구청을 간다.
> • A 또는 B가 구청을 가면 D는 구청을 가지 않는다.

① C가 구청을 갈 때 B가 구청을 갈 수도 있다.
② C가 구청을 가면 E도 구청을 간다.
③ E가 구청을 가지 않으면 D는 구청을 간다.
④ A, B, C가 모두 구청을 갈 수도 있다.

25년도 국가직 9급
19번 문항

19 다음 글의 (가)를 강화하는 것으로 가장 적절한 것은?

> 쿤은 자연과학과 사회과학 모두를 포함하는 과학의 발전 단계를 세 시기로 구분한다. 패러다임을 한 번도 정립하지 못한 전정상과학 시기, 하나의 패러다임이 지배하는 정상과학 시기, 기존 패러다임이 새 패러다임으로 교체되는 과학혁명 시기가 그것이다. 패러다임은 모든 과학자에게 동일한 연구 방향 및 평가 기준을 따르게 하여, 연구의 효율성을 높이고 과학의 발전 단계를 성숙한 수준으로 올려놓는다. 한 번도 패러다임을 정립하지 못해 전정상과학 시기에 머물러 있는 과학 분야는 과학자 모두가 제각기 연구 활동을 한다. 과학의 발전 단계상 성숙한 수준에 도달하지 못한 것이다. 어떤 과학 분야라도 패러다임을 정립하면 정상과학 시기에 들어서게 되는데, 그 뒤에 다시 전정상과학 시기로 되돌아갈 수는 없다. 정상과학 시기는 언제나 과학혁명 시기로 이어지고, 과학혁명 시기는 언제나 정상과학 시기로 이어지기 때문이다. 정상과학 시기의 과학자는 동일한 패러다임에 따라, 과학혁명 시기의 과학자는 기존 패러다임 혹은 새 패러다임에 따라 과학 활동을 하기에 그 두 시기에 있는 과학 분야는 모두 성숙한 수준에 도달해 있는 것이다. 이 구분에 따를 때, (가) <u>일부 사회과학 분야는 과학의 발전 단계상 아직도 성숙한 수준에 도달하지 못했다</u>는 것이 쿤의 진단이다.

① 패러다임이 교체된 적이 있지만 과학자들의 연구 방향 및 평가 기준이 동일한 사회과학 분야가 있다.

② 패러다임이 교체되는 중이고 과학자들의 연구 방향 및 평가 기준이 서로 다른 사회과학 분야가 있다.

③ 패러다임이 정립된 적이 있지만 과학자들의 연구 방향 및 평가 기준이 서로 다른 사회과학 분야가 있다.

④ ✓ 패러다임이 정립된 적이 없고 과학자들의 연구 방향 및 평가 기준이 서로 다른 사회과학 분야가 있다.

완벽적중

'밑줄 강화 약화'
독해 유형
완벽 적중
2025 족집게 적중
동형 모의고사 Vol.1
3회 5번

5 다음 중 ㉠을 강화하는 것으로 적절한 것은?

> 최근 세계적으로 식량 가격이 급등하면서, 정부는 식량 안보를 강화하기 위한 다양한 정책을 추진하고 있다. 그중 하나로 정부는 자국 내 식량 생산을 늘리기 위해 농업 보조금을 확대하고, 농지 보호 정책을 강화하는 방안을 발표했다. ㉠ <u>이러한 정책을 찬성하는 사람들</u>은 글로벌 공급망 불안정으로 인해 자국 식량 자급률을 높이는 것이 필수적이라고 주장한다. 이들은 농업을 국가 안보의 중요한 부분으로 간주하며, 자국 내 식량 생산을 확대해야 한다고 본다.
> 반대 측은 농업 보조금 확대와 농지 보호 정책이 시장의 효율성을 저해하고, 장기적으로는 농업 부문에 대한 과도한 의존을 초래할 수 있다고 경고한다. 이들은 정부의 지나친 개입이 농업 생산성을 떨어뜨릴 수 있으며, 국제 시장에서의 경쟁력을 약화시킬 수 있다고 주장한다. 또한, 농업 이외의 다른 산업 부문에 대한 투자를 저해할 수 있다는 우려도 제기된다.

① 정부의 농업 보조금 확대 정책이 시행된 이후, 국내 농업 생산성은 오히려 감소했다는 통계가 발표되었다.

② 농업 보조금으로 인해 일부 농민들이 비효율적인 경작 방식을 유지하면서도 생계가 보장된다는 주장이 나왔다.

③ 농업 보조금 정책으로 인해 농업 부문에 지나치게 많은 자원이 집중되어, 다른 산업 부문의 발전이 저해되고 있다는 연구 결과가 나왔다.

④ 기후 변화로 인해 세계 각국의 농업 생산량이 불안정해짐에 따라, 자국 내 식량 자급률을 높이는 것이 더욱 중요해졌다는 분석이 제기되었다.

**25년도 국가직 9급
20번 문항**

20 다음 대화를 분석한 내용으로 적절하지 않은 것은?

> 보은: 기차가 달리고 있는 선로에 다섯 명의 인부가 일하고 있고, 그들에게 그 기차를 피할 시간적 여유는 없어. 그런데 스위치를 눌러서 선로를 변경하면 다섯 명의 인부 대신 다른 선로에 있는 한 사람이 죽게 돼. 이 선택의 딜레마 상황에서 너희들은 어떻게 할 거야?
>
> 소현: 이런 경우엔 행위에 따른 결과가 선택의 기준이 된다고 생각해. 그래서 나는 스위치를 눌러서 한 명이 죽더라도 다섯 명을 살리는 선택을 할 거야. 그건 결과적으로 봤을 때 불가피한 조치 아니겠어?
>
> 은주: 글쎄, 행위에 따른 결과보다 행위 자체의 도덕성을 기준에 두어야 하는 거 아니야? 행위 자체의 도덕성을 따진다면, 스위치를 눌러서 사람을 '죽이는 것'과 아무것도 하지 않고 '죽게 내버려 두는 것' 중에 당연히 살인에 해당하는 전자가 더 나쁘지.
>
> 보은: 나도 그렇게 생각해. 스위치를 누르면 살인이고, 누르지 않으면 방관일 텐데, 법적인 측면에서 보더라도 전자는 후자보다 무겁게 처벌되잖아. 게다가 생명의 가치는 수량화할 수 없으니 한 사람보다 다섯 사람이 가지는 생명의 가치가 더 크다고 말할 수 없어.
>
> 영민: 생명의 가치를 수량화할 수 없다는 데 원론적으로는 나도 동의해. 하지만 지금처럼 불가피한 선택의 상황에서 무엇보다 우선해야 할 것은 명확한 기준을 세우는 일이야. 나는 이 상황에서 어떻게 하면 죽는 사람의 수를 최소화하는가가 그 기준이 되어야 한다고 생각해.

① 스위치를 누르는 일을 살인으로 본다는 점에 대해 은주는 보은과 견해를 같이한다.

② 생명의 가치를 수량화할 수 없다는 점에 대해 영민은 원론적으로는 보은과 견해를 같이한다.

③ 선택의 딜레마 상황에서 소현은 행위에 따른 결과를, 은주는 행위 자체의 도덕성을 선택의 기준으로 삼는다.

④ 인명피해가 불가피한 선택의 상황에 놓인다면, 영민은 죽는 사람의 수를 최소화하는 선택을 하고, 소현은 그렇게 하지 않는다.

완벽적중

**'말하기 방식' 유형
완벽 적중
2025 족집게 적중
동형 모의고사 Vol.1
12회 2번**

2 다음 대화를 분석한 내용으로 적절하지 않은 것은?

> 갑: 요즘 환경 문제가 심각해지면서 윤리적 소비에 대한 관심이 높아지고 있어. 나도 가능한 한 친환경 제품을 구매하려고 노력 중이야.
>
> 을: 맞아, 그런데 친환경 제품은 가격이 좀 비싸지 않아? 모든 사람들이 쉽게 접근하기는 어려울 것 같아.
>
> 병: 나는 가격이 비싸더라도 윤리적 소비를 통해 환경 보호에 기여하는 게 중요하다고 생각해. 장기적으로 보면 우리 모두에게 이익이 될 거야.
>
> 갑: 그렇지만 경제적인 여유가 없는 사람들에게는 선택의 여지가 없을 수도 있어. 그래서 나는 기업들이 더 합리적인 가격으로 친환경 제품을 제공해야 한다고 봐.
>
> 을: 동의해. 그리고 정부에서도 친환경 산업을 지원해서 가격을 낮출 수 있도록 정책을 마련하면 좋겠어.
>
> 병: 그렇다면 우리 소비자들도 적극적으로 윤리적 소비를 실천하면서 기업과 정부의 변화를 이끌어낼 수 있을 거야.

① 대화 참여자들은 서로의 의견을 수용하고 발전시키며 논의를 이어가고 있다.

② 대화 참여자 중 한 명은 자신의 입장만을 고수하며 다른 의견을 배제하고 있다.

③ 대화 참여자들은 의견 차이에도 불구하고 공동의 해결책을 모색하고 있다.

④ 대화 참여자 중 한 명은 새로운 관점을 도입하여 논의를 심화시키고 있다.

학습 효과를 극대화할 수 있는 최고의 교재!

이 강의의 교재는 학습 효과를 극대화할 수 있는 다양한 구성 요소들이 있었습니다. 예를 들어, 논리추론 파트에서 중요한 유형들을 시각적으로 한눈에 볼 수 있는 정리표와 다이어그램이 포함되어 있어 개념 간의 관계를 쉽게 파악할 수 있었습니다. 또한, 각 단원마다 실전 문제와 예상 문제를 함께 다루며 수험 대비까지 자연스럽게 연계된 구성이 돋보였습니다. 특히, 교재에는 강의에서 다루는 주요 예시들이 다양한 기출을 아우르는 문제들로 채워져 있어서 시험에서 자주 출제되는 유형을 파악하는 데 유용했습니다. 이는 단순히 문제를 풀고 끝내는 것이 아니라, 문제 해결을 통해 개념을 다지고 응용력을 키울 수 있는 장점이 되었습니다. 올인원 강의의 가장 큰 장점은 아무래도 혜선 선생님의 설명 방식이라고 생각합니다. 강사님은 단순히 강의를 나열하는 방식이 아니라, 학습자 입장에서 이해하기 어려운 부분을 미리 예상하고, 이를 해소하기 위해 질문과 답변 형식으로 접근해 주셨습니다. 특히, 수업 중간중간 실제 시험에서 자주 헷갈릴 수 있는 부분을 미리 언급해 주시며 학습자들이 실수를 줄일 수 있도록 돕는 세심함이 인상 깊었습니다. 전매특허 역공이들을 위한 야매꼼수는 말할 것도 없습니다! 또한, 각 개념을 실생활 예시와 연관 지어 설명해 주신 덕분에 개념이 추상적으로 다가오지 않고 보다 구체적으로 이해할 수 있었습니다.

최*훈

강의와 교재의 일관성! 불필요한 자료 없이 핵심만 담고 있어 학습 시간을 효율적으로 관리!

내년 9급 시험을 준비하면서 많은 강의를 비교하고 고민하다가 박혜선 선생님의 강의를 선택하게 되었습니다. 국어 과목이 워낙 방대한 영역을 다루다 보니, 효율적으로 학습할 수 있는 강의를 찾는 것이 중요했는데, 이 강의는 그 기대를 충분히 충족시켜 주었습니다. 우선, 문법을 제외한 모든 내용을 수강했는데도 불구하고 강의 구성 자체가 체계적이고 일관성이 있어 흐름을 따라가기 쉬웠습니다. 한 권의 교재로 모든 내용을 정리할 수 있다는 점이 가장 큰 장점이었고, 불필요한 자료 없이 핵심적인 내용만 담고 있어 학습 시간도 효과적으로 관리할 수 있었습니다. 특히 박혜선 선생님께서 제공해 주신 문제 풀이 꿀팁은 실전에서 정말 큰 도움이 될 것 같습니다. 단순히 이론을 설명하는 것이 아니라, 실제 시험에서 시간을 절약할 수 있는 다양한 전략을 알려주셔서 문제를 빠르고 정확하게 풀 수 있는 능력을 키울 수 있었습니다. 또한 최신 출제 기조를 반영한 양질의 문제들이 많아 실제 시험 유형에 익숙해지는 데도 큰 도움이 되었습니다. 강의와 완벽하게 연계된 교재 또한 매우 인상적이었습니다. 보통 강의와 교재의 일관성이 부족하면 학습에 어려움을 겪기 마련인데, 박혜선 선생님께서 직접 집필하신 만큼 강의 내용과 완벽하게 조화를 이루어 학습 과정이 더욱 매끄러웠습니다. 이를 통해 불필요한 혼란 없이 핵심 개념을 효과적으로 익힐 수 있었습니다.

ㅈㅌㅎ

철저한 숙제 관리로 숙제를 빼먹기가 쉽지 않아요!

공무원 시험을 처음 준비하느라 각 과목에 걱정이 많았습니다. 어찌저찌 박문각이라는 학원을 골랐고 앞으로 어떻게 해나갈지 고민이 됐지만, 국어수업을 처음 듣고 국어는 그냥 선생님 말씀대로 따라가면 되겠다고 생각했습니다. 이 강의의 좋았던 점을 꼽아보자면, 우선 박혜선 선생님의 강의력을 꼽을 수 있습니다. 설명을 잘해주시고 잘 가르치시는 것뿐만 아니라 무조건 단기합격시켜버리겠다는 의지나 그런 열정이 느껴져서 좋았습니다. 두 번째로, 교재의 훌륭함이 있겠습니다. 각 단원마다 문제유형의 소개, 필수적으로 알아야 할 내용들, 기존 유형과 신 유형의 문제들이 적절하게 나열돼있어서 배울 때도 그리고 복습할 때도 편했습니다. 더 많은 좋은 점들이 있겠지만 마지막으로 학생들의 케어에 관한 점을 말씀드려야겠습니다. 혼자서 공부한다면 가끔씩 나태해질 때가 있을 수 있는데 매주 나가는 숙제에 대해서 카페에 인증을 꼭 하라고 하시고 수업시간 사이사이 확인도 해주시니 숙제를 빼먹기가 쉽지가 않았습니다. 게다가 수업이 끝나고도 학생들의 질문이 더 없을 때까지 끝까지 남아서 대답해주시던 점도 좋았습니다. 처음 공무원 시험을 준비하면서 아무것도 모를 때 박문각 1타강사라 써 있는 강의를 고른 것뿐이었지만 정말 잘 골랐다는 생각이 듭니다. 공무원 시험을 준비하겠다는 친구가 있다면 추천해주고 싶을 정도로 좋은 강의였습니다.

김*우

수업 전 복습 테스트와 만점 출좋포 문제 훈련 강의 덕에 복습이 저절로 되어요!

올인원 수업을 듣기 전에는 독해는 단순하게 발문과 제시문을 잘 읽고 풀기만 하면 되는 줄 알았습니다. 혜선 쌤의 유형별 전략적인 문제 풀이방법에 대한 강의를 듣고, 그와 연관된 문제풀이를 하며 적용해 보니 어렵고 헷갈리는 문제들도 강의 내용을 떠올리며 단계적으로 풀 수 있었습니다. 파트별로 출좋포 이론이 잘 정리되어 있고 수업 시간에 부연 설명도 너무 잘해주셔서 문제유형을 이해하고 접근하는데 더 수월해지는 계기가 되었어요. 수업 시작 전 복습테스트도 이전 시간 배운 내용을 상기시키는데 도움이 많이 되었고, 주독야독 과제도 배웠던 내용에 대한 전반적인 설명과 더불어 문제풀이까지 세세하게 해주셔서 2회독 하는 것 같은 효과가 있었던 것 같습니다. 저는 개인적으로 혼자 공부할 수 있는 시간이 길지 않은데, 수업만 듣고 알아서 복습하는 구조가 아니라 복습해야 할 부분을 매주 정해주셔서 오히려 더 효율적으로 자습할 수 있었던 것 같습니다. 명쾌한 설명은 물론이고 야매꼼수도 재미있고 기억에 잘 남도록 설명해주셔서 수험기간 내내 생각이 잘 날 것 같아요^^ 처음 시작하시는 수험생이라면 올인원 수업 강추합니다~~^^

mangolove

수험생에게 필요한 게 무엇인지 정확하게 알고 있는 강의!

공무원 국어를 처음 시작하면서 어떤 강의를 들어야 할지 고민이 많았는데, 박혜선 선생님의 올인원 수업을 선택한 건 정말 잘한 결정이었습니다. 국어를 체계적으로 처음부터 잡고 가고 싶은 분들께 꼭 추천드리고 싶어요.
올인원 이론 수업의 장점 3가지를 말씀드려보자면
1. 개념을 이해 중심으로 설명해 주십니다. 단순 암기가 아니라 '왜 그런지'를 먼저 설명해 주셔서, 문법이나 독해 개념이 훨씬 오래 기억에 남고 실제 문제에 적용하는 데도 도움이 됐습니다.
2. 혜선 쌤만의 야매꼼수로 문제풀이가 효율적이고 빠르게 푸는 도움이 됐습니다.
3. 책 내용이 체계적이고 정리가 잘 되어 있습니다. 선생님 필기와 자료들이 깔끔하게 정리되어 있어서 복습할 때도 편히 바로 볼 수 있었고, 내용 간 연결도 자연스러워서 흐름 잡기에 정말 좋았습니다.
무엇보다 수험생이 필요한 게 무엇인지 정확히 알고 계신다는 느낌을 받았어요.

10389

강의를 30년 동안이나 한 것 아닌가 하는 착각이 들게 하는 최고 만족스러웠던 쌤!

5~6월 올인원 수업을 들은 현장 수강생입니다. 수업을 들으면 들을수록 만족도가 높아진 알찬 수업이었다고 생각합니다. 이는 강의력, 교재, 긍정적인 에너지가 큰 역할을 했습니다.
1. 강의력: 박혜선 교수님의 강의력이 수업의 집중도를 획기적으로 높여줍니다. 지루할 수도 있는 이론 수업에서 그 장점이 저에게 크게 와닿았습니다. 우선, 군더더기 없이 핵심적인 내용을 잘 짚어주십니다. 특히, 이때 내용을 잘 이해할 수 있게 썰을 풀어주셔서 복기하기에 수월했습니다. 또한, 교수님의 사고방식을 문제 풀이를 통해 반복해서 보여주십니다. 그 방식으로 문제에 접근하는 것을 연습하다 보니, 다른 문제를 풀 때 훨씬 정확하고 빠르게 풀 수 있었습니다. 마지막으로, 능숙한 텐션 조절입니다. 강의를 끊어야 할 때 끊고, 강의 중에 분위기를 환기시켜 집중해야 할 때 그렇게 만들어주십니다. 정말 강의를 30년 동안 해오신 것 아닐까 하는 의심이 들 정도로 조절이 능숙하고 적절했습니다.
2. 교재: 교재를 우선시하는 학생으로서 사실 수강 신청하기 전, 직접 교재를 살펴봤습니다. 교재에는 문제 풀이 순서, 교수님의 사고방식 등이 적혀 있었습니다. 이걸 보고 강의를 선택했다 해도 과언이 아닐 정도로 교수님의 열정과 노하우가 담긴 교재라 느꼈습니다. 혼자서 복습하면서 그 생각을 더욱 확신할 수 있었습니다. 문제 풀이 방식과 교수님께서 가르쳐주신 야매 꼼수를 연습하기에 더할 나위 없이 좋은 교재였습니다.
3. 긍정적인 에너지: 박혜선 교수님의 긍정적인 에너지가 좋습니다. 왠지 모르게 저도 긍정적인 생각을 갖고 공부에 집중한다는 것을 느꼈습니다. 월요일 오전 긍정적인 박혜선 교수님과 시작하니, 남은 요일을 힘내서 보낼 수 있었습니다. 국어의 기초를 다져야 정확하고 빠르게 문제를 풀 수 있다고 생각합니다. 핵심 내용과 박혜선 교수님만의 문제 풀이 방식을 이해하면서 문제를 감으로 푸는 것에서 벗어날 수 있었습니다. 덕분에 점수가 널뛰지 않고 안정적으로 나오게 되었습니다. 이를 바탕으로 제가 부족한 부분을 정확히 알 수 있었고, 채울 수 있었습니다. 이론 강의를 선택하시는 분들에게 조금이라도 도움이 되었으면 좋겠습니다.

하나둘넷

수석합격 릴레이 신화, '최단기 합격의 절대 공식'

박혜선 亦功국어 ♥ 2026년 만점 릴레이 커리큘럼 ♥

초시생 을 위한 전체 커리큘럼

단계	강의 제목	수강 대상
1단계 (기초입문)	독해 신유형 공부(독해신공) 시작! 초보자들의 능력 up	국어가 많이 약한 공시생들 (필수는 아님. 수능 기준 6등급 이하 추천)
2단계 (올인원 필수 개념 완성)	만점 출종포 만점 출종포 문제 훈련	★★★ 초시생이라면 기본 이론 강의인 '만점 출종포'부터 들으시면 됩니다. (재시생이지만 기본부터 닦고 싶다면 '만점 출종포'부터 들으셔도 됩니다ㅏ^^)
3단계 (필수 기출 +예상문제 풀이)	논리추론 천기누설 혜선팍 논리추론 문법 천기누설 혜선팍 문법 독해 천기누설 혜선팍 독해	'만점 출종포' 완강 후 들으면 되는 각 영역 특화 기출+예상문제 풀이 강의
4단계 (모의고사, 압축 마무리)	족집게 적중 동형 모의고사 족집게 적중 노트	시험 직전 마지막 단계로 실전 동형 모의고사와 시험에 나올 적중 포인트들만 집중적으로 조지는 강의

Simple 그 자체, 재시생 을 위한 각 영역의 특화 커리큘럼

영역	강의명
신유형 문법 특화	이론+문제 풀이 천기누설 혜선팍 문법 야매꼼수 이론 특화 족집게 문법 40 포인트
신유형 독해 특화	이론+문제 풀이 천기누설 혜선팍 독해 독해 어휘력 UP! 천기누설 혜선팍 세트형 독해+어휘
신유형 논리추론 특화	이론+문제 풀이 천기누설 혜선팍 논리추론

감을 놓치지 않게 하는 Daily 문제 풀이

♥ 1주일에 1회씩 신유형 집중 문제 풀이	만점 릴레이 적중 하프
♥ 1일에 1회씩 신유형 집중 문제 풀이	스파르타 매일 합격 모의고사
♥ 문법+독해 결합형 강화, 약화 추론 등 신유형 집중 독해 문풀	주독야독 시즌 1, 2, 3

※ 하루에 6강씩 들으면 한 달에 완강이 가능합니다.

	학습일	풀이 시간		체감 난도
PART 1 화법, 작문	**Ch 01** [화법] 말하기 방식 **DAY 01** 亦功 문제 훈련	분	초	☆ ☆ ☆ ☆ ☆
	Ch 02 [작문] 공문서 개요 작성 **DAY 02** 亦功 문제 훈련	분	초	☆ ☆ ☆ ☆ ☆
	Ch 03 [작문] 내용 고쳐 쓰기 **DAY 03** 亦功 문제 훈련	분	초	☆ ☆ ☆ ☆ ☆
	Ch 04 [작문] 공문서 문장 고쳐 쓰기 **DAY 04** 亦功 문제 훈련	분	초	☆ ☆ ☆ ☆ ☆
PART 2 논리	**Ch 05** 반드시 참인 명제 **DAY 05** 亦功 문제 훈련	분	초	☆ ☆ ☆ ☆ ☆
	Ch 06 충분조건, 필요조건 **DAY 06** 亦功 문제 훈련	분	초	☆ ☆ ☆ ☆ ☆
	Ch 07 빈칸에 들어갈 결론 **DAY 07** 亦功 문제 훈련	분	초	☆ ☆ ☆ ☆ ☆
	Ch 08 생략된 전제 추론 **DAY 08** 亦功 문제 훈련	분	초	☆ ☆ ☆ ☆ ☆
PART 3 내용 추론	**Ch 09** 중심 내용 추론 **DAY 09** 亦功 문제 훈련	분	초	☆ ☆ ☆ ☆ ☆
	Ch 10 내용 추론 긍정 발문 **DAY 10** 亦功 문제 훈련	분	초	☆ ☆ ☆ ☆ ☆
	Ch 11 내용 추론 부정 발문 **DAY 11** 亦功 문제 훈련	분	초	☆ ☆ ☆ ☆ ☆
PART 4 빈칸 추론	**Ch 12** 빈칸 추론 **DAY 12** 亦功 문제 훈련	분	초	☆ ☆ ☆ ☆ ☆

학습일		풀이 시간		체감 난도
PART 5 빈칸 추론	**Ch 13** 밑줄 강화 약화 **DAY 13** 亦功 문제 훈련	분	초	☆ ☆ ☆ ☆ ☆
	Ch 14 일반 강화 약화 **DAY 14** 亦功 문제 훈련	분	초	☆ ☆ ☆ ☆ ☆
	Ch 15 <보기> 강화 약화 **DAY 15** 亦功 문제 훈련	분	초	☆ ☆ ☆ ☆ ☆
PART 6 순서 배열	**Ch 16** 순서 배열 **DAY 16** 亦功 문제 훈련	분	초	☆ ☆ ☆ ☆ ☆
PART 7 세트형 독해+어휘	**Ch 17** 문맥적 의미 추론 **DAY 17** 亦功 문제 훈련	분	초	☆ ☆ ☆ ☆ ☆
	Ch 18 바꿔 쓸 수 있는 유사한 표현 **DAY 18** 亦功 문제 훈련	분	초	☆ ☆ ☆ ☆ ☆
	Ch 19 지시 대상 추론 **DAY 19** 亦功 문제 훈련	분	초	☆ ☆ ☆ ☆ ☆
PART 8 문학+독해 결합형	**Ch 20** 현대 운문, 산문 **DAY 20** 亦功 문제 훈련	분	초	☆ ☆ ☆ ☆ ☆
	Ch 21 고전 운문, 산문 **DAY 21** 亦功 문제 훈련	분	초	☆ ☆ ☆ ☆ ☆
PART 9 문법+독해 결합형	**Ch 22** 형태론 **DAY 22** 亦功 문제 훈련	분	초	☆ ☆ ☆ ☆ ☆
	Ch 23 통사론 **DAY 23** 亦功 문제 훈련	분	초	☆ ☆ ☆ ☆ ☆
	Ch 24 음운론 **DAY 24** 亦功 문제 훈련	분	초	☆ ☆ ☆ ☆ ☆
	Ch 25 이외의 문법 영역 **DAY 25** 亦功 문제 훈련	분	초	☆ ☆ ☆ ☆ ☆

CONTENTS 이 책의 차례

박혜선 국어
출좋포 독해·논리 All In One

01

화법, 작문

[화법] 말하기 방식

Part 01 화법, 작문

화법이란 문장이나 담화에서 다른 사람의 말을 인용하여 재현하는 방법으로 공무원 국어 시험에는 말하기, 듣기를 실질적으로 측정할 수 없으므로 일반적으로 대화 참여자들의 대본을 독해하는 유형으로 출제됩니다.
요즘 대화 참여자들의 말하기 방식을 물어보는 문제가 매년 매 직렬 1~2문제씩 반드시 나오는 추세이며 이 추세는 2026년에도 계속될 예정입니다. 따라서 이 유형은 0순위 최빈출이라고 볼 수 있습니다.

2가지 유형으로 출제가 되나, 이 두 유형 모두 대화 참여자들의 의견 대립 양상을 확인하면 풀린다는 점에서 어렵지 않게 풀 수 있습니다.

여기에서 의견이 대립한다는 것은,
어떤 한 기준에 대해 반대되는 의견을 가짐을 의미한다.

정답 및 해설 p.292

 STEP 1 **말하기 방식**

01 다음 대화를 분석한 내용으로 적절하지 않은 것은? 2025. 국가직 9급

> 보은 : 기차가 달리고 있는 선로에 다섯 명의 인부가 일하고 있고, 그들에게 그 기차를 피할 시간적 여유는 없어. 그런데 스위치를 눌러서 선로를 변경하면 다섯 명의 인부 대신 다른 선로에 있는 한 사람이 죽게 돼. 이 선택의 딜레마 상황에서 너희들은 어떻게 할 거야?
>
> 소현 : 이런 경우엔 행위에 따른 결과가 선택의 기준이 된다고 생각해. 그래서 나는 스위치를 눌러서 한 명이 죽더라도 다섯 명을 살리는 선택을 할 거야. 그건 결과적으로 봤을 때 불가피한 조치 아니겠어?
>
> 은주 : 글쎄, 행위에 따른 결과보다 행위 자체의 도덕성을 기준에 두어야 하는 거 아니야? 행위 자체의 도덕성을 따진다면, 스위치를 눌러서 사람을 '죽이는 것'과 아무것도 하지 않고 '죽게 내버려 두는 것' 중에 당연히 살인에 해당하는 전자가 더 나쁘지.
>
> 보은 : 나도 그렇게 생각해. 스위치를 누르면 살인이고, 누르지 않으면 방관일 텐데, 법적인 측면에서 보더라도 전자는 후자보다 무겁게 처벌되잖아. 게다가 생명의 가치는 수량화할 수 없으니 한 사람보다 다섯 사람이 가지는 생명의 가치가 더 크다고 말할 수 없어.
>
> 영민 : 생명의 가치를 수량화할 수 없다는 데 원론적으로는 나도 동의해. 하지만 지금처럼 불가피한 선택의 상황에서 무엇보다 우선해야 할 것은 명확한 기준을 세우는 일이야. 나는 이 상황에서 어떻게 하면 죽는 사람의 수를 최소화하는가가 그 기준이 되어야 한다고 생각해.

① 스위치를 누르는 일을 살인으로 본다는 점에 대해 은주는 보은과 견해를 같이한다.

② 생명의 가치를 수량화할 수 없다는 점에 대해 영민은 원론적으로는 보은과 견해를 같이한다.

③ 선택의 딜레마 상황에서 소현은 행위에 따른 결과를, 은주는 행위 자체의 도덕성을 선택의 기준으로 삼는다.

④ 인명피해가 불가피한 선택의 상황에 놓인다면, 영민은 죽는 사람의 수를 최소화하는 선택을 하고, 소현은 그렇게 하지 않는다.

출종포 독해 亦功노트

1 중심 화제?

2 각 대화 참여자들의 말하기 방식

① 보은:

② 소현:

③ 은주:

④ 영민:

3 정답을 맞힐 객관적 단서?

정답

1 선택의 딜레마 상황

2 ① 보은: 선택의 딜레마 상황에서 "스위치를 누르면 살인이고, ~ 생명의 가치는 수량화할 수 없으니 한 사람보다 다섯 사람이 가지는 생명의 가치가 더 크다고 말할 수 없어."라며 스위치를 누르면 살인이며 생명의 가치는 수량화할 수 없다고 주장했다.

② 소현: "나는 스위치를 눌러서 한 명이 죽더라도 다섯 명을 살리는 선택을 할 거야. 그래서 나는 스위치를 눌러서 한 명이 죽더라도 다섯 명을 살리는 선택을 할 거야."라고 하며 행위에 따른 결과를 중시하고 있다. 더불어 생명의 가치를 수량화할 수 있다고 주장했다.

③ 은주: "행위에 따른 결과보다 행위 자체의 도덕성을 기준에 두어야 하는 거 아니야? ~ 당연히 살인에 해당하는 전자가 더 나쁘지."라고 하며 행위 자체의 도덕성을 더 중요한 기준으로 보고 있다. 또한 스위치를 누르면 살인이라고 보고 있다.

④ 영민: "생명의 가치를 수량화할 수 없다는 데 원론적으로는 나도 동의해. ~ 나는 이 상황에서 어떻게 하면 죽는 사람의 수를 최소화하는가가 그 기준이 되어야 한다고 생각해."라고 하며 생명의 가치는 수량화할 수 없는데 동의하지만 선택의 딜레마 상황에서는 죽는 사람의 수를 최소화해야 함을 주장하고 있다.

3 소현의 "그래서 나는 스위치를 눌러서 한 명이 죽더라도 다섯 명을 살리는 선택을 할 거야."라는 발화와 영민의 "나는 이 상황에서 어떻게 하면 죽는 사람의 수를 최소화하는가가 그 기준이 되어야 한다고 생각해."라는 발화를 통해 소현과 영민 모두 죽는 사람의 수를 줄이는 선택을 할 것임을 알 수 있다. 따라서 소현은 그렇게 하지 않는다는 것은 적절하지 않다.

정답 및 해설 p.292

신유형 STEP 2 | 의견의 대립 양상

亦功독해 빨리 푸는 전략!

1단계

〈보기〉를 보고
전체적인 느낌을 잡는다.

'대립한다 vs
대립하지 않는다'

'대립 = 반대'

2단계

1. 갑과 을이
반대되는지 보기

2. 병을 읽고
갑과 을의 관계는
어떤지 보기

---

01 갑~병의 주장을 분석한 내용으로 적절한 것만을 〈보기〉에서 모두 고르면?

2025. 인사혁신처 2차 샘플

갑 : 오늘날 사회는 계급 체계가 인간의 생활을 전적으로 규정하지 않는다. 실제로 많은 사람이 사회 이동을 경험하며, 전문직 자격증에 대한 접근성 또한 증가하였다. 인터넷은 상향 이동을 위한 새로운 통로를 제공하고 있다. 이에 따라서 전통적인 계급은 사라지고, 이제는 계급이 없는 보다 유동적인 사회질서가 새로 정착되었다.

을 : 지난 30년 동안 양극화는 더 확대되었다. 부가 사회 최상위 계층에 집중되는 것에 대한 우려가 커지고 있다. 과거 계급 불평등은 경제 전반의 발전을 위해 치를 수밖에 없는 일시적 비용이었다고 한다. 하지만 경제 수준이 향상된 지금도 이 불평등은 해소되지 않고 있다. 오늘날 세계화와 시장 규제 완화로 인해 빈부 격차가 심화되고 계급 불평등이 더 고착되었다.

병 : 오랫동안 지속되었던 계급의 전통적 영향력은 확실히 약해지고 있다. 하지만 현대사회에서 계급 체계는 여전히 경제적 불평등의 핵심으로 남아 있다. 사회 계급은 아직도 일생에 걸쳐 개인의 삶에 큰 영향을 미친다. 특정 계급의 구성원이라는 사실은 수명, 신체적 건강, 교육, 임금 등 다양한 불평등과 관련된다. 이는 계급의 종말이 사실상 실현될 수 없는 현실적이지 않은 주장이라는 점을 보여 준다.

〔보기〕

ㄱ. 갑의 주장과 을의 주장은 대립하지 않는다.
ㄴ. 을의 주장과 병의 주장은 대립하지 않는다.
ㄷ. 병의 주장과 갑의 주장은 대립하지 않는다.

---

① ㄱ
② ㄴ
③ ㄱ, ㄷ
④ ㄴ, ㄷ

1 중심 화제?

   :

2 이 글의 핵심 문장(지시어, 접속어) 뽑기

① 갑 :

② 을 :

③ 병 :

3 각 대화 참여자들의 의견 대립 양상 정리하기

① 갑 :

② 을 :

③ 병 :

정답 🔒

1 '현대 사회는 불평등한 계급 사회인가'에 대한 의견 대립

2 ① 갑 : "이에 따라서 전통적인 계급은 사라지고, 이제는 계급이 없는 보다 유동적인 사회질서가 새로 정착되었다."라고 하며 현대 사회에는 계급이 없다고 주장했다.
② 을 : "하지만 경제 수준이 향상된 지금도 이 불평등은 해소되지 않고 있다. 오늘날 세계화와 시장 규제 완화로 인해 빈부 격차가 심화되고 계급 불평등이 더 고착되었다."라고 하며 현대 사회에는 경제적 불평등이 존재하는 계급 사회임을 주장하고 있다.
③ 병 : "하지만 현대사회에서 계급 체계는 여전히 경제적 불평등의 핵심으로 남아 있다."라고 하며 현대 사회에는 경제적 불평등이 존재하는 계급 사회임을 주장하고 있다.

3 ① 갑은 을, 병과 대립한다.
② 을은 갑과는 대립하나, 병과는 대립하지 않는다.
③ 병은 갑과는 대립하나, 을과는 대립하지 않는다.

亦功 문제 훈련 : [화법] 말하기 방식

Day 01 해설 영상은 '만점 출좋포 문제 훈련' 강의에서 꼭 해설 강의를 참고해 주세요.

01 다음 대화를 분석한 내용으로 가장 적절한 것은? 2025. 인사혁신처 1차 샘플

> 갑 : 전염병이 창궐했을 때 마스크를 착용하는 것은 당연한 일인데, 그것을 거부하는 사람이 있다니 도대체 이해가 안 돼.
> 을 : 마스크 착용을 거부하는 사람들을 무조건 비난하지 말고 먼저 왜 그러는지 정확하게 이유를 파악하는 것이 필요해.
> 병 : 그 사람들은 개인의 자유가 가장 존중받아야 하는 기본권이라고 생각하기 때문일 거야.
> 갑 : 개인의 자유로운 선택이 타인의 생명을 위협한다면 기본권이라 하더라도 제한하는 것이 보편적 상식 아닐까?
> 병 : 맞아. 개인이 모여 공동체를 이루는데 나의 자유만을 고집하면 결국 사회는 극단적 이기주의에 빠져 붕괴하고 말 거야.
> 을 : 마스크를 쓰지 않는 행위를 윤리적 차원에서만 접근하지 말고, 문화적 차원에서도 고려할 필요가 있어. 어떤 사회에서는 얼굴을 가리는 것이 범죄자의 징표로 인식되기도 해.

① 화제에 대해 남들과 다른 측면에서 탐색하는 사람이 있다.
② 자신의 의견이 반박되자 질문을 던져 화제를 전환하는 사람이 있다.
③ 대화가 진행되면서 논점에 대한 찬반 입장이 바뀌는 사람이 있다.
④ 사례의 공통점을 종합하여 자신의 주장을 강화하는 사람이 있다.

02 다음 대화를 분석한 내용으로 가장 적절한 것은?

> 갑 : 요즘 교통사고가 너무 빈번하게 일어나는 것 같아. 음주운전이 큰 문제야.
> 을 : 음주운전을 하는 사람들을 비난하는 것보다, 왜 그들이 음주 후에도 운전을 결심하게 되는지 이해해 보는 것이 중요할 것 같아.
> 병 : 아마도 그 사람들은 술에 취했을 때 이성적인 판단이 흐려져서 안전을 경시하기 때문일 거야.
> 갑 : 술을 마셨을 때 운전하는 것이 자신뿐만 아니라 다른 사람의 생명도 위협한다면, 술을 마시고 운전하지 않도록 엄격하게 처벌하는 것이 필요하다고 생각해.
> 병 : 맞아. 개인의 잘못된 판단이 사회에 큰 피해를 줄 수 있으니 이를 막는 규제가 최우선이야.
> 을 : 음주운전에 대한 처벌을 강화하는 것만이 답이 아닐 수도 있어. 스웨덴에서는 음주운전에 대한 교육을 통해 문제를 해결하려고 노력하거든.

① 대화 참여자 중 두 명 이상이 처벌보다 문제 이해가 중요하다는 태도를 보인다.
② 어떤 대화 참여자는 다른 국가의 사례를 언급하며 문제의 해결 방안을 넓은 관점에서 바라보려 한다.
③ 대화 참여자들은 모두 음주운전을 전적으로 비난하는 입장을 취하고 있다.
④ 대화 참여자 중 한 명은 의견을 철회하고 다른 참여자의 주장에 동의하는 입장을 보인다.

03 다음 대화를 분석한 내용으로 가장 적절한 것은?

> 갑 : 요즘 로봇 기술이 정말 빠르게 발전하고 있잖아. 특히 생산 현장에서 로봇이 사람 대신 일하게 되는 경우가 많아진 것 같아.
>
> 을 : 맞아, 그래서 일자리 감소에 대한 우려도 커지고 있지. 로봇이 단순 작업뿐 아니라 복잡한 업무까지 수행하게 되면, 많은 사람들이 직업을 잃을 수도 있을 거야.
>
> 병 : 나는 기술 발전이 꼭 일자리 감소로 이어지기보다는 새로운 일자리를 창출할 가능성도 있다고 생각해. 로봇을 관리하고 유지 보수하는 일처럼 새로운 직무가 생길 수 있잖아.
>
> 갑 : 그렇다고 하더라도, 대규모로 일자리가 사라지면 단기적으로는 사회에 큰 혼란을 줄 수도 있지 않을까?
>
> 을 : 그렇지. 그래서 로봇 도입에 대한 적절한 규제와 노동자 지원 정책이 필요하다고 봐. 변화에 적응할 수 있도록 사회적인 준비가 필요할 것 같아.

① 대화 참여자들은 논의를 통해 각자의 입장을 수정하며 의견을 좁혀가고 있다.

② 갑과 을은 로봇으로 인해 일자리가 사라지는 것에 대해 의견을 같이 한다.

③ 을과 병은 로봇이 새로운 일자리를 만들어내는 것에 대해 의견을 같이 한다.

④ 갑과 병은 로봇 도입에 대한 적절한 정책의 필요성에 대해 대립하는 입장을 보인다.

04 갑~병의 주장을 분석한 내용으로 적절한 것만을 〈보기〉에서 모두 고르면?

> 갑 : 행위의 도덕성은 그 행위가 따르는 원칙의 정당성에 의해 결정된다. 도덕적 행위는 보편적인 도덕 법칙을 준수하는 것이며, 그 결과와는 무관하다. 의무를 다하는 것이 중요하며, 어떤 상황에서도 도덕적 원칙을 지켜야 한다. 따라서 결과보다 동기와 의도가 중요하며, 도덕적 판단은 행위의 의도를 기준으로 해야 한다.
>
> 을 : 행위의 도덕성은 그 행위가 가져오는 결과에 의해 판단되어야 한다. 최대 다수의 최대 행복을 추구하는 것이 도덕적 행위의 기준이 된다. 따라서 어떤 행위가 더 많은 사람에게 더 큰 이익을 가져다준다면, 그 행위는 도덕적이다. 결과를 고려하지 않고 원칙만을 따르는 것은 현실적이지 않으며, 도덕적 판단은 행위의 결과를 중심으로 이루어져야 한다.
>
> 병 : 도덕성은 행위자의 품성과 덕성에 의해 결정되는 것이 옳다. 행위 그 자체보다는 행위자가 어떤 덕을 지니고 있는지가 중요하다. 올바른 품성을 갖춘 사람은 자연스럽게 도덕적 원칙을 따르게 되어 있다. 따라서 어떤 결과가 나오든 필수적으로 지켜야 하는 도덕 원리를 교육하여 개인의 덕성을 함양하는 것이 도덕의 핵심이다.

──────────〔보기〕──────────

ㄱ. 갑의 주장과 을의 주장은 대립한다.

ㄴ. 을의 주장과 병의 주장은 대립하지 않는다.

ㄷ. 병의 주장과 갑의 주장은 대립한다.

① ㄱ

② ㄴ

③ ㄱ, ㄴ

④ ㄴ, ㄷ

📝 내가 이 문제를 틀린 이유 **체크 리스트**

V	이유	틀린 문제 번호	보완 방법
☐	시간 촉박	___번	
☐	내용 이해 부족	___번	
☐	발문 착각	___번	
☐	오답 패턴 미숙지	___번	
☐	선지 분석 부족	___번	

[작문] 공문서 개요 작성

작문이란 '학습자가 자기의 감상이나 생각을 글로써 표현하는 산문'을 의미합니다.
'[작문] 공문서 개요 작성'은 인사혁신처의 1차 샘플에만 출제가 되었으나
2025 국가직 9급, 지방직 9급에도 출제되었으므로 꼭 정복을 해야 하는 유형입니다.

개요 작성 문제는 반드시 혜선 쌤이 알려 드리는
"개요 작성과 관련된 배경 지식과 야매꼼수"를 명확하게 익히셔야 쉽게 푸실 수 있습니다.

출좋포 독해 이론   [작문] 공문서 개요 작성

개요란 간결하게 추려낸 주요 내용을 의미하는 것으로
주로 '처음(서론) − 중간(본론) − 끝(결론)'의 3단 구성의 구조로 나타난다.

제목 : 문제 푸는 데 기준이 되므로 꼭 잘 보기 ★★★

(서론) Ⅰ. 개념 정의 및 문제 제기

     1. 개념 정의

     2. 문제 제기

(본론) Ⅱ. 문제점의 원인

     1. 원인 a

     2. 원인 b

(본론) Ⅲ. 해결 방안

     1. 원인 a를 해결할 수 있는 방안

     2. 원인 b를 해결할 수 있는 방안

(결론) Ⅳ. 기대 효과와 향후 과제

     1. 기대 효과

     2. 향후 과제

┌ 지침 ┐

- 서론은 중심 소재의 개념 정의와 문제 제기를 1개의 장으로 작성할 것.

- 본론은 제목에서 밝힌 내용을 2개의 장으로 구성하되, 각 장의 하위 항목끼리 대응되도록 작성할 것.

- 결론은 기대 효과와 향후 과제(개인·기업·정부 측면)를 1개의 장으로 작성할 것.

┌ 개요 ┐

제목: 공공장소 흡연의 문제점과 해결 방안

I. 서론

  1. 공공장소 흡연의 기준

  2. 공공장소 흡연의 증가 추세

II. 공공장소 흡연의 문제점

  1. 비흡연자의 간접흡연으로 인한 건강 문제

  2. 흡연자와 비흡연자 사이의 갈등

III. 공공장소 흡연 해결 방안

  1. 흡연 구역 추가 마련

  2. 흡연자의 바른 인식을 위한 교육 및 지원

IV. 결론

  1. 간접흡연 피해 감소

  2. • 개인: 규정 준수와 인식 개선

    • 기업: 기업의 SNS, 웹사이트, 사내 뉴스레터 등을 활용하여 흡연의 부정적 영향을 적극적으로 홍보

    • 정부: 공공장소 흡연 규제 강화 및 명확한 법적 기준 마련

亦功독해 빨리 푸는 전략!

1단계

제목과 상위 항목의
내용을 파악하기

2단계

상위 항목(문제 발생
원인)과 하위 항목
(개선 방안)이
1:1 대응하는지 보기

신유형 STEP 1 **[작문] 공문서 빈칸 개요 작성**

01 〈개요〉의 빈칸에 들어갈 내용으로 적절하지 <u>않은</u> 것은? 2025. 국가직 9급

〔개요〕

- 제목 : 청소년 아르바이트의 실태와 노동 문제 개선 방안

Ⅰ. 청소년 아르바이트의 실태
　　1. 열악한 노동 환경 및 복지 혜택 부족
　　2. 임금 체불 및 최저 임금제 위반
　　3. 사업장 내의 빈번한 폭언 및 폭행 발생

Ⅱ. 청소년 아르바이트의 노동 문제 발생 원인
　　1. 청소년의 노동 환경에 대한 실효성 있는 제도 부족
　　2. 노동 관계법에 관한 청소년 고용 업주의 인식 부족
　　3. 청소년 노동자의 인권을 존중하지 않는 사회의 통념

Ⅲ. 청소년 아르바이트의 노동 문제 개선 방안

　　

① 청소년의 노동 환경 개선을 위한 제도 정비
② 청소년 고용 업주에 대한 노동 관계법 교육과 지도 확대
③ 청소년 노동자의 인권 보호를 위한 사회적 교육 기관 설립
④ 청소년 고용 업체 규모 축소를 위한 정부의 지속적인 감독과 단속

[작문] 공문서 빈칸 개요 작성

01 〈개요〉의 빈칸에 들어갈 내용으로 적절하지 않은 것은? 2025. 국가직 9급

〔개요〕

• 제목: 청소년 아르바이트의 실태와 노동 문제 개선 방안

Ⅰ. 청소년 아르바이트의 실태

  1. 열악한 노동 환경 및 복지 혜택 부족

  2. 임금 체불 및 최저 임금제 위반

  3. 사업장 내의 빈번한 폭언 및 폭행 발생

Ⅱ. 청소년 아르바이트의 노동 문제 발생 원인

  1. 청소년의 노동 환경에 대한 실효성 있는 제도 부족

  2. 노동 관계법에 관한 청소년 고용 업주의 인식 부족

  3. 청소년 노동자의 인권을 존중하지 않는 사회의 통념

Ⅲ. 청소년 아르바이트의 노동 문제 개선 방안

순서대로
1:1
대응

① 청소년의 노동 환경 개선을 위한 제도 정비

② 청소년 고용 업주에 대한 노동 관계법 교육과 지도 확대

③ 청소년 노동자의 인권 보호를 위한 사회적 교육 기관 설립

④ 청소년 고용 업체 규모 축소를 위한 정부의 지속적인 감독과 단속

정답 및 해설 p.294

신유형 STEP 2 [작문] 지침에 따른 공문서 개요 작성

亦功독해 빨리 푸는 전략!

1단계

〈지침〉 첫 번째 보고
　　㉠ 보고
　　㉡ 보기

〈지침〉 두 번째 보고
　　㉢ 보고
　　㉣ 보기

2단계

〈지침〉에 드러난
내용이 잘 들어갔는지
확인하기

상위 항목이 하위 항목을
잘 포괄하는지 확인하기

상위 항목과 하위 항목이
1:1 대응하는지 보기

나에게 기본 상식이
잘 장착되었는지
확인하기

---

02 〈지침〉에 따라 〈개요〉를 작성할 때 ㉠~㉣에 들어갈 내용으로 적절하지 않은 것은?

〔지침〕

- 서론은 중심 소재의 개념 정의와 문제 제기를 1개의 장으로 작성할 것.
- 본론은 제목에서 밝힌 내용을 2개의 장으로 구성하되 각 장의 하위 항목끼리 대응되도록 작성할 것.
- 결론은 기대 효과와 향후 과제를 1개의 장으로 작성할 것.

〔개요〕

- 제목: 복지 사각지대의 발생 원인과 해소 방안

Ⅰ. 서론
　1. 복지 사각지대의 정의
　2. ㉠

Ⅱ. 복지 사각지대의 발생 원인
　1. ㉡
　2. 사회복지 담당 공무원의 인력 부족

Ⅲ. 복지 사각지대의 해소 방안
　1. 사회적 변화를 반영하여 기존 복지 제도의 미비점 보완
　2. ㉢

Ⅳ. 결론
　1. ㉣
　2. 복지 사각지대의 근본적이고 지속가능한 해소 방안 마련

① ㉠: 복지 사각지대의 발생에 따른 사회 문제의 증가
② ㉡: 사회적 변화를 반영하지 못한 기존 복지 제도의 한계
③ ㉢: 사회복지 업무 경감을 통한 공무원 직무 만족도 증대
④ ㉣: 복지 혜택의 범위 확장을 통한 사회 안전망 강화

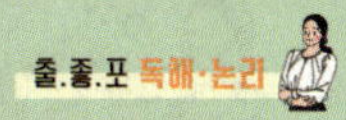

신유형 STEP 2 [작문] 지침에 따른 공문서 개요 작성

02 〈지침〉에 따라 〈개요〉를 작성할 때 ㉠~㉣에 들어갈 내용으로 적절하지 않은 것은?

〔지침〕

- 서론은 중심 소재의 개념 정의와 문제 제기를 1개의 장으로 작성할 것.
- 본론은 제목에서 밝힌 내용을 2개의 장으로 구성하되 각 장의 하위 항목끼리 대응되도록 작성할 것.
- 결론은 기대 효과와 향후 과제를 1개의 장으로 작성할 것.

〔개요〕

- 제목 : 복지 사각지대의 발생 원인과 해소 방안

I. 서론

  1. 복지 사각지대의 정의

  2. ㉠

II. 복지 사각지대의 발생 원인

  1. ㉡

  2. 사회복지 담당 공무원의 인력 부족

III. 복지 사각지대의 해소 방안

  1. 사회적 변화를 반영하여 기존 복지 제도의 미비점 보완

  2. ㉢

IV. 결론

  1. ㉣

  2. 복지 사각지대의 근본적이고 지속가능한 해소 방안 마련

1:1 대응

1:1 대응

① ㉠: 복지 사각지대의 발생에 따른 사회 문제의 증가 (문제제기 ○)

② ㉡: 사회적 변화를 반영하지 못한 기존 복지 제도의 한계 (II.1과 III.1이 잘 대응함 ○)

③ ㉢: 사회복지 업무 경감을 통한 공무원 직무 만족도 증대 (II.2에 대응하는 해소방안으로 적절 ×)

④ ㉣: 복지 혜택의 범위 확장을 통한 사회 안전망 강화 (기대효과 ○)

亦功 문제 훈련 : [작문] 공문서 개요 작성

Day 02 해설 영상은 '만점 출좋포 문제 훈련' 강의에서 꼭 해설 강의를 참고해 주세요.

01 〈지침〉에 따라 〈개요〉를 작성할 때 ㉠~㉣에 들어갈 내용으로 적절하지 않은 것은?

〔지침〕

- 서론은 중심 소재의 개념 정의와 문제 제기를 1개의 장으로 작성할 것.
- 본론은 제목에서 밝힌 내용을 2개의 장으로 구성하되 각 장의 하위 항목끼리 대응되도록 작성할 것.
- 결론은 기대 효과와 향후 과제를 1개의 장으로 작성할 것.

〔개요〕

- 제목 : 원격 근무의 장단점과 효율성 제고 방안

Ⅰ. 서론
  1. 원격 근무의 정의
  2. ㉠

Ⅱ. 원격 근무의 장단점
  1. ㉡
  2. 업무 효율 저하와 소통 문제

Ⅲ. 원격 근무 효율성 제고 방안
  1. 효과적인 디지털 협업 도구 활용
  2. ㉢

Ⅳ. 결론
  1. ㉣
  2. 직장 문화 변화와 지속적 기술 교육 필요성

① ㉠ : 감염병으로 인한 팬데믹의 영향
② ㉡ : 업무 집중력 저하
③ ㉢ : 명확한 커뮤니케이션 규칙 설정
④ ㉣ : 업무 생산성 향상 및 비용 절감

02 〈지침〉에 따라 〈개요〉를 작성할 때 ㉠~㉣에 들어갈 내용으로 적절하지 <u>않은</u> 것은?

〔지침〕

- 서론에서는 주제의 배경을 설명하고 현 상황을 진단할 것.
- 본론은 주제를 세 가지 주요 측면으로 나누어 세부 내용을 구성할 것.
- 결론에서는 구체적인 실행 방안을 제시할 것.

〔개요〕

- 제목: 탈진실 시대의 정보 왜곡 문제와 대응 방안

Ⅰ. 서론
   1. 탈진실 시대의 등장 배경과 개념
   2. ㉠

Ⅱ. 정보 왜곡의 주요 원인과 문제점
   1. 알고리즘 기반 콘텐츠 추천 시스템의 부작용
   2. ㉡
   3. 정보 검증 체계 부재로 인한 허위 정보 확산

Ⅲ. 정보 왜곡 문제의 대응 방안
   1. 어떤 기준으로 추천되는지 알고리즘 투명성 강화
   2. 시민 정보 리터러시 교육 프로그램 도입
   3. ㉢

Ⅳ. 결론
   1. ㉣
   2. 정보 신뢰도 회복을 위한 국제 협력과 규제 필요

① ㉠: 탈진실 시대에서 허위 정보가 여론 형성에 미치는 영향
② ㉡: 가짜 뉴스를 판별하고 비판적으로 사고하는 교육 프로그램 구축
③ ㉢: 허위 정보 확산 방지를 위한 검열 체계 구축
④ ㉣: 정보 왜곡 해결을 위한 팩트체크 플랫폼의 효과에 대한 논의 필요

03 〈지침〉에 따라 〈개요〉를 작성할 때 ㉠~㉣에 들어갈 내용으로 적절하지 않은 것은?

〔지침〕
- 서론은 중심 소재의 배경을 설명한 후 문제를 제기하는 형태로 구성할 것
- 본론은 제목에서 밝힌 내용을 2개의 장으로 구성하되 각 장의 하위 항목이 대응되도록 할 것
- 결론은 기대 효과와 향후 과제를 1개의 장으로 작성할 것.

〔개요〕
- 제목 : 청소년 우울증의 원인과 대처 방안
- Ⅰ. 서론
  1. 청소년 우울증의 증가 배경
  2. ㉠
- Ⅱ. 청소년 우울증의 주요 원인과 그 결과
  1. ㉡
  2. 가정 내 갈등과 학교 폭력
- Ⅲ. 청소년 우울증 예방 및 치료 방안
  1. 학업 스트레스 해소를 위한 학교문화프로그램 강화
  2. ㉢
- Ⅳ. 결론
  1. ㉣
  2. 청소년 정신건강 문제 해결을 위한 사회적 관심과 지원 필요

① ㉠: 청소년 정신건강 문제로 인한 자살 청소년 증가
② ㉡: 과도한 SNS 노출로 인한 스트레스 증가
③ ㉢: 학교 상담 프로그램 강화 및 전문 상담인력 확충
④ ㉣: 청소년의 자아 존중감 회복

04 〈지침〉에 따라 〈개요〉를 작성할 때 ㉠~㉣에 들어갈 내용으로 적절하지 않은 것은?

━〔지침〕━
- 서론은 일회용품 사용 금지 정책의 도입 배경과 현황을 설명할 것
- 본론은 일회용품 사용 금지 정책이 환경에 미치는 긍정적 및 부정적 영향을 각각 1개 장으로 나누어 설명할 것
- 결론은 일회용품 사용 금지 정책의 효과와 향후 과제를 제시할 것

━〔개요〕━
- 제목: 일회용품 사용 금지 정책의 장단점과 향후 화제
- Ⅰ. 서론
  1. 일회용품 사용 금지 정책의 도입 배경
  2. ┃ ㉠ ┃
- Ⅱ. 일회용품 사용 금지의 긍정적 영향
  1. 쓰레기 배출 감소로 인한 환경 보호
  2. ┃ ㉡ ┃
- Ⅲ. 일회용품 사용 금지의 부정적 영향
  1. 대체품 사용으로 인한 비용 증가
  2. ┃ ㉢ ┃
- Ⅳ. 결론
  1. ┃ ㉣ ┃
  2. 일회용품 사용 금지 정책의 성공적 정착을 위한 사회적 노력 필요

① ㉠: 2022년부터 일회용품 사용 금지 정책을 시행 중인 환경부
② ㉡: 일회용품 폐기물 처리 비용 절감
③ ㉢: 일회용품 대체품의 환경적 영향에 대한 의문
④ ㉣: 일회용품 사용 금지 정책을 통한 환경적, 경제적, 사회적 효과

📝 내가 이 문제를 틀린 이유 체크 리스트

∨	이유	틀린 문제 번호	보완 방법
☐	시간 촉박	＿＿ 번	
☐	내용 이해 부족	＿＿ 번	
☐	발문 착각	＿＿ 번	
☐	오답 패턴 미숙지	＿＿ 번	
☐	선지 분석 부족	＿＿ 번	

Chapter 03

[작문] 내용 고쳐 쓰기

Part 01 화법, 작문

亦功독해 빨리 푸는 전략!

1단계

발문을 보고
긍정 발문이면
㉠~㉣ 중 틀린 내용이
답이 됨을 인지하고
바로 제시문 읽기

2단계

밑줄 친 ㉠~㉣이 맞는지
틀린지는 앞뒤의 단서를
통해 판단해야 함을 알기

3단계

틀린 내용을 발견하면
선지로 가서
잘 고쳤는지 확인하기

2025년 출제 기조 변화에 따라
인사혁신처는 1차 샘플과 2차 샘플에 공통적으로 내용 고쳐 쓰기 문제를 출제하였습니다.
내용 고쳐 쓰기 유형은 어법을 고치는 것이 아니라
문맥의 내용에 맞지 않는 부분을 고쳐 쓰는 유형입니다.
이 유형은 문제를 맞히는 것도 중요하지만 빠르게 푸는 것이 중요한 유형으로
혜선 쌤이 알려주는 야매꼼수를 알고 문제를 푼다면 효과적으로 시간을 절약할 수 있습니다.
밑줄 친 부분만 읽어서는 안 되며 답의 단서가 밑줄 앞뒤에 있음을 유념해야 합니다.

정답 및 해설 p.295

신유형  **STEP 1** [작문] 내용 고쳐 쓰기 긍정 발문

01 다음 글의 ㉠~㉣ 중 어색한 곳을 찾아 가장 적절하게 수정한 것은? 2025. 국가직 9급

소리는 보통 귀로 듣는다고 생각한다. 그렇지만 앰프에서 강력한 저음이 흘러나오는 것을 듣고 몸이 흔들리는 것을 경험할 때, 우리는 소리를 몸으로 느낀다고 생각하기도 한다. 가청 주파수 대역의 하한인 20 Hz보다 낮은 주파수의 진동이 발생하면 ㉠우리의 몸은 흔들리지만 귀로는 아무것도 듣지 못한다. 우리는 이 들리지 않는 진동을 '초저주파음'이라고 부른다. ㉡귀에 들리지 않는 진동도 소리로 간주할 수 있다는 생각에서이다.

높은 주파수의 영역에서도 귀에 들리지 않는 진동이 있다. ㉢사람은 보통 20,000 Hz 이상의 진동이 귀에 도달하면 소리로 인식한다. 가청 주파수 대역의 상한을 넘겨서 더 높은 주파수의 진동이 발생하면 사람의 귀에 들리지 않는 것이다. 이때의 음파를 '초음파'라고 부른다.

사람과 동물은 가청 주파수 대역이 다르다. 그래서 동물은 사람에게 들리지 않는 소리를 들을 수 있다. 예컨대 우리와 가까이 지내는 개의 경우, 가청 주파수 대역의 하한은 사람과 비슷하지만 50,000 Hz의 진동까지 소리로 인식할 수 있다. 그래서 개는 사람이 듣지 못하는 기적을 알아차리기도 한다. 이는 개의 가청 주파수 대역이 ㉣사람의 가청 주파수 대역보다 넓기 때문이다.

① ㉠: 우리의 몸이 흔들리지 않을 뿐 귀로는 저음을 들을 수 있다

② ㉡: 귀에 들리지 않는 진동은 소리로 간주할 수 없다는 생각에서이다

③ ㉢: 사람은 보통 20,000 Hz 이상의 진동이 귀에 도달하면 소리로 인식하지 못한다

④ ㉣: 사람의 가청 주파수 대역보다 좁기 때문이다

[작문] 내용 고쳐 쓰기 긍정 발문

01 다음 글의 ㉠~㉢ 중 어색한 곳을 찾아 가장 적절하게 수정한 것은? 2025. 국가직 9급

> 소리는 보통 귀로 듣는다고 생각한다. 그렇지만 앰프에서 강력한 저음이 흘러나오는 것을 듣고 몸이 흔들리는 것을 경험할 때, 우리는 소리를 몸으로 느낀다고 생각하기도 한다. 가청 주파수 대역의 하한인 20 Hz보다 낮은 주파수의 진동이 발생하면 ㉠우리의 몸은 흔들리지만 귀로는 아무것도 듣지 못한다. 우리는 이 들리지 않는 진동을 '초저주파음'이라고 부른다. ㉡귀에 들리지 않는 진동도 소리로 간주할 수 있다는 생각에서이다.
>
> 높은 주파수의 영역에서도 귀에 들리지 않는 진동이 있다. ㉢사람은 보통 20,000 Hz 이상의 진동이 귀에 도달하면 소리로 인식한다. 가청 주파수 대역의 상한을 넘겨서 더 높은 주파수의 진동이 발생하면 사람의 귀에 들리지 않는 것이다. 이때의 음파를 '초음파'라고 부른다.
>
> 사람과 동물은 가청 주파수 대역이 다르다. 그래서 동물은 사람에게 들리지 않는 소리를 들을 수 있다. 예컨대 우리와 가까이 지내는 개의 경우, 가청 주파수 대역의 하한은 사람과 비슷하지만 50,000 Hz의 진동까지 소리로 인식할 수 있다. 그래서 개는 사람이 듣지 못하는 기척을 알아차리기도 한다. 이는 개의 가청 주파수 대역이 ㉢사람의 가청 주파수 대역보다 넓기 때문이다.

① ㉠: 우리의 몸이 흔들리지 않을 뿐 귀로는 저음을 들을 수 있다

② ㉡: 귀에 들리지 않는 진동은 소리로 간주할 수 없다는 생각에서이다

③ ㉢: 사람은 보통 20,000 Hz 이상의 진동이 귀에 도달하면 소리로 인식하지 못한다 **(O)**

④ ㉢: 사람의 가청 주파수 대역보다 좁기 때문이다

亦功독해 빨리 푸는 전략!

1단계

발문을 보고
부정 발문이면
㉠~㉣ 중 옳은 내용이
답이 됨을 인지하고
바로 제시문 읽기

2단계

밑줄 친 ㉠~㉣이 맞는지
틀린지는 앞뒤의 단서를
통해 판단해야 함을 알기

3단계

옳은 내용을 발견하면
선지로 가서
잘못 고쳤는지 확인하기

신유형 STEP 2 [작문] 내용 고쳐 쓰기 부정 발문

01 ㉠~㉣ 중 어색한 곳을 찾아 수정하는 방안으로 가장 적절하지 않은 것은?

192년 전 프랑스의 정치사상가 알렉시스 토크빌은 미국의 13개 주를 방면하여 9개월간 체류하며, 프랑스혁명이 민주혁명으로 진전되지 못하는 이유를 미국의 민주주의에서 찾으려 하였다. 미국은 프랑스에 비하면 신생국에 불과했고 ㉠ 여러 면에서 우월하다고 간주되었지만, 어떻게 성공적으로 민주주의가 정착할 수 있었는지 의문을 갖고 있었던 것이다. 알렉시스 토크빌은 미국 사회를 ㉡ 보편화된 평등의 조건이 가동되는 사회라고 규정하고 이것이 민주주의를 가동하는 동력이 되었다고 이해하였다. 미대륙은 영국의 입헌군주제 정치와 종교의 박해를 받았던 청교도 개척민들이 대거 이주한 곳이었다. 그들에게 민주주의란 프랑스에서처럼 문서나 계몽 사상가의 이론으로 배우는 것이 아니라 ㉢ 미지의 땅에 유럽의 정치이론을 뿌리내리기 위한 차원에서 서로 의지하면서 협력할 수밖에 없었던 공동체 생활방식으로서의 ㉣ 이론적 민주주의였다. 또한 미국 지방 민주주의의 근간이 된 타운미팅과 타운십 제도는 미국의 지방자치 기초로 자리 잡았기에 미국의 민주주의는 성공적으로 성장할 수 있었다.

① ㉠: 여러 면에서 부족하다고
② ㉡: 신분주의의 기초에 입각한 차등의 조건
③ ㉢: 미지의 땅에서 생존과 안전 차원
④ ㉣: 실천적 민주주의

신유형 STEP 2 [작문] 내용 고쳐 쓰기 부정 발문

01 ㉠~㉣ 중 어색한 곳을 찾아 수정하는 방안으로 가장 적절하지 않은 것은?

192년 전 프랑스의 정치사상가 알렉시스 토크빌은 미국의 13개 주를 방면하여 9개월간 체류하며, 프랑스혁명이 민주혁명으로 진전되지 못하는 이유를 미국의 민주주의에서 찾으려 하였다. 미국은 프랑스에 비하면 신생국에 불과했고 ㉠ 여러 면에서 우월하다고 간주되었지만, 어떻게 성공적으로 민주주의가 정착할 수 있었는지 의문을 갖고 있었던 것이다. 알렉시스 토크빌은 미국 사회를 ㉡ 보편화된 평등의 조건이 가동되는 사회라고 규정하고 이것이 민주주의를 가동하는 동력이 되었다고 이해하였다. 미대륙은 영국의 입헌군주제 정치와 종교의 박해를 받았던 청교도 개척민들이 대거 이주한 곳이었다. 그들에게 민주주의란 프랑스에서처럼 문서나 계몽 사상가의 이론으로 배우는 것이 아니라 ㉢ 미지의 땅에 유럽의 정치이론을 뿌리대리기 위한 차원에서 서로 의지하면서 협력할 수밖에 없었던 공동체 생활방식으로서의 ㉣ 이론적 민주주의였다. 또한 미국 지방 민주주의의 근간이 된 타운미팅과 타운십 제도는 미국의 지방자치 기초로 자리 잡았기에 미국의 민주주의는 성공적으로 성장할 수 있었다.

→ 이미 옳은 것을 적절하게 고치지 않은 것!

① ㉠: 여러 면에서 부족하다고 (O) → 미국은 신생국에 불과했으므로 '부족'했을 것이다.

② ㉡: 신분주의의 기초에 입각한 차등의 조건 → 성공적으로 민주주의가 정착되었다고 했으므로 '신분주의' '차등'으로 수정해서는 안 됨

③ ㉢: 미지의 땅에서 생존과 안전 차원 (O)

④ ㉣: 실천적 민주주의 (O)
↳ 이론이 아니라 서로 의지하면서 협력하는 '실천적' 민주주의

↳ 이론으로 배우는 것이 아니라 개척민들이 '미지의 땅에서 생존과 안전 차원'에서 만든 민주주의였을 것이다.

亦功 문제 훈련 : [작문] 내용 고쳐 쓰기

Day 03 해설 영상은 '만점 출좋포 문제 훈련' 강의에서 꼭 해설 강의를 참고해 주세요.

01 다음 글의 ㉠~㉣ 중 어색한 곳을 찾아 가장 적절하게 수정한 것은? 2025. 인사혁신처 2차 샘플

> 언어는 랑그와 파롤로 구분할 수 있다. 랑그는 머릿속에 내재되어 있는 추상적인 언어의 모습으로, 특정한 언어공동체가 공유하고 있는 기호체계를 가리킨다. 반면에 파롤은 구체적인 언어의 모습으로, 의사소통을 위해 랑그를 사용하는 개인적인 행위를 의미한다.
>
> 언어학자들은 흔히 ㉠랑그를 악보에 비유하고, 파롤을 실제 연주에 비유하곤 하는데, 악보는 고정되어 있지만 실제 연주는 그 고정된 악보를 연주하는 사람에 따라 달라지기 마련이다. 그러니까 ㉡랑그는 여러 상황에도 불구하고 변하지 않고 기본을 이루는 언어의 본질적인 모습에 해당한다. 한편 '책상'이라는 단어를 발음할 때 사람마다 발음되는 소리는 다르기 때문에 '책상'에 대한 발음은 제각각일 수밖에 없다. 여기서 ㉢실제로 발음되는 제각각의 소리값이 파롤이다.
>
> 랑그와 파롤 개념과 비슷한 것으로 언어능력과 언어수행이 있다. 자기 모국어에 대해 사람들이 내재적으로 가지고 있는 지식이 언어능력이고, 사람들이 실제로 발화하는 행위가 언어수행이다. ㉣파롤이 언어능력에 대응한다면, 랑그는 언어수행에 대응한다.

① ㉠: 랑그를 실제 연주에 비유하고, 파롤을 악보에 비유하곤
② ㉡: 랑그는 여러 상황에 맞춰 변화하는 언어의 본질적인 모습
③ ㉢: 실제로 발음되는 제각각의 소리값이 랑그
④ ㉣: 랑그가 언어능력에 대응한다면, 파롤은 언어수행에 대응

02 다음 글의 ㉠~㉣ 중 어색한 곳을 찾아 가장 적절하게 수정한 것은?

　　인지 심리학에서 정보 처리 방식은 두 가지로 나뉜다. 탑다운 처리와 바텀업 처리이다. 탑다운 처리는 ㉠ <u>의미 가지고 있는 지식이나 기대를 바탕으로 새로운 정보를 해석하는 방식</u>이다. 이 방식에서는 기존의 지식이나 문맥적 단서를 활용해 전체적인 의미를 먼저 파악한 후, 세부 정보를 보완적으로 처리한다. 예를 들어, 익숙한 문장에서 일부 글자가 가려져 있더라도 문맥을 통해 전체적인 의미를 추론하는 과정이 이에 해당한다. 탑다운 처리는 빠르고 효율적으로 정보를 처리할 수 있지만, ㉡ <u>선입견이나 고정관념이 개입될 가능성</u>이 있어 잘못된 결론을 내릴 수 있다는 한계도 있다. 바텀업 처리는 감각 기관에서 들어온 새로운 정보에 집중하여 세부 정보를 통해 전체를 이해하는 방식이다. 배경 지식 없이도 ㉢ <u>세부 정보에 의존해 정보를 조합하며 의미를 파악하는 과정</u>이다. 예를 들어, 처음 보는 단어를 철자 하나하나씩 읽으며 의미를 추론하는 것이 바텀업 처리다. 바텀업 처리는 새로운 상황에서 정확한 해석을 제공하지만, 처리 속도가 느릴 수 있다는 단점이 있다. 탑다운 처리는 상위 수준의 지식이 하위 수준의 정보 처리에 영향을 미친다는 특징이 있으며, 이를 통해 정보 처리의 효율성을 높일 수 있다. 반면 바텀업 처리는 하위 수준의 정보가 상위 수준의 이해를 구성하는 데 기여한다는 특징이 있으며, ㉣ <u>복잡한 정보를 여러 개의 직관적인 단계로 나누어 처리하는 데 유리하다.</u>

① ㉠ 새로운 상황에 맞추어 기존 지식을 변경하는 방식
② ㉡ 정보 처리 과정에서 새로운 아이디어가 생성될 가능성
③ ㉢ 기존 지식을 활용하여 빠르게 전체 의미를 유추하는 과정
④ ㉣ 복잡한 정보를 정확하게 분석하는 데 유리하다

03 다음 글의 ㉠~㉣ 중 어색한 곳을 찾아 가장 적절하게 수정한 것은?

　　양자역학의 해석을 둘러싼 논쟁은 물리학의 가장 근본적인 철학적 질문들을 포함하고 있다. 코펜하겐 해석에 따르면, ㉠ <u>양자계의 상태는 관찰되기 전까지 확률적으로만 존재하며</u>, 측정 행위 자체가 상태를 결정한다고 본다. 이 해석은 현실의 모든 요소가 관찰자의 측정 전에는 불확정한 상태로 존재한다고 설명하며, 물리학계에서 가장 널리 받아들여지고 있다. 그러나 ㉡ <u>이 해석은 관찰자의 역할을 지나치게 강조하여 물리적 실재성을 약화한다는</u> 비판을 받기도 한다. 반면, 다세계 해석은 ㉢ <u>양자계의 모든 가능한 상태가 실제로 존재하며, 이들이 각각 다른 평행 우주에서 실현된다고</u> 주장한다. 이들은 관찰이나 측정과 무관하게 모든 가능성이 실제로 존재한다고 보며, 이를 통해 양자역학의 불확정성 문제를 해결할 수 있다고 설명한다. 그뿐만 아니라 최근에는 이 해석이 양자 컴퓨터가 발전함에 따라 ㉣ <u>단순한 사고 실험에 불과하며 과학적 근거가 부족하다는 평가를 받고 있다.</u> 두 해석은 양자역학의 철학적 문제들을 이해하는 데 중요한 통찰을 제공한다.

① ㉠: 양자계의 상태는 관찰과 무관하게 항상 확정적으로 존재하며
② ㉡: 이 해석은 물리적 실재성을 지나치게 강조하여 관찰자의 역할을 간과한다는
③ ㉢: 양자계의 상태들이 모두 허구이며 실제로는 존재하지 않는다고
④ ㉣: 실험적 증거들이 축적되면서 과학적 타당성을 인정받고 있다

04 다음 글의 ㉠~㉢ 중 어색한 곳을 찾아 가장 적절하게 수정한 것은?

> 현대 윤리학에서 도덕적 행위의 판단 기준을 두고 서로 다른 입장들이 존재한다. 칸트로 대표되는 의무론은 ㉠ <u>행위의 도덕성을 그 동기나 의무에 따라 판단해야 하며, 결과와 무관하게 보편적 도덕 법칙을 따르는 것이 옳다고 주장한다.</u> 이들은 거짓말이나 살인과 같은 행위는 어떤 상황에서도 그 자체로 잘못된 것이며, 설령 좋은 결과를 가져온다 하더라도 정당화될 수 없다고 본다. 또한 의무론은 인간의 존엄성을 강조하며, 다른 사람을 목적이 아닌 수단으로 대하는 것을 거부한다. 그러나 의무론은 ㉡ <u>현실에서 발생하는 복잡한 도덕적 갈등 상황에서 적용하기 어렵다는 점에서</u> 한계가 존재한다. 반면, 목적론은 행위의 도덕성을 ㉢ <u>문화적 맥락에 따라 상대적으로 해석해야 한다고 주장한다.</u> 예를 들어, 공리주의자들은 더 많은 사람에게 더 큰 행복을 가져다주는 행위가 도덕적으로 옳다고 본다. 이러한 관점은 현실적인 문제 해결에 유용한 기준을 제시하지만, ㉣ <u>때로는 개인의 기본적 권리나 정의를 침해할 수 있다는 우려도</u> 제기된다.

① ㉠: 행위의 도덕성을 그 결과에 따라 판단해야 한다
② ㉡: 의무론은 현실의 복잡한 상황에서도 항상 명확한 해결책을 제시하려 한다는 점에서
③ ㉢: 그것이 가져오는 결과나 목적의 달성 여부로 판단해야 한다
④ ㉣: 모든 개인의 권리를 동등하게 보호하며 정의를 실현할 수 있다

📝 내가 이 문제를 틀린 이유 체크 리스트

∨	이유	틀린 문제 번호	보완 방법
☐	시간 촉박	___번	
☐	내용 이해 부족	___번	
☐	발문 착각	___번	
☐	오답 패턴 미숙지	___번	
☐	선지 분석 부족	___번	

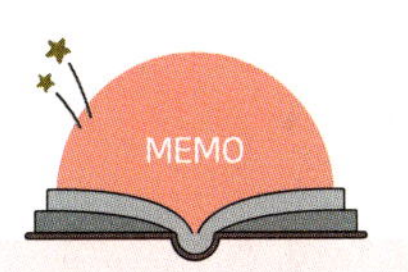

[작문] 공문서 문장 고쳐 쓰기

작문의 문장의 어법을 고쳐 쓰는 문제는 전통적으로 나오는 유형 중 하나였습니다.
2025년 출제 기조가 변화된 이후부터는 무조건 1문제는 나올 예정인 0순위 최빈출 유형에 해당됩니다.
특히, 실무 능력을 돕는 2025의 새로운 경향을 반영하여
공문서 문장 고쳐 쓰기라는 신유형의 문제가 반드시 나올 예정입니다.
따라서 1) 문장 고쳐 쓰기의 문법 이론을 암기하고 2) 이를 공문서에 적용할 수 있어야 합니다.

 출 좋 포 독해 이론 공공 언어 바로 쓰기

❶ 올바른 문장 구조

1. 병렬 관계의 오류

01

> 평화 수호와 인권을 보장하는 것
> ⇨ 평화를 수호하고 인권을 보장하는 것, 평화 수호와 인권 보장

: '-고', '-며', '-와', '-과' 등으로 접속되는 말에는 구조가 같은 표현을 사용했어야 했다.

02

> 기재 사항의 정정 또는 금융 기관의 수납인 및 취급자인이 없으면 무효입니다.
> ⇨ 정정이 있거나

: '또는'이라는 병렬의 표지가 있으므로 '정정'은 '없으면'과 호응되는데 그렇게 되면 뒤의 서술어 '무효입니다'와 연결지을 수 없다.
따라서 '정정'에 호응되는 새로운 서술어 '있거나'를 추가해야 한다.

03

> 교육 목적: 한일 과거사를 극복하고 미래 지향적인 양국 간 관계 발전을 위한 전문가 양성 및 상호교류
> ⇨ 한일 과거사를 극복하고 미래지향적인 양국 간 관계를 발전시키기 위한

: 접속은 같은 성분끼리 해야 한다.
'극복하고'와 '발전을 위한'이 호응하지 않으므로 '발전시키기 위한'으로 바꾼다.

2. 문장 성분의 호응

04
이 도시의 바람직한 **모습은** 이 지방의 행정, 문화, 교육 분야의 중심 기능을 **담당해야 한다.**
⇨ **담당한다는 것이다.**

: 주어와 서술어의 호응을 위해 '모습'이라는 명사와 호응되도록 '것이다.'로 문장을 끝내야 한다.

05
※ 20○○. 8. 6. 한미 정상회담 공동성명 관련 부분
− "**양 정상은** 한미 동맹이 공통의 가치와 신뢰를 기반으로 안보 협력뿐 아니라 정치·경제·사회·문화 협력까지 포괄하도록 **협력의 범위가 확대·심화되어 나가야 하며**
⇨ **협력의 범위를 확대·심화해 나가야 하며**

: 주어와 서술어의 관계를 명확하게 표현해야 한다. 능동과 피동 표현을 잘 구별해서 쓴다.

3. 문장 성분 갖추기

06
본격적인 공사가 언제 시작되고, 언제 개통될지 모른다.
⇨ 도로가 언제 개통될지

: '개통될지'에 해당하는 주어는 '공사가'가 아니므로 새로운 주어인 '도로가'를 넣어야 한다.

07
○○청은 정책의 투명성과 책임성을 제고하기 위해 7년째 시행 중이다.
⇨ ○○청은 정책의 투명성과 책임성을 높이고자 7년째 이 제도를 시행하고 있다.

: 서술어에 호응하는 목적어가 없으므로 무엇을 시행하고 있는지를 추가한다. 또한 어려운 한자어는 쉬운 말로 쓴다.

08
인간은 자연을 지배하기도 하고 **복종하기도 한다.**
⇨ 자연에 복종하기도 한다.

: '복종하다'는 필수 부사어를 갖는 동사이므로 필수 부사어 '자연에'를 보충해야 하고,
앞문장이 '−기도 하고'의 구조이므로 뒷문장도 '~기도 한다.'의 구조를 갖추는 것이 자연스럽다.

4. 올바른 사동, 피동 표현 사용하기

09
○○청장은 '일하는 방식 혁신' 추진이 단순히 업무 효율성을 향상하는 데에만 그치지 않고, 적극 행정으로 국민이 체감할 수 있게 **통계 서비스를 개선시킬** 수 있는 방안도 같이 모색하겠다고 밝혔다.
⇨ **통계 서비스를 개선할**

: 불필요한 사동 표현인 '−시키다'는 쓰지 않는다. ○○청장이 통계 서비스를 직접 개선하는 주체이기 때문이다.

10
최근 독감 의심 환자의 1/2가량은 신종 플루 감염으로 **보여짐.**
⇨ **보임/보아짐.**

: '보여지다(보이어지다)'는 피동의 뜻을 나타내는 '−이−'와 '−어지다'를 이중으로 썼기 때문에 부적절하다.

5. 중의적인 문장 피하기

11 시장은 건설업계 관계자들과 시민의 안전에 관하여 논의하였다.
　　　⇨ 건설업계 관계자들을 만나

: 하나의 뜻으로 해석되는 문장을 사용했어야 했다. 시장이 건설업계 관계자들과 함께 '시민의 안전'에 관해 논의한 것인지, 시장이 혼자 '건설업계 관계자들과 시민의 안전'에 관해 논의한 건지 불분명하다.

12 그녀는 나보다 책을 더 좋아한다.
　　⇨ 그녀는 나를 좋아하는 것보다 책을 더 좋아한다. / 그녀는 내가 책을 좋아하는 것보다 책을 더 좋아한다.

: 그녀와 나 둘 중에 책을 더 좋아하는 것이 그녀인지, 그녀가 나와 책 둘 중에 책을 더 좋아하는 것인지 모호하다.

13 사람들이 다 오지 않았다
　　⇨ 사람들이 한 명도 오지 않았다. / 사람들이 다 오지는 않았다.

: 사람들이 한 명도 안 왔다, 사람들이 일부만 왔다로 해석이 가능하므로 의미가 모호하다.

14 감과 사과 세 개를 샀다.
　　⇨ 감 3개, 사과 3개를 샀다. / 감 1개, 사과 2개인 총 과일 3개를 샀다.

: 감 한 개와 사과 세 개인지, 감과 사과가 각각 세 개인지, 감과 사과를 합하여 세 개인지 모호하다.

15 그 거만한 시장의 외삼촌은 약속을 잘 지키지 않는다.
　　⇨ 거만한, 시장의 외삼촌은 / 거만한 시장의, 외삼촌은

: 거만한 사람이 시장인지, 외삼촌인지 모호하다.

16 그 판매원은 웃으면서 들어오는 손님에게 인사를 건넸다.
　　⇨ 그 판매원은 웃으면서, 들어오는 손님에게 / 그 판매원은 웃으면서 들어오는, 손님에게

: 웃으면서 들어오는 주체가 판매원인지 손님인지 모호하다.

6. 명사의 지나친 나열

17 20○○년 8월 부시 미 대통령 방한 시 개최된 한미 정상회담을 계기로 공동성명을 발표하여
　　　　　⇨ 대통령이 방한했을 때

: '시(時)'를 순우리말 '때'로 바꿔 쓰고 서술어를 넣어서 쉽게 표현해야 더 적절하다.

7. 의미의 중복 피하기

18 제목: 정기 대관 신청 승인 및 계약 안내 알림
　　　　　⇨ 안내

: '안내'와 '알림'이 비슷한 뜻이므로 둘 중 하나만 쓴다.

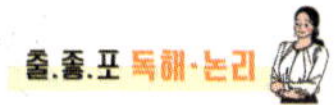

2 번역 투의 표현

1. 영어 번역 투의 표현

19

> ○○시는 해마다 취업 박람회 개최 등을 통해 구인·구직자 간 만남의 장을 마련하고
> ⇨ 취업 박람회를 개최하여

: '취업 박람회' 말고 다른 행사가 없다면 굳이 '등'을 쓸 필요가 없다.
'~을 통해'는 'through'를 번역한 영어식 표현이므로 자연스러운 표현으로 바꾸어 준다.

20

> ○○청은 28일 서울 성수동에 위치한 20 스페이스(SPACE) 카페에서
> ⇨ 성수동에 있는 / 성수동에 자리 잡은

: '~에 위치한'은 'be located in'을 번역한 영어식 표현이므로 우리말답게 바꾸어 써야 한다.

21

> ○○청(청장 김○○)은 14일 이탤리언라이그래스와 귀리 섞어 심기 2차 수확 연시회를 갖는다.
> ⇨ 연시회를 연다.
> ⇨ 기술 시연회를 연다.

: 어려운 한자어는 쉬운 표현으로 바꾸어 쓴다.
'회의를 갖는다'는 'have a meeting'을 번역한 영어식 표현이므로 우리말다운 서술어를 쓴다.

2. 일본 번역 투의 표현

22

> 우리의 목표는 조국통일에 있다.
> ⇨ 조국통일이다.

: '~에 있다'는 일본어 번역 투이므로 삼가야 한다.

3 올바른 어휘 선택하기

1. 문맥에 따른 올바른 어휘 사용

23

> 교육 대상: 문화 행정 인력, 정부 부처·지방자치단체 공무원
> ※ 접수 인원이 많으면, 문화 관련 업무 담당자 우선 선정 예정
> ⇨ 신청

: '접수'는 문서를 작성하는 사람 쪽의 용어이고, '신청'은 문서를 읽는 사람 쪽의 용어이다.
문서를 읽는 사람의 관점에서 용어를 사용하는 것이 좋다.

2. 어려운 한자어를 쉬운 단어로 표현하기

24

> 이에 따라, 감염 확산 방지에 철저를 기하여 주시기 바라며,
> ⇨ 감염 확산 방지를 철저히 해 주시기 바라며
> ⇨ 감염이 확산되지 않도록 철저히 방지해 주시기 바라며

: 어렵고 상투적인 한문 투 표현을 피하고 되도록 쉽고 자연스럽게 쓴다.

亦功독해 빨리 푸는 전략!

1단계

제시문의 발문에 따라
내용보다는
'어법상' 수정할 것이
있는지 판단하기

2단계

〈공문서 작성 지침〉에
초점을 맞춰
적절하지 않은 것을
고르기

3단계

〈지침〉 보고
㉠ 보고 ㉡ 보고
㉢ 보고 ㉣ 보면서
답을 찾기

신유형 | **STEP 1** | [작문] 공문서 문장 고쳐 쓰기(기안문 포함)

01 〈공공언어 바로 쓰기 원칙〉에 따라 〈공문서〉의 ㉠~㉣을 수정한 것으로 적절하지 않은 것은? 2025. 국가직 9급

〔공공언어 바로 쓰기 원칙〕

- 생소한 외래어나 외국어는 우리말로 다듬을 것.
- 주어와 서술어의 관계를 명확하게 표현할 것.
- 문맥에 맞는 정확한 어휘를 사용할 것.
- 지나친 명사 나열을 피하고 적절한 조사와 어미를 활용하여 문장을 구성할 것.

〔공문서〕

□□개발연구원

수신 수신처 참조

제목 종합 성과 조사 협조 요청

---

1. 귀 기관의 무궁한 발전을 기원합니다.
2. 본원은 디지털 교육 ㉠ 마스터플랜 수립을 위해 종합 성과 조사를 실시합니다. 본 조사의 대상은 지난 3년간 □□개발연구원의 주요 사업을 수행한 ㉡ 기업을 대상으로 합니다.
3. 별도의 전문 평가 기관에 조사를 ㉢ 위탁하며, 이 조사 결과를 바탕으로 ㉣ 학교 현장 교수 학습 환경 개선 정책 개발 및 디지털 교육 문화를 정착시키는 데에 기여하고자 합니다. 귀 기관의 협조를 부탁드립니다.

① ㉠: 기본 계획
② ㉡: 기업입니다
③ ㉢: 수주하며
④ ㉣: 학교 현장의 교수 학습 환경을 개선하는 정책을 개발하고

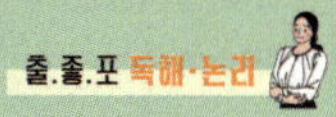

신유형 STEP 1 [작문] 공문서 문장 고쳐 쓰기(기안문 포함)

01 〈공공언어 바로 쓰기 원칙〉에 따라 〈공문서〉의 ㉠~㉣을 수정한 것으로 적절하지 않은 것은? 2025. 국가직 9급

〔공공언어 바로 쓰기 원칙〕

- 생소한 외래어나 외국어는 우리말로 다듬을 것.

- 주어와 서술어의 관계를 명확하게 표현할 것.

- 문맥에 맞는 정확한 어휘를 사용할 것.

- 지나친 명사 나열을 피하고 적절한 조사와 어미를 활용하여 문장을 구성할 것.

〔공문서〕

□□개발연구원

수신 수신처 참조

제목 종합 성과 조사 협조 요청

같은 단어가 중복되므로 옳지 ✕

─────────────────────

1. 귀 기관의 무궁한 발전을 기원합니다.

2. 본원은 디지털 교육 ㉠ 마스터플랜 수립을 위해 종합 성과 조사를 실시합니다. 본 조사의 대상은 지난 3년간 □□개발연구원의 주요 사업을 수행한 ㉡ 기업을 대상으로 합니다.

3. 별도의 전문 평가 기관에 조사를 ㉢ 위탁하며, 이 조사 결과를 바탕으로 ㉣ 학교 현장 교수 학습 환경 개선 정책 개발 및 디지털 교육 문화를 정착시키는 데에 기여하고자 합니다. 귀 기관의 협조를 부탁드립니다.

① ㉠: 기본 계획 마스터플랜 → 기본 계획 (○)

② ㉡: 기업입니다 본 조사의 대상은 ~ 기업입니다 (○)

③ ㉢: 수주하며 (✕) '위탁'을 그대로 유지했어야 했음.

④ ㉣: 학교 현장의 교수 학습 환경을 개선하는 정책을 개발하고 (○)

적절한 조사   적절한 어미 활용

亦功독해 빨리 푸는 전략!

1단계

제시문의 발문에 따라 **내용보다는** '어법상' 수정할 것이 있는지 판단하기

2단계

〈공공언어 바로 쓰기 원칙〉에 **초점을 맞춰** 적절하지 않은 것을 고르기

3단계

〈공공언어 바로 쓰기 원칙〉의 ㉠ 보고 ㉡ 보고 ㉢ 보고 ㉣ 보면서 답을 찾기

신유형 STEP 2 [작문] 공문서 문장 고쳐 쓰기(기안문 포함 ×)

02 〈공공언어 바로 쓰기 원칙〉에 따라 수정한 것으로 적절하지 않은 것은?

2025. 인사혁신처 2차 샘플

─〔공공언어 바로 쓰기 원칙〕─

• 주어와 서술어의 호응
 – ㉠ 능동과 피동의 관계를 정확하게 사용함.
• 여러 뜻으로 해석되는 표현 삼가기
 – ㉡ 중의적인 문장을 사용하지 않음.
• 명료한 수식어구 사용
 – ㉢ 수식어와 피수식어의 관계를 분명하게 표현함.
• 대등한 구조를 보여 주는 표현 사용
 – ㉣ '–고', '와/과' 등으로 접속될 때에는 대등한 관계를 사용함.

① "이번 총선에서 국회의원 ○○○명을 선출되었다."를 ㉠에 따라 "이번 총선에서 국회의원 ○○○명이 선출되었다."로 수정한다.
② "시장은 시민의 안전에 관하여 건설업계 관계자들과 논의하였다."를 ㉡에 따라 "시장은 건설업계 관계자들과 시민의 안전에 관하여 논의하였다."로 수정한다.
③ "5킬로그램 정도의 금 보관함"을 ㉢에 따라 "금 5킬로그램 정도를 담은 보관함"으로 수정한다.
④ "음식물의 신선도 유지와 부패를 방지해야 한다."를 ㉣에 따라 "음식물의 신선도를 유지하고, 부패를 방지해야 한다."로 수정한다.

신유형 STEP 2 **[작문] 공문서 문장 고쳐 쓰기(기안문 포함 ×)**

02 〈공공언어 바로 쓰기 원칙〉에 따라 수정한 것으로 적절하지 않은 것은?

2025. 인사혁신처 2차 샘플

〔공공언어 바로 쓰기 원칙〕

- 주어와 서술어의 호응

  - ㉠ 능동과 피동의 관계를 정확하게 사용함.

- 여러 뜻으로 해석되는 표현 삼가기

  - ㉡ 중의적인 문장을 사용하지 않음.

- 명료한 수식어구 사용

  - ㉢ 수식어와 피수식어의 관계를 분명하게 표현함.

- 대등한 구조를 보여 주는 표현 사용

  - ㉣ '–고', '와/과' 등으로 접속될 때에는 대등한 관계를 사용함.

목적어 – 피동의 서술어(×)

① "이번 총선에서 국회의원 ○○○명을 선출되었다."를 ㉠에 따라 "이번 총선에서 국회의원

주어 – 피동의 서술어(○)

○○○명이 선출되었다."로 수정한다.

이미 옳은 표현(○)　　　**오히려 잘못 고침(×)**

② "시장은 시민의 안전에 관하여 건설업계 관계자들과 논의하였다."를 ㉡에 따라 "시장은 건

설업계 관계자들과 시민의 안전에 관하여 논의하였다."로 수정한다.

수식어　　　피수식어(○)

③ "5킬로그램 정도의 금 보관함"을 ㉢에 따라 "금 5킬로그램 정도를 담은 보관함"으로 수정한다.

(중의적 문장) (×)

④ "음식물의 신선도 유지와 부패를 방지해야 한다."를 ㉣에 따라 "음식물의 신선도를 유지하고

호응이 부적절 (×)　　　　　　　　　**목　　　서**

부패를 방지해야 한다."로 수정한다.

　목　　　서(○)

亦功 문제 훈련 : [작문] 공문서 문장 고쳐 쓰기

Day 04 해설 영상은 '만점 출좋포 문제 훈련' 강의에서 꼭 해설 강의를 참고해 주세요.

01 〈공공언어 바로 쓰기 원칙〉에 따라 〈공문서〉의 ㉠~㉣을 수정한 것으로 적절하지 않은 것은? 2025. 인사혁신처 1차 샘플

┌─────────────〔공공언어 바로 쓰기 원칙〕─────────────┐

• 중복되는 표현을 삼갈 것.

• 대등한 것끼리 접속할 때는 구조가 같은 표현을 사용할 것.

• 주어와 서술어를 호응시킬 것.

• 필요한 문장 성분이 생략되지 않도록 할 것.

└──┘

┌────────────────────〔공문서〕────────────────────┐

한국의약품정보원

수신 국립국어원

(경유)

제목 의약품 용어 표준화를 위한 자문회의 참석 ㉠ 안내 알림

1. ㉡ 표준적인 언어생활의 확립과 일상적인 국어 생활을 향상하기 위해 일하시는 귀원의 노고에 감사드립니다.

2. 본원은 국내 유일의 의약품 관련 비영리 재단법인으로서 의약품에 관한 ㉢ 표준 정보가 제공되고 있습니다.

3. 의약품의 표준 용어 체계를 구축하고 ㉣ 일반 국민도 알기 쉬운 표현으로 개선하여 안전한 의약품 사용 환경을 마련하기 위해 자문회의를 개최하니 귀원의 연구원이 참석해 주시기를 바랍니다.

└──┘

① ㉠: 안내

② ㉡: 표준적인 언어생활을 확립하고 일상적인 국어 생활의 향상을 위해

③ ㉢: 표준 정보를 제공하고 있습니다.

④ ㉣: 의약품 용어를 일반 국민도 알기 쉬운 표현으로 개선하여

02 〈공공언어 바로 쓰기 원칙〉에 따라 수정한 것으로 적절하지 않은 것은?

〔공공언어 바로 쓰기 원칙〕

• 간결하고 명료한 문장 사용
 ㉠ 주어와 서술어의 관계를 명확하게 표현할 것.
 ㉡ 능동과 피동 등 흔히 헷갈리기 쉬운 것에 유의할 것.
 ㉢ 명료한 수식어구 사용할 것.
 ㉣ 대등한 것끼리 접속할 것.

---

① "경품이 공정거래위원회의 '경품류 제공에 관한 ~ 지정 고시 (제20○○-11호)' 위반 여부"를 ㉠을 고려하여 "경품이 공정거래위원회의 '경품류 제공에 관한 ~ 지정 고시 (제20○○-11호)' 위반 여부를 점검"으로 수정한다.

② '신종 플루 감염으로 보여짐.'을 ㉡을 고려하여 '신종 플루 감염으로 보임'으로 수정한다.

③ '일자리 기업의 홍보 기회'를 ㉢을 고려하여 '기업의 일자리 홍보 기회'로 수정한다.

④ '과거사를 극복하고 미래지향적인 양국 간 관계 발전을 위한'을 ㉣을 고려하여 '과거사를 극복하고 미래지향적인 양국 간 관계를 발전시키기 위한'으로 수정한다.

03 〈공문서 작성 지침〉에 따라 〈공문서〉의 ㉠~㉣을 수정한 것으로 적절하지 않은 것은?

─〔공문서 작성 지침〕─

- 올바른 주동, 사동 표현을 쓰도록 주의할 것.
- 필요한 문장 성분이 생략되지 않도록 할 것
- 주어와 서술어를 호응시킬 것.
- 번역투의 표현을 지양할 것.

─〔공문서〕─

○○부

수신 전국 지방자치단체장
(경유)
제목 자동차세 감면 혜택 확대 안내

1. 올해 1월 「지방세특례제한법」이 개정되어 보훈보상대상자도 자동차 관련 지방세 감면 혜택을 받을 수 있게 되었습니다. 이에 따라 정부에서 보훈보상대상자도 세금을 50% 경감받을 수 있는 ㉠ 정책을 구체화하였습니다.
2. ㉡ 매년 상·하반기 정기분으로 과세되며, 이번 6월 정기분 부과 시 보훈보상대상자에게 50% 감면을 적용할 계획입니다.
3. ○○부와 △△부는 올해 1월과 5월에 안내 문자를 발송하여 보훈보상대상자에게 ㉢ 50% 감면이 적용될 계획입니다.
4. 감면 대상 자동차는 배기량 2,000cc 이하 또는 승차정원 7~10인승 승용차, 15인승 이하 승합차, 1톤 이하 화물차, 그리고 250cc 이하 이륜차입니다.
5. 자동차세를 감면받으려는 보훈보상대상자는 자동차 등록지 관할 시·군·구청 ㉣ 세무부서에 대하여 신청을 하면 됩니다.

① ㉠: 정책을 구체화시켰습니다.
② ㉡: 자동차세는 매년 상·하반기 정기분으로 과세
③ ㉢: 50% 감면을 적용할 계획
④ ㉣: 세무부서에 신청을 하면 됩니다.

04 〈공공언어 바로 쓰기 원칙〉에 따라 수정한 것으로 적절하지 않은 것은?

┌─〔공공언어 바로 쓰기 원칙〕─┐
- 다듬은 말 사용
  - ㉠ <u>다듬기(국어 순화)의 의미</u> : 국민 정서에 맞지 않는 말, 지나치게 어렵거나 생소한 말을 '쉽고 바르고 고운 말'로 다듬는 것.
  - ㉡ <u>지나치게 긴 문장 삼가기</u>.
  - ㉢ <u>대등한 것끼리 접속을 올바르게 하기</u>.
  - ㉣ <u>영어 번역 투 삼가기</u>.
└──────────────┘

① ㉠에 따라 '기 설치된 시설'을 '이미 설치된 시설'로 다듬어 쓴다.

② ㉡에 따라 '20○○년 ○월 ○일부터 △월 △일까지 우리 시에서는 제1회 의료사진전을 통해 응급 의료에 대한 시민의 관심을 증대하고자 하오니 참가를 원하시는 분은 □월 □일까지 ○○시 보건복지과로 응모해 주시기 바랍니다.'를 '20○○년 ○월 ○일부터 △월 △일까지 우리 시에서는 제1회 의료사진전을 개최합니다. 이 사진전은 응급 의료에 대한 시민의 관심을 높이고자 마련하였습니다. 참가를 원하시는 분은 □월 □일까지 ○○시 보건복지과로 응모해 주시기 바랍니다.'로 다듬어 쓴다.

③ ㉢에 따라 '정부는 평화 수호와 인권을 보장하는 것에'를 '평화를 수호하고 인권을 보장하는 것에'로 다듬어 쓴다.

④ ㉣에 따라 '조선은 태조 이성계가 건국했다.'를 '조선은 태조 이성계에 의해 건국되었다.'로 다듬어 쓴다.

📝 내가 이 문제를 틀린 이유 체크 리스트

V	이유	틀린 문제 번호	보완 방법
☐	시간 촉박	___번	
☐	내용 이해 부족	___번	
☐	발문 착각	___번	
☐	오답 패턴 미숙지	___번	
☐	선지 분석 부족	___번	

02

논리

05 반드시 참인 명제

2025년 출제 기조 변화로 논리 추론이 굉장히 중요한 영역으로 부상한 가운데,

반드시 참인 명제는 비교적 난도가 낮은 영역에 속합니다.

반드시 참인 명제의 문제는 인사혁신처의 1차, 2차 샘플, 2025 국가직, 지방직 9급에 모두 출제된 영역입니다.

기본적인 이론이 탄탄하지 않은 채로 다음 챕터로 넘어가게 되면 헤맬 수 있으므로

이 단원에서는 명제논리, 논리 기호화 방법, 진리표, 함축 규칙, 동치, 필요·충분조건에 대해 쉽고 콤팩트하게 배워 보도록 합시다~^^

출종포 논리 이론  반드시 참인 명제

1 논증이란?

1) 1개 혹은 2개 이상의 전제를 통해

2) 반드시 참인 결론임을 논리적으로 증명하는 과정

> 모든 동물은 귀엽다. 고양이는 동물이다. 따라서(그러므로) 고양이는 귀엽다.
>   전제1   전제2   결론
>
> 모든 동물은 귀엽고 고양이는 동물이므로 고양이는 귀엽다.
>   전제1   전제2   결론
>
> 고양이는 귀엽다. 왜냐하면 모든 동물은 귀엽기 때문이다. 또 고양이는 동물이다.
>   결론   전제1   전제2

즉, 논증은 '전제＋결론'으로 구성된 것으로

전제란 결론을 내리기 위한 근거인 명제를 의미하고

결론이란 전제를 통해 증명된 명제를 의미한다.

2 명제 논리란?

1. 명제와 명제 논리의 개념

명제는 참과 거짓을 판단할 수 있는 문장을 의미한다.

이러한 명제는 명제 논리학에 따라 '→, ∧, ∨, ≡, ↔' 등의 기호 논리 체계로 표현할 수 있다.

이 기호들로 몇 개의 명제를 가지고 논리식을 만들어

항상 참이 되는 논리식을 구하는 것이 바로 명제 논리이다.

명제의 종류에는 단순 명제, 복합 명제가 있는데
단순 명제는 '철수는 남자이다'처럼 단일 명제를 의미하며
복합 명제는 연결사가 포함된 개념으로
'철수는 남자이고 영희는 여자이다. 철수는 남자 또는 여자이다. 철수가 남자이면 영희는 여자이다.'
등을 예로 들 수 있다.

2. 단순 명제 중 꼭 알아야 하는 명제의 논리 기호

기호화	명칭	뜻
p	긍정	p이다(All) − 전칭
~p	부정	p가 아니다(not p) p는 거짓이다.
~(~p)	이중 부정	p이다(All). − 전칭
pn	특칭	어떤(some) − 특칭

3. 복합 명제 중 꼭 알아야 하는 명제의 논리 기호

기호화	명칭	뜻
p→q (전칭)	전건 − 충분조건(좁) 후건 − 필요조건(넓) 조건문(단순 함축)	p이면 반드시 q이다. 모든 p는 q이다.
p ≡ q	동치(쌍조건문)	p는 q이기 위한 필요충분조건이다.
p ∧ q (특칭)	연언(連言)	어떤 p는 q이다. p 그리고(또한) q p 그러나, 그런데, 그럼에도 불구하고 q
p ∨ q	선언(選言)	p 혹은(이거나, 또는) q

출 종 포 논리 이론 조건문의 역, 이, 대우 관계

'p→q'가 참임을 가정할 때에		
	기호화	참의 여부
역의 관계	q → p	반드시 참이라고 보기는 어렵다.
이의 관계	~p → ~q	반드시 참이라고 보기는 어렵다.
대우 관계	~q → ~p	반드시 참이다.

출 좋 포 논리 이론 ❀ 동치(同値) 규칙

동치 규칙은 논증이 타당한지 알 수 있게 하는 좋은 도구이다.

동치(同値) 규칙(= 대치 규칙)은 하나의 전제를 그것과 동등한 다른 명제로 바꿔서 사용하는 규칙이다.

동치 규칙을 통해 많은 문제가 풀릴 수 있으므로 혜선 쌤이 특히 강조하는 이론이 나오면 집중해야 한다.

1 대우 규칙[transposition]

: 전건과 후건을 부정한 뒤 순서를 교체하면 동치가 성립되는 규칙이다.

» 대우 규칙은 조건문에만 적용되는 동치 규칙으로, 연언문과 선언문에는 적용되지 않음에 유의해야 한다.

동치 관계의 논리 기호		조건 명제의 예시
조건문	$P \rightarrow Q \equiv \sim Q \rightarrow \sim P$	합격한다는 것은 노력했다는 것이다. $\equiv$ 노력하지 않으면 합격할 수 없다.

2 단순 함축[material implication]

: 조건문 '$P \rightarrow Q$'를 '$\sim P \vee Q$'으로 표현한 것을 단순 함축(실질 함축)이라고 한다.

» 단순 함축은 조건문과 선언문에서만 적용될 수 있다.

	동치 관계의 논리 기호
조건문	1) $P \rightarrow Q \equiv$ ❶ __________ 2) $P \rightarrow \sim Q \equiv$ ❷ __________ 3) $\sim P \rightarrow Q \equiv$ ❸ __________ 4) $\sim P \rightarrow \sim Q \equiv$ ❹ __________
선언문	5) $P \vee Q \equiv$ ❺ __________ 6) $P \vee \sim Q \equiv$ ❻ __________ 7) $\sim P \vee Q \equiv$ ❼ __________ 8) $\sim P \vee \sim Q \equiv$ ❽ __________

Answer

❶ $\sim P \vee Q$　❷ $\sim P \vee \sim Q$　❸ $P \vee Q$　❹ $P \vee \sim Q$　❺ $\sim P \rightarrow Q$　❻ $\sim P \rightarrow \sim Q$　❼ $P \rightarrow Q$　❽ $P \rightarrow \sim Q$

3 쌍조건문[material equivalence](단순 동치)

: 두 명제가 서로 같은 값을 가질 때 참인 경우이다.

동치 관계의 논리 기호
$P \leftrightarrow Q$ $\equiv (P \rightarrow Q) \wedge (Q \rightarrow P)$ $\equiv (\sim P \vee Q) \wedge (\sim Q \vee P)$

4 교환 법칙[commutativity]

: 두 사건은 원인과 결과나 선후 관계를 나타내는 것이 아니므로 연언지, 선언지의 순서를 단순히 교체해도 동치를 이룬다. $P \wedge Q$와 $Q \wedge P$는 서로 동치이다.

이러한 교환 법칙은 논리적 결합에서 일이 일어난 순서는 중요하지 않음을 보여 준다.

» 교환 법칙은 연언문, 선언문에만 적용되며 조건문은 적용되지 않음에 유의해야 한다.

대신, 조건문은 대우 관계, 단순 함축이 동치로 적용된다.

동치 관계의 논리 기호		조건 명제의 예시
연언	$P \wedge Q \equiv Q \wedge P$	커피를 마시고 신문을 본다. ≡ 신문을 보고 커피를 마신다.
선언	$P \vee Q \equiv Q \vee P$	그는 산책을 하거나 운동을 한다. ≡ 그는 운동을 하거나 산책을 한다.

5 이중 부정[double negation]

: 이중 부정은 긍정이다.

동치 관계의 논리 기호	조건 명제의 예시
$\sim(\sim P) \equiv P$	오늘은 비가 오지 않는 것이 아니다. ≡ 오늘 비가 온다 그 물건이 비싸지 않다는 것은 거짓이다. ≡ 그 물건은 비싸다. 오늘이 월요일이 아니라는 것은 거짓이다. ≡ 오늘은 월요일이다.

6 드모르간 법칙[De Morgan's rule]

: ~(부정)이 뒤의 것들을 모두 반대로 뒤집는 법칙이다.

» 드모르간 법칙은 연언문, 선언문에만 적용되며 조건문은 적용되지 않음에 유의해야 한다.

'~(P → Q) ≡ ~P ← ~Q' 식으로 조건문에 드모르간의 법칙을 적용하면… 혜선쌤이 운다ㅠㅠ

조건문은 아래의 '응용'을 참고하여야 한다.

조건 명제의 예시	동치 관계의 논리 기호
수영을 하거나 자전거를 타는 사람 / 은 존재하지 않다. (= 수영을 하거나 자전거를 타는 사람은 없다)	~ (수영 ∨ 자전거) ≡ ❶ ________
수영을 하고 자전거를 타지 않는 사람 / 은 존재하지 않다. (= 수영을 하고 자전거를 타지 않는 사람은 없다)	~ (수영 ∧ ~자전거) ≡ ❷ ________ ≡ ❸ ________
모든 시계가 정교한 / 것은 아니다.	~ (시계 → 정교) ≡ ❹ ________ ≡ ❺ ________
모든 시계가 정교하지 않은 / 것은 아니다.	~ (시계 → ~정교) ≡ ❻ ________ ≡ ❼ ________

7 강화의 법칙

: 'M → (P ∧ Q)'에서 (P ∧ Q)는 P와 Q가 동시에 참이라는 조건이다.

따라서, M → (P ∧ Q)가 참이라면 M → P, M → Q도 당연히 참이 된다.

동치 관계의 논리 기호	조건 명제의 예시
M → (P ∧ Q)가 참이라면 M → P, M → Q도 당연히 참	'직장에 출근하면, 업무를 수행하고 회의에 참석한다.'가 참이라면 '직장에 출근하면 업무를 수행한다.'와 '직장에 출근하면, 회의에 참석한다.'도 당연히 참

» 주의!!! 동치가 아닌 경우

조건 명제의 예시	조건 명제의 예시
(P ∧ Q) → M가 참이어도 P → M, Q → M은 참이라고 보기 어렵다.(판단 불가)	'불이 켜지고 전원이 연결되면 장비가 작동한다.'가 참이어도 '불이 켜지면 장비가 작동한다.'와 '전원이 연결되면 장비가 작동한다.'는 참이라고 보기 어렵다. (판단 불가)

Answer

❶ ~수영 ∧ ~자전거　❷ ~수영 ∨ 자전거　❸ 수영 → 자전거　❹ ~ (~시계 ∨ 정교)　❺ 시계 ∧ ~정교　❻ ~ (~시계 ∨ ~정교)
❼ 시계 ∧ 정교

8 수출입 법칙[exportation]

: 수출 법칙은 전건의 연언지를 후건으로 보내 조건부 주장을 하는 규칙이다. 수입 법칙은 수출 법칙과 동치이다.

동치 관계의 논리 기호		조건 명제의 예시
수출 법칙	$(P \wedge Q) \rightarrow R \equiv P \rightarrow (Q \rightarrow R)$	네가 열심히 공부하고 숙제를 다 하면, 시험에 합격할 것이다. ≡ 네가 열심히 공부했고, 숙제를 다 했을 때 시험에 합격할 것이다.
수입 법칙	$P \rightarrow (Q \rightarrow R) \equiv (P \wedge Q) \rightarrow R$	네가 열심히 공부하면, 숙제를 다 했을 때 시험에 합격할 것이다. ≡ 네가 열심히 공부하고 숙제를 다 하면, 시험에 합격할 것이다.

9 결합 법칙[associativity]

: 아예 연언이거나 아예 선언이라면 괄호로 어떻게 묶든 진릿값이 동일하다는 규칙이다.

동치 관계의 논리 기호		조건 명제의 예시
연언	$(P \wedge Q) \wedge R \equiv P \wedge (Q \wedge R)$	(나는 공부를 하고 숙제를 끝내고) 그리고 시험 준비를 한다. ≡ 나는 공부를 하고 그리고 (숙제를 끝내고 시험 준비를 한다.)
선언	$(P \vee Q) \vee R \equiv P \vee (Q \vee R)$	(나는 영화를 보거나 책을 읽거나) 또는 산책을 한다. ≡ 나는 영화를 보거나 또는 (책을 읽거나 산책을 한다.)

10 분배 법칙[distribution]

: 연언과 선언이 섞여 있는 경우에 나타나는 규칙이다.

  분배 법칙은 논리식을 단순화하거나 해석을 용이하게 하기 위해 사용되는 규칙이다.

1. 논리곱(And)이 논리합(Or)으로 분배되는 경우

: P가 Q와 R 각각에 대해 논리곱을 수행한 후, 그 결과를 논리합으로 묶는 형태

동치 관계의 논리 기호	조건 명제의 예시
$P \wedge (Q \vee R) \equiv (P \wedge Q) \vee (P \wedge R)$	나는 운동을 하고, (달리기를 하거나 수영을 한다). ≡ (나는 운동을 하고 달리기를 한다) 또는 (나는 운동을 하고 수영을 한다).

2. 논리합(Or)이 논리곱(And)으로 분배되는 경우

: P가 Q와 R 각각에 대해 논리합을 수행한 후, 그 결과를 논리곱으로 묶는 형태

동치 관계의 논리 기호	조건 명제의 예시
$P \vee (Q \wedge R) \equiv (P \vee Q) \wedge (P \vee R)$	나는 영화를 보거나, (집에 있고 저녁을 먹는다). ≡ (나는 영화를 보거나 집에 있다) 그리고 (나는 영화를 보거나 저녁을 먹는다).

다음 명제들이 참이라고 가정할 때, 다음 물음에 답하시오.

01

모든 공무원은 청렴하다. (참이라고 가정할 때)	
논리적 기호	
역(판단 불가)	
이(판단 불가)	
대우(항상 참)	
단순 함축(항상 참)	

02

운동선수는 항상 연습을 한다. (참이라고 가정할 때)	
논리적 기호	
역(판단 불가)	
이(판단 불가)	
대우(항상 참)	
단순 함축(항상 참)	

03

결정론적 법칙의 지배를 받는 시스템은 자유의지를 가지지 않는다. (참이라고 가정할 때)	
논리적 기호	
역(판단 불가)	
이(판단 불가)	
대우(항상 참)	
단순 함축(항상 참)	

04

자유의지를 가지지 않는 시스템에 도덕적 의무를 귀속시킬 수 없음은 당연하다. (참이라고 가정할 때)	
논리적 기호	
역(판단 불가)	
이(판단 불가)	
대우(항상 참)	
단순 함축(항상 참)	

다음 명제들이 참이라고 가정할 때, 다음 물음에 답하시오.

01

모든 공무원은 성실하다. (참이라고 가정할 때)	
논리적 기호	공무원 → 성실
역(판단 불가)	성실 → 공무원
이(판단 불가)	~공무원 → ~성실
대우(항상 참)	~성실 → ~공무원
단순 함축(항상 참)	~공무원 ∨ 성실

02

운동선수는 항상 연습을 한다. (참이라고 가정할 때)	
논리적 기호	운동 → 연습
역(판단 불가)	연습 → 운동
이(판단 불가)	~운동 → ~연습
대우(항상 참)	~연습 → ~운동
단순 함축(항상 참)	~운동 ∨ 연습

03

결정론적 법칙의 지배를 받는 시스템은 자유의지를 가지지 않는다. (참이라고 가정할 때)	
논리적 기호	결정론 → ~자유의지
역(판단 불가)	~자유의지 → 결정론
이(판단 불가)	~결정론 → 자유의지
대우(항상 참)	자유의지 → ~결정론
단순 함축(항상 참)	~결정론 ∨ ~자유의지

04

자유의지를 가지지 않는 시스템에 도덕적 의무를 귀속시킬 수 없음은 당연하다 (참이라고 가정할 때)	
논리적 기호	~자유의지 → ~도덕
역(판단 불가)	~도덕 → ~자유의지
이(판단 불가)	자유의지 → 도덕
대우(항상 참)	도덕 → 자유의지
단순 함축(항상 참)	자유의지 ∨ ~도덕

다음 명제들이 참이라고 가정할 때, 다음 물음에 답하시오.

05

어떤(일부) 연주자들은 바이올린을 켠다. (참이라고 가정할 때)	
논리적 기호	
교환 법칙(항상 참)	

06

공무원들 중에서 외국어를 할 수 있는 사람이 있다. (참이라고 가정할 때)	
논리적 기호	
교환 법칙(항상 참)	

07

달콤하면서 건강한 것은 없다. (참이라고 가정할 때)	
논리적 기호	
드모르간의 법칙(항상 참)	
단순 함축(항상 참)	

08

비싸지 않거나 질이 좋은 것은 없다. (참이라고 가정할 때)	
논리적 기호	
드모르간의 법칙(항상 참)	
같은 명제로 표현하기	

09

모든 여행이 즐거운 것은 아니다. (참이라고 가정할 때)	
논리적 기호	
드모르간의 법칙(항상 참)	
같은 명제로 표현하기	

다음 명제들이 참이라고 가정할 때, 다음 물음에 답하시오.

05 어떤(일부) 연주자들은 바이올린을 켠다. (참이라고 가정할 때)

논리적 기호	연주자 ∧ 바이올린
교환 법칙(항상 참)	바이올린 ∧ 연주자

06 공무원들 중에서 외국어를 할 수 있는 사람이 있다. (참이라고 가정할 때)

논리적 기호	공무원 ∧ 외국어
교환 법칙(항상 참)	외국어 ∧ 공무원

07 달콤하면서 건강한 것은 없다. (참이라고 가정할 때)

논리적 기호	~(달콤 ∧ 건강)
드모르간의 법칙(항상 참)	~달콤 ∨ ~건강
단순 함축(항상 참)	달콤 → ~건강

08 비싸지 않거나 질이 좋은 것은 없다. (참이라고 가정할 때)

논리적 기호	~(~비쌈 ∨ 질)
드모르간의 법칙(항상 참)	~(~비쌈 ∨ 질) ≡ 비쌈 ∧ ~질
표준 명제로 표현하기	어떤 비싼 것은 질이 좋지 않다.

09 모든 여행이 즐거운 것은 아니다. (참이라고 가정할 때)

논리적 기호	~(여행 → 즐거움)
드모르간의 법칙(항상 참)	~(~여행 ∨ 즐거움) ≡ 여행 ∧ ~즐거움
표준 명제로 표현하기	어떤 여행은 즐겁지 않다.

출좋포 논리 이론 ❀ 진리표

❶ 연언의 진리표(P ∧ Q)

'P 그리고(＝그러나) Q'로 표현되는 연언문은 P와 Q 모두가 참이어야지만 P ∧ Q는 참이 된다.

하나라도 거짓이라면 P ∧ Q는 거짓이 된다.

P	Q	P ∧ Q
참	참	참
참	거짓	거짓
거짓	참	거짓
거짓	거짓	거짓

❷ 선언의 진리표(P ∨ Q)

'P 거나(또는) Q'로 표현되는 선언문은 P와 Q 둘 중 하나가 참이라면 P ∨ Q는 참이 된다.

P와 Q 둘 다 거짓이면 P ∨ Q는 거짓이 된다.

P	Q	P ∨ Q
참	참	참
참	거짓	참
거짓	참	참
거짓	거짓	거짓

> » 선언이 문제에 실질적으로 적용되는 경우
>
> ① 포괄적 선언문 : 둘 다 참임을 허용.
>
> A와 B 가운데 적어도 하나는 참이다(성립한다). ⇒ A ∨ B ≡ ~A → B ≡ ~B → A
>
> ② 배타적 선언문 : 둘 중 하나만 참임.
>
> A와 B 가운데 한 사람만 참이다. ⇒ (A ∧ ~B)∨(~A ∧ B)

❸ 조건 명제(단순 함축)의 진리표(P→Q)

P이면 반드시 Q이다.

P가 참이고 Q가 거짓일 때에만 P → Q가 거짓이 된다. (실제 세계의 참, 거짓에 대해 생각하면 안 된다. 논리학 내에서 참으로 본다고 받아들여야 한다.) 이를 제외한 나머지 경우에는 모두 참이 된다.

전제(P)	결론(Q)	전체 명제(P → Q)
참	참	참
	거짓	거짓
거짓	참	참
	거짓	참

MEMO

특정 명제의 진리표에 따른 진릿값에 ○표 하시오.

01 'P ∨ Q'에서 P가 거짓, Q가 참이면 'P ∨ Q'의 진릿값은? (참 / 거짓 / 판단 불가)

02 'P ∧ Q'에서 P가 거짓, Q가 참이면 'P ∧ Q'의 진릿값은? (참 / 거짓 / 판단 불가)

03 'P ∨ Q'에서 P가 참, Q가 거짓이면 'P ∨ Q'의 진릿값은? (참 / 거짓 / 판단 불가)

04 'P ∨ Q'에서 P의 진릿값이 반드시 참이라는 보장이 없고, Q가 거짓이면 'P ∨ Q'의 진릿값은?

(참 / 거짓 / 판단 불가)

05 '~P ∧ Q'에서 P가 거짓, Q가 거짓이면 '~P ∧ Q'의 진릿값은? (참 / 거짓 / 판단 불가)

06 'P ∧ ~Q'에서 P가 참, Q가 거짓이면 'P ∧ ~Q'의 진릿값은? (참 / 거짓 / 판단 불가)

07 'P → Q'에서 P가 참, Q가 거짓이면 'P → Q'의 진릿값은? (참 / 거짓 / 판단 불가)

08 'P → Q'에서 P가 거짓, Q가 거짓이면 'P → Q'의 진릿값은? (참 / 거짓 / 판단 불가)

09 'P → Q'에서 P가 거짓, Q가 참이면 'P → Q'의 진릿값은? (참 / 거짓 / 판단 불가)

10 'P → (Q ∧ R)'가 참일 때, P가 참이면, 'Q'의 진릿값은? (참 / 거짓 / 판단 불가)

11 'P → (Q ∨ R)'가 참일 때, P가 참이면, 'Q'의 진릿값은? (참 / 거짓 / 판단 불가)

12 '(P ∧ R) → Q'가 참일 때, P가 참이면, 'Q'의 진릿값은? (참 / 거짓 / 판단 불가)

13 '(P ∨ R) → Q'가 참일 때, P가 참이면, 'Q'의 진릿값은? (참 / 거짓 / 판단 불가)

특정 명제의 진리표에 따른 진릿값에 ○표 하시오.

01 'P ∨ Q'에서 P가 거짓, Q가 참이면 'P ∨ Q'의 진릿값은?　　(**참** / 거짓 / 판단 불가)
거짓 or 참 ∴ 진릿값 = 참

02 'P ∧ Q'에서 P가 거짓, Q가 참이면 'P ∧ Q'의 진릿값은?　　(참 / **거짓** / 판단 불가)
거짓 And 참 ∴ 진릿값 = 거짓

03 'P ∨ Q'에서 P가 참, Q가 거짓이면 'P ∨ Q'의 진릿값은?　　(**참** / 거짓 / 판단 불가)
참 or 거짓 ∴ 진릿값 = 참

04 'P ∨ Q'에서 P의 진릿값이 반드시 참이라는 보장이 없고, Q가 거짓이면 'P ∨ Q'의 진릿값은?
판단불가 or 거짓
(참 / 거짓 / **판단 불가**)
판단불가는 참일 수도 거짓일 수도 있음 ∴ 진릿값 = 판단불가

05 '~P ∧ Q'에서 P가 거짓, Q가 거짓이면 '~P ∧ Q'의 진릿값은?　　(참 / **거짓** / 판단 불가)
~거짓 ∧ 거짓 ∴ 진릿값 = 거짓
= 참

06 'P ∧ ~Q'에서 P가 참, Q가 거짓이면 'P ∧ ~Q'의 진릿값은?　　(**참** / 거짓 / 판단 불가)
참 ∧ ~거짓 ∴ 진릿값 = 참
= 참

07 'P → Q'에서 P가 참, Q가 거짓이면 'P → Q'의 진릿값은?　　(참 / **거짓** / 판단 불가)
참 → 거짓 ∴ 진릿값 = 거짓

08 'P → Q'에서 P가 거짓, Q가 거짓이면 'P → Q'의 진릿값은?　　(**참** / 거짓 / 판단 불가)
거짓 → 거짓 ∴ 진릿값 = 참

09 'P → Q'에서 P가 거짓, Q가 참이면 'P → Q'의 진릿값은?　　(**참** / 거짓 / 판단 불가)
거짓 → 참 ∴ 진릿값 = 참

10 'P → (Q ∧ R)'가 참일 때, P가 참이면, 'Q'의 진릿값은?　　(**참** / 거짓 / 판단 불가)
전체가 참　　　Q And R도 참 ∴ Q의 진릿값 = 참

11 'P → (Q ∨ R)'가 참일 때, P가 참이면, 'Q'의 진릿값은?　　(참 / 거짓 / **판단 불가**)
전체가 참　　　Q or R이 참 ∴ Q의 진릿값 = 참인지 거짓인지 판단불가

12 '(P ∧ R) → Q'가 참일 때, P가 참이면, 'Q'의 진릿값은?　　(참 / 거짓 / **판단 불가**)
전체가 참　　　but R의 진릿값은 판단불가
∴ Q의 진릿값 = 참인지 거짓인지 판단불가

13 '(P ∨ R) → Q'가 참일 때, P가 참이면, 'Q'의 진릿값은?　　(**참** / 거짓 / 판단 불가)
전체가 참　　　R의 진릿값은 중요하지 않음 P or Q에서 P가 참이므로 넘어갈 수 있음
∴ Q의 진릿값 = 참

출종포 논리 이론 함축 규칙

함축 규칙은 진리표와 마찬가지로 논증이 타당한지 알 수 있게 하는 좋은 도구이다.
함축 규칙은 여러 참인 전제들을 통해 함축되어 있던 결론을 도출해내는 규칙을 의미한다.

1 전건 긍정식(제거)[modus ponens]

: 참인 조건문이 있을 때, 전건이 참이면 후건도 참이라는 결론을 도출하는 규칙이다.

전제가 참	P → Q	물을 많이 마시면, 피부가 좋아진다.
	P	물을 많이 마신다.
결론	Q	∴피부가 좋아진다.

주의) 후건 긍정의 오류

다만, 이때 후건을 긍정한다고 해서 반드시 참인 결론을 도출할 수는 없다.
(역의 관계는 반드시 참이라고 볼 수 없다.)

전제가 참	P → Q	물을 많이 마시면, 피부가 좋아진다.
	Q	피부가 좋아진다.
결론	P	∴물을 많이 마신다. (판단 불가)

2 후건 부정식[modus tollens]

: 참인 조건문이 있을 때, 후건을 부정하면 전건의 부정도 참이라는 결론을 도출하는 규칙이다.
  (대우 관계를 떠올리면 더 쉽다.)

전제가 참	P → Q	물을 많이 마시면, 피부가 좋아진다.
	~ Q	피부가 좋아지지 않는다.
결론	~ P	∴물을 마시지 않았을 것이다.

주의) 전건 부정의 오류

다만, 이때, 전건을 부정한다고 해서 반드시 참인 결론을 도출할 수는 없다.
(이의 관계는 반드시 참이라고 볼 수 없다.)

전제가 참	P → Q	물을 많이 마시면, 피부가 좋아진다.
	~ P	물을 많이 마시지 않는다.
결론	~ Q	∴피부가 좋아지지 않을 것이다. (판단 불가)

3 가언 삼단 논법[hypothetical syllogism]

: 조건문을 연쇄적으로 이어 반드시 참인 결론을 도출하는 규칙이다.

전제가 참	P → Q	물을 많이 마시면, 피부가 좋아진다.
	Q → R	피부가 좋아지면, 사진이 잘 나온다.
결론	P → R	∴물을 많이 마시면, 사진이 잘 나온다.

4 연언지 단순화 (제거) [simplification]

: 연언문 'P ∧ Q'가 참이라면 각각 P와 Q 모두 참이라는 결론을 도출하는 규칙이다.

전제가 참	P ∧ Q	그는 책을 읽고 음악을 듣는다.
결론	P도 참	그는 책을 읽는다.
	Q도 참	그는 음악을 듣는다.

5 연언화 (도입) [conjunction]

: 두 개의 참인 명제를 연결하여 참인 복합 명제를 결론으로 도출하는 규칙이다.

참인 복합 명제를 결론으로 도출하기 위해서는 반드시 'P'와 'Q' 모두가 참이어야만 한다.

전제가 참	P	그녀는 영어를 공부한다.
	Q	그녀는 수학을 공부한다.
결론	P ∧ Q	그녀는 영어를 공부하고 수학을 공부한다.

6 선언적 삼단 논법 (선언지 제거법) [disjunctive syllogism]

: 두 개의 전제 중 하나가 부정되어 나머지 하나가 참이라는 결론을 도출하는 규칙이다.

따라서 선언문의 경우에는 하나의 전제가 부정될 때 의미가 있다.

전제가 참	P ∨ Q	민수는 축구를 하거나 농구를 한다.
	~ P	민수는 축구를 하지 않는다.
결론	Q	민수는 농구를 한다.

주의) 선언지 긍정의 오류

다만, 논증에서 쓰이는 선언문은 포괄적 선언문이기 때문에, 선언지 중 하나를 긍정한다고 해서 나머지가 부정되지는 않는다.

전제가 참	P ∨ Q	민수는 축구를 하거나 농구를 한다.
	P	민수는 축구를 한다.
결론	~Q	민수는 농구를 하지 않는다. (판단 불가)

7 선언지 첨가법[addition]

: 참인 전제에 다른 명제를 첨가하여 '선언'으로 연결하여 참인 결론을 도출하는 규칙이다.

선언으로 연결하였기 때문에 둘 중 하나만 참이면 되므로 다른 명제를 첨가해도 참이 된다.

전제가 참	P	철수는 버스를 탈 것이다.
결론	P ∨ Q	철수는 버스를 타거나 지하철을 탈 것이다.

8 단순 양도 논법[dilemma]

: 2개의 전건 긍정식이 연결된 형태로, P와 Q 중 적어도 하나는 참이므로 R이 참인 결론을 도출하는 규칙이다.

전제가 참	P ∨ Q	아침에 커피를 마시거나 차를 마신다.
	P → R	아침에 커피를 마시면, 집중력이 좋아진다.
	Q → R	차를 마시면, 집중력이 좋아진다.
결론	R	아침에 집중력이 좋아진다.

주의) 파괴적 양도 논법

다만, 논증에서 쓰이는 선언문은 포괄적 선언문이기 때문에, 선언지 중 하나를 긍정한다고 해서 나머지가 부정되지는 않는다.

전제가 참	~P ∨ ~Q	그는 시간을 지키지 않거나, 약속을 지키지 않는다.
	R → P	회의가 제시간에 시작되면, 그는 시간을 지킨다.
	S → Q	일정이 조정되면, 약속을 지킨다.
결론	~R ∨ ~S	회의가 제시간에 시작되지 않거나 일정이 조정되지 않는다.

9 흡수 규칙[absorption]

: 조건문이 참이라면 전건에 후건을 연이어도 참인 결론을 도출하는 규칙이다.

전제가 참	P → Q	불을 켜면, 방이 밝아진다.
결론	P → (P ∧ Q)	불을 켜면, 불이 켜져 있고 방이 밝아진다.

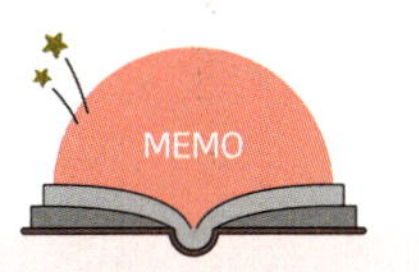

전제와 결론을 분리하여 결론이 타당한지, 타당하지 않은지 ○ 표 하시오.

01 알람이 울렸으면 지각하지 않았을 것이다. 그러나 지각을 했으므로 알람이 울리지 않았음이 틀림없다.

(타당하다 / 타당하지 않다)

02 만약 민수가 독서를 열심히 한다면, 민수는 똑똑할 것이다. 따라서 민수가 똑똑하다면 민수는 독서를 열심히 했을 것이다.

(타당하다 / 타당하지 않다)

03 연주자가 악보를 제대로 익히지 않거나 박자를 맞추지 않으면 공연은 성공할 수 없다. 그러나 공연이 성공했으므로, 연주자는 박자를 잘 맞췄다.

(타당하다 / 타당하지 않다)

04 발표를 미리 준비하면 발표가 잘 된다. 왜냐하면 발표를 미리 준비하면 자신감이 생기기 때문이다. 또한 자신감이 생기면 발표가 잘 된다.

(타당하다 / 타당하지 않다)

05 저축을 하면 여행을 갈 수 있을 것이다. 그런데 나는 저축을 하지 않았으니 여행을 가지 못할 것이다.

(타당하다 / 타당하지 않다)

06 오늘은 수업이 있다. 따라서 오늘은 수업이 있거나 휴강일 것이다.

(타당하다 / 타당하지 않다)

07 오늘은 시험이 있고 과제가 있다. 따라서 오늘은 시험이 있다.

(타당하다 / 타당하지 않다)

전제와 결론을 분리하여 결론이 타당한지, 타당하지 않은지 ○ 표 하시오.

01 알람이 울렸으면 지각하지 않았을 것이다. 그러나 지각을 했으므로 알람이 울리지 않았음이 틀림없다.
　－ 후건 부정식　　　전제 1　　　　　　전제 2　　　　　결론　　　(타당하다 / 타당하지 않다)

전제 1	알람 → ～지각 ≡ 지각 → ～알람
전제 2	지각
결론	～알람 (참)

02 만약 민수가 독서를 열심히 한다면, 민수는 똑똑할 것이다. 따라서 민수가 똑똑하다면 민수는 독서를 열심히 했을 것이다.
　　전제 1　　　　　　　　　　　　결론　　　(타당하다 / 타당하지 않다)
　－ 후건 긍정의 오류

전제 1	독서 → 똑똑
결론	똑똑 → 독서 (판단 불가)

03 연주자가 악보를 제대로 익히지 않거나 박자를 맞추지 않으면 공연은 성공할 수 없다. 그러나 공연이 성공했으므로,
연주자는 박자를 잘 맞췄다.　　　전제 1　　　　　　전제 2　　　(타당하다 / 타당하지 않다)
　－ 후건 부정식　　결론

전제 1	(～악보 ∨ ～박자) → ～성공 ≡ 성공 → (악보 ∧ 박자)
전제 2	성공
결론	박자 (참)

04 발표를 미리 준비하면 발표가 잘 된다. 왜냐하면 발표를 미리 준비하면 자신감이 생기기 때문이다. 또한 자신감이
생기면 발표가 잘 된다.　　결론　　　　　　　전제 1　　　전제 2　　(타당하다 / 타당하지 않다)
　－ 가언 삼단 논법

전제 1	준비 → 자신감
전제 2	자신감 → 잘 됨
결론	준비 → 잘 됨 (참)

05 저축을 하면 여행을 갈 수 있을 것이다. 그런데 나는 저축을 하지 않았으니 여행을 가지 못할 것이다.
　－ 전건 부정의 오류　　전제 1　　　　　　전제 2　　결론　(타당하다 / 타당하지 않다)

전제 1	저축 → 여행
전제 2	～저축
결론	～여행 (판단 불가)

06 오늘은 수업이 있다. 따라서 오늘은 수업이 있거나 휴강일 것이다.　　　(타당하다 / 타당하지 않다)
　전제 1　　　　　　결론
　－ 선언지 첨가

전제 1	수업
결론	수업 ∨ 휴강

07 오늘은 시험이 있고 과제가 있다. 따라서 오늘은 시험이 있다.　　　(타당하다 / 타당하지 않다)
　전제 1　　　　　　　　　결론
　－ 연언지 단순화

전제 1	시험 ∧ 과제
결론	시험

전제와 결론을 분리하여 결론이 타당한지, 타당하지 않은지 ○ 표 하시오.

08 휴대폰은 새 배터리가 교체되거나 화면이 수리될 것이다. 휴대폰 배터리가 교체되었으므로, 화면은 수리되지 않았다.

(타당하다 / 타당하지 않다)

09 하루 일과를 미리 계획하면 우선순위를 정할 수 있다. 우선순위를 정하면 시간을 낭비하지 않는다. 따라서 하루 일과를 미리 계획하면 시간을 낭비하지 않는다. (타당하다 / 타당하지 않다)

10 전원이 꺼지거나 인터넷이 끊긴다. 만약 전원이 꺼지면, 작업이 중단된다. 만약 인터넷이 끊기면, 작업이 중단된다. 따라서 작업이 중단된다. (타당하다 / 타당하지 않다)

11 나는 오늘 김밥을 먹거나 라면을 먹을 것이다. 나는 김밥을 먹지 않았다. 따라서 나는 라면을 먹었다.

(타당하다 / 타당하지 않다)

12 그 가게는 신메뉴를 출시하거나 인테리어를 리모델링할 것이다. 그 가게가 신메뉴를 출시했으므로, 인테리어는 리모델링되지 않았다. (타당하다 / 타당하지 않다)

13 이 공연은 성황리에 끝났다. 따라서 이 공연은 성황리에 끝났거나, 취소되었다. (타당하다 / 타당하지 않다)

전제와 결론을 분리하여 결론이 타당한지, 타당하지 않은지 ○ 표 하시오.

08 휴대폰은 새 배터리가 교체되거나 화면이 수리될 것이다. 휴대폰 배터리가 교체되었으므로, 화면은 수리되지 않았다.
　― 선언지 긍정의 오류　　전제 1　　　　　　　　　전제 2　　　　　　결론
　　　　　　　　　　　　　　　　　　　　　　　　　　　　　　(타당하다 / 타당하지 않다)

전제 1	배터리 ∨ 화면 (≡ ~배터리 → 화면)
전제 2	배터리
결론	~화면 (판단 불가)

09 하루 일과를 미리 계획하면 우선순위를 정할 수 있다. 우선순위를 정하면 시간을 낭비하지 않는다.
　따라서 하루 일과를 미리 계획하면 시간을 낭비하지 않는다.　　　(타당하다 / 타당하지 않다)
　― 가언삼단논법　　　　　결론

전제 1	계획 → 우선순위
전제 2	우선순위 → ~낭비
결론	계획 → ~낭비 (참)

10 전원이 꺼지거나 인터넷이 끊긴다. 만약 전원이 꺼지면, 작업이 중단된다. 만약 인터넷이 끊기면, 작업이 중단된다.
　따라서 작업이 중단된다.　　　　　　　　　　　　　　　　(타당하다 / 타당하지 않다)
　― 양도 논법　　결론

전제 1	전원 ∨ 인터넷
전제 2	전원 → 중단
전제 3	인터넷 → 중단
결론	중단 (참)

11 나는 오늘 김밥을 먹거나 라면을 먹을 것이다. 나는 김밥을 먹지 않았다. 따라서 나는 라면을 먹었다.
　― 선언 삼단 논법　　　　　　　　　　　　　　　　　　(타당하다 / 타당하지 않다)

전제 1	김밥 ∨ 라면 (≡ ~김밥 → 라면)
전제 2	~김밥
결론	라면 (참)

12 그 가게는 신메뉴를 출시하거나 인테리어를 리모델링할 것이다. 그 가게가 신메뉴를 출시했으므로, 인테리어는 리모델링되지 않았다.
　― 선언지 긍정의 오류　　　　　　　　　　　　　　　　(타당하다 / 타당하지 않다)

전제 1	출시 ∨ 리모델링 (≡ ~출시 → 리모델링)
전제 2	출시
결론	~리모델링 (판단 불가)

13 이 공연은 성황리에 끝났다. 따라서 이 공연은 성황리에 끝났거나, 취소되었다.　　(타당하다 / 타당하지 않다)
　― 선언지 첨가　　　　　　　　　결론

| 전제 1 | 성황리 |
| 결론 | 성황리 ∨ 취소 (참) |

논리는 박혜선! 반박 불가 PIN POINT

01 다음 진술이 모두 참일 때 반드시 참인 것은? 2025. 인사혁신처 1차 샘플

> • 오 주무관이 회의에 참석하면, 박 주무관도 참석한다.
> • 박 주무관이 회의에 참석하면, 홍 주무관도 참석한다.
> • 홍 주무관이 회의에 참석하지 않으면, 공 주무관도 참석하지 않는다.

① 공 주무관이 회의에 참석하면, 박 주무관도 참석한다.
② 오 주무관이 회의에 참석하면, 홍 주무관은 참석하지 않는다.
③ 박 주무관이 회의에 참석하지 않으면, 공 주무관은 참석한다.
④ 홍 주무관이 회의에 참석하지 않으면, 오 주무관도 참석하지 않는다.

02 다음 빈칸에 들어갈 말로 가장 적절한 것은? 2025. 인사혁신처 2차 샘플

> 갑, 을, 병, 정 네 학생의 수강 신청과 관련하여 다음과 같은 사실들이 알려졌다.
> • 갑과 을 중 적어도 한 명은 <글쓰기>를 신청한다.
> • 을이 <글쓰기>를 신청하면 병은 <말하기>와 <듣기>를 신청한다.
> • 병이 <말하기>와 <듣기>를 신청하면 정은 <읽기>를 신청한다.
> • 정은 <읽기>를 신청하지 않는다.
> 이를 통해 갑이 [＿＿＿＿＿]를 신청한다는 것을 알 수 있게 되었다.

① <말하기>
② <듣기>
③ <읽기>
④ <글쓰기>

논리 독학 가능! 기호 논리 시각화

- 오 → 박
  (~박 → ~오)
- 박 → 홍
  (~홍 → ~박)
- ~홍 → ~공
  (공 → 홍)

∴ '~홍 → ~오'는 참

혜선쌤의 속닥속닥

① 판단불가의 오류
② 반대의 오류
③ 판단불가의 오류

- 갑 〈글쓰기〉 ∨ 을 〈글쓰기〉
- 을 〈글쓰기〉 → (병 〈말하기〉 ∧ 〈듣기〉)
  - ≡ 대우 관계
    : ~(병 〈말하기〉 ∧ 〈듣기〉) → ~ 을 〈글쓰기〉
- (병 〈말하기〉 ∧ 〈듣기〉) → 정 〈읽기〉
  - ≡ 대우 관계
    : ~정 〈읽기〉 → ~(병 〈말하기〉 ∧ 〈듣기〉)
- ~정 〈읽기〉

확실한 전제부터 시작하기

출좋포 논리 PIN POINT

1.

위의 대우 관계를 비롯하여 볼 때, 매개항이 '~박'이라는 점에서 '~홍 → ~박 → ~오'가 성립되어 '홍 주무관이 회의에 참석하지 않으면, 오 주무관도 참석하지 않는다.'가 참임을 알 수 있다.

오답풀이

① 공 주무관이 회의에 참석하면, 홍 주무관이 참석하는 것은 알 수 있으나, 박 주무관도 참석할지는 알 수 없다.
② 오 주무관이 회의에 참석하면, 홍 주무관은 참석하므로 옳지 않다.
③ 박 주무관이 회의에 참석하지 않으면, 오 주무관이 참석하지 않는 것은 확실히 알 수 있으나, 공 주무관이 참석할지는 알 수 없다.

2.

결론: '~정 〈읽기〉 → ~(병 〈말하기〉 ∧ 〈듣기〉) → ~을 〈글쓰기〉'라는 결론을 낼 수 있다. 첫 번째 전제에 의해 을이 글쓰기를 하지 않으므로 갑은 〈글쓰기〉를 신청함을 알 수 있다.

정답 1. ④ 2. ④

亦功 문제 훈련 : 반드시 참인 명제

01 다음 진술이 모두 참일 때 반드시 참인 것은?

2025. 국가직 9급

> • 갑이 제주도 출장을 가면, 을은 제주도 출장을 가지 않는다.
> • 을이 제주도 출장을 가지 않으면, 병은 휴가를 내지 않는다.
> • 병이 휴가를 낸다.

① 갑이 제주도 출장을 가지 않는다.
② 을이 제주도 출장을 가지 않는다.
③ 갑이 제주도 출장을 가고 병은 휴가를 낸다.
④ 을이 제주도 출장을 가고 병은 휴가를 내지 않는다.

02 다음 진술이 모두 참일 때, 반드시 참인 것은?

> • 축구를 좋아하는 사람은 농구도 좋아한다.
> • 농구를 좋아하지 않는 사람은 야구를 좋아한다.
> • 배구를 좋아하지 않는 사람은 농구도 좋아하지 않는다.

① 축구를 좋아하지 않는 사람은 야구를 좋아한다.
② 배구를 좋아하지 않는 사람은 야구도 좋아하지 않는다.
③ 축구를 좋아하는 사람은 배구를 좋아하지 않는다.
④ 배구를 좋아하지 않는 사람은 축구도 좋아하지 않는다.

혜선 쌤과 함께하는 **논박불가 메모장**

03 다음 명제가 모두 참일 때, 항상 참인 것은?

> - 오렌지를 좋아하지 않는 모든 사람은 사과를 좋아한다.
> - 딸기를 좋아하는 모든 사람은 바나나를 좋아한다.
> - 체리를 좋아하는 모든 사람은 바나나를 좋아한다.
> - 사과를 좋아하는 모든 사람은 바나나를 좋아하지 않는다.

① 사과를 좋아하는 모든 사람은 딸기를 좋아하지 않는다.

② 바나나를 좋아하는 모든 사람은 오렌지를 좋아하지 않는다.

③ 딸기를 좋아하는 모든 사람은 오렌지를 좋아하지 않는다.

④ 바나나를 좋아하는 모든 사람은 체리를 좋아한다.

04 다음 진술이 모두 참일 때, 반드시 참인 것은?

> - A 또는 B가 수영을 하면 C도 수영을 한다.
> - D가 수영을 하면 C는 수영을 하지 않는다.
> - A가 수영을 하지 않으면 B도 수영을 하지 않는다.

① C가 수영을 하지 않을 때 A는 수영을 할 수도 있다.

② A가 수영을 하면 D도 수영을 한다.

③ C가 수영을 하면 D도 수영을 한다.

④ D가 수영을 하면 A와 B 모두 수영을 하지 않는다.

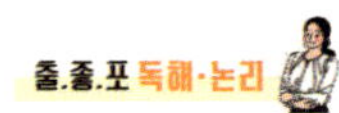

05 정부는 5개의 시민단체 A~E 중에서 지원할 단체를 선정하려고 한다. 다음 진술에 따라 지원한다고 할 때, 정부가 지원할 시민단체는?

> • A단체가 선정되면 B단체 또는 C단체가 선정되지 않는다.
> • B단체가 선정되지 않으면 D단체도 선정되지 않는다.
> • C단체가 선정되지 않거나 D단체가 선정되지 않으면 E단체가 선정된다.
> • E단체는 지원 기준 미달로 인하여 선정되지 않는다.

① A, C
② A, C, D
③ B, D
④ B, C, D

06 (가)~(다)를 전제로 할 때 빈칸에 들어갈 결론으로 가장 적절한 것은? 2025. 국가직 9급

> (가) 인공일반지능이 만들어지거나 인공지능 산업이 쇠퇴한다.
> (나) 인공일반지능이 만들어지면, 인간의 생활이 편리해지는 동시에 많은 사람이 직장을 잃는다.
> (다) 인공지능 산업이 쇠퇴하면, 많은 사람이 직장을 잃는 동시에 세계 경제가 침체된다.
> 따라서 [　　　　　　　　　　].

① 세계 경제가 침체된다
② 인간의 생활이 편리해진다
③ 많은 사람이 직장을 잃는다
④ 인간의 생활이 편리해지고 세계 경제가 침체된다

07 ㉠~㉣이 모두 참일 경우, 반드시 관람되는 스포츠 경기는?

> ㉠ <야구> 또는 <농구> 경기를 관람하지 않으면 <축구> 경기를 관람하지 않는다.
> ㉡ <테니스> 경기를 관람하면 <배구>와 <골프> 경기를 관람한다.
> ㉢ <농구> 경기를 관람하지 않으면 <골프> 경기를 관람하지 않는다.
> ㉣ <축구> 또는 <테니스> 경기를 관람한다.

① <축구>
② <농구>
③ <골프>
④ <테니스>

충분조건, 필요조건은 전칭의 조건문에 나타나는 개념인데
이 개념을 이해하는 것이 생각보다 까다롭습니다.

하지만! 혜선 쌤과 함께라면 이 어려운 개념도 쉽게 이해 가능하답니다!
이 개념들은 내용 추론 긍정 유형이나 강화 약화 유형, 빈칸 추론 등
여러 독해 유형에서 출제가 가능하니, 반드시 정확하게 개념을 익히는 것이 필요합니다.

자! 그럼 명확하게 충분조건, 필요조건에 대해 배워 봅시다~^^

출종포 논리 이론  충분조건, 필요조건, 필요충분조건

기호화	명칭	뜻
p → q	전건 - 충분조건(좁) 후건 - 필요조건(넓)	p이면 반드시 q이다. 모든 p는 q이다.

1 충분조건

: 충분조건은 전건이 성립하면 후건이 반드시 참이라는 뜻이다.

충분조건은 'P → Q'로 표현할 수 있는데, 전건 P가 있다면 후건 Q는 반드시 참이라는 것이다.

이때 주의해야 할 점은 Q가 참이라고 해서 P가 참임을 보장할 수는 없다는 것이다.

또한 전건 P가 참이 아니라면 후건 Q는 참일 수도 있고 참이 아닐 수도 있다.

합격하면 노력한 것이다.

합격은 노력의 충분조건이다.

합격을 하기 위해서는 노력을 해야 한다.

합격만으로 노력했음을 알 수 있다.

노력을 해야만 합격할 수 있다.

논리 기호화	합격 → 노력
의미	합격한 사람들을 인터뷰한 결과, 전부 100% 노력을 했음이 드러났다. 하지만 노력한다고 해서 반드시 합격하는 것은 아니었다. 합격의 필수 조건에는 노력뿐만 아니라 운, 전략, 체력 등이 더 있을 수 있기 때문에 '노력'은 충분조건이 될 수 없다.

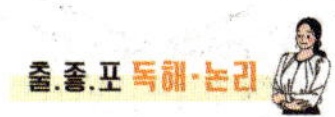

2 **필요조건**

: 필요조건은 충분조건이 성립하기 위해 반드시 필요한 조건, 즉 **필수 조건**을 의미한다.

즉, **어떤 일이 일어나기 위해 꼭 있어야 하는 필수적인 조건**이므로

적어도 이 조건이 없으면 결과가 성립할 수 없다는 뜻이다.

합격하면 **노력**한 것이다.

노력은 합격의 필요조건이다.

합격을 하기 위해서는 **노력**을 해야 한다.

합격만으로 **노력**했음을 알 수 있다.

노력을 해야만 합격할 수 있다.

논리 기호화	합격 → **노력**
의미	노력은 합격의 필수 조건이다. 따라서 노력을 하지 않는다면 절대로 합격할 수 없다. 하지만 노력을 한다고 해서 반드시 합격할 수 있는 것은 아니다.

3 **필요충분조건**

: 필요충분조건이란 어떤 조건이 다른 조건이 참임을 보장하고,

동시에 그 반대 조건도 참임이 보장되는 관계를 의미한다.

즉, 두 조건이 서로를 보장한다는 뜻이다.

필요충분조건은 'P ↔ Q'로 표현할 수 있는데, 이는 **P와 Q가 서로 필요하고 충분함(동치)**을 의미한다.

2025 출제 기조 반영 독해 워밍업

01 다음 문장을 논리적 기호로 표현하시오.

면허증은 자동차 운전의 필요조건이다.	
논리 기호	
충분조건	
필요조건	

02 다음 문장을 논리적 기호로 표현하시오.

화재 발생은 소방차 출동의 충분조건이다.	
논리 기호	
충분조건	
필요조건	

03 다음 문장을 논리적 기호로 표현하시오.

공무원이 되기 위해서는 중학교 졸업장이 필요하다.	
논리적 기호	
충분조건	
필요조건	

04 다음 문장을 논리적 기호로 표현하시오.

건강하려면 충분한 수면을 취해야 한다.	
논리적 기호	
충분조건	
필요조건	

05 다음 문장을 논리적 기호로 표현하시오.

사전 준비를 철저하게 해야(만) 발표를 성공할 수 있다.	
논리적 기호	
충분조건	
필요조건	

01 다음 문장을 논리적 기호로 표현하시오.

	면허증은 자동차 운전의 필요조건이다.
논리 기호	운전 → 면허증
충분조건	운전
필요조건	면허증

02 다음 문장을 논리적 기호로 표현하시오.

	화재 발생은 소방차 출동의 충분조건이다.
논리 기호	화재 → 소방차
충분조건	화재
필요조건	소방차

03 다음 문장을 논리적 기호로 표현하시오.

	공무원이 되기 위해서는 중학교 졸업장이 필요하다.
논리적 기호	공무원 → 졸업장
충분조건	공무원
필요조건	졸업장

04 다음 문장을 논리적 기호로 표현하시오.

	건강하려면 충분한 수면을 취해야 한다.
논리적 기호	건강 → 수면
충분조건	건강
필요조건	수면

05 다음 문장을 논리적 기호로 표현하시오.

	사전 준비를 철저하게 해야만 발표를 성공할 수 있다.
논리적 기호	발표 → 사전 준비
충분조건	발표
필요조건	사전 준비

01 (가)와 (나)에 들어갈 말로 가장 적절한 것은? 2022. 지방직 7급

> A는 다음과 같은 실험을 진행했다. 먼저, 검은색 옷과 흰색 옷을 입은 6명이 두 개의 농구공을 가지고 패스를 주고받는 동안 고릴라 복장의 사람을 지나가게 하고 그 장면을 동영상으로 촬영했다. 그리고 실험 참가자들에게 이 동영상을 보여 주면서 흰색 옷을 입은 사람들이 몇 번 패스를 주고받았는지 세어 달라고 요청했다. 이에 대해 참가자들은 패스 횟수에 대해서는 각자의 답을 말했는데, 동영상 중간 중간에 출현한 고릴라 복장의 사람에 대해서는 하나같이 보지 못했다고 답했다. 참가자들이 패스 횟수를 세는 데 집중하느라 1분이 채 안 되는 동영상 가운데 9초에 걸쳐 등장하는 고릴라 복장의 사람을 인지하지 못한 것이다. A는 이 실험을 통해 다음의 결론을 도출했다. ___(가)___.
>
> 이 실험 결과를 우리의 일상에서도 확인해 볼 수 있다. 오토바이 운전자의 안전을 위해 눈에 잘 띄는 밝은색 옷을 입도록 권하는데, 밝은색 옷의 오토바이 운전자는 시각적으로 더 잘 보이고, 덕분에 더 쉽게 알아볼 수 있기 때문이다. 그렇다고 해도 모든 자동차 운전자가 밝은색 옷을 입은 오토바이 운전자를 다 알아보는 것은 아니다. 바라보는 행위는 인지의 ___(나)___ 없기 때문이다.

① (가): 인간의 인지는 시각과 밀접하게 관련되어 있다
　(나): 충분조건일 수는 있어도 필요조건일 수는

② (가): 인간의 인지는 시각과 밀접하게 관련되어 있다
　(나): 필요조건일 수는 있어도 충분조건일 수는

③ (가): 인간은 중요하다고 생각하는 것 위주로 주의를 기울인다
　(나): 충분조건일 수는 있어도 필요조건일 수는

④ (가): 인간은 중요하다고 생각하는 것 위주로 주의를 기울인다
　(나): 필요조건일 수는 있어도 충분조건일 수는

01 (가)와 (나)에 들어갈 말로 가장 적절한 것은? 2022. 지방직 7급

A는 다음과 같은 실험을 진행했다. 먼저, 검은색 옷과 흰색 옷을 입은 6명이 두 개의 농구공을 가지고 패스를 주고받는 동안 고릴라 복장의 사람을 지나가게 하고 그 장면을 동영상으로 촬영했다. 그리고 실험 참가자들에게 이 동영상을 보여 주면서 흰색 옷을 입은 사람들이 몇 번 패스를 주고받았는지 세어 달라고 요청했다. 이에 대해 참가자들은 패스 횟수에 대해서는 각자의 답을 말했는데, 동영상 중간 중간에 출현한 고릴라 복장의 사람에 대해서는 하나같이 보지 못했다고 답했다. 참가자들이 패스 횟수를 세는 데 집중하느라 1분이 채 안 되는 동영상 가운데 9초에 걸쳐 등장하는 고릴라 복장의 사람을 인지하지 못한 것이다. A는 이 실험을 통해 다음의 결론을 도출했다. ⟦ (가) ⟧.

이 실험 결과를 우리의 일상에서도 확인해 볼 수 있다. 오토바이 운전자의 안전을 위해 눈에 잘 띄는 밝은색 옷을 입도록 권하는데, 밝은색 옷의 오토바이 운전자는 시각적으로 더 잘 보이고, 덕분에 더 쉽게 알아볼 수 있기 때문이다. 그렇다고 해도 모든 자동차 운전자가 밝은색 옷을 입은 오토바이 운전자를 다 알아보는 것은 아니다. 바라보는 행위는 인지의 ⟦ (나) ⟧ 없기 때문이다.

① (가): 인간의 인지는 시각과 밀접하게 관련되어 있다

   (나): 충분조건일 수는 있어도 필요조건일 수는

② (가): 인간의 인지는 시각과 밀접하게 관련되어 있다

   (나): 필요조건일 수는 있어도 충분조건일 수는

③ (가): 인간은 중요하다고 생각하는 것 위주로 주의를 기울인다

   (나): 충분조건일 수는 있어도 필요조건일 수는

④ (가): 인간은 중요하다고 생각하는 것 위주로 주의를 기울인다

   (나): 필요조건일 수는 있어도 충분조건일 수는

02 **다음 글의 ㉠과 ㉡에 대한 평가로 올바른 것은?** 2025. 인사혁신처 2차 샘플

> 기업의 마케팅 프로젝트를 평가할 때는 유행지각, 깊은 사고, 협업을 살펴본다. 유행지각은 유행과 같은 새로운 정보를 반영했느냐, 깊은 사고는 마케팅 데이터의 상관관계를 분석해서 최적의 해결책을 찾아내었느냐, 협업은 일하는 사람들이 해결책을 공유하며 성과를 창출했느냐를 따진다. ㉠이 세 요소 모두에서 목표를 달성하는 것은 마케팅 프로젝트가 성공적이기 위해 필수적이다. 하지만 ㉡이 세 요소 모두에서 목표를 달성했다고 해서 마케팅 프로젝트가 성공한 것은 아니다.

① 지금까지 성공한 프로젝트가 유행지각, 깊은 사고 그리고 협업 모두에서 목표를 달성했다면, ㉠은 강화된다.

② 성공하지 못한 프로젝트 중 유행지각, 깊은 사고 그리고 협업 중 하나 이상에서 목표를 달성하는 데 실패한 사례가 있다면, ㉠은 약화된다.

③ 유행지각, 깊은 사고 그리고 협업 중 하나 이상에서 목표를 달성하는 데 실패했지만 성공한 프로젝트가 있다면, ㉡은 강화된다.

④ 유행지각, 깊은 사고 그리고 협업 모두에서 목표를 달성했지만 성공하지 못한 프로젝트가 있다면, ㉡은 약화된다.

02 다음 글의 ㉠과 ㉡에 대한 평가로 올바른 것은? 2025. 인사혁신처 2차 샘플

> 기업의 마케팅 프로젝트를 평가할 때는 유행지각, 깊은 사고, 협업을 살펴본다. 유행지각은 유행과 같은 새로운 정보를 반영했느냐, 깊은 사고는 마케팅 데이터의 상관관계를 분석해서 최적의 해결책을 찾아내었느냐, 협업은 일하는 사람들이 해결책을 공유하며 성과를 창출했느냐를 따진다. ㉠이 세 요소 모두에서 목표를 달성하는 것은 마케팅 프로젝트가 성공적이기 위해 필수적이다. 하지만 ㉡이 세 요소 모두에서 목표를 달성했다고 해서 마케팅 프로젝트가 성공한 것은 아니다.
> (= 면)

① 지금까지 성공한 프로젝트가 유행지각, 깊은 사고 그리고 협업 모두에서 목표를 달성했다면, ㉠은 강화된다. (O)

② 성공하지 못한 프로젝트 중 유행지각, 깊은 사고 그리고 협업 중 하나 이상에서 목표를 달성하는 데 실패한 사례가 있다면, ㉠은 ~~약화~~ 강화된다. (반대의 오류)

③ 유행지각, 깊은 사고 그리고 협업 중 하나 이상에서 목표를 달성하는 데 실패했지만 성공한 프로젝트가 있다면, ㉡은 ~~강화~~된다. (무관의 오류) → 강화하지도 약화하지도 않는다.

④ 유행지각, 깊은 사고 그리고 협업 모두에서 목표를 달성했지만 성공하지 못한 프로젝트가 있다면, ㉡은 ~~약화~~ 강화된다. (반대의 오류)

㉠	성공 → (유행 ∧ 깊은 ∧ 협업)
강화 사례	① 성공한 프로젝트를 보니 '유행 ∧ 깊은 ∧ 협업' 세 요소 모두 달성했더라. ② '유행 ∧ 깊은 ∧ 협업' 모두를 달성하지는 못했더니 프로젝트가 성공을 못했더라.
약화 사례	① '유행 ∧ 깊은 ∧ 협업' 모두를 달성하지 못했음에도 성공했더라.

㉡	~ ((유행 ∧ 깊은 ∧ 협업) → 성공)
강화 사례	① '유행 ∧ 깊은 ∧ 협업' 모두에서 목표를 달성했다고 해서 항상 성공하는 것은 아니다.
약화 사례	① '유행 ∧ 깊은 ∧ 협업' 모두에서 목표를 달성하면 항상 성공하더라.

亦功 문제 훈련 : 충분조건, 필요조건

01 아래의 조건이 모두 참일 때, 반드시 참인 것은?

> • 자격증을 취득하는 것은 취업을 위한 필요조건이다.
> • 창업은 취업을 위한 충분조건이다.

① 창업을 하지 않으면 취업이 될 수 없다.
② 창업하기 위해서는 자격증이 필요하다.
③ 자격증을 취득하기 위해서는 취업해야 한다.
④ 자격증을 취득했다면 반드시 창업을 한 것이다.

02 다음 진술이 모두 참일 때, 반드시 참인 것은?

> • 물을 충분히 마시는 것은 건강하기 위한 필요조건이다.
> • BMI가 25 이상인 것은 비만이기 위한 충분조건이다.
> • 비만이면서 건강한 사람은 존재하지 않는다.

① 물을 충분히 마시는 사람은 모두 건강하다.
② 물을 충분히 마시기 위해서는 건강해야 한다.
③ BMI가 30인 사람은 모두 건강하지 않다.
④ BMI가 20인 사람은 모두 비만이 아니다.

03 다음 진술이 모두 참일 때, 반드시 참인 것은?

> • IQ가 140 이상인 것은 천재이기 위한 필요조건이다.
> • 좋은 직업은 부자이기 위한 충분조건이다.
> • 성실함은 부자이기 위한 필요조건이다.

① IQ가 120인 사람도 천재일 수 있다.
② 좋은 직업을 가진 모든 사람은 성실하다.
③ 부자가 아닌 사람은 모두 성실하지 않다.
④ 좋은 직업은 성실하기 위한 필요조건이다.

04 다음 글에서 추론할 수 있는 것으로 가장 적절한 것은?

> 목표 의식만 있다고 해서 스포츠 팀이 승리할 수 있는 것은 아니다. 가령, 어떤 축구 팀이 상대를 이기겠다는 강한 목표의식을 가졌다고 하자. 그런데 이 팀은 기존의 전술을 그대로 사용하고, 선수들의 역할이나 전략을 전혀 조정하지 않았다. 우리는 이 팀이 승리를 목표로 했음을 인정하지만, 그 목표를 달성할 가능성이 크다고 보지는 않는다. 이 팀은 기존의 전술에 변화를 주지 않았기 때문이다.

① 목표 의식은 승리의 충분조건이다.
② 전술의 변화는 승리의 충분조건이다.
③ 목표 의식은 전술 변화의 충분조건이다.
④ 승리는 전술 변화의 충분조건이다.

Chapter 07

빈칸에 들어갈 결론

Part 02 논리

빈칸에 들어갈 결론의 문제는 인사혁신처의 1차, 2차 샘플에 모두 출제된 영역으로
정언논리, 정언명제의 네 가지의 표준 형식, 표준 형식에서 벗어난 명제, 정언 삼단 논법
등에 대한 개념에 대해 잘 이해해야 합니다.
최대한 쉽게 이론을 구성하고, 개념을 잘 이해할 수 있는 워밍업 문제를 출제했으니,
확실하게 혜선 쌤과 개념을 잡고 적용해 봅시다!

출종포 논리 이론 　정언 논리 – 정언 논리의 개념과 구성

1 정언 논리의 개념

정언 논리란 명제를 구성하는 주어나 술어에 따라 논증의 타당성을 분석하고 평가하는 방식이다.
정언 논리는 개념들 간의 포함 관계를 다루는 것으로 명제의 타당성을 평가하고 논리적 결론을 도출하는 데 유용하다.

2 정언 명제의 구성

정언 명제(Categorical Proposition)는 논리학에서 특정 대상을 어떤 범주에 포함하거나 포함하지 않는 명제이다.
정언 명제는 보통 하나의 주어(S, Subject)와 하나의 술어(P, Predicate), 연결사, 양화사로 구성되어
주어와 술어의 관계가 포함 관계인지 배제의 관계인지를 서술한다.

주부(주어)	술부(술어)
(모든/어떤) S는 양화사	p (이다/아니다) 연결사

1. 주어 : 중심 화제를 보여 주는 것으로 양화사를 통해 범위가 정해진다.

2. 술어 : 서술어. 중심화제의 성질을 보여 줌.

3. 연결사(Connectives) : 주어와 술어의 관계를 나타냄. '이다(긍정)' 또는 '아니다(부정)'를 나타냄.

4. 양화사(quantifier) : 주어 부분의 수량이나 범위를 정해주는 기호
　　　　　　　"모든 경우(전칭)"와 "어떤 경우(특칭)"를 나타냄.

❸ 정언 명제의 네 가지의 표준 형식

⑴ A 명제 : 전칭 긍정 명제(Universal Affirmative)

명제	모든 <u>역공이</u>는 <u>합격자</u>이다.
논리 기호	역공이 → 합격자

주어(S)의 모든 개체가 술어(P)의 조건을 만족할 때 사용하는 명제이다.

즉 주어를 모두 조사했을 때 모두 술어에 해당할 때 사용하는 명제이다.

⑵ E 명제 : 전칭 부정 명제(Universal Negative)

명제	모든 <u>역공이</u>는 <u>합격자</u>가 아니다.
논리 기호	역공이 → ~합격자

주어(S)의 모든 개체가 술어(P)의 조건을 만족하지 않을 때 사용하는 명제이다.

즉 주어를 모두 조사했을 때 모두 술어에 해당하지 않을 때 사용하는 명제이다.

⑶ I 명제 : 특칭 긍정 명제(Particular Affirmative)

명제	어떤 <u>역공이</u>는 <u>합격자</u>이다.
논리 기호	역공이 ∧ 합격자

주어(S)의 일부 개체가 술어(P)에 해당될 때 표현되는 명제이다.

즉 주어 중 최소 하나가 술어에 해당된다는 뜻이다.

⑷ O 명제 : 특칭 부정 명제[Particular Negative(negO)]

명제	어떤 <u>역공이</u>는 <u>합격자</u>가 아니다.
논리 기호	역공이 ∧ ~합격자

주어(S)의 일부 개체가 술어(P)에 해당되지 않을 때 표현되는 명제이다.

즉 주어 중 최소 하나가 술어에 해당되지 않는다는 뜻이다.

출 좋 포 논리 이론 · 정언 명제의 4가지 표준 형식에서 벗어나는 경우

① 그것이 개구리라면, 그것(개구리)은 멀리 뛴다.

　≡ 모든 개구리는 멀리 뛴다.　(A) 전칭 긍정

② 그것이 포유류라면, 그것은 아가미로 호흡할 수 없다.

　≡ 모든 포유류는 아가미로 호흡할 수 없다.　(E) 전칭 부정

③ 장미는 꽃이다.

　≡ 모든 장미는 꽃이다.　(A) 전칭 긍정

④ 어느 누구도 완벽하지 않다.

　≡ 모든 사람은 완벽하지 않다.　(E) 전칭 부정

⑤ 성인들만이 영화를 관람할 수 있다.

　≡ 이 영화를 관람할 수 있는 모든 사람은 성인들이다.

　≡ 모든 성인이 아닌 사람들은 이 영화를 관람할 수 없다.　(A) 전칭 긍정

⑥ 오직 직원들만 회의에 참석했다.

　≡ 회의에 참석한 모든 사람들은 직원들이다.　(A) 전칭 긍정

⑦ 몇몇 고양이들이 검정색이다.

　≡ 어떤 고양이들은 검정색이다.　(I) 특칭 긍정

⑧ 일부 나무에는 열매가 열린다.

　≡ 어떤 나무에는 열매가 열린다.　(I) 특칭 긍정

⑨ 일부 도서관에는 고서적이 있다.

　≡ 어떤 고서적은 도서관에 있다.　(I) 특칭 긍정

⑩ 직원들 중에서 외국어를 할 수 있는 사람이 있다.

　≡ 어떤 직원들은 외국어를 한다.　(I) 특칭 긍정

⑪ 모험을 즐기는 사람들이 있다.

≡ 어떤 사람들은 모험을 즐긴다. (I) 특칭 긍정

⑫ 파티에 참여하지 못한 사람들이 있다.

≡ 어떤 사람들은 파티에 참여하지 못했다. (O) 특칭 부정

⑬ 예쁘다고 해서 무조건 착한 / 것은 아니다.

≡ 어떤 예쁜 사람들은 착하지 않다. (O) 특칭 부정

⑭ 모든 아파트가 고층인 / 것은 아니다.

≡ 어떤 아파트는 고층이 아니다. (O) 특칭 부정

⑮ 비싸면서 실용적인 / 것은 없다.

≡ 비싼 것들은 모두 실용적이지 않다. (E) 전칭 부정

⑯ 비싸지 않지만 실용적인 / 것은 없다.

≡ 실용적인 것은 모두 비싸다. (A) 전칭 긍정

⑰ 귀여운 소녀가 있다.

≡ 어떤 소녀는 귀엽다.

≡ 어떤 귀여운 것은 소녀이다. (I) 특칭 긍정

⑱ 귀엽지 않은 소녀가 있다.

≡ 어떤 소녀는 귀엽지 않다.

≡ 어떤 귀엽지 않은 것은 소녀이다. (O) 특칭 부정

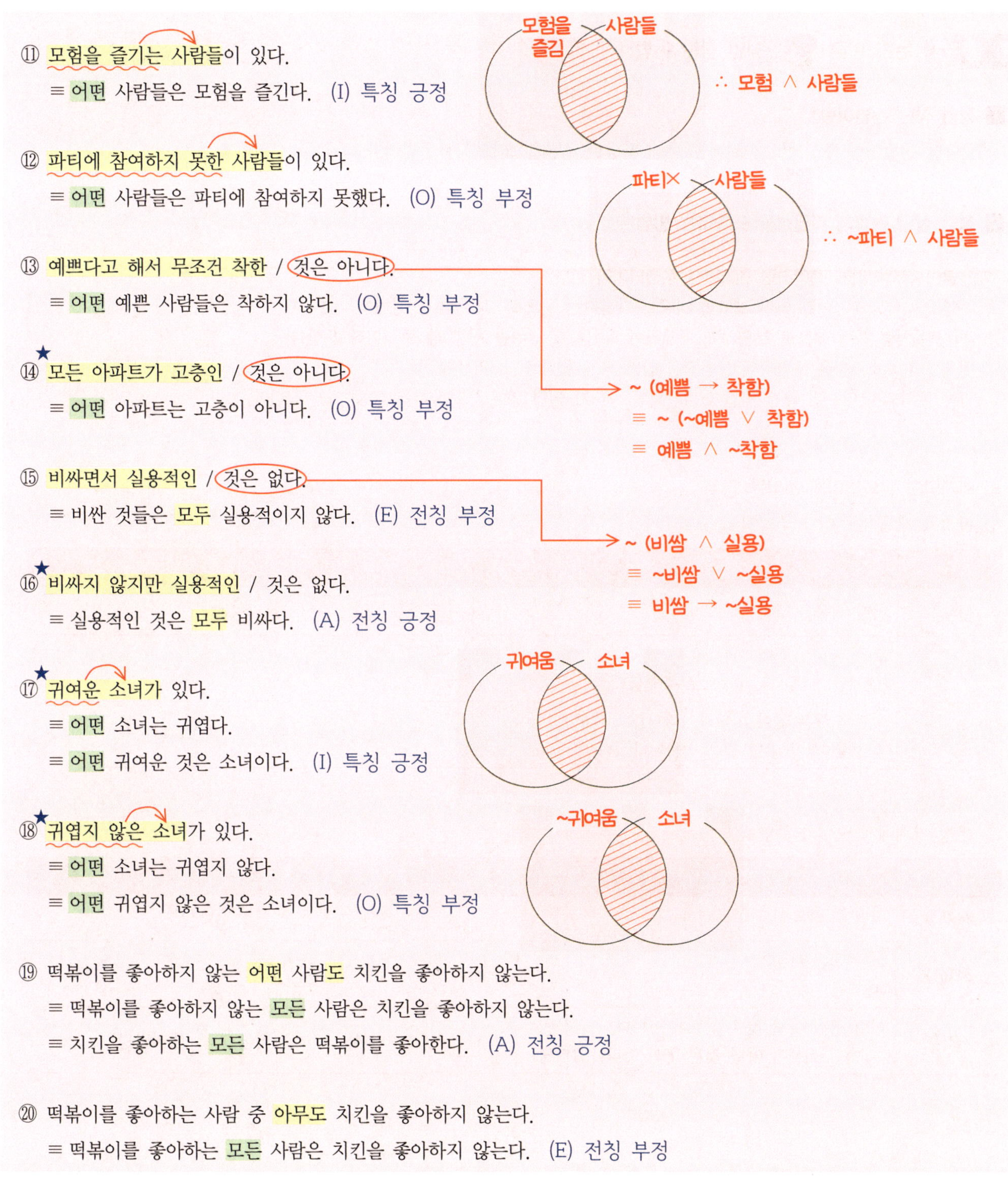

⑲ 떡볶이를 좋아하지 않는 어떤 사람도 치킨을 좋아하지 않는다.

≡ 떡볶이를 좋아하지 않는 모든 사람은 치킨을 좋아하지 않는다.

≡ 치킨을 좋아하는 모든 사람은 떡볶이를 좋아한다. (A) 전칭 긍정

⑳ 떡볶이를 좋아하는 사람 중 아무도 치킨을 좋아하지 않는다.

≡ 떡볶이를 좋아하는 모든 사람은 치킨을 좋아하지 않는다. (E) 전칭 부정

■ 정언 삼단 논법이란?

정언 삼단 논법이란 대전제와 소전제를 통해 타당한 결론을 도출하는 논법이다.

■ 정언 삼단 논법의 타당성을 도출하는 방법

> **매개념이 유의미하게 쓰이려면 최소 1번 주연되어야 한다.**
>
> : 주연(Distributed)이란 어떤 개념이 전체를 다룬다는 뜻으로 "모든"처럼 전체를 다루거나,
> "아니다"처럼 특정 부분을 분명하게 배제하여 확실하게 범위를 정할 때 주연이라고 한다.
> 매개념이 최소 1번은 주연되어야 반드시 참인 명제가 나올 수 있는데
> 만약 주연되지 않으면 중간 연결이 헐거워진 상태가 되어 결론을 도출하는 데 문제가 생긴다.

※ 매개념이 유의미하게 쓰이는 경우

① 전칭 명제에서 주어가 주연됨

	명제	논리 기호화
전제 1	어떤 식물은 나무이다.	식물 ∧ 나무 (≡ 나무 ∧ 식물)
전제 2	모든 나무는 꽃이 아니다. (매개념 "나무"가 전칭으로 주연됨)	나무 → ~꽃
결론	어떤 식물은 꽃이 아니다. (타당) ≡ 어떤 꽃이 아닌 것은 식물이다. (타당)	식물 ∧ ~꽃 (≡ ~꽃 ∧ 식물)(타당)

② 부정 명제에서 술어가 주연됨.

	명제	논리 기호화
전제 1	어떤 나무는 식물이 아니다.	나무 ∧ ~식물 (≡ ~식물 ∧ 나무)
전제 2	모든 꽃은 나무가 아니다. (매개념 "나무"가 부정으로 주연됨)	꽃 → ~나무 (≡ 나무 → ~꽃)
결론	어떤 꽃이 아닌 것은 식물이 아니다. (타당) ≡ 어떤 식물이 아닌 것은 꽃이 아니다. (타당)	~꽃 ∧ ~식물 (≡ ~식물 ∧ ~꽃)(타당)

논리는 박혜선! 반박 불가 PIN POINT

01 (가)와 (나)를 전제로 할 때 빈칸에 들어갈 결론으로 가장 적절한 것은? 2025. 인사혁신처 1차 샘플

> (가) 노인복지 문제에 관심이 있는 사람 중 일부는 일자리 문제에 관심이 있는 사람이 아니다.
> (나) 공직에 관심이 있는 사람은 모두 일자리 문제에 관심이 있는 사람이다.
> 따라서 ___________________

① 노인복지 문제에 관심이 있는 사람 중 일부는 공직에 관심이 있는 사람이 아니다
② 공직에 관심이 있는 사람 중 일부는 노인복지 문제에 관심이 있는 사람이 아니다
③ 공직에 관심이 있는 사람은 모두 노인복지 문제에 관심이 있는 사람이 아니다
④ 일자리 문제에 관심이 있지만 노인복지 문제에 관심이 없는 사람은 모두 공직에 관심이 있는 사람이 아니다

02 (가)와 (나)를 전제로 결론을 이끌어 낼 때, 빈칸에 들어갈 말로 가장 적절한 것은? 2025. 인사혁신처 2차 샘플

> (가) 축구를 잘하는 사람은 모두 머리가 좋다.
> (나) 축구를 잘하는 어떤 사람은 키가 작다.
> 따라서 ___________________

① 키가 작은 어떤 사람은 머리가 좋다.
② 키가 작은 사람은 모두 머리가 좋다.
③ 머리가 좋은 사람은 모두 축구를 잘한다.
④ 머리가 좋은 어떤 사람은 키가 작지 않다.

논리 독학 가능! 기호 논리 시각화

혜선 쌤의 논리 시각화 ❶

(가) 노인 복지 ∧ ~ 일자리 문제

(나) 공직 → 일자리 문제

　　(~ 일자리 문제 → ~ 공직)

∴ 노인복지 ∧ ~ 공직

혜선쌤의 속닥속닥

1단계 : 공통되는 매개항을 찾는다.

2단계 : 공통되는 매개항이 전칭 명제의 전건(주어)에 있는지 확인하고 연결한다.

혜선 쌤의 논리 시각화 ❷

(가) 축구 → 머리

(나) 축구 ∧ 키 ≡ 키 ∧ 축구

∴ 머리 ∧ 키 ≡ 키 ∧ 머리

혜선쌤의 속닥속닥

1단계 : 공통되는 매개항을 찾는다.

2단계 : 공통되는 매개항이 전칭 명제의 전건(주어)에 있는지 확인하고 연결한다.

출종포 논리 PIN POINT

1.

(나)의 대우 관계를 비롯하여 볼 때, 개항이 '~일자리 문제'라는 점에서 '(노인 복지 ∧ ~ 일자리 문제) → ~공직'이 성립되어 '노인복지 문제에 관심이 있는 사람 중 일부는 공직에 관심이 있는 사람이 아니다.'가 참임을 알 수 있다.

오답풀이

② 을 기호화하면 '공직 ∧ ~노인복지'이다. (가)와 (나)를 연결하면 '~공직 ∧ 노인복지(≡노인복지 ∧ ~공직)'가 참이라는 결론이 도출되긴 하지만 그렇다고 해서 '공직 ∧ ~노인복지'가 반드시 참이라는 보장은 없으므로 빈칸에 들어갈 결론으로 적절하지 않다.

③ 을 기호화하면 '공직 → ~노인복지'이다. (가)와 (나)를 연결하면 '~공직 ∧ 노인복지(≡노인복지 ∧ ~공직)'가 참이라는 결론이 도출되긴 하지만 그렇다고 해서 '공직 → ~노인복지'가 반드시 참이라는 보장은 없으므로 빈칸에 들어갈 결론으로 적절하지 않다.

④ 을 기호화하면 '(일자리∧~노인복지) → ~공직'이다. (가)와 (나)를 연결하면 '~공직 ∧ 노인복지(≡노인복지 ∧ ~공직)'가 참이라는 결론이 도출되긴 하지만 그렇다고 해서 '(일자리∧~노인복지) → ~공직'이 반드시 참이라는 보장은 없으므로 빈칸에 들어갈 결론으로 적절하지 않다.

2.

(가)와 (나)의 매개항이 '축구'라는 점에서 '(키 ∧ 축구) → 머리'의 결론이 성립되어 매개항을 지우면 '키 ∧ 머리'의 결론을 낼 수 있으므로 답은 ①이 된다.

오답풀이

② 을 기호화하면 '키 → 머리'이다. 하지만 '키 ∧ 머리'가 참이라고 해서 '키 → 머리'를 참이라고 단정할 수 없으므로 적절하지 않다.

③ 을 기호화하면 '머리 → 축구'이다. 하지만 '머리 → 축구'는 (가)의 역의 관계이므로 참이라고 단정할 수 없으므로 적절하지 않다.

④ 을 기호화하면 '머리 ∧ ~키'이다. 하지만 '키 ∧ 머리'가 참이라고 해서 '머리 ∧ ~키'를 참이라고 단정할 수 없으므로 적절하지 않다.

정답 1. ① 2. ①

亦功 문제 훈련 : 빈칸에 들어갈 결론

01 (가), (나)를 전제로 할 때, 빈칸에 들어갈 결론으로 적절한 것은?

> (가) 게임을 열심히 하는 어떤 사람은 성적이 우수하다.
> (나) 성적이 우수한 모든 사람은 시험을 잘 본다.
> 따라서 〔   〕.

① 시험을 잘 보는 어떤 사람은 게임을 열심히 한다
② 시험을 잘 보는 모든 사람은 게임을 열심히 한다
③ 게임을 열심히 하지 않는 어떤 사람도 성적이 우수하지 않다
④ 성적이 우수하지 않는 어떤 사람도 시험을 잘 보지 않는다

02 (가), (나)를 전제로 할 때, 빈칸에 들어갈 결론으로 적절한 것은?

> (가) 모든 화폐는 교환 수단이다.
> (나) 모든 화폐가 자본 소득인 것은 아니다.
> 따라서 〔   〕.

① 어떤 교환 수단은 자본 소득이다
② 어떤 화폐는 자본 소득이다
③ 어떤 교환 수단은 자본 소득이 아니다
④ 어떤 교환 수단은 화폐가 아니다

혜선 쌤과 함께하는 **논박불가 메모장**

03 (가), (나)를 전제로 할 때, 빈칸에 들어갈 결론으로 적절한 것은?

> (가) 어떤 시계는 비싸지 않다.
> (나) 명품 중 비싸지 않은 것은 없다.
> 따라서 ___________________.

① 어떤 시계는 명품이다
② 어떤 시계는 명품이 아니다
③ 모든 시계는 명품이 아니다
④ 비싸지만 명품이 아닌 것이 존재한다

04 (가)~(다)를 전제로 할 때, 빈칸에 들어갈 결론으로 적절한 것은?

> (가) 등산에 관심이 있는 어떤 사람은 볼링에도 관심이 있다.
> (나) 양궁에 관심이 없는 모든 사람은 등산에도 관심이 없다.
> (다) 양궁에 관심이 있는 모든 사람은 펜싱에 관심이 없다.
> 따라서 ___________________.

① 펜싱에 관심이 있는 어떤 사람은 등산에 관심이 있다
② 등산에 관심이 있고 볼링에 관심이 없는 사람이 존재한다
③ 볼링에 관심이 있는 어떤 사람은 펜싱에 관심이 없다
④ 펜싱에 관심이 없는 모든 사람은 양궁에 관심이 있다

05 ㉠~㉤이 모두 참일 때, 〈보기〉 중 옳은 것만을 있는 대로 고른 것은?

> ㉠ 모든 자원은 한정적이다.
> ㉡ 광물이라고 해서 반드시 자원인 것은 아니다.
> ㉢ 한정적이지 않고 광물인 것이 존재한다.
> ㉣ 어떤 자원은 광물이다.
> ㉤ 광물이 아니면서 한정적인 존재가 있다.

> ─〔보기〕─
> 가. 한정적이면서 광물인 것이 존재한다.
> 나. 한정적인 것은 모두 광물이다.
> 다. 자원이 아닌 광물이 존재한다.

① 가
② 가, 나
③ 가, 다
④ 가, 나, 다

06 ㉠~㉣에 대한 평가로 적절한 것을 〈보기〉에서 모두 고른 것은?

> ㉠ 어떤 운동선수는 키가 크다.
> ㉡ 키가 큰 모든 사람은 힘이 세다.
> ㉢ 키가 크지 않은 모든 사람은 힘이 세지 않다.
> ㉣ 어떤 운동선수는 힘이 세지 않다.

> ─〔보기〕─
> ㉮ ㉠과 ㉡이 참일 경우 ㉣은 반드시 참이다.
> ㉯ ㉠과 ㉢이 참일 경우 ㉣은 반드시 참이다.
> ㉰ ㉡과 ㉣이 참일 경우 ㉠은 참일 수 있다.

① ㉯
② ㉰
③ ㉮, ㉯
④ ㉯, ㉰

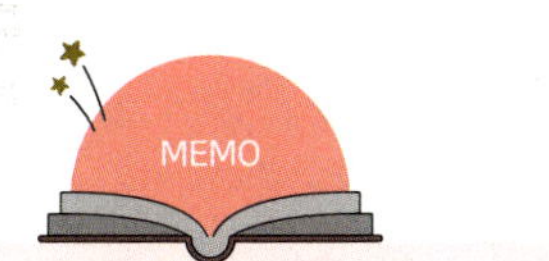

Chapter 08

생략된 전제 추론

Part 02 논리

출종포 논리 이론 — 생략된 전체 추론

1 전제 2개 중 한 개가 생략되는 경우

TYPE 1 나머지 전제가 전칭일 경우

	명제	논리 기호화
전제 1	식물을 자주 가꾸는 모든 사람은 자연을 사랑한다.	식물 → 자연
전제 2	어떤 사람은	식물 ∧ 생태계
결론	자연을 사랑하는 어떤 사람은 생태계 보호에 기여한다.	자연 ∧ 생태계(≡ 생태계 ∧ 자연)

: 결론이 특칭 명제이므로 '전제 2'에는 특칭 명제가 들어가야 한다.

또한 결론에 '자연'이 살아남아 있으므로 전제 2에는 '식물'이 꼭 들어가면서 '∧ 생태계'가 들어가야 한다.

따라서 전제 2에는 '식물 ∧ 생태계'가 들어 가야 하므로 '식물을 자주 가꾸는 어떤 사람은 생태계 보호에 기여한다.'가 전제 2에 오기에 적절하다.

TYPE 2 나머지 전제가 특칭일 경우

	명제	논리 기호화
전제 1	스파게티를 좋아하는 어떤 사람은 라자냐를 좋아한다.	스파게티 ∧ 라자냐
전제 2	모든 사람은	라자냐 → 피자
결론	피자를 좋아하는 어떤 사람은 스파게티를 좋아한다.	피자 ∧ 스파게티 (≡ 스파게티 ∧ 피자)

: 적어도 전제 1개는 전칭 명제여야 하므로 '전제 2'에는 전칭 명제가 들어가야 한다.

또한 결론에는 전제 1에 있었던 '라자냐'가 사라지고 '피자'가 생겼다.

따라서 전제 2에는 '라자냐 → 피자'가 들어가야 하므로 '라자냐를 좋아하는 모든 사람은 피자를 좋아한다.'가 전제 2에 오기에 적절하다.

2 전제 3~4개 중 한 개가 생략되는 경우

TYPE 1 나머지 전제가 특칭들만 있을 경우

	명제	논리 기호화
전제 1	여행에 관심이 있는 어떤 사람은 캠핑에도 관심이 있다.	여행 ∧ 캠핑
전제 2	하이킹에 관심이 있는 어떤 사람은 수영에 관심이 없다.	하이킹 ∧ ~수영
전제 3	모든 사람은	하이킹 → 양궁
결론	수영에 관심이 없는 어떤 사람은 양궁에 관심이 있다.	~수영 ∧ 양궁(≡ 양궁 ∧ ~수영)

: 전제의 개수가 총 3개 있을 때에는 퍼즐을 넣어 보는 것이 좋다.

나머지 전제가 특칭만 있을 경우에는 적어도 하나의 전제는 전칭 명제여야 하므로 전칭의 선지를 먼저 넣어 본다.

'하이킹 → 양궁(하이킹에 관심이 있는 모든 사람은 양궁에 관심이 있다.)'를 넣어 보자!

TYPE 2 나머지 전제가 특칭, 전칭이 있을 경우

	명제	논리 기호화
전제 1	모든 역공이는 국어를 좋아한다.	역공이 → 국어
전제 2	국어를 좋아하는 어떤 사람은 추론을 좋아한다.	국어 ∧ 추론
전제 3	모든 사람은	국어 → 역공이
결론	추론을 좋아하는 어떤 사람은 역공이이다.	추론 ∧ 역공이(≡ 역공이 ∧ 추론)

: 전제의 개수가 총 3개 있을 때에는 퍼즐을 넣어 보는 것이 좋다.

나머지 전제가 특칭, 전칭이 있을 경우에는, 특칭보다 쓸모가 많은 전칭의 선지를 먼저 넣어 본다.

'국어 → 역공이(국어를 좋아하는 모든 사람은 역공이이다.)'를 넣어 보자!

TYPE 3 나머지 전제가 전칭들만 있을 경우

	명제	논리 기호화
전제 1	모든 강사는 최고의 교재를 선호한다.	강사 → 교재
전제 2	강의력을 선호하는 모든 사람은 낮은 준비성을 선호하지 않는다.	강의력 → ~낮은 준비성
전제 3	어떤 사람은	강의력 ∧ 교재
결론	최고의 교재를 선호하는 어떤 사람은 낮은 준비성을 선호하지 않는다.	교재 ∧ ~낮은 준비성 (≡ ~낮은 준비성 ∧ 교재)

: 전제의 개수가 총 3개 있을 때에는 퍼즐을 넣어 보는 것이 좋다.

나머지 전제가 전칭만 있을 경우에는 결론이 특칭 명제이므로 특칭의 선지를 먼저 넣어 본다.

'강의력 ∧ 교재(강의력을 선호하는 어떤 사람은 최고의 교재를 선호한다.)'를 넣어 보자!

논리는 박혜선! 반박 불가 PIN POINT

01 다음 글의 밑줄 친 결론을 이끌어내기 위해 추가해야 할 것은? 2025. 인사혁신처 1차 샘플

> 문학을 좋아하는 사람은 모두 자연의 아름다움을 좋아하는 사람이다. 자연의 아름다움을 좋아하는 어떤 사람은 예술을 좋아하는 사람이다. 따라서 <u>예술을 좋아하는 어떤 사람은 문학을 좋아하는 사람이다.</u>

① 자연의 아름다움을 좋아하는 사람은 모두 문학을 좋아하는 사람이다.
② 문학을 좋아하는 어떤 사람은 자연의 아름다움을 좋아하는 사람이다.
③ 예술을 좋아하는 어떤 사람은 자연의 아름다움을 좋아하는 사람이다.
④ 예술을 좋아하지만 문학을 좋아하지 않는 사람은 모두 자연의 아름다움을 좋아하는 사람이다.

02 다음 대화의 빈칸에 들어갈 말로 가장 적절한 것은? 2025. 국가직 9급

> 갑: 설명회는 다음 달 셋째 주 목요일이나 넷째 주 목요일에 개최해야 합니다.
> 을: 설명회를 [   ].
> 병: 설명회를 다음 달 셋째 주 목요일에 개최하면, 홍보 포스터 제작을 이번 주 안에 완료해야 합니다.
> 정: 여러분의 의견대로 하자면, 반드시 이번 주 안에 홍보 포스터 제작을 완료해야 하겠군요.

① 다음 달 넷째 주 목요일에 개최해야 합니다
② 다음 달 셋째 주 목요일에 개최할 수 없습니다
③ 다음 달 넷째 주 목요일에 개최할 수 없습니다
④ 다음 달 넷째 주 목요일에 개최하면, 이번 주 안에 홍보 포스터 제작을 완료하지 않아도 됩니다

논리 독학 가능! 기호 논리 시각화

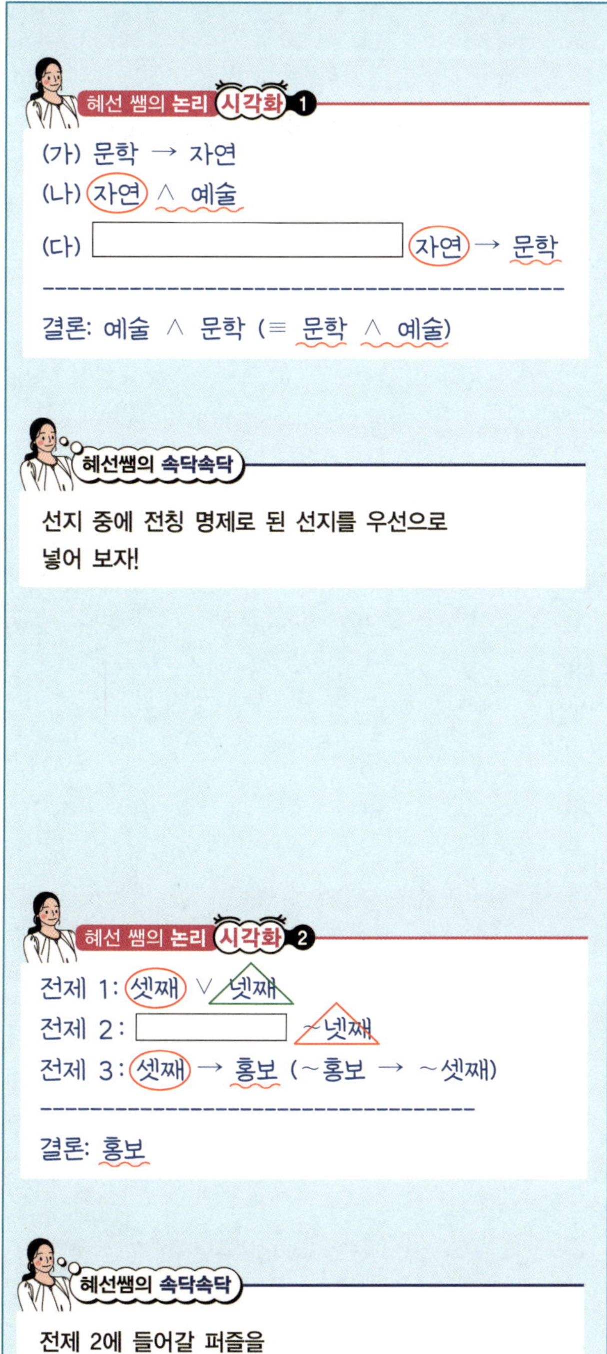

출종포 논리 PIN POINT

1.

(가)는 전칭, (나)는 특칭, 결론은 특칭 명제이므로 생략된 전제 (다)는 '전칭' 명제로 된 선지를 우선적으로 넣어 보는 것이 좋다. ①을 기호화하면 '자연 → 문학'인데 이를 (다)에 넣어보면 (나) 명제와 연결이 가능하다. (나)와 (다)의 공통되는 매개항이 '자연'으로 존재하고 (다)의 전건에 '자연'이 있기 때문이다. '(나) 자연 ∧ 예술'과 '자연 → 문학'을 연결하면 '문학 ∧ 예술'이 결론으로 나오는데 이는 주어진 결론 '예술 ∧ 문학'과 동치 관계이므로 ①이 추가해야 할 전제로 적절하다.

오답풀이

②을 기호화하면 '문학 ∧ 자연'인데 '문학 ∧ 자연'은 '(가) 문학 → 자연'와 함축 관계이기 때문에 전제로서 무의미하므로 적절하지 않다.

③을 기호화하면 '예술 ∧ 자연'인데 이는 (가), (나)의 명제 어떤 것과도 연결 지을 수 없다. 일단 (가)와 연결 지으려고 시도를 해보았을 때, 공통되는 매개항 '자연'이 (가)의 후건에 있으므로 연결 자체가 불가능하다. 또한 (나)와 연결을 지으려고 했을 때에 '③ 예술 ∧ 자연'도 '(나) 자연 ∧ 예술'도 모두 특칭 명제이므로 적어도 하나는 전칭 명제여야 한다는 최소 조건을 만족하지 못해 연결이 불가능하다.

④을 기호화하면 '(예술 ∧ ~문학) → 자연'인데 이는 (가), (나)의 명제 어떤 것과도 연결 지을 수 없다.

2.

③을 기호화하면 '~넷째'이다. 이를 전제 1에 대입하면 '셋째'가 참임을 알 수 있다. 이를 전제 3에 대입하면 '셋째 → 홍보'이므로 결론 '홍보'를 도출할 수 있다.

오답풀이

①을 기호화하면 '넷째'이다. 이를 전제 1에 대입해도, '셋째'가 참인지 거짓인지 판단이 불가능하다. 따라서 전제 3의 '셋째 → 홍보'를 이용하여 '홍보'라는 결론을 도출할 수는 없다.

②을 기호화하면 '~셋째'이다. 이를 전제 1에 대입하면, '넷째'가 참임을 알 수 있다. 하지만 이를 통해 결론인 '홍보'를 도출하는 것은 불가능하다. 또한 '~셋째'는 전제 3의 대우 명제에 있을 뿐이기 때문에 이를 통해 '홍보'라는 결론을 도출할 수는 없다.

④을 기호화하면 '넷째 → ~홍보'이다. 이것을 대우 명제로 표현하면 '홍보 → ~넷째'이다. 이것을 전제 3 '셋째 → 홍보'와 연결하면 '셋째 → 홍보 → ~넷째'이므로 '셋째 → ~넷째'라는 결론을 도출할 수 있다. 하지만 이를 통해 '홍보'라는 결론을 도출할 수는 없다.

정답 1. ① 2. ③

亦功 문제 훈련 : 생략된 전제 추론

01 다음 글의 모든 문장이 참일 때, 밑줄 친 결론을 이끌어내기 위해 추가해야 할 것은?

> 모든 의사들은 친절하다. 따라서 <u>친절한 어떤 사람은 수술을 잘한다.</u>

① 수술을 잘하지 않는 어떤 사람은 의사가 아니다.
② 의사 중 어떤 사람은 수술을 잘한다.
③ 수술을 잘하지 않는 어떤 사람은 친절하지 않다.
④ 의사들은 모두 수술을 잘하지 않는다.

02 다음과 같이 전제와 결론이 주어질 때, 결론이 반드시 참이 되도록 하는 '전제 2'로 적절한 것은?

> 전제 1: 어떤 채소는 맛이 없다.
> 전제 2: ________________________.
> 결론: 맛이 없는 것 중 영양가 있는 것이 존재한다.

① 모든 채소는 영양가 있다.
② 맛이 없는 채소는 영양가 없다.
③ 모든 채소는 영양가 없다.
④ 어떤 채소는 영양가 있다.

03 다음 글의 모든 문장이 참일 때, 밑줄 친 결론을 이끌어내기 위해 추가해야 할 것은?

> 귀엽지 않은 고양이는 존재하지 않는다. 어떤 동물은 귀엽다. 따라서 <u>어떤 동물은 고양이다.</u>

① 어떤 고양이는 귀엽다.
② 어떤 동물은 귀엽지 않다.
③ 어떤 귀여운 것은 동물이다.
④ 귀여운 모든 것은 고양이다.

04 다음 글의 모든 문장이 참일 때, '결론'을 이끌어내기 위해 추가해야 할 '전제 3'으로 적절한 것은?

> 전제 1: 모든 음악가는 악기를 다룰 줄 안다.
> 전제 2: 클래식을 선호하는 모든 사람은 전자음악을 선호하지 않는다.
> 전제 3: ___________
> 결론: 악기를 다룰 줄 아는 어떤 사람은 전자음악을 선호하지 않는다.

① 전자음악을 선호하는 어떤 사람은 음악가가 아니다.
② 클래식을 선호하지 않는 모든 사람은 음악가가 아니다.
③ 클래식을 선호하는 어떤 사람은 악기를 다룰 줄 안다.
④ 모든 음악가는 전자음악을 선호한다.

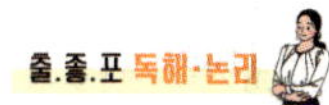

05 프로젝트 매니저는 새로운 팀 구성을 논의하던 중, 중요한 메모에서 다음과 같은 기록을 발견하였다. 매니저가 이 메모를 보고 "아, 민수가 팀원으로 선정됐구나!"라고 믿기 위해 보충되어야 할 전제는?

> 지훈이 팀원으로 선정된다면, 서연은 팀원이 아니다. 서연과 도현 중 한 사람만 팀원이다. 도현이 팀원일 경우에만, 민수가 팀원이 아니다.

① 서연이 팀원이다.
② 서연이가 팀원이 아니다.
③ 지훈이 팀원이다.
④ 도현이 팀원이다.

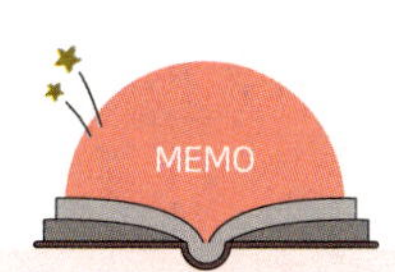
MEMO

박혜선 국어
출좋포 독해·논리 All In One

03

내용 추론

> 인사혁신처 1차 샘플에는 없었던 중심 내용 추론 문제가
> 인사혁신처 2차 샘플에 2문제나 출제가 되었습니다.
> 그리고 2025년 국가직 9급 문제에서도 1문제 출제되었으므로
> 중심 내용 추론은 중요한 유형으로 떠오르게 되었습니다.
> 중심 내용은 글쓴이가 독자에게 가장 잘 전달하고자 하는 바를 의미합니다.
> 따라서 중심 내용 추론 문제는 '접속어, 지시어'를 중심으로 중요한 내용을 찾아가며 읽어야 합니다.

출 좋 포 독해 이론 중심 내용 추론

■ 중심 화제를 찾기

1. ❶____________를 내림

2. 따옴표 ❷____________, ❸____________

■ 중심 화제의 중요 정보

1. 2문단 이상으로 된 긴 제시문의 경우에는 전체의 내용을 모두 포괄하는 제목으로 골라야 한다.

2. 특히 글 중간 혹은 마지막에 '그러나, 하지만, 그런데' 등의 접속어가 있는 경우에는
   중심 내용이 '그러나, 하지만, 그런데' 뒤에 있을 확률이 매우 커진다.

3. 중심 내용 추론을 풀기 위해 접속어들의 역할을 명확하게 알아야 한다.

   1) '그러나, 하지만'의 ❹____________ 접속 부사

   > 예 과거의 혜선이는 날씬했다. 그러나 현재의 혜선이는 통통하다.

   2) '그런데, 한편'의 ❺____________ 접속 부사

   > 예 과거의 혜선이는 날씬했다. 그런데 과거의 혜선이는 떡볶이를 좋아했다.

   3) '즉, 이처럼, 다시 말해'의 ❻____________ 접속 부사

   > 예 과거의 혜선이는 날씬했다. 즉, 혜선이는 몸이 가늘고 길었던 것이다.

   4) '따라서, 결국, 그러므로'의 ❼____________ 접속 부사

   > 예 떡볶이를 자주 먹던 혜선이는 급기야 순대도 먹기 시작했다. 따라서 혜선이는 현재처럼 통통해지게 되었다.

출 종 포 독해 오답 패턴 / 중심 내용 추론

1 미언급의 오류

제시문에 나온 ❽ ________________________하여 그럴듯한 내용을 만들기

2 일부 언급의 오류

❾ _________ 문단에만 나온 내용을 중심 내용인 것처럼 위장하기

3 내용 불일치의 오류

제시문의 내용과 일치하지 않는 내용을 중심 내용인 것처럼 위장하기

① ❿ ________________의 오류

② ⓫ __________의 오류

③ ⓬ __________의 오류

4 지나치게 ⓭ __________ 이거나 ⓮ __________인 내용을 중심 내용인 것처럼 위장하기

신유형 STEP **1** 중심 내용 추론

01 다음 글의 중심 내용으로 가장 적절한 것은? 2025. 국가직 9급

동물이 신체의 내부 온도를 정상 범위 안에서 유지하는 과정을 '체온조절'이라고 한다. 체온조절을 위하여 동물은 신체 내부의 물질대사를 통해 열을 발생시키거나 외부 환경에서부터 열을 획득한다. 조류나 포유류는 체내의 물질대사에 의하여 생성된 열로 체온을 유지하기 때문에 '내온동물'이라고 부른다. 대부분의 내온동물은 외부 온도가 변화해도 안정적으로 체온을 유지한다. 추운 환경에 노출되어도 내온동물은 충분한 열을 생성해서 주변보다 더 따뜻하게 체온을 유지할 수 있다.

이와 달리 양서류나 많은 종류의 파충류와 어류는 열을 외부에서부터 획득하기 때문에 '외온동물'이라고 부른다. 외온동물은 체온조절을 위한 충분한 열을 생성하지는 않지만 그늘을 찾거나 햇볕을 쬐는 것과 같은 행동을 통해 체온을 조절한다. 외온동물은 열을 외부에서 얻기 때문에 체내의 물질대사를 통해 큰 에너지를 생성할 필요가 없어서 동일한 크기의 내온동물보다 먹이를 적게 섭취한다.

한편 체온의 안정성을 기준으로 동물을 '항온동물'과 '변온동물'로 구분하기도 한다. 주위 환경과 관계없이 비교적 일정한 체온을 유지하는 동물을 항온동물, 주위 환경에 따라서 체온이 변하는 동물을 변온동물이라고 부른다. 한때는 내온동물과 외온동물을 각각 항온동물과 변온동물이라고 부르기도 했다.

그런데 체온조절을 위해 열을 획득하는 방식과 체온의 안정성을 유지하는 것은 별개의 문제이다. 외온동물에 속하는 많은 종류의 해양 어류는 일정한 온도가 유지되는 물에서 서식하기 때문에 체온이 크게 변하지 않는다. 반대로 어떤 내온동물은 체온의 변화가 급격하게 일어나기도 한다. 예컨대 박쥐 중에는 겨울잠을 자면서 체온을 40 ℃나 떨어뜨리는 종류도 있다. 내온동물과 외온동물을 구분하는 방식과 항온동물과 변온동물을 구분하는 방식 사이에는 어떠한 상관관계도 없다.

① 내온동물과 외온동물의 특징을 통해 항온동물과 변온동물의 특징을 밝힐 수 있다.
② 체온조절을 위한 열 획득 방식과 체온의 안정성은 동물을 분류하는 서로 다른 기준이다.
③ 동물을 내온동물과 외온동물로 구분하는 기준은 항온동물과 변온동물로 구분하는 기준보다 모호하다.
④ 체온조절을 위한 열 획득 방식보다 체온의 안정성을 유지하는 방식이 동물을 분류하는 더 적합한 기준이 된다.

亦功독해 빨리 푸는 전략!

1단계

중심 내용 추론 문제는 제시문 먼저 읽기

2단계

접속어나 지시어를 중심으로 중요한 내용이 무엇인지 파악하며 읽기

3단계

선지에서 중심 내용이 바로 보이면 그것을 고르면 되지만,

그게 아니라면 소거법을 통해 푸는 것이 제일 안전!

PART **03**

1 **중심 화제?**

2 **중심 내용이 들어 있는 문단과 핵심 접속어**

3 **이 글의 핵심 문장(지시어, 접속어)**

4 **선지 분석(출제자가 좋아하는 오답 패턴)**

정답

1 동물을 분류하는 기준

2 4문단, "그런데"

3 4문단의 "그런데 체온조절을 위해 열을 획득하는 방식과 체온의 안정성을 유지하는 것은 별개의 문제이다."와 "내온동물과 외온동물을 구분하는 방식과 항온동물과 변온동물을 구분하는 방식 사이에는 어떠한 상관관계도 없다."의 정보를 통해 '체온조절을 위한 열 획득 방식과 체온의 안정성은 동물을 분류하는 서로 다른 기준이다.'가 중심내용으로 적절함을 알 수 있다.

4 ① 반대의 오류이다. 4문단의 "내온동물과 외온동물을 구분하는 방식과 항온동물과 변온동물을 구분하는 방식 사이에는 어떠한 상관관계도 없다."의 정보를 통해 내온동물과 외온동물의 특징을 통해 항온동물과 변온동물의 특징을 밝힐 수 없음을 알 수 있다.

③ 비교 미언급의 오류이다. 동물을 내온동물과 외온동물로 구분하는 기준이 항온동물과 변온동물로 구분하는 기준보다 모호하다는 언급은 된 적이 없다.

④ 비교 미언급의 오류이다. '체온조절을 위한 열 획득 방식'과 '체온의 안정성을 유지하는 방식'이 모두 언급이 되고는 있으나 어떤 것이 더 적합한 기준이 되는지는 언급이 된 적이 없다.

01 다음 글의 핵심 논지로 가장 적절한 것은? 2025. 인사혁신처 2차 샘플

> 판타지와 SF의 차별성은 '낯섦'과 '이미 알고 있는 것'이라는 기준을 통해 드러난다. 이 둘은 일반적으로 상반된 의미를 갖는다. 이미 알고 있는 것은 낯설지 않고, 낯선 것은 새로운 것을 의미하기 때문이다.
>
> 판타지와 SF에는 모두 새롭고 낯선 것이 등장하는데, 비근한 예가 현실에 존재하지 않는 괴물의 출현이다. 판타지에서 낯선 괴물이 나오면 사람들은 '저게 뭐지?' 하면서도 그 낯섦을 그대로 받아들인다. 그렇기에 등장인물과 독자 모두 그 괴물을 원래부터 존재했던 것으로 받아들이고, 괴물은 등장하자마자 세계의 일부가 된다. 결국 판타지에서는 이미 알고 있는 것보다 새로운 것이 더 중요한 의미를 갖는다. 이와 달리 SF에서는 '그런 괴물이 어떻게 존재할 수 있지?'라고 의심하고 물어야 한다. SF에서는 인물과 독자들이 작가의 경험적 환경을 공유하기 때문에 괴물은 절대로 자연스럽지 않다. 괴물의 낯섦에 대한 질문은 괴물이 존재하는 세계에 대한 지식, 세계관, 나아가 정체성의 문제로 확장된다. 이처럼 SF에서는 어떤 새로운 것이 등장했을 때 그 낯섦을 인정하면서도 동시에 그것을 자신이 이미 알고 있던 인식의 틀로 끌어들여 재조정하는 과정이 요구된다.

① 판타지와 SF는 모두 새로운 것에 의해 알고 있는 것이 바뀌는 장르이다.

② 판타지와 SF는 모두 알고 있는 것과 새로운 것을 그대로 인정하고 둘 사이의 재조정이 필요한 장르이다.

③ 판타지는 새로운 것보다 알고 있는 것이 더 중요하고, SF는 알고 있는 것보다 새로운 것이 더 중요한 장르이다.

④ 판타지는 알고 있는 것보다 새로운 것이 더 중요하고, SF는 알고 있는 것과 새로운 것 사이의 재조정이 필요한 장르이다.

01 다음 글의 핵심 논지로 가장 적절한 것은? 2025. 인사혁신처 2차 샘플

> 판타지와 SF의 차별성은 '낯섦'과 '이미 알고 있는 것'이라는 기준을 통해 드러난다. 이 둘은 일반적으로 상반된 의미를 갖는다. 이미 알고 있는 것은 낯설지 않고, 낯선 것은 새로운 것을 의미하기 때문이다.
>
> 판타지와 SF에는 모두 새롭고 낯선 것이 등장하는데, 비근한 예가 현실에 존재하지 않는 괴물의 출현이다. 판타지에서 낯선 괴물이 나오면 사람들은 '저게 뭐지?' 하면서도 그 낯섦을 그대로 받아들인다. 그렇기에 등장인물과 독자 모두 그 괴물을 원래부터 존재했던 것으로 받아들이고, 괴물은 등장하자마자 세계의 일부가 된다. 결국 판타지에서는 이미 알고 있는 것보다 새로운 것이 더 중요한 의미를 갖는다. 이와 달리 SF에서는 '그런 괴물이 어떻게 존재할 수 있지?'라고 의심하고 물어야 한다. SF에서는 인물과 독자들이 작가의 경험적 환경을 공유하기 때문에 괴물은 절대로 자연스럽지 않다. 괴물의 낯섦에 대한 질문은 괴물이 존재하는 세계에 대한 지식, 세계관, 나아가 정체성의 문제로 확장된다. 이처럼 SF에서는 어떤 새로운 것이 등장했을 때 그 낯섦을 인정하면서도 동시에 그것을 자신이 이미 알고 있던 인식의 틀로 끌어들여 재조정하는 과정이 요구된다.

① 판타지와 SF는 모두 새로운 것에 의해 알고 있는 것이 바뀌는 장르이다. **(미언급의 오류)**

② 판타지와 SF는 모두 알고 있는 것과 새로운 것을 그대로 인정하고 둘 사이의 재조정이 필요한 장르이다. **(극단의 오류. 둘 사이의 재조정이 필요한 것은 'SF'에만 해당)**

③ 판타지는 새로운 것보다 알고 있는 것이 더 중요하고, SF는 알고 있는 것보다 새로운 것이 더 중요한 장르이다. **(주체 혼동의 오류)**

④ 판타지는 알고 있는 것보다 새로운 것이 더 중요하고, SF는 알고 있는 것과 새로운 것 사이의 재조정이 필요한 장르이다.

亦功 문제 훈련 : 중심 내용 추론

Day 09 해설 영상은 '만점 출좋포 문제 훈련' 강의에서 꼭 해설 강의를 참고해 주세요.

01 다음 글의 중심 내용으로 가장 적절한 것은? 2025. 인사혁신처 2차 샘플

　플라톤의 『국가』에는 사람들이 살아가면서 가장 중요하게 생각하는 두 가지 요소에 대한 언급이 있다. 우리가 만약 이것들을 제대로 통제하고 조절할 수 있다면 좋은 삶을 살 수 있다고 플라톤은 말하고 있다. 하나는 대다수가 갖고 싶어하는 재물이며, 다른 하나는 대다수가 위험하게 생각하는 성적 욕망이다. 소크라테스는 당시 성공적인 삶을 살고 있다고 사람들에게 잘 알려진 케팔로스에게, 사람들이 좋아하는 재물이 많아서 좋은 점과 사람들이 싫어하는 나이가 많아서 좋은 점은 무엇인지를 물었다. 플라톤은 이 대화를 통해 우리가 어떻게 좋은 삶을 살 수 있는지를 보여준다.
　케팔로스는 재물이 많으면 남을 속이거나 거짓말하지 않을 수 있어서 좋고, 나이가 많으면 성적 욕망을 쉽게 통제할 수 있어서 좋다고 말한다. 물론 재물이 적다고 남을 속이거나 거짓말을 하는 것은 아니며, 나이가 적다고 해서 성적 욕망을 쉽게 통제할 수 없는 것은 아니다. 그렇지만 누구나 살아가면서 이것들로 인해 힘들어하고 괴로워하는 경우가 많다는 것은 분명하다. 삶을 살아가면서 돈에 대한 욕망이나 성적 욕망만이라도 잘 다스릴 수 있다면 낭패를 당하거나 망신을 당할 일이 거의 없을 것이다. 인간에 대한 플라톤의 통찰력과 삶에 대한 지혜는 현재에도 여전히 유효하다.

① 재물욕과 성욕은 과거나 지금이나 가장 강한 욕망이다.
② 재물이 많으면서 나이가 많은 자가 좋은 삶을 살 수 있다.
③ 성공적인 삶을 살려면 재물욕과 성욕을 잘 다스려야 한다.
④ 잘 살기 위해서는 살면서 가장 중요한 것이 무엇인지 알아야 한다.

02 다음 글의 중심 내용으로 가장 적절한 것은?

현대 지리학은 객관적 관점에 치중하며 '지역'이라는 개념을 학문적 용어로 고집해왔다. 그러나 이에 반기를 든 인간주의 지리학은 장소 개념을 중시하며, 인간의 주관적 경험을 중요하게 다루는 방식을 제안한다. 이는 일상적 경험을 학문적 개념과 동등하게 인정하고자 하는 시도로, '장소'라는 용어의 의미를 새롭게 부각하려는 움직임이다. 그렇다면 '장소'는 우리 삶에서 어떤 의미를 지니는가? '장소'의 원형은 집, 즉 개인에게 안정감과 의미를 제공하는 공간으로, 인간 존재의 근본적 중심으로 작용한다고 볼 수 있다. 집에 대한 인식이 확장되면서 그 개념이 '장소'라는 형식을 띠게 되고, 이는 외부와 구별되는 내적 경험 속에서 그 본질을 찾을 수 있다. 개인이 속한 가족 관계를 통해 자신의 집과 다른 사람의 집을 구별하듯, 장소는 그 안에 소속감을 부여하고 사람은 그 장소와 동일시된다. 이러한 유대감은 장소의 정체성을 형성하고, 그 이미지로 구체화된다. 또한, 장소의 이미지는 두 가지 주요 구조로 나눌 수 있다. 첫째, 수직적 구조는 장소 경험의 강도와 깊이를 나타내며, 다양한 외부적 및 내부적 경험에 따른 층위를 가진다. 둘째, 수평적 구조는 장소에 대한 지식이 사회 내에서 어떻게 분포되는지, 즉 개인, 집단, 대중의 다양한 이해도를 반영한다. 이런 점에서 장소감은 개인에게 중요한 정체성의 원천을 제공하고, 공동체와의 정체성 연결을 돕는다.

① 인간주의 지리학은 현대 지리학의 지역 개념을 수용하면서도 개인적 경험을 중시한다.
② 인간의 정체성은 장소를 통해 강화되며, 장소는 사람에게 안정감을 제공한다.
③ 장소는 외부와 내면의 경험을 구별하는 사회적 개념으로, 인간 관계를 규정한다.
④ 인간주의 지리학은 장소의 주관적 의미를 통해 개인의 정체성과 공동체적 유대감을 형성하는 역할의 중요성을 강조한다.

03 다음 글의 핵심 논지로 가장 적절한 것은?

> 인공지능은 점점 더 정교한 기술을 통해 인간의 지적 활동을 모방하고 있다. 그러나 이 같은 기술 발전에도 불구하고 인간의 고유한 경험과 사고방식을 완전히 대체할 수 있는지는 여전히 논란거리다. 특히 '몸'의 부재는 인공지능이 인간과 같은 인식능력을 갖추는 데 있어 근본적인 한계를 드러낸다. 인간은 감각과 운동, 그리고 신체를 기반으로 한 세계와의 상호작용을 통해 사고하고 판단한다. 반면 인공지능은 계산과 데이터에 기반한 정보 처리만을 수행할 뿐, 실질적인 감각경험을 동반하지 않는다. 예컨대, 인간은 차가운 바람을 맞으며 '쓸쓸하다'는 감정을 느끼고, 그 감정은 특정 행동이나 사고에 영향을 미친다. 그러나 인공지능에게는 바람도 감정도 없다. 이는 곧, 인공지능이 인간처럼 '의미 있는 세계'를 경험하는 데 구조적인 한계가 있음을 의미한다. 단지 언어와 정보를 조작하는 기계가 아닌, '세계에 존재하는 자'로서의 인간과 인공지능은 그 근본부터 다르다. 따라서 인공지능이 인간의 인지와 사고를 완벽히 모방하거나 대체할 수 있을지에 대해서는 신중한 접근이 필요하다.

① 인공지능 기술이 발전하면서 인간의 지적 활동을 완전히 대체할 수 있는 가능성이 높아지고 있다.
② 인공지능은 신체의 부재로 인해 인간의 감각경험을 완전히 이해하고 모방하는 데 근본적인 한계가 있다.
③ 인공지능의 감정 인식 능력이 부족한 것은 기술적 한계이며, 앞으로의 발전을 통해 극복될 수 있을 것이다.
④ 인간과 인공지능의 차이점보다 공통점에 주목하여 상호보완적 관계를 구축하는 것이 중요하다.

04 다음 글의 핵심 논지로 가장 적절한 것은?

> 우리는 자연 속에 머무는 것만으로도 마음이 편안해지는 경험을 하곤 한다. 최근에는 이와 같은 자연의 힘을 삶의 공간에 담으려는 노력이 활발하다. 특히 자연을 닮은 디자인, 즉 '바이오필릭 디자인'에 대한 관심이 커지고 있다. '바이오필릭'이라는 말은 '자연을 좋아한다'는 뜻으로, 바이오필릭 디자인은 자연에서 영감을 얻어 건물, 가구, 옷 등 우리의 생활을 구성하는 요소들을 자연스럽게 만드는 디자인 방식이다. 이 디자인은 단순히 자연 형태를 모방하는 데 그치지 않고, 사람의 감정을 안정시키고 자연과 연결된 느낌을 주기 위한 깊은 고민이 담겨 있다.
>
> 이런 디자인은 특히 텍스타일 분야에서 두드러지게 나타난다. 예를 들어, 산호에서 영감을 얻은 부드러운 질감과 곡선의 옷감, 숲의 나뭇가지나 이끼 모양을 본뜬 따뜻하고 안락한 느낌의 천 등이 있다. 이러한 바이오필릭 텍스타일 디자인은 자연의 분위기를 전달함으로써 정서적 안정감을 제공한다.
>
> 최근에는 이러한 디자인이 단순한 미적 가치를 넘어 환경 보호의 관점에서도 주목받고 있다. 자연에서 영감을 얻은 디자인으로 내구성 있는 제품을 만들고, 환경 친화적 재료를 사용하는 방식이 확산되고 있는 것이다. 결국, 바이오필릭 텍스타일 디자인은 자연을 닮은 아름다움과 삶의 안정을 위한 실천이라는 두 가지 가치를 동시에 추구하며, 자연과 연결되길 원하는 현대인의 욕구를 충족시키고 있다.

① 바이오필릭 디자인은 자연의 모습을 그대로 모방하여 시각적 아름다움을 극대화하는 디자인 방식이다.
② 바이오필릭 텍스타일 디자인은 자연에서 영감을 얻어 정서적 안정감을 주는 동시에 환경 보호의 가치도 담고 있다.
③ 텍스타일 분야에서는 바이오필릭 디자인보다 기능성과 내구성을 중시하는 환경 친화적 디자인이 더 중요하다.
④ 최근에는 자연을 닮은 디자인에 대해 이목이 집중되어 현대인들의 감정적 안정감이 커지고 있다.

📝 내가 이 문제를 틀린 이유 체크 리스트

V	이유	틀린 문제 번호	보완 방법
☐	시간 촉박	___ 번	
☐	내용 이해 부족	___ 번	
☐	발문 착각	___ 번	
☐	오답 패턴 미숙지	___ 번	
☐	선지 분석 부족	___ 번	

내용 추론 긍정 발문

Part 03 내용 추론

2024년 이전에는 단순히 제시문의 내용의 표면적인 정보를 파악하는 문제가 나왔다면
2025년부터는 이러한 단순 내용 일치 문제는 나오지 않고 '내용 추론' 유형이 나올 예정입니다.
'내용 추론 긍정 발문' 유형은 무조건 나오는 0순위 최빈출 유형으로 '내용 추론 부정 발문' 유형에 비해
틀린 선지가 3개나 되므로 난도가 더 높은 편입니다.
제시문 표면에 나오지 않는 이면적인 정보나, 전제까지도 추론해야 하는 문제가 출제될 것이기 때문에
제시문의 지엽적인 정보까지도 꼼꼼히 이해하는 것이 필요합니다.

출종포 독해 이론 ❀ 내용 추론 긍정 발문

1️⃣ 내용 추론 긍정 발문의 경우

① 4개 중 3개가 ❶____________ 선택지이므로 어차피 선택지에서 얻을 수 있는 힌트가 없으므로

보통은 ❷____________을 읽어준 후 선택지를 보는 것이 낫습니다.

② 간혹 선택지의 길이가 짧고 단순하면 ❸____________를 먼저 보는 것도 괜찮습니다.

③ 내용 추론 긍정 발문 유형에서 쓸 수 있는 ❹______________를 듣고 제시문을 읽습니다.

2️⃣ 선택지 읽는 방법

① 선택지를 먼저 볼 때에는 분석적으로 선지를 ❺__________부분으로 나누는 것이 좋습니다.

② 제시문에서 특히 눈에 띄는 ❻__________, ❼__________, ❽__________, ❾__________, ❿__________가 나오면

미리 체크해 놓고 바로 확인 가능하다면 제시문으로 가서 확인합니다.

③ 'A보다 B'라는 구절이 있으면 ⓫__________가 맞는지 체크하고 제시문에서 확인합니다.

④ 대조, 나열 구조의 경우에는 특히 ⓬__________를 체크합니다.

⑤ ⓭__________적인 표현이 나왔을 때에는 체크합니다.

⑥ ⓮__________에 대한 표현이 나왔을 때에는 체크합니다.

Answer
❶ 틀린　❷ 제시문　❸ 선택지　❹ 혜선 쌤만의 야매 꼼수　❺ 2　❻ 숫자　❼ 고유 명사　❽ 사람 이름　❾ 서술어　❿ 괄호
⓫ 비교　⓬ 주어　⓭ 극단　⓮ 기준

출종포 독해 **오답 패턴**

1 ❶ __________의 오류

① 디지털 트윈을 활용함에 따라 글로벌 기업들의 고용률이 향상되었다. – 2023 국가직 9급
　　→ 관련 시장이 확대되고 있다는 서술은 있지만, 고용률에 대한 언급은 없다.

① 한문은 한국어 문장보다 문장성분이 복잡하다. – 2023 지방직 9급
　　→ 한자는 문맥에 따라 같은 글자가 다른 문장성분으로 사용될 수 있다고 나와 있지만 이것이 한국어 문장보다 문장 성분이 복잡함을
　　의미하는 것은 아니다.

2 ❷ __________의 오류

④ 체온조절을 위한 열 획득 방식보다 체온의 안정성을 유지하는 방식이 동물을 분류하는 더 적합한 기준이 된다. – 2025 국가직 9급
　　→ '체온조절을 위한 열 획득 방식'과 '체온의 안정성을 유지하는 방식'이 모두 언급이 되고는 있으나 어떤 것이 더 적합한 기준이
　　되는지는 언급이 된 적이 없다.

3 ❸ __________의 오류

② 디지털 트윈의 데이터 모델은 현실 세계의 각종 실험 모델보다 경제성이 낮다. – 2023 국가직 9급
　　→ 현실 세계의 각종 실험 모델은 디지털 트윈의 데이터 모델보다

4 ❹ __________의 오류

② 통각 신경은 다른 감각 신경에 비해서 매우 가늘기 때문에, 신호의 전달이 빠르다. –2024 지방직 9급
　　　　　　　　　　　　　　　　→ 느리다

② 루아르강 하구로부터 크림반도와 조지아를 잇는 선은 이탈리아보다 남쪽에 있을 것이다. – 2021 지방직 9급
　　　　　　　　　　　　　　→ 북쪽

Answer
❶ 미언급　❷ 비교 미언급　❸ 비교 혼동　❹ 반대

5 ❶__________ 오류

'항상', '모두', '다' / '오직', '뿐', '만' / 단정적 서술어

① 유엔에서 근무하는 외교관들은 유엔의 공용어를 다 구사하지 않으면 안 된다. – 2021 지방직 9급

　→ 유엔에서 근무하는 외교관들은 유엔의 공용어를 다 구사하지 않아도 되었다.

① 고급 포도주는 모두 너무 덥지도 춥지도 않은 곳에서 재배된 포도로 만들어졌다. – 2021 지방직 9급

　→ 백포도주는 뜨거운 여름 날씨가 지속하는 곳에서 명품이 만들어진다고 했으므로 적절하지 않다.

③ 이집트의 이상주의적 미술에서는 평범한 사람들은 그리지 않고 고귀한 존재들만 표현하였다. – 2025 국가직 9급

　→ 고귀한 존재들뿐만 아니라 평범한 사람들도 그렸다고 했으므로 적절하지 않다.

④ 보잉의 조종사는 자동조종시스템을 사용하지 않고 항공기를 조종한다. – 2023 지방직 9급

　→ 보잉의 조종사가 시스템에 지나치게 의존하지 않는다는 것이지 아예 사용하지 않는다는 말은 아니었다.

6 ❷__________의 오류

③ 루카치는 각기 다른 기준에 따라 그리스 세계를 세 시대로 구분하였다. – 2023 국가직 9급

　　　→ 총체성

① 최초의 IQ 검사는 학습 능력이 우수한 아이를 고르기 위해 시행되었다. – 2023 지방직 9급

　→ IQ 검사의 도입 목적은 지적장애아 및 학습부진아를 가려내기 위한 기준으로 시행되었음을 1문단에서 서술하였다.

7 ❸__________ 혼동(❹__________ 혼동)의 오류 (대조 구문 多)

④ 디지털 트윈은 현실 세계의 이용자에게 새로운 문화적 경험을 제공하는 데 목적이 있다. – 2023 국가직 9급

　→ 메타버스

② 조선 시대의 지식인들은 조선에서 창작한 한문소설을 저급한 오락물로 여겼다. – 2025 국가직 9급

　　　→ 한글 소설

8 ❺__________의 오류

① '0'개념은 13세기에 유럽에서 발명되었다. –2025 인사혁신처 2차 샘플

　→ 2문단의 "'0' 개념은 13세기가 되어서야 유럽으로 들어왔으니,"를 통해 '0' 개념은 13세기에 유럽에서 발명되었다는 것은 적절하지 않음을 알 수 있다. '0' 개념이 들어온 것이지 유럽에서 처음 만들어진 것은 아니기 때문이다.

Answer
❶ 극단　❷ 기준　❸ 주체　❹ 객체　❺ 시기

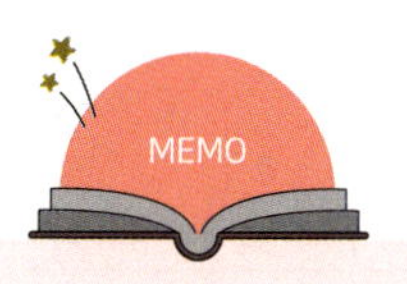

신유형 STEP 1 내용 추론 긍정 발문

01 다음 글을 이해한 내용으로 가장 적절한 것은? 2025. 국가직 9급

> 20세기에 접어들면서 우리는 새로운 시대의 변화를 다양한 영역에서 확인할 수 있게 되었다. 문학 영역도 마찬가지였다. 이전과 뚜렷이 구별되는 유형과 성격의 문학작품이 등장하였고, 이에 따라 다양한 독자층이 새롭게 형성되었다. 20세기 초 우리나라의 문학 독자층은 흔히 두 가지로 구분되었다. 하나는 구활자본 고전소설과 일부 신소설의 독자인 '전통적 독자층'이고, 다른 하나는 이 시기 새롭게 등장하여 유행하기 시작한 대중소설, 번안소설, 신문 연재 통속소설을 즐겨 봤던 '근대적 대중 독자층'이다. 전통적 독자층에는 노동자와 농민, 양반, 부녀자 등이 속하고, 근대적 대중 독자층에는 도시 노동자, 학생, 신여성 등이 속했다.
>
> 그런데 20세기 초 문학 독자층 중에는 전통과 근대의 두 범주에 귀속시키기 어려운 독자층도 존재했다. 이 시기 신문학의 순수문학 작품, 일본을 비롯한 외국의 순수문학 소설 등을 향유했던 사람들이 바로 그들이다. 문자를 익숙하게 다루고 외국어를 지속적으로 습득한 지식인층은 근대적 대중 독자층과는 다른 문학적 향유 양상을 보여 주었던 것이다. 이들은 '엘리트 독자층'이라고 부를 수 있다.

① 근대적 대중 독자층에서 엘리트 독자층이 분화되어 나왔다.
② 20세기 초의 문학 독자층을 구분하는 기준은 신분과 학력이었다.
③ 엘리트 독자층에 속한 사람들은 우리나라 문학작품 외에도 외국 소설을 읽었다.
④ 근대적 대중 독자층에 속한 사람들은 전통적 독자층에 속한 사람들보다 경제적으로 부유했다.

<hr>

亦功독해 빨리 푸는 전략!

1단계

선지의 길이 확인하기
너무 길면
제시문으로 가기

짧으면 선지를 읽되
선지에서 전체적인 느낌
파악하기

2단계

제시문을 혜선 쌤이
수업에서 알려 준
야매꼼수
방식으로 읽기

3단계

제시문을 읽을 때
선지의 초점어가
나타나면
더욱 집중해서 읽고
선지의 참 거짓을
판별하기

1 중심 화제?

  :

2 이 글의 구조?

  :

3 지엽 OR 큼직?

  :

4 출제자가 옳은 선지를 만드는 방법에 대한 것이다. 선지 ③이 옳은 근거를 제시문에서 찾으시오.

5 출제자가 옳지 않은 선지를 만드는 방법에 대한 것이다. 각 선지가 틀린 이유를 채우시오.

① ______________의 오류

  → 틀린 이유 :

② __________의 오류

> 1문단 : 전통적 독자층에는 노동자와 농민, 양반, 부녀자 등이 속하고, 근대적 대중 독자층에는 도시 노동자, 학생, 신여성 등이 속했다.

  → 틀린 이유 :

④ ____________________의 오류

  → 틀린 이유 :

정답

1 20세기 초 우리나라의 문학 독자층

2 통시적 구조, 나열 구조

3 지엽

4 2문단의 '이 시기 신문학의 순수 문학 작품, 일본을 비롯한 외국의 순수문학 소설 등을 향유했던 사람들이 바로 그들이다.'와 '이들은 '엘리트 독자층'이라고 부를 수 있다.'의 정보를 조합하여 추론하면 '엘리트 독자층에 속한 사람들은 우리나라 문학작품 외에도 외국 소설을 읽었다.'가 적절한 선지임을 알 수 잇다.

5 ① 미언급

  틀린 이유 : 1문단에 근대적 대중 독자층, 2문단에 엘리트 독자층에 대한 언급이 나오기는 하지만 근대적 대중 독자층에서 엘리트 독자층이 분화되어 나왔다는 내용은 언급된 적이 없다.

  ② 반대

  틀린 이유 : 전통적 독자층에도 노동자, 근대적 대중 독자층은 도시 노동자로 신분으로 모두 노동자의 신분이므로 20세기 초의 문학 독자층을 구분할 수 없음을 알 수 있다. 또한 학력이라는 기준으로 구분할 수 있는 것도 이 제시문에서는 언급이 되어있지 않다.

  ④ 비교 미언급

  틀린 이유 : 근대적 대중 독자층과 전통적 독자층에 대한 언급이 일부 나오나 누가 더 경제적으로 부유한지에 대한 언급은 나오지 않는다.

01 다음 글을 이해한 내용으로 가장 적절한 것은? 2023. 국가직 9급

전 세계를 대표하는 항공기인 보잉과 에어버스의 중요한 차이점은 자동조종시스템의 활용 정도에 있다. 보잉의 경우, 조종사가 대개 항공기를 조종간으로 직접 통제한다. 조종간은 비행기의 날개와 물리적으로 연결되어 있어서 어떤 상황에서도 조종사가 조작한 대로 반응한다. 이와 다르게 에어버스는 조종간 대신 사이드스틱을 설치하여 컴퓨터가 조종사의 행동을 제한하거나 조종에 개입할 수 있게 설계되었다. 보잉에서는 조종사가 항공기를 통제할 수 있는 전권을 가지지만 에어버스에서는 컴퓨터가 조종사의 조작을 감시하고 제한한다.

보잉과 에어버스의 이러한 차이는 기계를 다루는 인간을 바라보는 관점이 서로 다른 데서 비롯된다. 보잉사를 창립한 윌리엄 보잉의 철학은 "비행기를 통제하는 최종 권한은 언제나 조종사에게 있다."이다. 시스템은 불안정하고 완벽하지 않기 때문에 컴퓨터가 조종사의 판단보다 우선시될 수 없다는 것이다. 반면 에어버스의 아버지라고 불리는 베테유는 "인간은 실수할 수 있는 존재"라고 전제한다. 베테유는 이런 자신의 신념을 토대로 에어버스를 설계함으로써 조종사의 모든 조작을 컴퓨터가 모니터링하고 제한하게 만든 것이다.

① 보잉은 시스템의 불완전성을, 에어버스는 인간의 실수 가능성을 고려하여 설계되었다.
② 베테유는 인간이 실수할 수 있는 존재라고 보지만 윌리엄 보잉은 그렇지 않다고 본다.
③ 에어버스의 조종사는 항공기 운항에서 자동조종시스템을 통제하고 조작한다.
④ 보잉의 조종사는 자동조종시스템을 사용하지 않고 항공기를 조종한다.

01 다음 글을 이해한 내용으로 가장 적절한 것은? 2023. 국가직 9급

전 세계를 대표하는 항공기인 보잉과 에어버스의 중요한 차이점은 자동조종시스템의 활용 정도에 있다. 보잉의 경우, 조종사가 대개 항공기를 조종간으로 직접 통제한다. 조종간은 비행기의 날개와 물리적으로 연결되어 있어서 어떤 상황에서도 조종사가 조작한 대로 반응한다. 이와 다르게 에어버스는 조종간 대신 사이드스틱을 설치하여 컴퓨터가 조종사의 행동을 제한하거나 조종에 개입할 수 있게 설계되었다. 보잉에서는 조종사가 항공기를 통제할 수 있는 전권을 가지지만 에어버스에서는 컴퓨터가 조종사의 조작을 감시하고 제한한다.

보잉과 에어버스의 이러한 차이는 기계를 다루는 인간을 바라보는 관점이 서로 다른 데서 비롯된다. 보잉사를 창립한 윌리엄 보잉의 철학은 "비행기를 통제하는 최종 권한은 언제나 조종사에게 있다."이다. 시스템은 불안정하고 완벽하지 않기 때문에 컴퓨터가 조종사의 판단보다 우선시될 수 없다는 것이다. 반면 에어버스의 아버지라고 불리는 베테유는 "인간은 실수할 수 있는 존재"라고 전제한다. 베테유는 이런 자신의 신념을 토대로 에어버스를 설계함으로써 조종사의 모든 조작을 컴퓨터가 모니터링하고 제한하게 만든 것이다.

① 보잉은 시스템의 불완전성을, 에어버스는 인간의 실수 가능성을 고려하여 설계되었다.

② 베테유는 인간이 실수할 수 있는 존재라고 보지만 윌리엄 보잉은 그렇지 않다고 본다. **(극단의 오류)**

③ 에어버스의 조종사는 항공기 운항에서 자동조종시스템을 통제하고 조작한다. **(주체 혼동의 오류)**

④ 보잉의 조종사는 자동조종시스템을 사용하지 않고 항공기를 조종한다. **(극단의 오류)**

亦功 문제 훈련 : 내용 추론 긍정 발문

Day 10 해설 영상은 '만점 출좋포 문제 훈련' 강의에서 꼭 해설 강의를 참고해 주세요.

01 다음 글에서 추론한 내용으로 가장 적절한 것은? 2025. 인사혁신처 2차 샘플

『성경』에 따르면 예수는 죽은 지 사흘 만에 부활했다. 사흘이라고 하면 시간상 72시간을 의미하는데, 예수는 금요일 오후에 죽어서 일요일 새벽에 부활했으니 구체적인 시간을 따진다면 48시간이 채 되지 않는다. 그렇다면 『성경』에서 3일이라고 한 것은 예수의 신성성을 부각하기 위한 것일까?

여기에는 수를 세는 방식의 차이가 개입되어 있다. 구체적으로 말하면 우리가 사용하는 현대의 수에는 '0' 개념이 깔려 있지만, 『성경』이 기록될 당시에는 해당 개념이 없었다. '0' 개념은 13세기가 되어서야 유럽으로 들어왔으니, '0' 개념이 들어오기 전 시간의 길이는 '1'부터 셈했다. 다시 말해 시간의 시작점 역시 '1'로 셈했다는 것인데, 금요일부터 다음 금요일까지는 7일이 되지만, 시작하는 금요일까지 날로 셈해서 다음 금요일은 8일이 되는 식이다.

이와 같은 셈법의 흔적을 현대 언어에서도 찾을 수 있다. 오늘날 그리스 사람들은 올림픽이 열리는 주기에 해당하는 4년을 'pentaeteris'라고 부르는데, 이 말의 어원은 '5년'을 뜻한다. '2주'를 의미하는 용도로 사용되는 현대 프랑스어 'quinze jours'는 어원을 따지자면 '15일'을 가리키는데, 시간적으로는 동일한 기간이지만 시간을 셈하는 방식에 따라 마지막 날과 해가 달라진 것이다.

① '0' 개념은 13세기에 유럽에서 발명되었다.
② 『성경』에서는 예수의 신성성을 부각하기 위해 그의 부활 시점을 활용하였다.
③ 프랑스어 'quinze jours'에는 '0' 개념이 들어오기 전 셈법의 흔적이 남아 있다.
④ 'pentaeteris'라는 말이 생겨났을 때에 비해 오늘날의 올림픽이 열리는 주기는 짧아졌다.

02 다음 글을 이해한 내용으로 가장 적절한 것은?

소쉬르는 현대 언어학의 아버지이자 기호학의 창시자로 잘 알려져 있다. 그는 당대 사회에서 고수하던 역사적 언어 접근법에 회의를 느꼈다. 언어라는 것의 특성을 규명하는 일이 선행되지 않은 상황에서 언어들의 역사를 비교하는 것은 의미가 없다고 보았다. 이에 따라 소쉬르는 '사물 혹은 현상 이면에 체계가 있다'라고 믿는 구조주의 사조를 탄생시켰다. 그의 생각은 언어 요소가 개별적으로 존재하는 것이 아니라 어떤 큰 틀 속에서 유기적 관계를 맺고 있다는 구조의 개념을 언어학에 도입할 수 있게 만들었다. 1930년대 전후 유럽과 미국에서는 이러한 구조주의 언어학이 널리 퍼져나갔고 미국에서는 시카고 대학에 언어학과가 독립적으로 설립되기에 이르렀다. 언어의 개별 학문으로서의 특성을 밝히고자 했던 소쉬르의 노력은 다른 학문의 하위 갈래에 불과했던 언어학의 위상을 끌어올리는 데에도 기여하였다. 현재는 전 세계의 언어학과와 각종 연구기관에서 이민자, 다문화 사회의 언어학, 음운론, 통사론 등이 활발하게 연구되고 있다.

① 구조주의는 언어 요소들이 개별적으로 존재한다는 점을 강조한다.
② 언어학은 다른 학문의 하위 갈래로서 어문학 발전에 기여하고 있다.
③ 소쉬르는 역사적 언어학에 대해 긍정적 태도를 보였다.
④ 유럽과 미국을 중심으로 구조주의 언어학이 널리 퍼져나갔다.

03 다음 글에서 추론한 내용으로 가장 적절한 것은?

자연법칙의 성격에 대한 논의는 필연적 법칙과 규칙성 이론이라는 두 가지 관점으로 나뉜다. 필연적 법칙 이론은 자연법칙이 우주의 본질을 반영하는 필연적인 원리라고 본다. 즉, 자연법칙은 단순한 경험적 관찰을 넘어 존재 자체의 필연성을 지닌다는 것이다. 예를 들어, 뉴턴의 만유인력 법칙은 단순한 반복적 현상이 아니라, 질량을 가진 모든 물체가 서로를 끌어당긴다는 우주의 필연적 성질을 설명한다. 물리학에서 기본 상수(예: 빛의 속도, 플랑크 상수)가 특정한 값을 가지는 것도 자연의 필연적 구조 때문이라고 해석된다. 필연적 법칙을 지지하는 입장에서는, 자연법칙이 단순한 경험적 일반화가 아니라 존재론적으로 필수적인 것이라고 주장한다.

규칙성 이론은 자연법칙이 필연적이지 않으며, 단지 우리가 경험하는 반복적인 패턴일 뿐이라고 본다. 즉, 자연법칙은 우리가 관찰하는 현상들 사이의 규칙성을 요약한 것이지, 우주의 본질을 반영하는 것은 아니라는 것이다. 예를 들어, 물체가 항상 지구로 떨어지는 것은 우리가 반복적으로 관찰한 현상이지만, 반드시 그래야만 하는 필연적 이유가 존재하는 것은 아니라는 해석이 가능하다. 만약 우주의 조건이 달라진다면 지금의 자연법칙이 더 이상 성립하지 않을 수도 있다. 따라서 규칙성 이론에 따르면 자연법칙은 절대적인 것이 아니라, 단지 우리가 경험한 바를 일반화한 것에 불과하다.

① 필연적 법칙과 규칙성 이론은 자연법칙의 성격을 이해하는 서로 다른 관점을 제공한다.
② 모든 자연법칙은 우주의 조건이 변화해도 절대로 변하지 않는 필연성을 지닌다.
③ 기본 상수의 발견은 자연법칙의 규칙성을 입증하는 가장 중요한 과학적 성과이다.
④ 규칙성 이론은 자연법칙이 필연적 법칙으로 환원될 수 있다고 주장한다.

04 다음 글을 읽고 추론한 내용으로 가장 적절한 것은?

> 백석의 <나와 나타샤와 흰 당나귀>는 현실과 상상을 구분하되 현실이 지속적으로 상상 장면에 개입한다는 것이 특징적인 작품이다. '흰 눈'은 상상과 현실의 경계를 구획하며 눈으로 촉발되는 백색의 이미지는 화자가 나타샤와 함께하는 행복한 상상을 지속할 수 있게 한다. 가난한 화자는 눈이 많이 내리는 밤에 실존 인물인지 확실하지 않은 사랑하는 '나타샤'를 떠올린다. 그런데 나타샤를 사랑하고 눈이 내리는 상황에서 화자는 쓸쓸히 앉아 소주를 마시고 있다. '나타샤와 나는 / 눈이 푹푹 쌓이는 밤 흰 당나귀타고 / 산골로 가자 출출이 우는 깊은 산골로 가 마가리에 살자'에서는 백색의 이미지가 반복되고 있다. 내리는 눈에서 주로 조성되는 백색의 이미지는 언젠가 사라지고 말 것이다. 화자는 발이 푹푹 잠길 정도로 눈이 쌓이기를 원하고, 그만큼 쌓여 눈이 늦게 녹아야 나타샤와 함께 있는 행복한 상상이 오래 지속될 수 있다. 작품 속의 화자가 위치한 현실은 남루하고 더럽고 가난하다. 행복한 상상에 불안이 제시되고 흰 눈이라는 짧게 지속되는 속성 위에서 지속적으로 현실과 상상의 분할이 교란되고 있다. 이러한 의미에서 어떤 문학가는 이 작품을 상상 속 현실과 현실 속 상상이 뒤섞인 것이라고 평가하기도 한다.

① 백석은 백색의 이미지를 통해 차가운 현실을 강조하며, 현실의 고통보다는 상상에 집중한다.
② 작품의 화자는 상상의 세계에서만 행복을 찾으면서 현실의 어려움을 철저히 외면하는 태도를 보이고 있다.
③ <나와 나타샤와 흰 당나귀>에서 흰 눈은 상상의 행복이 지속되기를 바라는 화자의 소망을 상징한다.
④ <나와 나타샤와 흰 당나귀>는 현실과 상상이 완전히 분리된 채로 시상이 전개되는 작품이다.

📝 내가 이 문제를 틀린 이유 **체크 리스트**

V	이유	틀린 문제 번호	보완 방법
☐	시간 촉박	___번	
☐	내용 이해 부족	___번	
☐	발문 착각	___번	
☐	오답 패턴 미숙지	___번	
☐	선지 분석 부족	___번	

Chapter 11

내용 추론 부정 발문

Part 03 내용 추론

> 2025년부터는 이러한 단순 내용 일치 문제는 나오지 않고 '내용 추론' 유형이 나올 예정입니다.
> '내용 추론 부정 발문' 유형은 무조건 나오는 0순위 최빈출 유형으로 '내용 추론 긍정 발문' 유형에 비해
> 틀린 선지가 1개밖에 없으므로 난도 자체는 더 낮습니다.
> 하지만 정답 선지가 더 지엽적인 정보를 물어볼 수 있으니 더 지엽적으로 꼼꼼하게 글을 읽어줘야 합니다.
> 제시문 표면에 나오지 않는 이면적인 정보나, 전제까지도 추론해야 하는 문제가 출제될 것이기 때문에
> 제시문의 지엽적인 정보까지도 꼼꼼히 이해하는 것이 필요합니다.

출 좋 포 독해 이론 　내용 추론 부정 발문

1 내용 추론 부정 발문의 경우

① 4개 중 3개가 ❶________ 선택지이므로 ❷__________에 힌트가 많다.

　　따라서 선택지가 짧고 단순하다면 바로 ❸__________를 읽어준 후 제시문을 보는 것이 낫다.

② 간혹 선택지의 길이가 길고 복잡하면 ❹__________을 먼저 보는 것이 낫다.

③ 혜선 쌤만의 야매 꼼수를 듣고 제시문을 읽는다.

2 선택지 읽는 방법

① 선택지를 먼저 볼 때에는 분석적으로 선지를 ❺______부분으로 나누는 것이 좋습니다.

② 제시문에서 특히 눈에 띄는 ❻__________, ❼__________, ❽__________, ❾__________, ❿________가 나오면 미리 체크해
　　놓고 바로 확인 가능하다면 제시문으로 가서 확인합니다.

③ 'A보다 B'라는 구절이 있으면 ⓫________가 맞는지 체크하고 제시문에서 확인합니다.

④ 대조, 나열 구조의 경우에는 특히 ⓬________를 체크합니다.

⑤ ⓭________적인 표현이 나왔을 때에는 체크합니다.

⑥ ⓮________에 대한 표현이 나왔을 때에는 체크합니다.

Answer

❶ 정답　❷ 선택지　❸ 선택지　❹ 제시문　❺ 2　❻ 숫자　❼ 고유 명사　❽ 사람 이름　❾ 서술어　❿ 괄호　⓫ 비교
⓬ 주어　⓭ 극단　⓮ 기준

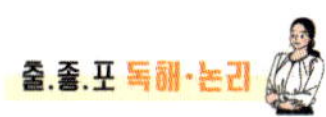

출 졸 포 독해 오답 패턴

1 **❶__________**의 오류

① 디지털 트윈을 활용함에 따라 글로벌 기업들의 고용률이 향상되었다. – 2023 국가직 9급
→ 관련 시장이 확대되고 있다는 서술은 있지만, 고용률에 대한 언급은 없다.

① 한문은 한국어 문장보다 문장성분이 복잡하다. – 2023 지방직 9급
→ 한자는 문맥에 따라 같은 글자가 다른 문장성분으로 사용될 수 있다고 나와 있지만 이것이 한국어 문장보다 문장 성분이 복잡함을 의미하는 것은 아니다.

2 **❷__________**의 오류

④ 체온조절을 위한 열 획득 방식보다 체온의 안정성을 유지하는 방식이 동물을 분류하는 더 적합한 기준이 된다. – 2025 국가직 9급
→ '체온조절을 위한 열 획득 방식'과 '체온의 안정성을 유지하는 방식'이 모두 언급이 되고는 있으나 어떤 것이 더 적합한 기준이 되는지는 언급이 된 적이 없다.

3 **❸__________**의 오류

② 디지털 트윈의 데이터 모델은 현실 세계의 각종 실험 모델보다 경제성이 낮다. – 2023 국가직 9급
→ 현실 세계의 각종 실험 모델은 디지털 트윈의 데이터 모델보다

4 **❹__________**의 오류

② 통각 신경은 다른 감각 신경에 비해서 매우 가늘기 때문에, 신호의 전달이 빠르다. –2024 지방직 9급
→ 느리다

② 루아르강 하구로부터 크림반도와 조지아를 잇는 선은 이탈리아보다 남쪽에 있을 것이다. – 2021 지방직 9급
→ 북쪽

5 ❶__________ 오류

'항상', '모두', '다' / '오직', '뿐', '만' / 단정적 서술어

① 유엔에서 근무하는 외교관들은 유엔의 공용어를 다 구사하지 않으면 안 된다. – 2021 지방직 9급

  → 유엔에서 근무하는 외교관들은 유엔의 공용어를 다 구사하지 않아도 되었다.

① 고급 포도주는 모두 너무 덥지도 춥지도 않은 곳에서 재배된 포도로 만들어졌다. – 2021 지방직 9급

  → 백포도주는 뜨거운 여름 날씨가 지속하는 곳에서 명품이 만들어진다고 했으므로 적절하지 않다.

③ 이집트의 이상주의적 미술에서는 평범한 사람들은 그리지 않고 고귀한 존재들만 표현하였다. – 2025 국가직 9급

  → 고귀한 존재들뿐만 아니라 평범한 사람들도 그렸다고 했으므로 적절하지 않다.

④ 보잉의 조종사는 자동조종시스템을 사용하지 않고 항공기를 조종한다. – 2023 지방직 9급

  → 보잉의 조종사가 시스템에 지나치게 의존하지 않는다는 것이지 아예 사용하지 않는다는 말은 아니었다.

6 ❷__________의 오류

③ 루카치는 각기 다른 기준에 따라 그리스 세계를 세 시대로 구분하였다. – 2023 국가직 9급

    → 총체성

① 최초의 IQ 검사는 학습 능력이 우수한 아이를 고르기 위해 시행되었다. – 2023 지방직 9급

  → IQ 검사의 도입 목적은 지적장애아 및 학습부진아를 가려내기 위한 기준으로 시행되었음을 1문단에서 서술하였다.

7 ❸__________ 혼동(❹__________ 혼동)의 오류 (대조 구문 多)

④ 디지털 트윈은 현실 세계의 이용자에게 새로운 문화적 경험을 제공하는 데 목적이 있다. – 2023 국가직 9급

   → 메타버스

② 조선 시대의 지식인들은 조선에서 창작한 한문소설을 저급한 오락물로 여겼다. – 2025 국가직 9급

            → 한글 소설

8 ❺__________의 오류

① '0'개념은 13세기에 유럽에서 발명되었다. –2025 인사혁신처 2차 샘플

  → 2문단의 "'0' 개념은 13세기가 되어서야 유럽으로 들어왔으니,"를 통해 '0' 개념은 13세기에 유럽에서 발명되었다는 것은 적절하지 않음을 알 수 있다. '0' 개념이 들어온 것이지 유럽에서 처음 만들어진 것은 아니기 때문이다.

Answer
❶ 극단　❷ 기준　❸ 주체　❹ 객체　❺ 시기

신유형 STEP 1 내용 추론 부정 발문

01 다음 글을 이해한 내용으로 적절하지 않은 것은? 2025. 인사혁신처 2차 샘플

조선시대 기록을 보면 오늘날 급성전염병에 속하는 병들의 다양한 명칭을 확인할 수 있는데, 전염성, 고통의 정도, 질병의 원인, 몸에 나타난 증상 등 작명의 과정에서 주목한 바는 각기 달랐다.

예를 들어, '역병(疫病)'은 사람이 고된 일을 치르듯[役] 병에 걸려 매우 고통스러운 상태를 말한다. '여역(厲疫)'이란 말은 힘들다[疫]는 뜻에다가 사납다[厲]는 의미가 더해져 있다. 현재의 성홍열로 추정되는 '당독역(唐毒疫)'은 오랑캐처럼 사납고[唐], 독을 먹은 듯 고통스럽다[毒]는 의미가 들어가 있다. '염병(染病)'은 전염성에 주목한 이름이고, 마찬가지로 '윤행괴질(輪行怪疾)' 역시 수레가 여기저기 옮겨 다니듯 한다는 뜻으로 질병의 전염성을 크게 강조한 이름이다.

'시기병(時氣病)'이란 특정 시기의 좋지 못한 기운으로 인해 생기는 전염병을 말하는데, 질병의 원인으로 나쁜 대기를 들고 있는 것이다. '온역(溫疫)'에 들어 있는 '온(溫)'은 이 병을 일으키는 계절적 원인을 가리킨다. 이밖에 '두창(痘瘡)'이나 '마진(痲疹)' 따위의 병명은 피부에 발진이 생기고 그 모양이 콩 또는 삼씨 모양인 것을 강조한 말이다.

① '온역'은 질병의 원인에 주목하여 붙여진 이름이다.
② '역병'은 질병의 전염성에 주목하여 붙여진 이름이다.
③ '당독역'은 질병의 고통스러운 정도에 주목하여 붙여진 이름이다.
④ '마진'은 질병으로 인해 몸에 나타난 증상에 주목하여 붙여진 이름이다.

亦功독해 빨리 푸는 전략!

1단계

선지의 길이 확인하기
너무 길면
제시문으로 가기

짧으면 선지를 읽되
선지에서 전체적인 느낌
파악하기

2단계

제시문을 혜선 쌤이
수업에서 알려준
야매꼼수
방식으로 읽기

3단계

제시문을 읽을 때
선지의 초점어가
나타나면
더욱 집중해서 읽고
선지의 참 거짓을
판별하기

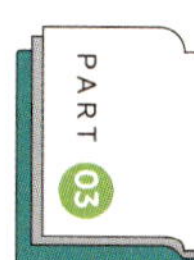

1 중심 화제?

   :

2 이 글의 구조?

   :

3 지엽 OR 큼직?

   :

4 출제자가 옳지 않은 선지를 만드는 방법에 대한 것이다. 선지 ②가 틀린 이유를 서술하시오.

> 2문단: 예를 들어, '역병(疫病)'은 사람이 고된 일을 치르듯[役] 병에 걸려 매우 고통스러운 상태를 말한다. (중략) '염병(染病)'은 전염성에 주목한 이름이고,

→ 틀린 이유:

5 각 선지가 옳다고 볼 수 있는 근거를 제시문에서 찾아 채우시오.

   ①

   ③

   ④

정답

1 조선시대 기록에 나타난 병들의 다양한 명칭

2 나열 구조

3 지엽

4 주체 혼동의 오류, 질병의 전염성에 주목하여 붙여진 이름은 '역병'이 아니라 '염병(染病)'이므로 주체 혼동의 오류임을 알 수 있다.

5 ① 3문단의 "'온역(溫疫)'에 들어 있는 '온(溫)'은 이 병을 일으키는 계절적 원인을 가리킨다."를 통해 파악할 수 있는 정보이다.

③ 2문단의 "현재의 성홍열로 추정되는 '당독역(唐毒疫)'은 오랑캐처럼 사납고[唐], 독을 먹은 듯 고통스럽다[毒]는 의미가 들어가 있다."를 통해 파악할 수 있는 정보이다.

④ 3문단의 "'마진(痲疹)' 따위의 병명은 피부에 발진이 생기고 그 모양이 콩 또는 삼씨 모양인 것을 강조한 말이다."를 통해 파악할 수 있는 정보이다.

亦功독해 빨리 푸는 전략!

1단계

선지의 길이 확인하기
너무 길면
제시문으로 가기

짧으면 선지를 읽되
선지에서 전체적인 느낌
파악하기

2단계

제시문을 혜선 쌤이
수업에서 알려준
야매꼼수
방식으로 읽기

3단계

제시문을 읽을 때
선지의 초점어가
나타나면
더욱 집중해서 읽고
선지의 참 거짓을
판별하기

01 다음 글을 읽고 추론한 내용으로 적절하지 않은 것은?

> 친한 친구로부터 평소에 갖고 싶었던 물건을 선물 받는 상황을 상상해보자. 이때 느끼는 행복이라는 정서는 행복감이라는 감정적 요소와 '친구가 나에게 선물을 주었다.'라는 판단으로 이루어져 있다. 전자를 중심으로 정서를 정의하는 이론을 '감정 이론'이라 하고, 후자를 중심으로 정서를 정의하는 이론을 '인지주의적 이론'이라고 한다.
>
> 감정 이론에 의하면, 정서란 자신도 모르게 생기는 느낌이며, 이는 순전히 감정적인 요소를 통해서 이해할 수 있는 것이다. 즉, 주어진 상황에 대한 판단이나 믿음을 배제하고, 어떻게 느끼느냐를 이해함으로써 정서를 파악할 수 있다는 것이다. 감정 이론에서는 인지적 요소는 배제한 채, 선물을 받았을 때 행복이라는 우리의 정서를 행복감이라는 감정적 요소와 동일시할 뿐이다. 그런데 인지적 요소를 배제하고 감정적 요소만을 강조한다면 개별 정서의 차이를 구분하여 설명하지 못한다. 또, 그 정서가 윤리적으로 적절한지 즉, 당위적인 가치 기준에 부합하는지를 판단할 수 없게 된다.
>
> 한편, 인지주의적 이론에 의하면 비슷한 정서들을 판단 또는 믿음을 근거로 개별 정서로 분류할 수 있다. 이때 정서를 결정하는 판단과 믿음에는 당위적인 가치 기준이 개입될 수 있다. 다만 인지주의적 이론으로는 우리가 보편적으로 정서를 감정과 동일시하는 성향을 설명하기 어렵다. 이에 오늘날에는 두 이론을 종합하여 다양한 측면에서 정서를 이해하려는 연구가 행해지고 있다.

① 감정 이론은 인지주의적 이론보다 감정과 정서를 동일시하는 보편적 성향을 설명하기에 적절한 이론이다.

② 인지주의적 이론에서 정서란 자신도 모르게 생긴 것이 아니라 판단에 근거한 것이다.

③ 감정 이론을 따르면 판단이나 믿음을 배제하고도 개별 정서의 차이를 구분하여 설명할 수 있다.

④ 인지주의적 이론을 따르면 정서가 당위적인 가치 기준에 부합하는지도 판단할 수 있다

01 다음 글을 읽고 (추론)한 내용으로 적절하지 않은 것은?

친한 친구로부터 평소에 갖고 싶었던 물건을 선물 받는 상황을 상상해보자. 이때 느끼는 행복이라는 정서는 행복감이라는 감정적 요소와 '친구가 나에게 선물을 주었다.'라는 판단으로 이루어져 있다. 전자를 중심으로 정서를 정의하는 이론을 '감정 이론'이라 하고, 후자를 중심으로 정서를 정의하는 이론을 '인지주의적 이론'이라고 한다.

감정 이론에 의하면, 정서란 자신도 모르게 생기는 느낌이며, 이는 순전히 감정적인 요소를 통해서 이해할 수 있는 것이다. 즉, 주어진 상황에 대한 판단이나 믿음을 배제하고, 어떻게 느끼느냐를 이해함으로써 정서를 파악할 수 있다는 것이다. 감정 이론에서는 인지적 요소는 배제한 채, 선물을 받았을 때 행복이라는 우리의 정서를 행복감이라는 감정적 요소와 동일시할 뿐이다. 그런데 인지적 요소를 배제하고 감정적 요소만을 강조한다면 개별 정서의 차이를 구분하여 설명하지 못한다. 또, 그 정서가 윤리적으로 적절한지 즉, 당위적인 가치 기준에 부합하는지를 판단할 수 없게 된다.

한편, 인지주의적 이론에 의하면 비슷한 정서들을 판단 또는 믿음을 근거로 개별 정서로 분류할 수 있다. 이때 정서를 결정하는 판단과 믿음에는 당위적인 가치 기준이 개입될 수 있다. 다만 인지주의적 이론으로는 우리가 보편적으로 정서를 감정과 동일시하는 성향을 설명하기 어렵다. 이에 오늘날에는 두 이론을 종합하여 다양한 측면에서 정서를 이해하려는 연구가 행해지고 있다.

① 감정 이론은 인지주의적 이론보다 감정과 정서를 동일시하는 보편적 성향을 설명하기에 적절한 이론이다. (O)

② 인지주의적 이론에서 정서란 자신도 모르게 생긴 것이 아니라 판단에 근거한 것이다. (O)

③ 감정 이론을 따르면 판단이나 믿음을 배제하고도 개별 정서의 차이를 구분하여 설명할 수 없다. → 반대의 오류
↳ =인지적 요소를 배제하고도

④ 인지주의적 이론을 따르면 정서가 당위적인 가치 기준에 부합하는지도 판단할 수 있다. (O)

亦功 문제 훈련 : 내용 추론 부정 발문

Day 11 해설 영상은 '만점 출졸포 문제 훈련' 강의에서 꼭 해설 강의를 참고해 주세요.

01 다음 글을 이해한 내용으로 적절하지 않은 것은?

15세기 르네상스 이후로 원근법은 서양 미술의 절대 법칙으로 자리 잡았다. 2차원의 벽과 캔버스를 3차원 공간으로 만드는 원근법은 과거 비현실적이었던 회화에 마치 실재하는 현실 같은 가상공간을 탄생시키는 기술이었다. 원근법은 그림을 보는 사람의 몰입을 유도하여 그림을 더욱 생생하게 느낄 수 있게 하였다. 르네상스 시대의 화가들은 현실에 존재하지 않는 이상적인 미를 구현하기 위하여 철저히 계산한 그림을 그렸다. 마네는 르네상스 이후 이어져 온 전통적 기법에 정면으로 도전한 화가다. 그는 현실의 어두운 생활상에서 미를 발견하고 이것을 그림으로 표현하고자 했다. 마네는 캔버스는 평평하므로 평면성을 살릴 수 있다고 보았다. 또한 세밀하고 섬세한 묘사가 가장 좋은 것이라는 당대의 관념을 거부하고 색채와 붓질을 최대한 줄였다. 그는 단순함이 아름답다는 신념을 토대로 근대미술이 발전할 토대를 다졌으며, 그의 발상 전환은 인상주의와 입체주의, 추상주의 등 모든 모더니즘 회화의 기본 정신으로 이어졌다.

① 르네상스 화가들의 그림은 계산을 토대로 디자인한 것이었다.
② 마네의 예술적 혁신은 후대 미술 사조의 발달에 영향을 주었을 수 있다.
③ 모더니즘 회화로의 이행은 시간이 지남에 따라 마네의 예술적 실천에서 독립하는 방향으로 전개되었다.
④ 전통적 원근법은 캔버스의 본질적 평면성보다는 입체감을 강조하는 것이었다.

02 다음 글에서 추론할 수 있는 내용으로 적절하지 않은 것은?

글로벌 경제는 저성장 시대로 진입하였고 각국은 과거 추구하던 세계화 대신, 보호무역과 민족주의를 내세우면서 빗장을 걸어 잠그는 태세를 보인다. 이는 산업사회를 이끌던 지정학적 분석의 유효기간이 거의 끝났다는 의미이고 미국과 중국을 중심으로 작동하던 신냉전의 종말이 다가오고 있다는 의미이기도 하다. 세계 질서가 다극화된다면, 세계를 보는 관점도 바꿀 수 있어야 한다. 미래 사회는 반도체를 중심으로 작동할 것이다. 경제학자들은 반도체를 두고 '현대 산업의 쌀'이라고 부른다. 세계 경제와 반도체의 핵심은 미국, 대한민국, 일본, 대만의 칩4동맹이다. 시장점유율 1위인 대만은 TSMC를 중심으로 반도체 기술 개발에 박차를 가하고 있다. 우리나라 역시 반도체 수출에 크게 기대고 있기 때문에 대만을 분석하고 이들과 협력하는 동시에 경쟁에서 우위를 점할 방법을 찾아야 한다.

① 대한민국의 반도체 의존도는 다른 아시아 국가들과 비교했을 때 상대적으로 낮다.
② 칩4동맹 국가들의 반도체 산업 협력과 경쟁은 미래 글로벌 경제에서 핵심적인 전략적 위치를 차지할 가능성이 크다.
③ 대만의 TSMC가 반도체 시장에서 차지하는 위치는 해당 국가의 국제적 영향력 확대에 기여할 수 있을 것이다.
④ 세계 경제의 저성장 시대 진입은 국가들이 세계화 정책에서 벗어나 보호무역과 민족주의로 전환하는 주요 원인 중 하나이다.

03 다음 글을 이해한 내용으로 적절하지 않은 것은?

> 현재의 농업 수확량을 유지하는 것도 미래에는 큰 도전이 될 수 있다. 해충과 질병은 지속해서 진화하고 있으며, 환경의 변화는 수십 년에 걸쳐 예측할 수 없는 방향으로 전개될 수 있다. 이러한 상황에서는 새로운 품종의 개선과 관리 기법의 개발이 필수적이다. 1960년대에만 하더라도 살충제의 사용이 매우 유익한 것으로 여겨졌다. 새로운 살충제의 개발은 농작물에 창궐하는 해충을 통제할 수 있는 가장 좋은 방법으로 강조되었다.
>
> 하지만 널리 사용되는 살충제가 유익한 곤충에게조차 해로운 영향을 미칠 수 있음이 밝혀졌고, 살충제가 생태계 내의 다른 생물 뿐만 아니라 인간에게도 해를 끼친다는 연구가 등장하면서 새로운 살충제 개발은 더 이상 유의미한 대안이 아니게 되었다. 아무리 좋은 살충제를 개발한다고 하더라도 부정적인 영향을 최소화하기 어렵고, 정부의 승인을 받기 위해 필요한 모든 절차를 따르는 데에도 매우 큰 비용이 들어간다.
>
> 그래서 최근에는 해충을 관리하기 위한 다양한 접근법이 연구되고 있다. 생물학적 통제 기법의 개선이나 해충 저항성이 강화된 품종의 개발과 같은 대안적인 방법들이 주목받는 추세이다. 이러한 접근법은 환경에 미치는 부정적인 영향을 줄이고, 장기적으로 지속 가능한 농업을 실현하는 데 중요한 역할을 할 것이다.

① 살충제 개발에 드는 비용과 정부 승인 절차의 복잡성은 농업의 지속 가능성에 긍정적인 영향을 미친다.
② 살충제가 환경과 인간 건강에 미치는 부작용이 살충제 개발을 재평가하게 만들었다.
③ 해충 관리 기법의 다양성은 지속가능한 농업을 실현하는 핵심 역할을 하고 있다.
④ 농작물에 대한 지속 가능한 보호 방안으로, 생물학적 통제기법과 같은 방법이 강조되고 있다.

04 다음 글을 읽고 추론할 수 있는 내용으로 적절하지 않은 것은?

> 제1차 세계대전은 1914년부터 1918년까지 약 4년 동안 지속되었다. 표면적인 원인은 오스트리아 황태자 암살 사건인데, 이 사건을 계기로 오스트리아와 독일이 러시아를 상대로 선전포고했다. 러시아가 전쟁에 휘말리자, 러시아와 동맹관계였던 영국과 프랑스가 참전하였고 미국도 전쟁에 뛰어들었다. 동아시아에서는 일본이 제국주의를 확장하고자 전쟁에 뛰어들면서 전쟁의 무대가 전 세계로 확대되었다.
>
> 일각에서는 오스트리아 황태자가 암살되지 않았다면 세계대전이 발발하지 않았을 것이라고 보기도 하지만, 이는 전쟁의 근본적 원인을 고려하지 않은 시각이다. 독일이 전쟁을 원하고 있었다는 것이 세계대전의 본질적인 이유다. 당시 독일은 뒤늦은 산업화로 식민지 경쟁에서 밀려나 있었으며, 산업화를 유지하기 위해서는 공급과잉 문제를 해소해야 했다. 당시 공급과잉 문제를 해결하기 위해 흔히 쓰이던 방법은 식민지를 만들어 공급하는 것이었다. 하지만 다른 국가들이 모두 식민지를 차지해 버려 식민지가 없는 상황에서 독일은 야욕을 불태웠고, 전쟁을 통해 식민지를 빼앗기 위해 구실을 만들어야 했다.

① 러시아는 자국의 산업화 문제 때문에 세계대전에 참전하였다.
② 일본이 제1차 세계대전에 참전한 것은 제국주의 확장 욕구가 있었기 때문이다.
③ 제1차 세계대전의 국제적 확산은 각 국가의 이해관계가 복잡하게 얽혀있기 때문이었다.
④ 오스트리아 황태자의 암살 사건은 전쟁 발발에 직접적인 기폭제 역할을 했지만, 근본적 원인은 아니다.

📝 내가 이 문제를 틀린 이유 **체크 리스트**

V	이유	틀린 문제 번호	보완 방법
☐	시간 촉박	___번	
☐	내용 이해 부족	___번	
☐	발문 착각	___번	
☐	오답 패턴 미숙지	___번	
☐	선지 분석 부족	___번	

04

빈칸 추론

CHAPTER 12 빈칸 추론

빈칸 추론

Part 04 빈칸 추론

亦功독해 빨리 푸는 전략!

1단계

빈칸의 위치를 파악하고 빈칸이 포함된 문장을 읽고 단서 추론하기

2단계

빈칸을 추론할 수 있는 핵심 정보에 밑줄을 긋기

3단계

핵심 정보를 통해 빈칸을 스스로 예측한 후 가장 비슷한 내용을 가진 선지를 고르기

정답 및 해설 p.311

신유형 STEP 1 단수 빈칸 추론

01 다음 빈칸에 들어갈 말로 가장 적절한 것은? 2025. 인사혁신처 2차 샘플

로빈후드는 14세기 후반인 1377년경에 인기를 끈 작품 <농부 피어즈>에 최초로 등장한다. 로빈후드 이야기는 주로 숲을 배경으로 전개된다. 숲에 사는 로빈후드 무리는 사슴고기를 중요시하는데 당시 숲은 왕의 영지였고 사슴 밀렵은 범죄였다. 왕의 영지에 있는 사슴에 대한 밀렵을 금지하는 법은 11세기 후반 잉글랜드를 정복한 윌리엄 왕이 제정한 것이므로 아마도 로빈후드 이야기가 그 이전 시기로까지 거슬러 올라가지는 않을 것이다. 또한 이야기에서 셔우드 숲을 한 바퀴 돌고 로빈후드를 만났다고 하는 국왕 에드워드는 1307년에 즉위하여 20년간 재위한 2세일 가능성이 있다. 1세에서 3세까지의 에드워드 국왕 가운데 이 지역의 순행 기록이 있는 사람은 에드워드 2세뿐이다. 이러한 근거를 토대로 추론할 때, 로빈후드 이야기의 시대 배경은 아마도 [   ]일 가능성이 가장 크다.

① 11세기 후반
② 14세기 이전
③ 14세기 전반
④ 14세기 후반

 **STEP 1** 단수 빈칸 추론

01 다음 빈칸에 들어갈 말로 가장 적절한 것은? 2025. 인사혁신처 2차 샘플

> 로빈후드는 14세기 후반인 1377년경에 인기를 끈 작품 <농부 피어즈>에 최초로 등장한다. 로빈후드 이야기는 주로 숲을 배경으로 전개된다. 숲에 사는 로빈후드 무리는 사슴고기를 중요시하는데 당시 숲은 왕의 영지였고 사슴 밀렵은 범죄였다. 왕의 영지에 있는 사슴에 대한 밀렵을 금지하는 법은 11세기 후반 잉글랜드를 정복한 윌리엄 왕이 제정한 것이므로 아마도 로빈후드 이야기가 그 이전 시기로까지 거슬러 올라가지는 않을 것이다. 또한 이야기에서 셔우드 숲을 한 바퀴 돌고 로빈후드를 만났다고 하는 국왕 에드워드는 1307년에 즉위하여 20년간 재위한 2세일 가능성이 있다. 1세에서 3세까지의 에드워드 국왕 가운데 이 지역의 순행 기록이 있는 사람은 에드워드 2세뿐이다. 이러한 근거를 토대로 추론할 때, 로빈후드 이야기의 시대 배경은 아마도 ☐☐☐☐☐일 가능성이 가장 크다.

① 11세기 후반

② 14세기 이전

③ 14세기 전반

④ 14세기 후반

亦功독해 빨리 푸는 전략!

1단계

빈칸 (가)의 위치를 파악하고 빈칸 (가)를 스스로 예측하기

2단계

(가)의 빈칸을 추론할 수 있는 핵심 정보에 밑줄을 긋기

(가)에 알맞은 내용의 선택지는 살리고 맞지 않은 선지는 소거하기

3단계

살린 선지의 (나)를 먼저 보고 둘 중 어떤 내용이 둘째 빈칸에 맞는지 확인 후 답을 고르기

신유형 STEP 2 **복수 빈칸 추론**

01 다음 글의 맥락을 고려할 때 빈칸에 들어갈 말로 가장 적절한 것은?

최근 몇 년 동안 전 세계 도시 교통 전문가들은 [(가)]해야 한다는 패러다임을 널리 받아들이고 있다. 소득이 증가함에 따라 자동차 보급률이 높아지는 것은 필연적이지만, 기후 변화는 차치하더라도 높은 인구 밀도를 보이는 도시에서는 자동차 사용률이 증가할수록 극심한 교통체증이 유발된다. 따라서 도시가 성장하고 주민들의 소득 수준이 향상됨에 따라, 자동차를 사용하지 않도록 사람들을 설득하는 것이 도시 관리자와 계획가들에게 주요한 과제로 부상하고 있다. 대표적인 전략으로 [(나)]이 꼽힌다. 하지만 늘어나는 자동차 수요를 억제할 가장 직접적인 방안은 자동차 사용 비용을 증가시키거나, 규제를 통해 자동차 사용을 제한하는 것이다. 이러한 접근법은 도시의 지속 가능성을 높이고 보다 쾌적하고 건강한 생활 환경을 조성하는 데 기여할 수 있다.

① (가) 자동차 기술을 혁신
　 (나) 대안적인 교통수단의 질을 높이는 것
② (가) 자동차 사용을 억제
　 (나) 자동차 운영에 세금을 부과하는 것
③ (가) 자동차 기술을 혁신
　 (나) 자동차 운영에 세금을 부과하는 것
④ (가) 자동차 사용을 억제
　 (나) 대안적인 교통수단의 질을 높이는 것

신유형 STEP 2 복수 빈칸 추론

01 다음 글의 맥락을 고려할 때 빈칸에 들어갈 말로 가장 적절한 것은?

> 최근 몇 년 동안 전 세계 도시 교통 전문가들은 [(가)]해야 한다는 패러다임을 널리 받아들이고 있다. 소득이 증가함에 따라 자동차 보급률이 높아지는 것은 필연적이지만, 기후 변화는 차치하더라도 높은 인구 밀도를 보이는 도시에서는 자동차 사용률이 증가할수록 극심한 교통체증이 유발된다. 따라서 도시가 성장하고 주민들의 소득 수준이 향상됨에 따라, 자동차를 사용하지 않도록 사람들을 설득하는 것이 도시 관리자와 계획가들에게 주요한 과제로 부상하고 있다. 대표적인 전략으로 [(나)]이 꼽힌다. 하지만 늘어나는 자동차 수요를 억제할 가장 직접적인 방안은 자동차 사용 비용을 증가시키거나, 규제를 통해 자동차 사용을 제한하는 것이다. 이러한 접근법은 도시의 지속 가능성을 높이고 보다 쾌적하고 건강한 생활 환경을 조성하는 데 기여할 수 있다.

① (가) 자동차 기술을 혁신

  (나) 대안적인 교통수단의 질을 높이는 것

② (가) 자동차 사용을 억제

  (나) 자동차 운영에 세금을 부과하는 것

③ (가) 자동차 기술을 혁신

  (나) 자동차 운영에 세금을 부과하는 것

④ (가) 자동차 사용을 억제

  (나) 대안적인 교통수단의 질을 높이는 것

亦功 문제 훈련 : 빈칸 추론

Day 12 해설 영상은 '만점 출좋포 문제 훈련' 강의에서 꼭 해설 강의를 참고해 주세요.

01 빈칸에 들어갈 내용으로 가장 적절한 것은? 2024. 지방직 9급

프랑스에서 포도주는 간단한 식사에서 축제까지, 작은 카페의 대화에서 연회장의 교제에 이르기까지 언제 어디서나 함께한다. 포도주는 계절에 따른 어떤 날씨에도 분위기를 고양시킬 수 있어 추운 계절이 되면 따뜻한 분위기를 연출하고 한여름이 되면 서늘하거나 시원한 그늘을 떠올리는 분위기를 조성한다. 또한 배고프거나 지칠 때, 지루하거나 답답할 때, 심리적으로 불안할 때나 육체적으로 힘든 그 어느 경우에도 프랑스인들은 포도주가 절실하다고 느낀다. 프랑스에서 포도주는 장소와 시간, 상황에 관계없이 음식과 결부될 수 있는 모든 곳에 등장한다.

포도주가 일상의 세세한 부분에까지 결부된 탓에 프랑스 국민은 이제 포도주가 있어야 할 곳에 포도주가 없다는 사실만으로도 충격을 받는다. 르네 코티는 대통령 임기가 시작될 때 사적인 자리에서 사진을 찍은 적이 있는데 그 사진 속 탁자에는 포도주 대신 다른 술이 놓여 있었다. 이 때문에 온 국민이 들끓고 일어났다. 프랑스 국민에게 그들 자신과도 같은 포도주가 보이지 않는다는 사실은 참을 수 없는 일이었다. 결국 프랑스인에게 포도주란 ⬚⬚⬚⬚⬚

① 심신을 치유하는 신성한 물질과 같다.
② 자신들의 정체성을 나타내는 상징과도 같다.
③ 국가의 주요 행사에서 가장 주목받는 음료다.
④ 어느 계절에나 쉽게 분위기를 고양시킬 수 있는 음료다.

02 다음 글을 읽고 ㉠에 들어갈 내용으로 가장 적절한 것은?

광합성은 식물이 빛 에너지를 이용하여 이산화탄소와 물로부터 포도당과 산소를 생성하는 과정이다. 이때 광합성의 효율은 빛의 세기에 비례하고, 이산화탄소의 농도에도 비례한다. 즉, 빛이 강하고 이산화탄소의 농도가 높을수록 광합성 속도는 증가한다. 그러나 온도는 광합성 속도에 복잡한 영향을 미치는데, 일정 범위 내에서는 온도가 상승할수록 효소의 활성도가 높아져 광합성 속도가 증가하지만, 그 범위를 넘어서는 고온에서는 효소가 변성되어 광합성 속도가 감소한다. 또한, 식물의 종류에 따라 광합성의 최적 조건이 다르다. 예를 들어, C4 식물은 고온에서도 효율적으로 광합성을 수행하지만, C3 식물은 상대적으로 낮은 온도에서 최적의 광합성 속도를 보인다. 이러한 특성을 고려하여 농업에서는 작물에 적합한 재배 환경을 조성하여 생산성을 높인다. 광합성은 지구상의 생명체에 필수적인 산소를 공급하고, 식물이 성장하는 데 필요한 에너지를 제공한다. 따라서 광합성에 영향을 미치는 요인들을 이해하고 최적화하는 것은 식량 생산과 환경 보전에 중요한 역할을 한다. 이를 종합하면 ㉠

① 광합성 속도는 식물의 종류와 환경 조건에 관계없이 일정함을 알 수 있다.
② 빛의 세기와 온도는 광합성에 반비례 관계를 가짐을 알 수 있다.
③ C3 식물은 고온 환경에서 광합성 속도가 가장 높아짐을 알 수 있다.
④ 빛의 세기와 이산화탄소 농도가 높을수록 광합성 속도가 증가함을 알 수 있다.

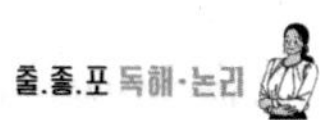

03 다음 글을 읽고 ㉠에 들어갈 내용으로 가장 적절한 것은?

인공지능(AI)이 점점 더 자율적인 역할을 수행하면서, 법적 책임과 권한을 부여해야 하는지에 대한 논의가 활발해지고 있다. 유럽의회는 2017년 결의안을 통해 특정 수준 이상의 AI에 법적 인격을 부여하는 방안을 검토할 것을 권고하였으며, 이를 바탕으로 AI의 법적 지위에 대한 논쟁이 본격적으로 시작되었다. AI에 법인격을 부여하는 논리는 주로 책임 문제에서 비롯된다. AI가 인간의 개입 없이 사고를 일으키거나 계약을 체결할 경우, 이에 대한 법적 책임을 AI 자체가 져야 한다는 주장이다. 기존 법 체계에서는 손해가 발생하면 제조사나 소유자가 책임을 져야 하지만, AI가 자율적으로 의사결정을 내리는 경우 기존 법리로 해결하기 어렵다는 지적이 있다. 따라서 AI가 계약을 체결하거나 재산을 소유하는 독립적인 법적 주체가 되어야 한다는 주장이 제기된다. 그러나 이에 대한 반론도 만만치 않다. AI는 인간처럼 의식과 도덕적 판단을 가질 수 없으며, 법적 권리와 의무를 스스로 행사할 수 없다는 점에서 법인격을 부여하는 것이 부적절하다는 의견이 있다. 또한, [㉠]

① AI에 법적 인격을 부여할 경우, 기업이 AI를 이용해 법적 책임을 회피하는 수단으로 악용할 가능성도 제기된다.
② AI가 법적 인격을 가지게 되면 인간의 지위가 위협받을 수 있어 인간 중심의 법체계를 유지해야 한다.
③ AI에 법적 지위를 부여하면 인공지능 기술 발전이 저해되어 미래 산업 경쟁력을 약화시킬 수 있다.
④ 법인격 부여가 AI의 기본권을 보장하는 첫 걸음이 되어 더 나은 사회적 통합을 이룰 수 있다.

04 다음 글의 맥락을 고려할 때 빈칸에 들어갈 말로 가장 적절한 것은?

경제적 불평등은 단순한 빈부 격차를 넘어 민주주의의 근본을 위협할 수 있다. 현대 민주주의는 모든 시민이 평등한 정치적 권리를 가진다는 전제 위에서 운영되지만, 현실에서는 [(가)]에 의해 실질적인 정치적 평등이 훼손되는 경우가 많다. 경제적 불평등이 심화될수록 정치 과정에서 부유층의 영향력이 커지고, 이는 정책 결정과정에서도 특정 계층의 이익이 우선시되는 결과를 초래할 수 있다. 특히, 선거 과정에서 막대한 자금이 필요한 구조에서는 거대 자본을 가진 기업과 개인이 정치권과 유착하여 자신들의 이해관계를 관철시키는 경향이 강해진다. 반면, 경제적으로 취약한 계층은 정치적 참여가 제한되거나 정치에 대한 신뢰를 잃고 점점 더 소외될 위험이 높아진다.

이러한 문제를 해결하기 위해 일부 국가에서는 정치 자금 지원 제도와 같은 정책적 개입을 시도하고 있다. 예를 들어, 미국 시애틀에서는 '민주주의 바우처' 제도를 도입하여 시민들이 직접 후보자를 지원할 수 있도록 하였다. 이는 [(나)] 완화하고 다양한 계층이 정치 과정에 참여할 수 있도록 유도하는 방안으로 평가된다. 민주주의가 건강하게 유지되기 위해서는 단순히 선거 절차를 보장하는 것을 넘어, 실질적인 정치적 평등을 실현할 수 있는 제도적 장치가 마련되어야 한다.

① (가): 정치적 의사 결정 과정에서 개인의 이념이 배제되는 구조
  (나): 정책 결정 과정에서 정당이 아닌 시민 단체의 영향력이 커지는 문제를
② (가): 정치적 의사 결정 과정에서 개인의 이념이 배제되는 구조
  (나): 선거에서 특정 계층의 정치적 영향력이 과도하게 확대되는 현상을
③ (가): 경제적 자원이 정치적 영향력으로 전환되는 구조적 불균형
  (나): 선거에서 특정 계층의 정치적 영향력이 과도하게 확대되는 현상을
④ (가): 경제적 자원이 정치적 영향력으로 전환되는 구조적 불균형
  (나): 정책 결정 과정에서 정당이 아닌 시민 단체의 영향력이 커지는 문제를

📝 내가 이 문제를 틀린 이유 **체크 리스트**

V	이유	틀린 문제 번호	보완 방법
☐	시간 촉박	___번	
☐	내용 이해 부족	___번	
☐	발문 착각	___번	
☐	오답 패턴 미숙지	___번	
☐	선지 분석 부족	___번	

MEMO

05

강화 약화 추론

밑줄 강화 약화

亦功독해 빨리 푸는 전략!

1단계

다음 글의 **논지**를
드러내는
핵심 문장에 밑줄 긋기

2단계

**핵심 문장을 뒷받침하는
사례를 빠르게 찾기**

3단계

**핵심 문장을 뒷받침하지
않는 사례는 과감하게
지우기**

2025년에 새로 추가된 유형으로 이 챕터는 밑줄 강화 약화 유형으로
0순위 최빈출 유형에 해당됩니다.

밑줄 사례 추론은 하나의 대상에 밑줄을 치거나 초점을 맞춘 후에
밑줄을 강화하거나 약화하는 사례로 적절한 것을 고르라는 식의 유형입니다.
따라서 이 유형은 뒤에 나오게 될 '일반 강화, 약화'나
'〈보기〉 강화, 약화'보다는 난도가 더 낮습니다.

하지만 대신, 빠르게 맞히는 것이 더더욱 중요한 유형에 해당됩니다.

혜선 쌤의 수업을 듣고 빠르게 맞히는 방법들을 배워봅시다~^^

참고로
그 이론을 뒷받침하면 강화,
그 이론의 반증 사례가 나타나면 약화,
그 이론과 관련이 없는 사례라면 강화하지도 약화하지 않는 것으로 보면 됩니다.

정답 및 해설 p.313

신유형 STEP 1 **밑줄 강화 약화**

01 다음 글의 논지를 강화하는 것으로 가장 적절한 것은? 2025. 국가직 9급

A국은 도시 이외 지역의 초중고 교사가 부족하다. 이 상황을 심각하게 받아들인 A국 정부는 도시 이외 지역의 교사 충원율을 높이기 위해, 도시 이외 지역의 교사 연봉을 10% 인상하고 교사 양성 프로그램을 확대하는 정책을 제시했다. 하지만 이 정책은 근본적인 해결책이 되기 어렵다. 문제를 해결하기 위해서는, 단기간에 교사의 수를 늘리거나 교사의 연봉을 인상하기보다는 도시 이외의 지역에서 근무할 수 있는 충분한 교육 환경과 사회 기반 시설을 확보하는 것이 급선무이다. 현직 교사들뿐 아니라 교사를 지망하는 대학 졸업 예정자들 다수는 교육 환경과 사회 기반 시설이 열악한 도시 이외의 지역에서 일하기를 꺼리기 때문이다.

① A국은 정부의 교육 예산이 풍부해서 도시 이외 지역의 교육 환경과 도시의 교육 환경에 별 차이가 없다는 것이 밝혀졌다.

② A국에서 도시 이외의 지역에 근무하던 사회 초년생들이 연봉을 낮추어서라도 도시로 이직한 주된 이유는 교통 시설의 부족으로 밝혀졌다.

③ A국과 유사한 상황이었던 B국에서는 교사 연봉을 5% 인상한 후, 도시 이외 지역의 학생 1인당 교사 비율이 크게 증가했다.

④ A국과 유사한 상황이었던 C국에서는 교사 양성 프로그램을 확대한 이후에 도시뿐 아니라 도시 이외의 지역에서 교사의 수가 크게 증가했다.

★★★ 출종포 독해 亦功노트

1 글의 구조?
⋮

2 주장에서 꼭 확인해야 하는 정보
⋮

PART **05**

3 주장과 관련된 강화, 약화 분석

1) ①이 틀린 이유 : ______의 오류

> A국은 정부의 교육 예산이 풍부해서
> 도시 이외 지역의 교육 환경과 도시의 교육 환경에 별 차이가 없다는 것이 밝혀졌다.
> (도시 이외의 지역의 교육환경에 문제가 없으니, 굳이 교육 환경을 확보하지 않아도 됨)

→ 이는 논지를 ❶______하는 것이지, ❷______하는 것이 아니므로 ❸______의 오류이다.

2) ②이 옳은 이유

> A국에서 도시 이외의 지역에 근무하던 사회 초년생들이 연봉을 낮추어서라도 도시로 이직한 주된 이유는 교통 시설의 부족으로 밝혀졌다.
> (교통 시설의 부족은 '사회 기반 시설을 확보해야 한다'는 이 글의 논지를 뒷받침하는 사례임)

→ 이는 논지를 ❹______하는 사례로 적절하다.

3) ③이 틀린 이유 : ______의 오류

> A국과 유사한 상황이었던 B국에서는 교사 연봉을 5 % 인상한 후, 도시 이외 지역의 학생 1인당 교사 비율이 크게 증가했다.
> (이 글에서 '교사의 연봉을 인상하기보다는'이라고 했으므로 교사의 연봉은 효과가 크게 없음을 드러내고 있다. 그런데 이 사례에서는 교사의 연봉을 인상하는 것이 효과가 있다고 보는 사례이므로 글의 논지에 반하는 약화하는 사례임)

→ 이는 논지를 ❺______하는 것이지, ❻______하는 것이 아니므로 ❼______의 오류이다.

4) ④이 틀린 이유 : ______의 오류

> A국과 유사한 상황이었던 C국에서는 교사 양성 프로그램을 확대한 이후에 도시뿐 아니라 도시 이외의 지역에서 교사의 수가 크게 증가했다.
> (이 글에서 '교사 양성 프로그램을 확대하는 정책을 제시했다. 하지만 이 정책은 근본적인 해결책이 되기 어렵다.'라고 했으므로 교사 양성 프로그램은 효과가 크게 없음을 드러내고 있다. 그런데 이 사례에서는 교사 양성 프로그램이 효과가 있다고 보는 사례이므로 글의 논지에 반하는 약화하는 사례임)

→ 이는 논지를 ❽______하는 것이지, ❾______하는 것이 아니므로 ❿______의 오류이다.

정답

1 문제, 해결 구조
2 문제를 해결하기 위해서는, 단기간에 교사의 수를 늘리거나 교사의 연봉을 인상하기보다는 도시 이외의 지역에서 근무할 수 있는 충분한 교육 환경과 사회 기반 시설을 확보하는 것이 급선무이다.
3 1) 반대, ❶ 약화 ❷ 강화 ❸ 반대
2) ❹ 강화
3) 반대, ❺ 약화 ❻ 강화 ❼ 반대
4) 반대, ❽ 약화 ❾ 강화 ❿ 반대

01 다음 글의 (가)를 강화하는 것으로 가장 적절한 것은? 2025. 국가직 9급

쿤은 자연과학과 사회과학 모두를 포함하는 과학의 발전 단계를 세 시기로 구분한다. 패러다임을 한 번도 정립하지 못한 전정상과학 시기, 하나의 패러다임이 지배하는 정상과학 시기, 기존 패러다임이 새 패러다임으로 교체되는 과학혁명 시기가 그것이다. 패러다임은 모든 과학자에게 동일한 연구 방향 및 평가 기준을 따르게 하여, 연구의 효율성을 높이고 과학의 발전 단계를 성숙한 수준으로 올려놓는다. 한 번도 패러다임을 정립하지 못해 전정상과학 시기에 머물러 있는 과학 분야는 과학자 모두가 제각기 연구 활동을 한다. 과학의 발전 단계상 성숙한 수준에 도달하지 못한 것이다. 어떤 과학 분야라도 패러다임을 정립하면 정상과학 시기에 들어서게 되는데, 그 뒤에 다시 전정상과학 시기로 되돌아갈 수는 없다. 정상과학 시기는 언제나 과학혁명 시기로 이어지고, 과학혁명 시기는 언제나 정상과학 시기로 이어지기 때문이다. 정상과학 시기의 과학자는 동일한 패러다임에 따라, 과학혁명 시기의 과학자는 기존 패러다임 혹은 새 패러다임에 따라 과학 활동을 하기에 그 두 시기에 있는 과학 분야는 모두 성숙한 수준에 도달해 있는 것이다. 이 구분에 따를 때, (가) <u>일부 사회과학 분야</u>는 과학의 발전 단계상 아직도 성숙한 수준에 도달하지 못했다는 것이 쿤의 진단이다.

① 패러다임이 교체된 적이 있지만 과학자들의 연구 방향 및 평가 기준이 동일한 사회과학 분야가 있다.
② 패러다임이 교체되는 중이고 과학자들의 연구 방향 및 평가 기준이 서로 다른 사회과학 분야가 있다.
③ 패러다임이 정립된 적이 있지만 과학자들의 연구 방향 및 평가 기준이 서로 다른 사회과학 분야가 있다.
④ 패러다임이 정립된 적이 없고 과학자들의 연구 방향 및 평가 기준이 서로 다른 사회과학 분야가 있다.

01 다음 글의 (가)를 강화하는 것으로 가장 적절한 것은? 2025. 국가직 9급

뒷받침

쿤은 자연과학과 사회과학 모두를 포함하는 과학의 발전 단계를 세 시기로 구분한다. 패러다임을 한 번도 정립하지 못한 전정상과학 시기, 하나의 패러다임이 지배하는 정상과학 시기, 기존 패러다임이 새 패러다임으로 교체되는 과학혁명 시기가 그것이다. 패러다임은 모든 과학자에게 동일한 연구 방향 및 평가 기준을 따르게 하여, 연구의 효율성을 높이고 과학의 발전 단계를 성숙한 수준으로 올려놓는다. 한 번도 패러다임을 정립하지 못해 전정상과학 시기에 머물러 있는 과학 분야는 과학자 모두가 제각기 연구 활동을 한다. 과학의 발전 단계상 성숙한 수준에 도달하지 못한 것이다. 어떤 과학 분야라도 패러다임을 정립하면 정상과학 시기에 들어서게 되는데, 그 뒤에 다시 전정상과학 시기로 되돌아갈 수는 없다. 정상과학 시기는 언제나 과학혁명 시기로 이어지고, 과학혁명 시기는 언제나 정상과학 시기로 이어지기 때문이다. 정상과학 시기의 과학자는 동일한 패러다임에 따라, 과학혁명 시기의 과학자는 기존 패러다임 혹은 새 패러다임에 따라 과학 활동을 하기에 그 두 시기에 있는 과학 분야는 모두 성숙한 수준에 도달해 있는 것이다. 이 구분에 따를 때, (가) 일부 사회과학 분야는 과학의 발전 단계상 아직도 성숙한 수준에 도달하지 못했다는 것이 쿤의 진단이다.

① 패러다임이 교체된 적이 있지만 과학자들의 연구 방향 및 평가 기준이 동일한 사회과학 분야가 있다.

② 패러다임이 교체되는 중이고 과학자들의 연구 방향 및 평가 기준이 서로 다른 사회과학 분야가 있다.

③ 패러다임이 정립된 적이 있지만 과학자들의 연구 방향 및 평가 기준이 서로 다른 사회과학 분야가 있다.

④ 패러다임이 정립된 적이 없고 과학자들의 연구 방향 및 평가 기준이 서로 다른 사회과학 분야가 있다.

亦功 문제 훈련 : 밑줄 강화 약화

Day 13 해설 영상은 '만점 출좋포 문제 훈련' 강의에서 꼭 해설 강의를 참고해 주세요.

01 다음 중 ㉠을 강화하는 것으로 가장 적절한 것은?

> 최근 세계적으로 식량 가격이 급등하면서, 정부는 식량 안보를 강화하기 위한 다양한 정책을 추진하고 있다. 그중 하나로 정부는 자국 내 식량 생산을 늘리기 위해 농업 보조금을 확대하고, 농지 보호 정책을 강화하는 방안을 발표했다. ㉠ 이러한 정책을 찬성하는 사람들은 글로벌 공급망 불안정으로 인해 자국 식량 자급률을 높이는 것이 필수적이라고 주장한다. 이들은 농업을 국가 안보의 중요한 부분으로 간주하며, 자국 내 식량 생산을 확대해야 한다고 본다.
>
> 반대 측은 농업 보조금 확대와 농지 보호 정책이 시장의 효율성을 저해하고, 장기적으로는 농업 부문에 대한 과도한 의존을 초래할 수 있다고 경고한다. 이들은 정부의 지나친 개입이 농업 생산성을 떨어뜨릴 수 있으며, 국제 시장에서의 경쟁력을 약화시킬 수 있다고 주장한다. 또한, 농업 이외의 다른 산업 부문에 대한 투자를 저해할 수 있다는 우려도 제기된다.

① 정부의 농업 보조금 확대 정책이 시행된 이후, 국내 농업 생산성은 오히려 감소했다는 통계가 발표되었다.

② 농업 보조금으로 인해 일부 농민들이 비효율적인 경작 방식을 유지하면서도 생계가 보장된다는 주장이 나왔다.

③ 농업 보조금 정책으로 인해 농업 부문에 지나치게 많은 자원이 집중되어, 다른 산업 부문의 발전이 저해되고 있다는 연구 결과가 나왔다.

④ 기후 변화로 인해 세계 각국의 농업 생산량이 불안정해짐에 따라, 자국 내 식량 자급률을 높이는 것이 더욱 중요해졌다는 분석이 제기되었다.

02 다음 중 ㉠을 강화하는 것으로 가장 적절한 것은?

> 저출산과 고령화가 심화되면서, 한국 사회에서는 가사와 돌봄 인력에 대한 수요가 급증하고 있다. 이에 따라 ㉠ 외국인 돌봄 도우미를 도입하고, 이들에게 차등 임금을 적용해야 한다는 주장이 제기되고 있다. 찬성 측에서는 한국의 가사도우미 임금이 홍콩, 싱가포르 등 다른 아시아 국가들에 비해 매우 높으며, 이러한 높은 인건비가 저출산 문제와도 연결되어 있다고 주장한다. 이들은 외국인 도우미에게 차등 임금을 적용함으로써, 한국의 돌봄 인력 부족 문제를 해결할 수 있다고 주장한다. 또한, 업종별로 최저임금을 달리 적용하는 것은 노동 시장의 유연성을 높이고, 경제적 경쟁력을 강화할 수 있는 방안으로 제시된다.
>
> 반면, 반대 측은 내·외국인 노동자에게 동일한 기준을 적용해야 한다고 주장한다. 이들은 돌봄 노동이 국적에 상관없이 중요한 사회적 가치를 지니고 있으며, 차등 임금 적용은 이 가치를 훼손할 수 있다고 본다. 또한, 차등 임금 적용이 불법체류자 증가나 노동 시장 왜곡 등의 부작용을 초래할 수 있다는 우려도 제기된다. 이들은 돌봄 노동의 질을 유지하고, 불법적인 노동 환경이 조성되지 않도록 현재의 최저임금 체계를 유지해야 한다고 주장한다.

① 외국인 도우미의 임금을 낮추는 것은 인종차별을 제도적으로 용인하는 것이라는 비판이 제기되었다.

② 외국인 도우미를 도입한 홍콩과 싱가포르에서 가사도우미 비용이 절감되었고, 이로 인해 출산율이 소폭 상승한 사례가 보고되었다.

③ 외국인 도우미에 차등 임금을 적용한 국가에서 돌봄 인력의 질이 떨어졌다는 연구 결과가 발표되었다.

④ 싱가포르의 외국인 가사도우미 정책 사례에서, 차등 임금을 적용했음에도 불구하고 현지인과의 갈등이 심각해져 정부가 결국 규제를 강화하게 되었다.

03 다음 중 ㉠을 강화하는 것으로 가장 적절한 것은?

> 고령화 사회로 진입한 한국에서는 고령 운전자의 교통사고가 증가하면서 노인 운전면허 제한에 대한 논의가 활발히 이루어지고 있다. ㉠ 운전면허 제한의 필요성을 주장하는 측에서는 고령 운전자의 사고율이 높아지고 있는 현실을 지적하며, 고령자 운전은 신체적 능력 저하와 판단력 감소로 인해 위험을 초래할 수 있다고 주장한다. 이들은 일본, 미국, 독일 등 일부 국가에서 시행 중인 고령자 운전면허 제한 정책을 참고해, 한국도 자격 심사 강화 및 면허 반납 유도 등의 조치를 도입해야 한다고 주장한다. 특히, 고령 운전자에게는 조건부 면허를 부여하거나, 특정 연령 이상은 자동으로 면허가 말소되는 제도를 도입할 필요가 있다는 입장이다.
>
> 반면, 반대 측은 나이만을 기준으로 운전면허를 제한하는 것은 차별적이며, 불공정한 처사라고 반박한다. 이들은 교통사고는 운전자의 나이에 상관없이 발생할 수 있으며, 고령자에게만 면허 제한을 적용하는 것은 불합리하다고 주장한다. 특히, 자동차는 현대 사회에서 필수품으로, 고령 운전자가 면허를 상실할 경우 일상생활에 큰 불편을 겪을 수 있다고 우려한다. 또한, 일부 고령자는 택시 운전 등으로 생계를 유지하고 있어, 이들의 생업을 박탈하는 결과를 초래할 수 있다는 점에서 신중한 접근이 필요하다는 의견을 제시한다.

① 최근 자율주행 기술이 발전하면서 고령 운전자의 교통사고 발생률이 감소하고 있다는 연구 결과가 발표되었다.

② 고령 운전자가 운전면허를 반납할 경우 택시비 할인, 대중교통 무료 이용 등의 인센티브를 제공한 일본의 사례가 긍정적인 평가를 받았다.

③ 나이가 많아도 신체 건강이 좋은 고령 운전자들이 늘어나고 있으며, 이들은 사고 발생 비율이 낮다는 연구가 나왔다.

④ 고령 운전자의 사고 비율이 지속적으로 증가하고 있으며, 특히 고령자에 의한 대형 사고가 자주 발생하고 있다는 통계가 발표되었다.

04 다음 중 갈등론자의 입장을 약화하는 근거로 가장 적절한 것은?

> 　상징적 상호작용주의는 사회가 개인 간의 상호작용을 통해 형성되고 변화된다고 주장하는 이론이다. 이 학파는 사람들이 서로의 행동을 해석하고 그에 따라 자신을 정의하면서 사회적 현실을 구성한다고 본다. 상징적 상호작용주의자들은 개인이 사회의 적극적인 창조자이며, 사회적 규범과 제도는 이러한 개인 간의 상호작용을 통해 형성된다고 주장한다. 이들은 사회가 고정된 구조가 아니라 끊임없이 변화하는 역동적인 과정이라고 강조한다.
>
> 　반면, 갈등이론은 사회가 갈등과 권력 투쟁의 결과로 형성된다고 주장한다. 이들은 사회 구조가 본질적으로 불평등하며, 사회적 규범과 제도는 권력자들이 자신들의 이익을 보호하기 위해 만들어낸 것이라고 본다. 갈등이론자들은 사회적 변화가 상호작용이나 합의보다는 계급 갈등, 경제적 불평등, 정치적 투쟁 등의 결과로 발생한다고 주장하며, 상징적 상호작용주의가 이러한 구조적 불평등을 간과하고 있다고 비판한다.

① 사회적 갈등으로 인해 경제적 불평등이 심화되었고, 특정 계층이 사회적 규범을 독점적으로 형성한다는 연구 결과가 발표되었다.

② 사회 구조의 변동은 주로 상호작용과 합의를 통한 점진적인 변화로 이루어진다는 연구가 제시되었다.

③ 상징적 상호작용이 개인 간의 관계에서만 영향을 미치며, 사회적 구조 전체에 큰 변화를 가져오지 못한다는 연구 결과가 발표되었다.

④ 대기업의 시장 지배력이 강화되면서 중소기업들이 점차 시장에서 배제되고 있다는 분석이 나왔다.

📝 내가 이 문제를 틀린 이유 **체크 리스트**

∨	이유	틀린 문제 번호	보완 방법
☐	시간 촉박	___번	
☐	내용 이해 부족	___번	
☐	발문 착각	___번	
☐	오답 패턴 미숙지	___번	
☐	선지 분석 부족	___번	

1단계

선지에서 대상 뽑기
① 전면도입 옹호론자
② 재정효율 회의론자
③ 단계도입론자
④ 대안복지론자

2단계

제시문에서
'전면도입 옹호론자'의
핵심 주장에 밑줄 긋고
①번 판단하기

제시문에서
'재정효율 회의론자'의
핵심 주장에 밑줄 긋고
②번 판단하기

3단계

선택지를 2파트로
나누고
① 이 이론을 뒷받침하면
강화,
② 반대로 뒷받침하면
약화
③ 특정 사례가 이론과
관련이 없는 경우에는
무관의 오류

2025년에 새로 추가된 유형으로 이 챕터는 일반 강화 약화 유형으로
0순위 최빈출 유형에 해당됩니다.

일반 강화, 약화 유형은 제시문에 여러 이론이 나열되어 제시문의 정보의 양이 가장 많다고 볼 수 있습니다.

따라서
1) 선지를 어떻게 분석하는가
2) 제시문에 나열된 이론들의 핵심을 어떻게 뽑아내는가가
   문제를 맞히는 핵심 KEY라고 볼 수 있습니다.

참고로 그 이론을 뒷받침하면 강화, 그 이론의 반증 사례가 나타나면 약화,
그 이론과 관련이 없는 사례라면 강화하지도 약화하지 않는 것으로 보면 됩니다.

정답 및 해설 p.314

신유형 STEP 1 일반 강화 약화

01 다음 글을 읽고 평가한 내용으로 적절한 것은?

최근 보편적 기본소득에 대한 논의가 다각도로 전개되고 있다. 전면도입 옹호론자들은 기본소득의 즉각적이고 전면적인 시행을 주장한다. 이들은 기본적 생계 보장을 통해 사회적 불평등이 완화될 뿐 아니라, 개인이 임금노동의 압박에서 벗어나 창의적 활동이나 학업에 투자할 수 있다고 본다. 특히 이러한 보편적 지원이 기존 복지제도의 사각지대 문제를 해소하고 경제 활성화로 이어질 것이라 기대한다. 재정효율 회의론자들은 기본소득이 막대한 재정 부담을 초래할 것이라 우려한다. 이들은 대규모 예산 투입으로 인한 세금 인상이 불가피하며, 무차별적 현금 지급이 비효율적 자원 배분을 야기한다고 지적한다. 특히 노동 의욕 저하로 인한 도덕적 해이를 경계한다. 단계도입론자들은 이와 같은 우려를 인정하면서도, 일부 계층이나 특정 연령대부터 기본소득을 시범적으로 도입해야 한다고 제안한다. 재정 상황에 맞춰 점진적으로 대상을 확대하자는 것이다. 대안복지론자들은 현금 지급보다 공공 일자리 보장이나 사회서비스 확대가 더 효과적이라고 주장한다. 이들은 단순 현금 지원으로는 사회적 관계망이 강화되지 않으며, 공공 일자리 보장이나 사회서비스 확대로 사회적 연대를 높이는 편이 현금 지급 위주의 정책보다 바람직하다고 강조한다.

① 기본소득을 받은 집단에서 전자 기기 사용 시간이 증가했다는 연구가 발표된다면, 이는 전면도입 옹호론자를 약화한다.

② 기본소득 지급을 했음에도 근로 참여율이 유지되는 사례가 있었다면, 이는 재정효율 회의론자를 강화한다.

③ 단계적 기본소득 도입으로 재정 건전성이 개선되었다는 사례가 제시된다면, 이는 단계도입론자를 약화한다.

④ 공공 일자리 사업이 지역 공동체 의식을 높였다는 증거가 발견된다면, 이는 대안복지론자를 강화한다.

출종포 독해 亦功노트

1 글의 구조?
:

2 선지에서 뽑아야 하는 대상
:

3 선지의 강화, 약화 분석

1) ①이 틀린 이유: ______의 오류

> 기본소득을 받은 집단에서 전자 기기 사용 시간이 증가했다는 연구가 발표되었다.
> (전면도입 옹호론자는 기본소득이 생계 보장과 창의적 활동 증진에 기여한다고 보는 입장이다.
> 전자기기 사용 시간 증가는 전면도입 옹호론자의 주장과 직접적 관련이 없다.)

→ 이는 전면도입 옹호론자의 주장을 ❶______하지도 ❷______하지도 않는 사례이므로
❸______의 오류이다.

2) ②이 틀린 이유: ______의 오류

> 기본소득 지급을 했음에도 근로 참여율이 유지되는 사례가 있었다.
> (재정효율 회의론자는 재정 부담과 노동 의욕 저하를 우려하는 입장이다.
> 그런데 해당 사례에서는 노동 의욕이 저하되지 않고 있음을 의미하므로
> 재정효율 회의론자의 주장에 반하는 사례이다.)

→ 이는 재정효율 회의론자의 주장을 ❹______하는 것이지, ❺______하는 것이 아니므로
❻______의 오류이다.

3) ③이 틀린 이유: ______의 오류

> 단계적 기본소득 도입으로 재정 건전성이 개선되었다는 사례가 제시되었다.
> (단계도입론자는 재정 상황을 고려한 단계적 도입을 주장한다. 그런데 해당 사례에서 단계적 기본
> 소득 도입 재정 건전성이 개선되었다는 것은 단계도입론자의 주장을 뒷받침하는 사례이다.)

→ 이는 단계도입론자의 주장을 ❼______하는 것이지, ❽______하는 것이 아니므로
❾______의 오류이다.

4) ④이 옳은 이유

> 공공 일자리 사업이 지역 공동체 의식을 높였다는 증거가 발견되었다.
> (대안복지론자는 '공공 일자리 보장이나 사회서비스 확대로 사회적 연대를 높이는 편이 현금
> 지급 위주의 정책보다 바람직하다'고 주장한다.
> 해당 사례는 공공 일자리가 사회적 관계 형성에 효과적이라는 주장을 뒷받침하므로,
> 대안복지론자의 주장을 뒷받침하는 사례이다.)

→ 이는 대안복지론자를 ❿______하는 사례로 적절하다.

정답

1 나열 구조
2 전면 도입 옹호론자,
재정 효율 회의론자,
단계 도입론자,
대안복지론자
3 1) 무관, ❶ 강화 ❷ 약화 ❸ 무관
2) 반대, ❹ 약화 ❺ 강화 ❻ 반대
3) 반대, ❼ 강화 ❽ 약화 ❾ 반대
4) ❿ 강화

亦功독해 빨리 푸는 전략!

1단계

선지에서 대상 뽑기
①②
달러 패권을 지지
③④
달러 패권을 우려

2단계

제시문에서
'달러 패권을 지지'하는
핵심 주장에 밑줄 긋고
①②번 판단하기

제시문에서
'달러 패권을 우려'하는
핵심 주장에 밑줄 긋고
③④번 판단하기

3단계

선택지를 2파트로
나누고
① 이 이론을 뒷받침하면
강화,
② 반대로 뒷받침하면
약화
③ 특정 사례가 이론과
관련이 없는 경우에는
무관의 오류

01 다음 글을 읽고 평가한 내용으로 가장 적절한 것은?

경제학자 폴 크루그먼은 경제학자는 달러 패권이 여전히 강력하다는 입장을 취한다. 그는 달러가 국제 기축통화로서의 지위를 유지하고 있으며, 글로벌 외환 거래에서 달러가 차지하는 비율이 여전히 매우 높음을 지적한다. 크루그먼은 달러의 국제적 사용이 영어와 비슷한 맥락에서 이해될 수 있다고 보았다. 영어와 마찬가지로 많은 사람들이 이미 달러를 사용하고 있어 쉽게 대체되기 어려울 것이라고 보는 것이다. 또한 그는 이러한 맥락에서 중국의 위안화가 달러를 대체할 가능성은 낮으며 달러의 효용성과 안정성은 다른 통화가 쉽게 따라잡기 어려운 장점을 가지고 있다고 주장하였다.

반면, 제임스 리카스와 같은 경제학자는 달러 패권이 약화되고 있으며, 대체 자산이 부상하고 있다고 지적한다. 리카스는 미국의 강압적인 외교 정책과 재정적 불안정성이 전 세계적으로 달러에 대한 신뢰를 떨어뜨리고 있다고 경고하였다. 그는 여러 국가들이 탈달러 움직임을 보이고 있으며, 특히 BRICS 국가들이 무역에서 달러를 대체할 새로운 기축통화를 고려하고 있음을 이야기한다. 리카스는 금과 같은 대체 자산이 주목받고 있으며, 디지털 화폐와 블록체인 기술의 발전으로 달러의 지위가 더욱 위태로워질 수 있다고 경고한다.

① 미국의 재정적 불안정성이 심화되고 있다는 경제 보고서가 발표된다면, 이는 달러 패권을 지지하는 입장을 강화한다.
② 달러가 금융 안정성과 효용성 면에서 여전히 다른 통화보다 우월하다는 경제 보고서가 발표된다면, 이는 달러 패권을 지지하는 입장을 약화한다.
③ 중국 위안화의 국제적 사용이 크게 증가하지 않았다는 연구 결과가 발표된다면, 이는 달러 패권을 우려하는 입장을 강화한다.
④ 많은 국가들이 달러를 국제 거래의 기본 통화로 유지하고 있다는 사례가 보고된다면, 이는 달러 패권을 우려하는 입장을 약화한다.

강화, 약화

01 다음 글을 읽고 평가한 내용으로 가장 적절한 것은?

경제학자 폴 크루그먼은 경제학자는 달러 패권이 여전히 강력하다는 입장을 취한다. 그는 달러가 국제 기축통화로서의 지위를 유지하고 있으며, 글로벌 외환 거래에서 달러가 차지하는 비율이 여전히 매우 높음을 지적한다. 크루그먼은 달러의 국제적 사용이 영어와 비슷한 맥락에서 이해될 수 있다고 보았다. 영어와 마찬가지로 많은 사람들이 이미 달러를 사용하고 있어 쉽게 대체되기 어려울 것이라고 보는 것이다. 또한 그는 이러한 맥락에서 중국의 위안화가 달러를 대체할 가능성은 낮으며 달러의 효용성과 안정성은 다른 통화가 쉽게 따라잡기 어려운 장점을 가지고 있다고 주장하였다.

반면, 제임스 리카스와 같은 경제학자는 달러 패권이 약화되고 있으며, 대체 자산이 부상하고 있다고 지적한다. 리카스는 미국의 강압적인 외교 정책과 재정적 불안정성이 전 세계적으로 달러에 대한 신뢰를 떨어뜨리고 있다고 경고하였다. 그는 여러 국가들이 탈달러 움직임을 보이고 있으며, 특히 BRICS 국가들이 무역에서 달러를 대체할 새로운 기축통화를 고려하고 있음을 이야기한다. 리카스는 금과 같은 대체 자산이 주목받고 있으며, 디지털 화폐와 블록체인 기술의 발전으로 달러의 지위가 더욱 위태로워질 수 있다고 경고한다.

달러 패권을 지지하는 입장

vs (대조 구조)

달러 패권을 우려하는 입장

↗ 이는 달러의 안전성에 문제가 생김을 의미함 ∴ 강화가 아니라 약화 사례이다.

① 미국의 재정적 불안정성이 심화되고 있다는 경제 보고서가 발표된다면,

이는 달러 패권을 지지하는 입장을 **약**화한다. **(반대의 오류)**

↗ 이는 달러가 여전히 안정적임을 의미함

② 달러가 금융 안정성과 효용성 면에서 여전히 다른 통화보다 우월하다는 경제 보고서가 ∴ 약화가 아니라 강화 사례이다.

발표된다면, 이는 달러 패권을 지지하는 입장을 **강**화한다. **(반대의 오류)**

↗ 리카스는 중국 위안화에 대해 언급한 적 없음

③ 중국 위안화의 국제적 사용이 크게 증가하지 않았다는 연구 결과가 발표된다면, ∴ 강화도 약화도 아닌 사례

이는 달러 패권을 우려하는 입장을 강화한다. **(무관의 오류)**

↗ 여러 국가들이 탈달러 움직임을 보이고 있지 않음

④ 많은 국가들이 달러를 국제 거래의 기본 통화로 유지하고 있다는 사례가 보고된다면, ∴ 약화사례로 적합함.

이는 달러 패권을 우려하는 입장을 **약화한다.**

亦功 문제 훈련 : 일반 강화 약화

Day 14 해설 영상은 '만점 출좋포 문제 훈련' 강의에서 꼭 해설 강의를 참고해 주세요.

01 다음 글에 대해 평가한 내용으로 가장 적절한 것은? 2025. 인사혁신처 1차 샘플

> 영국의 유명한 원형 석조물인 스톤헨지는 기원전 3,000년경 신석기시대에 세워졌다. 1960년대에 천문학자 호일이 스톤헨지가 일종의 연산장치라는 주장을 하였고, 이후 엔지니어인 톰은 태양과 달을 관찰하기 위한 정교한 기구라고 확신했다. 천문학자 호킨스는 스톤헨지의 모양이 태양과 달의 배열을 나타낸 것이라는 의견을 제시해 관심을 모았다.
>
> 그러나 고고학자 앳킨슨은 그들의 생각을 비난했다. 앳킨슨은 스톤헨지를 세운 사람들을 '야만인'으로 묘사하면서, 이들은 호킨스의 주장과 달리 과학적 사고를 할 줄 모른다고 주장했다. 이에 호킨스를 옹호하는 학자들이 진화적 관점에서 앳킨슨을 비판하였다. 이들은 신석기시대보다 훨씬 이전인 4만 년 전의 사람들도 신체적으로 우리와 동일했으며 지능 또한 우리보다 열등했다고 볼 근거가 없다고 주장했다.
>
> 하지만 스톤헨지의 건설자들이 포괄적인 의미에서 현대인과 같은 지능을 가졌다고 해도 과학적 사고와 기술적 지식을 가지지는 못했다. 그들에게는 우리처럼 2,500년에 걸쳐 수학과 천문학의 지식이 보존되고 세대를 거쳐 전승되어 쌓인 방대하고 정교한 문자 기록이 없었다. 선사시대의 생각과 행동이 우리와 똑같은 식으로 전개되지 않았으리라는 점은 매우 중요하다. 지적 능력을 갖췄다고 해서 누구나 우리와 같은 동기와 관심, 개념적 틀을 가졌으리라고 생각하는 것은 잘못이다.

① 스톤헨지가 제사를 지내는 장소였다는 후대 기록이 발견되면 호킨스의 주장은 강화될 것이다.

② 스톤헨지 건설 당시의 사람들이 숫자를 사용하였다는 증거가 발견되면 호일의 주장은 약화될 것이다.

③ 스톤헨지의 유적지에서 수학과 과학에 관련된 신석기시대 기록물이 발견되면 글쓴이의 주장은 강화될 것이다.

④ 기원전 3,000년경 인류에게 천문학 지식이 있었다는 증거가 발견되면 앳킨슨의 주장은 약화될 것이다.

02 다음 글을 읽고 평가한 내용으로 가장 적절한 것은?

> 기술결정론과 사회구성론은 기술의 발전과 사회 변화의 관계를 둘러싼 상반된 견해를 제시한다. 기술결정론은 기술의 발전이 사회의 구조와 문화에 결정적인 영향을 미친다는 입장이다. 이에 따르면 새로운 기술의 도입은 불가피하게 사회의 변화를 초래하며, 기술은 그 자체로 사회의 변화를 이끄는 주요 동력으로 작용한다. 기술결정론자들은 자동차, 인터넷, 스마트폰과 같은 기술들이 사회의 경제적, 문화적 변화를 주도해 왔다고 주장한다.
>
> 반면 사회구성론은 기술이 사회적, 문화적, 경제적 맥락 속에서 구성되고 발전한다고 본다. 이 관점에서는 기술이 사회를 변화시키기보다는, 사회적 요구와 문화적 가치가 기술의 발전 방향을 결정짓는다고 본다. 예를 들어, 인터넷의 발전은 정보의 자유로운 교류에 대한 사회적 요구와 민주주의적 가치를 반영한 결과라는 것이다. 사회구성론자들은 기술이 중립적인 것이 아니라, 특정한 사회적, 정치적, 경제적 힘에 의해 형성된다고 주장한다.

① 증기기관이 18~19세기 산업혁명 시기에 주요 동력으로 사용되며 생산 방식과 경제 구조를 혁신적으로 변화시켰다면, 이는 기술결정론을 약화한다.

② 화석 연료 사용으로 인한 대기 오염과 기후 변화에 대한 우려 증가로 전기 자동차가 발전됐다면, 이는 사회구성론을 강화한다.

③ 주로 방위 산업체와 정부의 이해관계에 따라 군사 기술(예: 드론, 미사일 시스템, 사이버 무기)이 발전됐다면, 이는 기술결정론을 강화한다.

④ QR 코드(Quick Response Code)는 1994년 일본에서 처음 개발되었지만, 초기 도입 당시에는 대중적으로 사용되지 않았다면 이는 사회구성론을 약화한다.

03 다음 글을 읽고 평가한 내용으로 적절하지 않은 것은?

> 철학자 칸트와 벤담은 윤리학에서 서로 다른 접근 방식을 제시하였다. 임마누엘 칸트는 의무론적 윤리학을 발전시켰다. 그는 도덕적 행위가 그 결과가 아닌, 행위 자체의 의도와 원칙에 따라 평가되어야 한다고 주장하였다. 칸트는 인간이 이성적 존재로서 도덕 법칙을 따를 의무가 있다고 보았으며, 이를 실천 이성이라고 불렀다. 그의 유명한 정언 명령은 "네가 원하는 행동이 보편적 법칙이 될 수 있도록 행하라"는 것이다. 칸트는 이러한 원칙이 도덕적 판단의 기준이 되어야 한다고 강조하였다. 그는 또한 인간을 수단이 아닌 목적으로 대우해야 한다는 인간 존엄성의 원칙을 제시하였다.
>
> 반면, 제레미 벤담은 결과 중심의 공리주의를 주장하였다. 그는 행위의 도덕성을 그 결과, 즉 최대 다수의 최대 행복을 기준으로 평가해야 한다고 보았다. 벤담은 쾌락과 고통을 측정할 수 있다고 믿었으며, 이를 통해 도덕적 결정을 내릴 수 있다고 주장하였다. 그는 쾌락 계산법을 통해 다양한 행위의 결과를 비교하고, 더 큰 행복을 가져오는 행위를 선택하는 것이 도덕적이라고 보았다. 벤담의 공리주의는 정책 결정과 법률 제정에서 중요한 이론적 근거가 되었다. 그의 이론은 개인의 행복뿐만 아니라 사회 전체의 행복을 증진시키는 데 중점을 두었다.

① 행위의 결과와 상관없이 원칙에 따른 도덕적 행위가 사회적 신뢰와 도덕성을 증진시킨다는 연구 결과가 발표된다면, 이는 칸트의 주장을 강화한다.

② 인간을 수단이 아닌 목적으로 대우하는 기업이 더 높은 직원 만족도와 윤리적 평판을 얻는다는 사례가 증가한다면, 이는 칸트의 주장을 약화한다.

③ 다양한 정책 결정에서 공리주의적 접근이 사회 전체의 행복을 증진시키는 데 효과적이라는 연구 결과가 발표된다면, 이는 벤담의 주장을 강화한다.

④ 공리주의적 접근이 장기적으로는 사회적 불평등과 불만을 초래할 수 있다는 사례가 발견된다면, 이는 벤담의 주장을 약화한다.

04 다음 글을 읽고 평가한 내용으로 가장 적절한 것은?

> 창의성이란 무엇인가에 대한 물음은 심리학계의 오랜 논쟁거리였다. 인지주의 심리학자들은 창의성이 문제 해결 과정의 특수한 형태라고 주장한다. 이들에 따르면 개인이 기존 지식을 새롭게 재구성하고 조합하는 과정에서 창의적 산물이 나온다. 이러한 사고 과정은 확산적 사고와 같은 고차원적 인지 기능을 통해 이루어진다. 또한 이러한 인지적 접근은 창의성을 체계적으로 분석할 수 있게 해주어 창의성 연구의 새로운 지평을 열었다는 평가를 받는다. 신경과학자들은 이와 같은 정신 작용이 실제로 뇌에서 어떻게 일어나는지 탐구한다. 창의적 과정에서 나타나는 뇌의 활성화 패턴을 연구하며, 특히 전두엽과 측두엽의 상호작용에 주목한다. 사회적 관점을 지지하는 연구자들은 창의성을 사회적 산물로 보며 맥락적 특성을 강조한다. 이들은 창의적 사고가 개인의 인지 과정이나 신경 활동을 넘어서는 사회적 현상이며, 문화적 맥락 속에서만 이해될 수 있다고 주장한다. 최근에는 이러한 여러 관점을 통합하려는 시도가 나타나고 있다. 체계모델을 지지하는 연구자들은 개인의 능력, 전문 분야의 특성, 사회적 평가가 상호작용하면서 창의성이 발현된다고 본다. 이들은 문제 해결 능력이 전문성과 결합하여 사회적으로 인정받을 때 비로소 창의성이 실현된다고 강조한다.

① 아동들이 학습한 내용을 재구성하여 예술작품을 창의적으로 만들었다면, 이는 인지주의 심리학자들의 주장을 강화한다.
② 창의적인 사람들의 뇌 활성화 패턴이 일반인들과 유사하다는 실험 결과가 나온다면, 이는 신경과학자들의 주장을 약화한다.
③ 다양한 문화권에서 창의성의 기준이 서로 다르게 나타난다는 연구 결과가 제시된다면, 이는 사회적 관점을 지지하는 연구자들의 주장을 약화한다.
④ 전문가 집단의 평가 기준이 시대에 따라 변화한다는 역사적 증거가 발견된다면, 이는 체계모델 지지자들의 주장을 약화한다.

내가 이 문제를 틀린 이유 체크 리스트

V	이유	틀린 문제 번호	보완 방법
☐	시간 촉박	___번	
☐	내용 이해 부족	___번	
☐	발문 착각	___번	
☐	오답 패턴 미숙지	___번	
☐	선지 분석 부족	___번	

Chapter 15

<보기> 강화 약화

Part 05 강화 약화 추론

2025년에 새로 추가된 유형으로 이 챕터는 <보기> 강화 약화 유형으로
0순위 최빈출 유형에 해당됩니다.
'<보기> 강화, 약화 유형'은 '일반 강화, 약화 유형'과는 달리 제시문에 이론이 하나 나옵니다.
이론이 하나가 나와서 쉬워 보일 수도 있겠지만,
<보기>의 'ㄱ, ㄴ, ㄷ'이 몇 개 정답인지 오답인지 정해져 있는 것이 아니므로
난도가 더 높을 수 있습니다.

'<보기> 강화, 약화 유형'도 마찬가지로
그 이론을 뒷받침하면 강화,
그 이론의 반증 사례가 나타나면 약화,
그 이론과 관련이 없는 사례라면 강화하지도 약화하지 않는 것으로 보면 됩니다.

亦功독해 빨리 푸는 전략!

1단계

발문에 밑줄 친 ㉠이 무엇인지 확인하고 제시문의 ㉠의 핵심 정보에 밑줄 긋기

2단계

선택지를 2파트로 나누고

① 특정 사례가 이 이론을 뒷받침하면 강화,

② 반대로 뒷받침하면 약화

③ 특정 사례가 이론과 관련이 없는 경우에는 무관의 오류

정답 및 해설 p.316

신유형 STEP 1 <보기> 강화 약화

01 다음 글의 ㉠을 강화하는 것만을 <보기>에서 모두 고르면? 2025. 인사혁신처 2차 샘플

신석기시대에 들어 인류는 제대로 된 주거 공간을 만들게 되었다. 인류의 초기 주거 유형은 특히 바닥을 어떻게 만드느냐에 따라 구분된다. 이는 지면을 다지거나 조금 파고 내려가 바닥을 만드는 '움집형'과 지면에서 떨어뜨려 바닥을 설치하는 '고상(高床)식'으로 나뉜다.

중국의 고대 문헌에 등장하는 '혈거'와 '소거'가 각각 움집형과 고상식 건축이다. 움집이 지붕으로 상부를 막고 아랫부분은 지면을 그대로 활용하는 지붕 중심 건축이라면, 고상식 건축은 지면에서 오는 각종 침해에 대비해 바닥을 높이 들어 올린 바닥 중심 건축이라 할 수 있다. 인류의 주거 양식은 혈거에서 소거로 진전되었다는 가설이 오랫동안 지배했다. 바닥을 지면보다 높게 만드는 것이 번거롭고 어렵다고 여겼기 때문이다. 그런데 1970년대에 중국의 허무두에서 고상식 건축의 유적이 발굴되면서 새로운 ㉠주장이 제기되었다. 그것은 혈거와 소거가 기후에 따라 다른 자연환경에 적응해 발생했다는 것이다.

[보기]

ㄱ. 우기에 비가 넘치는 산간 지역에서는 고상식 주거 건축물 유적만 발견되었다.

ㄴ. 움집형 집과 고상식 집이 공존해 있는 주거 양식을 보여 주는 집단의 유적지가 발견되었다.

ㄷ. 여름에는 고상식 건축물에서, 겨울에는 움집형 건축물에서 생활한 집단의 유적이 발견되었다.

---

① ㄱ, ㄴ   ② ㄱ, ㄷ   ③ ㄴ, ㄷ   ④ ㄱ, ㄴ, ㄷ

출종포 독해 亦功노트

1 이 글에서 중요했던 접속어

2 밑줄 친 '㉠'의 주장에서 꼭 확인해야 하는 정보

3 이에 따른 선지의 강화, 약화 분석

1) 선지 ㄱ.이 옳은 이유

> 우기에 비가 넘치는 산간 지역에서는 고상식 주거 건축물 유적만 발견되었다.

→ ㉠을 강화하려면 기후에 따라 다른 자연 환경에 적응한 사례가 와야 한다.
ㄱ에서 '우기' '비'라는 기후에 따라 '산간'이라는 자연환경에 따라 고상식 주거 건축 유물만
발견되었으므로 이는 ㉠을 ❶＿＿＿＿＿하는 사례로 적절하다.

2) 선지 ㄴ.이 틀린 이유

> 움집형 집과 고상식 집이 공존해 있는 주거 양식을 보여 주는 집단의 유적지가 발견되었다.

→ ㄴ에는 기후에 따른 자연 환경에 대한 내용이 나오지 않으므로 ㉠을 ❷＿＿＿＿한다고도
❸＿＿＿＿한다고도 보기 어렵다. ❹＿＿＿＿의 오류에 해당한다.

3) 선지 ㄷ.이 옳은 이유

> 여름에는 고상식 건축물에서, 겨울에는 움집형 건축물에서 생활한 집단의 유적이 발견되었다.

→ ㉠을 강화하려면 기후에 따라 다른 자연 환경에 적응한 사례가 와야 한다.
'여름', '겨울'이라는 기후에 따라 고상식, 움집형 건축물이 발견된 것이므로 이는 ㉠을
❺＿＿＿＿하는 사례로 적절하다.

정답

1 2문단의 '그런데'

2 그것은 혈거와 소거가 기후에 따라 다른 자연환경에 적응해 발생했다는 것이다.

3 ❶ 강화 ❷ 강화 ❸ 약화 ❹ 무관 ❺ 강화

01 ㉠을 평가한 내용으로 적절한 것만을 〈보기〉에서 모두 고르면? 2025. 인사혁신처 1차 샘플

흔히 '일곱 빛깔 무지개'라는 말을 한다. 서로 다른 빛깔의 띠 일곱 개가 무지개를 이루고 있다는 뜻이다. 영어나 프랑스어를 비롯해 다른 자연언어들에도 이와 똑같은 표현이 있는데, 이는 해당 자연언어가 무지개의 색상에 대응하는 색채 어휘를 일곱 개씩 지녔기 때문이라고 할 수 있다.

언어학자 사피어와 그의 제자 워프는 여기서 어떤 영감을 얻었다. 그들은 서로 다른 언어를 쓰는 아메리카 원주민들에게 무지개의 띠가 몇 개냐고 물었다. 대답은 제각각 달랐다. 사피어와 워프는 이 설문 결과에 기대어, 사람들은 자신의 언어에 얽매인 채 세계를 경험한다고 판단했다. 이 판단으로부터, "우리는 모국어가 그어놓은 선에 따라 자연세계를 분단한다."라는 유명한 발언이 나왔다. 이에 따르면 특정 현상과 관련한 단어가 많을수록 해당 언어권의 화자들은 그 현상에 대해 심도 있게 경험하는 것이다. 언어가 의식을, 사고와 세계관을 결정한다는 이 견해는 ㉠ 사피어-워프 가설이라 불리며 언어학과 인지과학의 논란거리가 되어왔다.

───〔보기〕───

ㄱ. 눈[雪]을 가리키는 단어를 4개 지니고 있는 이누이트족이 1개 지니고 있는 영어 화자들보다 눈을 넓고 섬세하게 경험한다는 것은 ㉠을 강화한다.

ㄴ. 수를 세는 단어가 '하나', '둘', '많다' 3개뿐인 피라하족의 사람들이 세 개 이상의 대상을 모두 '많다'고 인식하는 것은 ㉠을 강화한다.

ㄷ. 색채 어휘가 적은 자연언어 화자들이 색채 어휘가 많은 자연언어 화자들에 비해 색채를 구별하는 능력이 뛰어나다는 것은 ㉠을 약화한다.

① ㄱ
② ㄱ, ㄴ
③ ㄴ, ㄷ
④ ㄱ, ㄴ, ㄷ

01 ㉠을 평가한 내용으로 적절한 것만을 〈보기〉에서 모두 고르면? 2025. 인사혁신처 1차 샘플

흔히 '일곱 빛깔 무지개'라는 말을 한다. 서로 다른 빛깔의 띠 일곱 개가 무지개를 이루고 있다는 뜻이다. 영어나 프랑스어를 비롯해 다른 자연언어들에도 이와 똑같은 표현이 있는데, 이는 해당 자연언어가 무지개의 색상에 대응하는 색채 어휘를 일곱 개씩 지녔기 때문이라고 할 수 있다.

언어학자 사피어와 그의 제자 워프는 여기서 어떤 영감을 얻었다. 그들은 서로 다른 언어를 쓰는 아메리카 원주민들에게 무지개의 띠가 몇 개냐고 물었다. 대답은 제각각 달랐다. 사피어와 워프는 이 설문 결과에 기대어, 사람들은 자신의 언어에 얽매인 채 세계를 경험한다고 판단했다. 이 판단으로부터, "우리는 모국어가 그어놓은 선에 따라 자연세계를 분단한다."라는 유명한 발언이 나왔다. 이에 따르면 특정 현상과 관련한 단어가 많을수록 해당 언어권의 화자들은 그 현상에 대해 심도 있게 경험하는 것이다. 언어가 의식을, 사고와 세계관을 결정한다는 이 견해는 ㉠ 사피어-워프 가설이라 불리며 언어학과 인지과학의 논란거리가 되어왔다.

〈보기〉

ㄱ. 눈[雪]을 가리키는 단어를 4개 지니고 있는 이누이트족이 1개 지니고 있는 영어 화자들보다 눈을 넓고 섬세하게 경험한다는 것은 ㉠을 강화한다.

ㄴ. 수를 세는 단어가 '하나', '둘', '많다' 3개뿐인 피라하족의 사람들이 세 개 이상의 대상을 모두 '많다'고 인식하는 것은 ㉠을 강화한다.

ㄷ. 색채 어휘가 적은 자연언어 화자들이 색채 어휘가 많은 자연언어 화자들에 비해 색채를 구별하는 능력이 뛰어나다는 것은 ㉠을 약화한다.

---

① ㄱ

② ㄱ, ㄴ

③ ㄴ, ㄷ

④ ㄱ, ㄴ, ㄷ

亦功 문제 훈련 : <보기> 강화 약화

Day 15 해설 영상은 '만점 출좋포 문제 훈련' 강의에서 꼭 해설 강의를 참고해 주세요.

01 ㉠을 평가한 내용으로 적절한 것만을 <보기>에서 모두 고르면?

음악의 조화와 리듬을 인식하는 방법은 문화와 언어에 따라 다를 수 있다고 여겨진다. 다양한 언어권에서 음악 용어의 수와 종류가 다름을 고려할 때, 언어가 음악 경험에 어떤 영향을 미칠 수 있는지에 대한 논의가 있다. 언어인지과학자들과 음악학자들이 다양한 언어를 사용하는 사람들에게 같은 음악을 듣게 하고 그들의 반응을 조사한 결과, 그 반응의 양상과 정도는 완전히 달랐다. 연구자들은 이 결과를 바탕으로, 사람들은 자신의 모국어에 내재된 음악적 개념에 따라 음악을 다르게 해석하고 경험한다고 결론지었다. 이러한 관점은 "우리는 모국어가 정의하는 범위 내에서 음악을 인식한다."라는 주장으로 이어졌다. 이에 따르면, 음악 용어가 풍부한 언어를 사용하는 사람들은 그렇지 않은 사람들에 비해 음악을 더 깊이 이해하고 느낀다고 할 수 있다. 이 견해는 ㉠ 음악–언어 관계 가설이라 불리며 음악학과 인지과학에서 논의된다.

[보기]

ㄱ. 다양한 리듬을 구분하는 단어를 많이 가진 브라질 포르투갈어 화자들이 기본 리듬 구분 단어만 있는 영어 화자들보다 리듬을 섬세하게 경험한다는 것은 ㉠을 강화한다.

ㄴ. 음정을 세밀하게 구분하는 단어가 '높다', '낮다' 두 개뿐인 어떤 부족의 사람들이 세 개 이상의 음정을 모두 '높다' 또는 '낮다'로 인식하는 것은 ㉠을 강화한다.

ㄷ. 음악 용어가 거의 없는 원시 언어 화자들이 음악 용어가 많은 언어 화자들에 비해 음악의 조화를 구분하는 능력이 뛰어나다는 것은 ㉠을 약화한다.

① ㄱ

② ㄱ, ㄴ

③ ㄴ, ㄷ

④ ㄱ, ㄴ, ㄷ

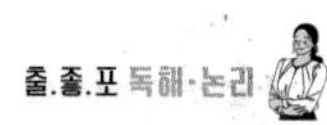

02 다음 글의 ㉠을 평가한 내용으로 적절한 것만을 〈보기〉에서 모두 고르면?

진화심리학자인 던바(Dunbar)는 인간의 사회적 행동을 진화적 관점에서 연구하며, 인간이 맺을 수 있는 안정적인 사회적 관계의 수에 제한이 있다고 주장했다. 그는 인간의 뇌 크기와 사회적 관계의 크기 사이에 상관관계가 있다는 연구 결과를 바탕으로, 인간이 효과적으로 유지할 수 있는 사회적 관계의 최대 수를 약 150명이라고 주장했다. 이는 '던바의 수'라 불리며, 인간이 사회적 그룹을 형성하고 유지하는 데 있어 생물학적 제약이 작용한다는 가설로 자리 잡았다.

던바는 다양한 사회적 맥락에서 이 수치가 확인된다고 보았다. 예를 들어, 고대 부족 사회나 현대 군 조직에서도 한 그룹의 크기가 150명 정도를 초과하면 관계의 밀도가 낮아지며, 효율적인 소통이 어려워진다. 또한, 소셜 미디어에서도 사람들이 실질적으로 의미 있는 관계를 맺는 사람의 수는 이 수치를 크게 넘지 않는다는 점이 연구를 통해 드러났다. ㉠ <u>던바의 수</u>는 인간이 맺는 사회적 관계의 크기에 생물학적 한계가 있다는 점을 설명하며, 현대 사회에서도 여전히 논의의 중심에 있다.

─〔보기〕─

ㄱ. 소셜 미디어 상에서 친구가 1,000명이 넘는 사람이 실질적으로 교류하는 관계의 수가 100명 정도에 불과하다는 사례는 ㉠을 강화한다.

ㄴ. 고대 부족 사회에서 구성원의 수가 200명이 넘어도 관계가 안정적으로 유지되었던 사례는 ㉠을 약화한다.

ㄷ. 현대 기업에서 근무 공간의 분산으로 인해 150명을 초과하는 부서의 일의 성공률이 급격히 떨어진 사례는 ㉠을 약화한다.

① ㄱ

② ㄱ, ㄴ

③ ㄴ, ㄷ

④ ㄱ, ㄴ, ㄷ

03 ㉠을 평가한 내용으로 적절한 것만을 〈보기〉에서 모두 고르면?

> 고대 그리스 철학에서 플라톤과 아리스토텔레스는 예술과 모방의 관계에 대해 서로 다른 견해를 제시하였다. 플라톤은 예술을 본질적으로 모방의 행위로 보았다. 그는 현실 세계를 이데아의 불완전한 모방으로 간주하며, 예술은 그 현실 세계를 다시 모방하는 것에 불과하다고 주장했다. 따라서 예술은 이데아의 이중적인 모방에 불과하며, 진리를 드러내기보다는 사람들을 현혹할 위험이 있다고 보았다. 플라톤은 특히 시와 연극 같은 예술 형식이 감정에 호소하여 이성을 약화하고, 사람들을 비이성적인 상태로 이끌 수 있다고 우려했다. 그는 이러한 이유로 이상적인 국가에서는 예술, 특히 모방적인 예술을 엄격히 규제해야 한다고 주장했다.
>
> 반면, ㉠ 아리스토텔레스는 예술을 모방의 행위로 인정하면서도, 플라톤과는 달리 이를 긍정적으로 평가했다. 그는 예술이 단순히 현실을 모방하는 것이 아니라, 현실을 해석하고 재창조하는 과정이라고 보았다. 아리스토텔레스에 따르면 예술은 인간의 경험과 감정을 표현하며, 이를 통해 사람들은 카타르시스를 경험할 수 있다. 그는 예술이 사람들에게 깊은 정서적 경험을 제공하고, 이를 통해 도덕적 교훈을 전달할 수 있다고 믿었다. 따라서 아리스토텔레스는 예술이 개인과 사회에 유익한 역할을 할 수 있다고 보았으며, 예술이 인간의 감정과 이성을 조화롭게 발전시키는 중요한 수단이라고 주장했다.

─〔보기〕─

ㄱ. 예술 작품이 사람들에게 깊은 정서적 경험을 제공하며 도덕적 교훈을 전달하는 사례가 발견된다면, 이는 ㉠의 입장을 강화한다.

ㄴ. 예술이 사람들의 감정을 정화하는 대신 더 큰 불안과 두려움을 조장했다는 사례가 증가한다면, 이는 ㉠의 입장을 강화한다.

ㄷ. 예술을 통해 현실을 사실적으로 구현하여 부조리한 사회 현실을 효과적으로 폭로할 수 있다면, 이는 ㉠의 입장을 강화한다.

① ㄱ
② ㄴ
③ ㄷ
④ ㄱ, ㄴ, ㄷ

04 ㉠을 평가한 내용으로 적절한 것만을 〈보기〉에서 모두 고르면?

> 옥스퍼드 대학교의 연구에 따르면, 온라인 학습이 전통적인 교실 학습에 비해 학업 성취도를 높이는 데 효과적일 수 있다. 연구진은 500명의 학생들을 대상으로 온라인 학습과 교실 학습의 성과를 비교 분석한 결과, 온라인 학습을 통해 학습한 학생들이 더 높은 시험 점수를 기록했다. 또한, 온라인 학습 환경이 학생들의 자기 주도 학습 능력을 향상시키는 것으로 나타났다. 연구는 다양한 온라인 학습 도구와 플랫폼이 학생들의 학습 참여도를 높이고, 개인 맞춤형 학습을 가능하게 한다는 것을 확인했다. 또한, 온라인 학습은 시간과 장소에 구애받지 않고 학습할 수 있어 학습 효율성을 극대화할 수 있다. 이러한 결과는 온라인 학습이 교육 효과를 높일 수 있다는 주장을 뒷받침한다. ㉠의 연구는 여전히 전통적인 교실 학습이 학업 성취도를 높이는 데에 필수적이라고 주장하는 기존의 통념에 의문을 던지고 있다.

〔보기〕

ㄱ. 온라인 학습을 통해 학습을 한 학생들이 전통적인 교실 학습을 한 학생들에 비해 사회적인 의사소통 역량이 좋지 못하다는 연구 결과는 ㉠을 약화한다.
ㄴ. 온라인 학습이 시공간적 자율성을 높여 결과적으로 학습 효율성을 높인다는 연구 결과는 ㉠을 강화한다.
ㄷ. 온라인 학습이 학생들의 집중력을 감퇴시켜 장기적으로 학업 성취도에 부정적인 영향을 미친다는 연구 결과는 ㉠을 약화한다.

① ㄱ
② ㄴ
③ ㄴ, ㄷ
④ ㄱ, ㄴ, ㄷ

📝 내가 이 문제를 틀린 이유 **체크 리스트**

V	이유	틀린 문제 번호	보완 방법
☐	시간 촉박	___ 번	
☐	내용 이해 부족	___ 번	
☐	발문 착각	___ 번	
☐	오답 패턴 미숙지	___ 번	
☐	선지 분석 부족	___ 번	

박혜선 국어
출졸포 독해·논리 All In One

순서 배열

CHAPTER 16 순서 배열

Chapter 16 순서 배열

2025년에도 살아남은 0순위 최빈출 유형으로 (가)~(라)의 문장이나 문단을 배열하는 문제 유형입니다.

순서 배열 문제는 꼭! 자의적이고 주관적인 방법으로 풀어서는 안 됩니다.

출제자가 원하는 문제 풀이 방식이 다른 유형보다 훨씬 더 고정되어 있는 유형이므로

무조건 혜선 쌤이 알려주는 순서 배열 방식을 외우시고

그대로 변형 없이 적용하셔야 합니다.

출좋포 독해 이론 혜선 쌤만의 야매꼼수 팁, 순서 배열 찾는 법

1 첫 문단을 먼저 찾는 힌트를 얻기 위해 먼저 선택지를 봅니다. 그럼 첫 문단이 2개로 줄어들어 이득입니다.

<순서 배열 선택지 예시>

① (가) – (나) – (다) – (라)	① (나) – (가) – (다) – (라)
② (가) – (라) – (나) – (다)	② (나) – (가) – (라) – (다)
③ (나) – (가) – (라) – (다)	③ (나) – (다) – (라) – (가)
④ (나) – (라) – (다) – (가)	④ (나) – (라) – (다) – (가)

2 혜선 쌤의 첫 문단 찾는 방법 야매 꼼수

처음부터 글이 ❶________ 나 ❷________, ❸________로 시작할 가능성은 낮으므로 그러한 문단은 첫 문단이 되기 힘듭니다.

3 첫 문단을 찾을 때에 주의할 점!

첫 문단이 확실하면 그대로 배열하면 되지만

확실하지 않으면 선택지를 소거해서는 안 됩니다.

이 경우에는 첫 문단을 제외한 다음 문단들끼리 배열을 우선 한 후

그 배열이 아닌 선지를 소거하는 식으로 문제를 푸셔야 합니다.

Answer
❶ 접속어   ❷ 지시어   ❸ 보조사 '도'

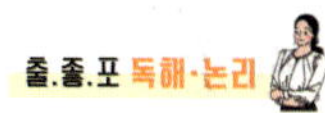

4 표면적 연결

① 같은 단어가 있는 문단이 바로 뒤에 배열됩니다. [(나) → (라)]

> (나) 100년 전 우리는 수난과 비극의 역사를 겪었습니다. 해양으로 나가려는 세력과 대륙으로 진출하려는 세력이 한반도를 가운데 놓고 싸움을 벌였습니다. 마침내 우리는 국권을 상실하는 아픔을 감수해야 했습니다.
>
> (라) 그 아픔은 분단으로 이어져서 오늘에 이르고 있습니다. 그 과정에서는 정의가 패배하고 기회주의가 득세하는 불행한 역사를 겪었습니다. 그러나 이제 우리에게도 새로운 희망의 시대가 열리고 있습니다. 세계의 변방으로 머물러 왔던 동북아시아가 북미·유럽 지역과 함께 세계 경제의 3대 축으로 떠오르고 있습니다.
>
> 2022. 지방직 9급

② 앞의 대상을 받는 지시어가 바로 뒤에 배열됩니다. [(나) → (가)]

> (가) 그 원리를 알려면 LCD와 OLED의 차이를 이해해야 한다. LCD는 다른 조명 장치의 도움을 받아 시각적 효과를 낸다. 다시 말해 스스로 빛을 내지 못한다는 것이다. 따라서 LCD는 화면 뒤에 빛을 공급하는 백라이트가 필요하다는 특성을 갖는다.
>
> (나) 자유롭게 말았다 펼 수 있는 '롤러블 TV'가 개발되었다. 평소에는 말거나 작게 접어서 간편하게 가지고 다니다가 필요할 때 펴서 사용하는 태블릿이나 노트북이 상용화될 날도 머지않았다. 기존에 우리가 생각하는 텔레비전 화면이나 모니터는 평평하고 딱딱한 것인데, 어떻게 접거나 말 수 있을까?
>
> 2025. 국가직 9급

③ 접속어가 있는 문단이 바로 뒤에 배열됩니다. [ㄹ-ㄴ-ㄷ-ㄱ-ㅁ]

> 폭설, 즉 대설이란 많은 눈이 시간적, 공간적으로 집중되어 내리는 현상을 말한다.
>
> ㉠ 그런데 눈은 한 시간 안에 5 cm 이상 쌓일 수 있어 순식간에 도심 교통을 마비시키는 위력을 가지고 있다.
> ↳ 눈의 문제점 ①
>
> ㉡ 또한, 경보는 24시간 신적설이 20 cm 이상 예상될 때이다.
>] 대설의 기준 ②
> ㉢ 다만, 산지는 24시간 신적설이 30 cm 이상 예상될 때 발령된다.
>
> ㉣ 이때 대설의 기준으로 주의보는 24시간 새로 쌓인 눈이 5 cm 이상이 예상될 때이다. – 대설의 기준 ①
>
> ㉤ 이뿐만 아니라 운송, 유통, 관광, 보험을 비롯한 서비스 업종과 사회 전반에 영향을 미친다.
> ↳ 눈의 문제점 ②
>
> 2021. 국가직 9급

5 이면적으로 연결되는 경우

① 시간의 흐름

② 소개 – 구체적 부연

③ 일반적 진술 – 구체적인 부연, 상술

④ 일반적 원리 – 구체적인 사례

⑤ 문제점 – 해결 방안 / 장점 – 단점

⑥ 실험 과정 – 실험 결과

MEMO

亦功독해 빨리 푸는 전략!

1단계

선지에서
첫 문단에 올 가능성이 있는
문단을 확인하기
(나) 혹은 (다)

2단계

첫 문단을 찾았으면
표면적 연결,
이면적 연결을
확인하면서
문단을 배열하기
(꿀팁은 강의 필수 참고)

3단계

자의적이거나
주관적인 방법이 아니라
반드시 혜선 쌤이
일러 준 방법을 사용하기

신유형 | STEP 1 | 순서 배열

01 (가) ~ (라)를 맥락에 맞추어 가장 적절하게 나열한 것은? 2025. 국가직 9급

(가) 그 원리를 알려면 LCD와 OLED의 차이를 이해해야 한다. LCD는 다른 조명 장치의 도움을 받아 시각적 효과를 낸다. 다시 말해 스스로 빛을 내지 못한다는 것이다. 따라서 LCD는 화면 뒤에 빛을 공급하는 백라이트가 필요하다는 특성을 갖는다.

(나) 자유롭게 말았다 펼 수 있는 '롤러블 TV'가 개발되었다. 평소에는 말거나 작게 접어서 간편하게 가지고 다니다가 필요할 때 펴서 사용하는 태블릿이나 노트북이 상용화될 날도 머지않았다. 기존에 우리가 생각하는 텔레비전 화면이나 모니터는 평평하고 딱딱한 것인데, 어떻게 접거나 말 수 있을까?

(다) OLED 기술은 모양을 자유롭게 변형할 수 있는 모니터 개발을 가능하게 하였다. 딱딱한 유리 대신에 쉽게 휘어지는 특수 유리나 플라스틱을 이용함으로써 둥글게 말았다가 펼 수 있는 화면을 생산할 수 있게 된 것이다.

(라) 반면 OLED는 화소 단위로 빛의 삼원색을 내는 유기 반도체로 구성되어 있어 스스로 빛을 낼 수 있다. OLED 제품은 화면 뒤에 백라이트를 설치할 필요가 없기 때문에 얇게 만들 수도 있고 특수 유리나 플라스틱으로 제작할 수도 있다.

① (나) − (가) − (다) − (라)
② (나) − (가) − (라) − (다)
③ (다) − (가) − (라) − (나)
④ (다) − (나) − (라) − (가)

신유형 STEP 1 순서 배열

01 (가) ~ (라)를 맥락에 맞추어 가장 적절하게 나열한 것은? 2025. 국가직 9급

(가) 그 원리를 알려면 LCD와 OLED의 차이를 이해해야 한다. LCD는 다른 조명 장치의 도움을 받아 시각적 효과를 낸다. 다시 말해 스스로 빛을 내지 못한다는 것이다. 따라서 LCD는 화면 뒤에 빛을 공급하는 백라이트가 필요하다는 특성을 갖는다.

(나) 자유롭게 말았다 펼 수 있는 '롤러블 TV'가 개발되었다. 평소에는 말거나 작게 접어서 간편하게 가지고 다니다가 필요할 때 펴서 사용하는 태블릿이나 노트북이 상용화될 날도 머지않았다. 기존에 우리가 생각하는 텔레비전 화면이나 모니터는 평평하고 딱딱한 것인데, 어떻게 접거나 말 수 있을까?

(다) OLED 기술은 모양을 자유롭게 변형할 수 있는 모니터 개발을 가능하게 하였다. 딱딱한 유리 대신에 쉽게 휘어지는 특수 유리나 플라스틱을 이용함으로써 둥글게 말았다가 펼 수 있는 화면을 생산할 수 있게 된 것이다.

(라) 반면 OLED는 화소 단위로 빛의 삼원색을 내는 유기 반도체로 구성되어 있어 스스로 빛을 낼 수 있다. OLED 제품은 화면 뒤에 백라이트를 설치할 필요가 없기 때문에 얇게 만들 수도 있고 특수 유리나 플라스틱으로 제작할 수도 있다.

① (나) - (가) - (다) - (라)

② (나) - (가) - (라) - (다)

③ (다) - (가) - (라) - (나)

④ (다) - (나) - (라) - (가)

①, ②: '그 원리'
　　　 지시어 사용
③: '반면' 접속어 사용
④: 같은 단어 반복

02 (가)~(다)를 맥락에 맞게 순서대로 나열한 것은? 2025. 인사혁신처 2차 샘플

> 북방에 사는 매는 덩치가 크고 사냥도 잘한다. 그래서 아시아에서는 몽골 고원과 연해주 지역에 사는 매들이 인기가 있었다.
>
> (가) 조선과 일본의 단절된 관계는 1609년 기유조약이 체결되면서 회복되었다. 하지만 이 때는 조선과 일본이 서로를 직접 상대했던 것이 아니라 두 나라 사이에 끼어있는 대마도를 매개로 했다. 대마도는 막부로부터 조선의 외교·무역권을 위임받았고, 조선은 그러한 대마도에게 시혜를 베풀어줌으로써 일본과의 교린 체계를 유지해 나가려고 했다.
>
> (나) 일본에서 이 북방의 매에 접근할 수 있는 길은 한반도를 통하는 것 외에는 없었다. 그래서 한반도와 일본 간의 교류에 매가 중요한 물품으로 자리 잡았던 것이다. 하지만 임진왜란으로 인하여 교류는 단절되었다.
>
> (다) 이러한 외교관계에 매 교역이 자리하고 있었다. 대마도는 조선과의 공식적, 비공식적 무역을 통해서도 상당한 이익을 취했다. 따라서 조선후기에 이루어진 매 교역은 경제적인 측면과 정치·외교적인 성격이 강했다.

① (가) − (다) − (나) 　　② (나) − (가) − (다)
③ (나) − (다) − (가) 　　④ (다) − (나) − (가)

02 **(가)~(다)를 맥락에 맞게 순서대로 나열한 것은?** 2025. 인사혁신처 2차 샘플

북방에 사는 매는 덩치가 크고 사냥도 잘한다. 그래서 아시아에서는 몽골 고원과 연해주 지역에 사는 매들이 인기가 있었다.

(가) 조선과 일본의 단절된 관계는 1609년 기유조약이 체결되면서 회복되었다. 하지만 이 때는 조선과 일본이 서로를 직접 상대했던 것이 아니라 두 나라 사이에 끼어있는 대마 도를 매개로 했다. 대마도는 막부로부터 조선의 외교·무역권을 위임받았고, 조선은 그러한 대마도에게 시혜를 베풀어줌으로써 일본과의 교린 체계를 유지해 나가려고 했다.

(나) 일본에서 이 북방의 매에 접근할 수 있는 길은 한반도를 통하는 것 외에는 없었다. 그래서 한반도와 일본 간의 교류에 매가 중요한 물품으로 자리 잡았던 것이다. 하지만 임진왜란으로 인하여 교류는 단절되었다.

(다) 이러한 외교관계에 매 교역이 자리하고 있었다. 대마도는 조선과의 공식적, 비공식적 무역을 통해서도 상당한 이익을 취했다. 따라서 조선후기에 이루어진 매 교역은 경제 적인 측면과 정치·외교적인 성격이 강했다.

① (가) – (다) – (나) ② (나) – (가) – (다)

③ (나) – (다) – (가) ④ (가) – (나) – (가)

亦功 문제 훈련 : 순서 배열

Day 16 해설 영상은 '만점 출졻포 문제 훈련' 강의에서 꼭 해설 강의를 참고해 주세요.

01 다음 글의 (가)~(마)를 순서대로 나열한 것은?

> (가) 또한, 강한 중력장을 지나는 경우에도 시간은 느리게 흐르는데, 이는 GPS 위성의 시간 보정에서 실제로 적용되고 있다. 이러한 현상들은 시간의 흐름이 절대적이지 않음을 명확히 보여준다.
> (나) 현대 물리학에서 시간은 더 이상 절대적인 개념이 아니다. 아인슈타인의 상대성 이론은 시간과 공간이 서로 밀접하게 연결되어 있으며, 관찰자의 속도와 중력의 영향에 따라 시간이 상대적으로 흐른다는 사실을 밝혀냈다.
> (다) 또한, 양자역학에서는 시간의 방향성이 없거나, 사건들 간의 상호작용을 중심으로 현상을 설명하기도 한다.
> (라) 그러나 이러한 이론들은 우리의 일상적인 시간 감각과는 큰 괴리가 있다. 우리는 여전히 시간은 일정하게 흐르며, 과거에서 미래로 향한다는 직관을 가지고 있다.
> (마) 시간의 상대성은 쌍둥이 역설과 같은 사고 실험에서 잘 드러난다. 우주선을 타고 빛에 가까운 속도로 여행한 쌍둥이는 지구에 남아 있는 쌍둥이보다 시간이 느리게 흐르며, 다시 돌아왔을 때는 더 젊은 상태로 남게 된다.

① (나) − (가) − (마) − (라) − (다)
② (나) − (마) − (가) − (라) − (다)
③ (마) − (가) − (다) − (나) − (라)
④ (마) − (가) − (나) − (라) − (다)

02 다음 글의 전개 순서로 가장 자연스러운 것은?

> ㄱ. 그러나 디지털 매체를 통해 쌍방향 소통이 가능해지면서, 독자는 텍스트를 매개로 세계와 능동적으로 소통하는 주체의 지위를 획득하였다.
> ㄴ. 이러한 독서 활동에서 독자는 저자가 전달하려는 지식이나 사고를 수동적으로 수용하는 입장이었다.
> ㄷ. 독서는 오랜 세월 동안 주로 인쇄 매체에 기록된 정보를 수용하는 활동이었다.
> ㄹ. 텍스트의 의미 구성에서 독자의 역할이 커진 것은, 독서가 저자 중심에서 독자 중심의 활동으로 변화했다는 것을 의미한다.
> ㅁ. 이제 독자는 단순히 저자의 의도를 이해하거나 수용하는 데 그치지 않고, 텍스트를 주체적으로 해석하며 새로운 의미를 구성한다.

① ㄷ − ㄴ − ㄹ − ㅁ − ㄱ
② ㄷ − ㄴ − ㄱ − ㅁ − ㄹ
③ ㄹ − ㄴ − ㄱ − ㅁ − ㄷ
④ ㄹ − ㄷ − ㄴ − ㅁ − ㄱ

03 다음 글의 (가)~(라)를 순서대로 나열한 것은?

> (가) 프레임은 영화와 사진 등의 시각 매체에서 화면 영역과 화면 밖의 영역을 구분하는 경계로서의 틀이다. 문, 창, 기둥, 거울 등을 이용하여 프레임 안에 또 다른 프레임을 만드는 기법을 '이중 프레이밍', 그리고 안에 있는 프레임을 '이차 프레임'이라 한다.
>
> (나) 이차 프레임은 작품의 주제나 내용을 암시하기도 한다. 이차 프레임은 시각적으로 내부 대상을 외부와 분리한다.
>
> (다) 이차 프레임의 일반적인 기능 중 하나는 화면 안의 인물이나 물체에 대한 시선 유도이다. 대상을 틀로 에워싸 시각적으로 강조하며, 대상이 작거나 구도의 중심에서 벗어나 있을 때도 존재감을 부각하기 용이하다. 또한 프레임 내 프레임이 많을수록 화면에 깊이감과 입체감이 부여된다.
>
> (라) 이는 심리적 단절로 이어져 구속, 소외, 고립 등을 환기한다. 또한 이차 프레임 내부와 외부 대상 사이에는 정서적 거리감이 조성되기도 한다.

① (가) - (나) - (다) - (라)

② (가) - (다) - (나) - (라)

③ (가) - (다) - (라) - (나)

④ (가) - (라) - (나) - (다)

04 다음 ㉠~㉣의 순서로 가장 자연스러운 것은?

> ㉠ 그래서 사회 문제로 대립하는 두 개인이나 집단이 있을 때 그들의 도덕과 양심에만 호소하여 해결책을 찾으려 해서는 안 된다.
>
> ㉡ 사회 문제의 원인은 사회 구조에서 비롯되는 경우가 많기에 그 해결책도 사회 구조적 원인의 제거에서 찾을 수 있다.
>
> ㉢ 물론 이러한 주장이 개인 양심과 윤리의 필요성을 배제하고자 하는 것은 아니다. 만일 사회 문제를 오로지 집단 사이의 권력 투쟁으로만 해결하려 한다면 투쟁의 악순환만 남을 것이 분명하다.
>
> ㉣ 다만, 당사자들의 양심과 윤리를 기반으로 한 적극적인 권리 주장도 보장해야 하지만, 공동체 차원에서의 중재와 제재가 사회 문제의 해소에 중핵적인 역할을 하여야 된다는 점을 강조하고자 하는 것이다.

① ㉡ - ㉠ - ㉢ - ㉣

② ㉡ - ㉢ - ㉠ - ㉣

③ ㉡ - ㉠ - ㉣ - ㉢

④ ㉡ - ㉢ - ㉣ - ㉠

📝 내가 이 문제를 틀린 이유 **체크 리스트**

V	이유	틀린 문제 번호	보완 방법
☐	시간 촉박	___번	
☐	내용 이해 부족	___번	
☐	발문 착각	___번	
☐	오답 패턴 미숙지	___번	
☐	선지 분석 부족	___번	

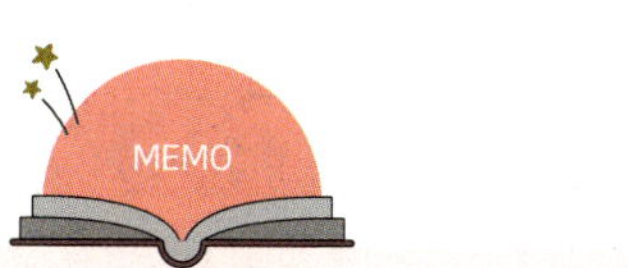

박혜선 국어
출종포 독해·논리 All In One

07

세트형 독해+어휘

Chapter 17 문맥적 의미 추론

인사혁신처에서는 2025년부터 단순 암기를 줄이겠다는 선언을 하였습니다.
이 부분은 어휘 영역에서도 크게 작용이 되어
2025년부터는 밑줄 친 어휘의 문맥적인 의미를 추론하는 문제가 1문제 출제될 예정입니다.
꼭 수업에서 혜선 쌤 고유의 문제 풀이 방식을 전수 받으셔서 꼭 이 영역의 고수가 되시기를 기대합니다~^^
이 어휘 유형은 단독으로 나오지는 않고, 세트형의 2번째 문제에 출제될 가능성이 있습니다~^^

출좋포 독해 이론  어휘의 문맥적 의미

문맥적 의미를 잘 풀려면 밑줄 친 어휘의 성격을 파악해야 한다.
동음이의 혹은 다의 관계에서 파생된 문제이므로 이들의 성격을 먼저 파악해 보면 좋다.

▮ 동음이의 관계 vs 다의 관계

	동음이의(同音異義) 관계	다의(多義) 관계
개념	소리는 같으나 뜻이 다른 단어로 이루어진 단어	한 단어가 두 가지 이상의 뜻을 가진 것
특징	완전히 다른 두 단어의 관계이므로 표제어가 각각 다르게 등재된다.	같은 표제어 안에 뜻이 여러 개 있는 관계이므로 같은 표제어 안에 파생된 의미들이 등재된다.
예	배1 「1」『생명』 사람이나 동물의 몸에서 위장, 창자, 콩팥 따위의 내장이 들어 있는 곳으로 가슴과 엉덩이 사이의 부위. 예 배가 나오다. 배2 「1」 사람이나 짐 따위를 싣고 물 위로 떠다니도록 나무나 쇠 따위로 만든 물건. 예 배 두 척. 배3 배나무의 열매. 예 배를 깎아 먹다.	배1 「1」『생명』 사람이나 동물의 몸에서 위장, 창자, 콩팥 따위의 내장이 들어 있는 곳으로 가슴과 엉덩이 사이의 부위. 예 배가 나오다. 「2」 긴 물건 가운데의 볼록한 부분. 예 배가 불룩한 돌기둥. 「3」『의학』 여성의 몸에서 아이가 드는 부분. 예 임신 후 오 개월부터는 배가 눈에 띄게 불러 왔다.

2 다의 관계의 의미 확장 방법

여기에서 특히, 다의 관계의 성격을 좀 더 잘 파악해 보면 도움이 된다.

	중심적 의미	주변적 의미 1	주변적 의미 2	주변적 의미 3
1	사람	동물	식물	무생물
2	공간	시간	추상	추상
3	물리적 위치	사회적 위치	심리적 위치	심리적 위치
4	표면적 의미	비유적 의미	관습적 의미	관습적 의미

亦功 예시

다리

「1」 사람이나 동물의 몸통 아래 붙어 있는 신체의 부분. 서고 걷고 뛰는 일 따위를 맡아 한다. 늑각.
　예 다리에 쥐가 나다. 다리를 다치다.

「2」 물체의 아래쪽에 붙어서 그 물체를 받치거나 직접 땅에 닿지 아니하게 하거나 높이 있도록 버티어 놓은 부분.
　예 책상 다리. 이 의자는 다리가 하나 부러졌다.

「3」 오징어나 문어 따위의 동물의 머리에 여러 개 달려 있어, 헤엄을 치거나 먹이를 잡거나 촉각을 가지는 기관.
　예 그는 술안주로 오징어 다리를 씹었다.

「4」 안경의 테에 붙어서 귀에 걸게 된 부분.
　예 다리가 부러진 안경.

알다

「1」 교육이나 경험, 사고 행위를 통하여 사물이나 상황에 대한 정보나 지식을 갖추다.
　예 이 문제는 공식을 알면 쉽게 풀 수 있습니다. 단어의 뜻을 알아야 그 문장의 뜻을 이해할 수 있다.

「2」 어떤 사실이나 존재, 상태에 대해 의식이나 감각으로 깨닫거나 느끼다.
　예 감기가 들어 음식 맛을 알 수가 없다. 밖으로 나와서야 날씨가 추운 것을 알았다.

「3」 심리적 상태를 마음속으로 느끼거나 깨닫다.
　예 부끄러움을 알다. 부모님의 사랑을 돌아가신 후에야 알았다.

「4」 ((주로 '알아서'의 꼴로 쓰여)) 사람이 어떤 일을 어떻게 할지 스스로 정하거나 판단하다.
　예 네 일은 네가 알아서 해라. 이 문제는 자네가 알아서 처리해 주게.

「5」 다른 사람과 사귐이 있거나 안면이 있다.
　예 나는 그녀와 아는 사이이다. 그들은 이미 서로 알고 지내는 사이였다.

먹다

「1」 음식 따위를 입을 통하여 배 속에 들여보내다.
　예 밥을 먹다.

「2」 어떤 마음이나 감정을 품다.
　예 앙심을 먹고 투서를 하다.

「3」 겁, 충격 따위를 느끼게 되다.
　예 겁을 먹다.

「4」 (속되게) 뇌물을 받아 가지다.
　예 뇌물을 먹다.

「5」 어떤 등급을 차지하거나 점수를 따다.
　예 1등을 먹다.

「6」 매 따위를 맞다.
　예 상대의 센 주먹을 한 방 먹고 나가떨어졌다.

1단계

어휘의 문맥적 의미를 먼저 풀기

2단계

㉠과 호응하는 단어의 성격을 파악하기

선지에서 가장 비슷한 것을 찾기

(㉠을 문맥에 맞는 제3의 단어로 교체해 보는 방법도 써 보기)

3단계

내용 추론 긍정 발문 문제를 풀기

신유형 STEP 1 세트형 독해 – 내용 추론 + 어휘의 문맥적 의미

[1~2] 다음 글을 읽고 물음에 답하시오.

'크로노토프'는 그리스어로 시간과 공간을 뜻하는 두 단어를 결합한 것으로, 시공간을 통합적으로 이해하기 위한 개념이다. 크로노토프의 관점에서 보면 고소설과 근대소설의 차이를 명확하게 파악할 수 있다.

고소설에는 돌아가야 할 곳으로서의 원점이 존재한다. 그것은 영웅소설에서라면 중세의 인륜이 원형대로 보존된 세계이고, 가정소설에서라면 가장을 중심으로 가족 구성원들이 평화롭게 공존하는 가정이다. 고소설에서 주인공은 적대자에 의해 원점에서 분리되어 고난을 겪는다. 그들의 목표는 상실한 원점을 회복하는 것, 즉 그곳에서 향유했던 이상적 상태로 ㉠돌아가는 것이다. 주인공과 적대자 사이의 갈등이 전개되는 시간을 서사적 현재라 한다면, 주인공이 도달해야 할 종결점은 새로운 미래가 아니라 다시 도래할 과거로서의 미래이다. 이러한 시공간의 배열을 '회귀의 크로노토프'라고 한다.

근대소설 「무정」은 회귀의 크로노토프를 부정한다. 이것은 주인공인 이형식과 박영채의 시간 경험을 통해 확인된다. 형식은 고아지만 이상적인 고향의 기억을 갖고 있다. 그것은 박 진사의 집에서 영채와 함께하던 때의 기억이다. 이는 영채도 마찬가지기에, 그들에게 박 진사의 집으로 표상되는 유년의 과거는 이상적 원점의 구실을 한다. 박 진사의 죽음은 그들에게 고향의 상실을 상징한다. 두 사람의 결합이 이상적 상태의 고향을 회복할 수 있는 유일한 방법이겠지만, 그들은 끝내 결합하지 못한다. 형식은 새 시대의 새 인물이 되어야 한다고 생각하며 과거로의 복귀를 거부한다.

---

01 윗글에서 추론한 내용으로 가장 적절한 것은? 2025. 인사혁신처 1차 샘플

① 「무정」과 고소설은 회귀의 크로노토프를 부정한다는 점에서 공통적이다.

② 영웅소설의 주인공과 「무정」의 이형식은 그들의 이상적 원점을 상실했다는 공통점을 가지고 있다.

③ 「무정」에서 이형식이 박영채와 결합했다면 새로운 미래로서의 종결점에 도달할 수 있었을 것이다.

④ 가정소설은 가족 구성원들이 평화롭게 공존하는 결말을 통해 상실했던 원점으로의 복귀를 거부한다.

---

02 문맥상 ㉠의 의미와 가장 가까운 것은? 2025. 인사혁신처 1차 샘플

① 전쟁은 연합군의 승리로 돌아갔다.

② 사과가 한 사람 앞에 두 개씩 돌아간다.

③ 그는 잃어버린 동심으로 돌아가고 싶었다.

④ 그녀는 자금이 잘 돌아가지 않는다며 걱정했다.

[1~2] 다음 글을 읽고 물음에 답하시오.

‘크로노토프’는 그리스어로 시간과 공간을 뜻하는 두 단어를 결합한 것으로, 시공간을 통합적으로 이해하기 위한 개념이다. 크로노토프의 관점에서 보면 고소설과 근대소설의 차이를 명확하게 파악할 수 있다.

고소설에는 돌아가야 할 곳으로서의 원점이 존재한다. 그것은 영웅소설에서라면 중세의 인륜이 원형대로 보존된 세계이고, 가정소설에서라면 가장을 중심으로 가족 구성원들이 평화롭게 공존하는 가정이다. 고소설에서 주인공은 적대자에 의해 원점에서 분리되어 고난을 겪는다. 그들의 목표는 상실한 원점을 회복하는 것, 즉 그곳에서 향유했던 이상적 상태로 ⑤ 돌아가는 것이다. 주인공과 적대자 사이의 갈등이 전개되는 시간을 서사적 현재라 한다면, 주인공이 도달해야 할 종결점은 새로운 미래가 아니라 다시 도래할 과거로서의 미래이다. 이러한 시공간의 배열을 ‘회귀의 크로노토프’라고 한다.

근대소설 「무정」은 회귀의 크로노토프를 부정한다. 이것은 주인공인 이형식과 박영채의 시간 경험을 통해 확인된다. 형식은 고아지만 이상적인 고향의 기억을 갖고 있다. 그것은 박 진사의 집에서 영채와 함께하던 때의 기억이다. 이는 영채도 마찬가지기에, 그들에게 박 진사의 집으로 표상되는 유년의 과거는 이상적 원점의 구실을 한다. 박 진사의 죽음은 그들에게 고향의 상실을 상징한다. 두 사람의 결합이 이상적 상태의 고향을 회복할 수 있는 유일한 방법이겠지만, 그들은 끝내 결합하지 못한다. 형식은 새 시대의 새 인물이 되어야 한다고 생각하며 과거로의 복귀를 거부한다.

01 윗글에서 추론한 내용으로 가장 적절한 것은? 2025. 인사혁신처 1차 샘플

① 「무정」과 고소설은 회귀의 크로노토프를 부정한다는 점에서 공통적이다.

② 영웅소설의 주인공과 「무정」의 이형식은 그들의 이상적 원점을 상실했다는 공통점을 가지고 있다.

③ 「무정」에서 이형식이 박영채와 결합했다면 새로운 미래로서의 종결점에 도달할 수 있었을 것이다.

④ 가정소설은 가족 구성원들이 평화롭게 공존하는 결말을 통해 상실했던 원점으로의 복귀를 거부한다.

02 문맥상 ⑤의 의미와 가장 가까운 것은? 2025. 인사혁신처 1차 샘플

① 전쟁은 연합군의 승리로 돌아갔다.

② 사과가 한 사람 앞에 두 개씩 돌아간다.

③ 그는 잃어버린 동심으로 돌아가고 싶었다.

④ 그녀는 자금이 잘 돌아가지 않는다며 걱정했다.

03 문맥상 ㉠의 의미와 가장 가까운 것은?

> 특히 도파민과 세로토닌 같은 신경전달물질의 농도 변화가 시간 경험에 직접적인 영향을 ㉠ 미친다는 증거들이 제시되고 있다.

① 우리 편 선수는 결승점에 못 미쳐서 넘어지고 말았다.
② 선생님이 지목한 아이들의 실력에 내 성적은 못 미쳤다.
③ 사퇴를 하라는 압력이 그에게 미쳤다.
④ 그는 자신의 능력이 미치는 범위 이상의 일을 맡아 힘들어하고 있다.

04 문맥상 ㉠의 의미와 가장 가까운 것은?

> 이들은 웅변술과 설득력을 ㉠ 길러 정치적 성공을 도모하는 것이 중요하다고 믿었다.

① 그들은 단결 정신을 기르고 강인한 체력을 연마하였다.
② 병을 기르면 치료하기가 점점 어렵게 된다.
③ 그녀는 아이도 잘 기르고 살림도 잘했다.
④ 용돈을 쓸 때에는 계획을 세워 바르게 쓰는 습관을 기르도록 하자.

03 문맥상 ㉠의 의미와 가장 가까운 것은?

> 특히 도파민과 세로토닌 같은 신경전달물질의 농도 변화가 시간 경험에 직접적인 영향을
> ↳ 추상적임
> ㉠ 미친다는 증거들이 제시되고 있다.

① 우리 편 선수는 결승점에 못 미쳐서 넘어지고 말았다.
　　　　　　↳ 구체적임

② 선생님이 지목한 아이들의 실력에 내 성적은 못 미쳤다.
　　　　　　　　　　　↳ 영향과는 관련 ✕

③ 사퇴를 하라는 압력이 그에게 미쳤다.
　　　　　↳ 영향에 해당함

④ 그는 자신의 능력이 미치는 범위 이상의 일을 맡아 힘들어하고 있다.
　　　　　　↳ 영향과는 관련 ✕

04 문맥상 ㉠의 의미와 가장 가까운 것은?

> 능력(추상)
> 이들은 웅변술과 설득력을 ㉠ 길러 정치적 성공을 도모하는 것이 중요하다고 믿었다.

① 그들은 단결 정신을 기르고 강인한 체력을 연마하였다.
　　　　↳ 능력(추상)

② 병을 기르면 치료하기가 점점 어렵게 된다.
　↳ 능력과는 관련 ✕

③ 그녀는 아이도 잘 기르고 살림도 잘했다.
　　↳ 구체적

④ 용돈을 쓸 때에는 계획을 세워 바르게 쓰는 습관을 기르도록 하자.
　　　　　　　　　　↳ *매력적 오답 but 이는 능력보다는 '행동양식'의 의미에 더가까움

亦功 문제 훈련 : 문맥적 의미 추론

Day 17 해설 영상은 '만점 출종포 문제 훈련' 강의에서 꼭 해설 강의를 참고해 주세요.

[1~2] 다음 글을 읽고 물음에 답하시오.

방각본 출판은 책을 목판에 새겨 대량으로 찍어내는 방식이다. 이 경우 소수의 작품으로 많은 판매 부수를 올리는 것이 유리하다. 즉, 하나의 책으로 500부를 파는 것이 세 권의 책으로 합계 500부를 파는 것보다 이윤이 높다. 따라서 방각본 출판업자는 작품의 종류를 늘리기보다는 시장성이 좋은 작품을 집중적으로 출판하였다. 또한 작품의 규모가 커서 분량이 많은 경우에는 생산 비용이 ㉠올라가 책값이 비싸지기 때문에 자연스럽게 분량이 적은 작품을 선호하였다. 이에 따라 방각본 출판에서는 규모가 큰 작품을 기피하였으며, 일단 선택된 작품에도 종종 축약적 윤색이 가해지고는 하였다.

일종의 도서대여업인 세책업은 가능한 여러 종류의 작품을 가지고 있는 편이 유리하고, 한 작품의 규모가 큰 것도 환영할 만한 일이었다. 소설을 빌려 보는 독자들은 하나를 읽고 나서 대개 새 작품을 찾았으니, 보유한 작품의 종류가 많을수록 좋았다. 또한 한 작품의 분량이 많아서 여러 책으로 나뉘어 있으면 그만큼 세책료를 더 받을 수 있으니, 세책업자들은 스토리를 재미나게 부연하여 책의 권수를 늘리기도 했다. 따라서 세책업자들은 많은 종류의 작품을 모으는 데에 주력했고, 이 과정에서 원본의 확장 및 개작이 적잖이 이루어졌다.

01 **윗글에서 추론한 내용으로 가장 적절한 것은?** 2025. 인사혁신처 2차 샘플

① 분량이 많은 작품은 책값이 비쌌기 때문에 세책가에서 취급하지 않았다.
② 세책업자는 구비할 책을 선정할 때 시장성이 좋은 작품보다 분량이 적은 작품을 우선하였다.
③ 방각본 출판업자들은 책의 판매 부수를 올리기 위해 원본의 내용을 부연하여 개작하기도 하였다.
④ 한 편의 작품이 여러 권의 책으로 나뉘어 있는 대규모 작품들은 방각본 출판업자들보다 세책업자들이 선호하였다.

02 **밑줄 친 표현이 문맥상 ㉠의 의미와 가장 가까운 것은?** 2025. 인사혁신처 2차 샘플

① 습도가 올라가는 장마철에는 건강에 유의해야 한다.
② 내가 키우던 반려견이 하늘나라로 올라갔다.
③ 그녀는 승진해서 본사로 올라가게 되었다.
④ 그는 시험을 보러 서울로 올라갔다.

[3~4] 다음 글을 읽고 물음에 답하시오.

> 노년 소설은 노년기에 있는 인물을 주인공으로 하여 그들의 삶, 의식, 행동을 중심으로 노년의 삶을 이야기하는 소설을 말한다. 이 소설들은 주로 노인의 심리적·물리적 소외, 병고로 인한 고통, 늙음과 젊음의 대비에서 오는 갈등 등 노인이 당면하는 문제들을 서사의 중심으로 ㉠ 다룬다. 또한, 노인 문제를 주제로 삼아 해결 방안이나 대안을 제시하는 경우도 많다. 이태준의 단편소설『복덕방』은 노인 자살과 관련된 요소들이 서사 전반에 농후하게 내재된 작품이다. 작품 속에는 일제 강점기 부동산 투기 열풍, 배금주의에 물든 세태, 파괴되는 가족 윤리, 노인의 소외와 고통, 극단적인 노인 자살 양상이 생생하게 묘사되어 있다. 주인공 안초시는 경제적 재기를 꿈꾸며 부동산 투자 정보를 접하게 된다. 딸 안경화가 땅 투기에 뛰어들지만 실패하고, 이로 인해 안초시는 딸과의 관계가 소원해지고 우울증에 시달리다 자살로 생을 마감한다. 이러한 이야기는 현대 사회에서도 여전히 적용된다. 한때 잘나가던 노인이 경제력을 잃고 자녀에게 의지하다가 투자 실패를 거듭하는 양상은 오늘날에도 빈번하다. 노년 소설에 주목하고 이를 노인 대상 자살 예방 교육 자료로 활용하는 것은 죽음과 관련한 인문학적 사회 담론을 활성화하는 계기가 될 수 있다.

03 윗글을 이해한 내용으로 적절하지 않은 것은?

① 노년 소설은 현대 사회의 노인 문제와 그 해결 방안을 모색하는 중요한 문학적 장르로 자리 잡을 수 있다.
② 이태준의 『복덕방』은 일제 강점기의 사회적 문제와 노인의 고통을 생생하게 묘사한 작품이다.
③ 『복덕방』의 주인공 안초시는 경제적 재기를 꿈꾸며 부동산 투자 정보를 접하지만, 결국 자살로 생을 마감한다.
④ 『복덕방』의 사회와는 달리, 현대 사회에서는 노인이 경제력을 잃고 자녀에게 의지하는 경우가 줄어들고 있다.

04 문맥상 ㉠의 의미와 가장 가까운 것은?

① 기술자들은 대개 공구를 자신의 분신처럼 다루는 경향이 있다.
② 그는 공장에서 기계를 다룬다.
③ 국회는 국민 생활과 관련된 법률안 제정, 개정 등의 일을 다룬다.
④ 회의에서 물가 안정을 당면 과제로 다루었다.

[5~6] 다음 글을 읽고 물음에 답하시오.

최근 예술창작 분야에서 AI의 영향력이 점점 커지고 있다. AI가 창작한 그림과 음악, 시, 소설 등 다양한 작품은 인간에 비견한다는 평가를 받기도 한다. 그런데 이러한 AI 예술창작에 대한 긍정적 시각만 존재하는 것은 아니다. AI 예술을 지지하는 사람들은 AI가 인간에게 창의적 영감을 주고, 새로운 예술적 가능성을 ㉠열어 준다고 주장한다. 이들은 AI가 기존 예술을 학습하는 데서 더 나아가 혁신적인 결과물을 만들어낼 수 있다고 본다. 반면 AI 예술을 비판하는 사람들은 AI가 예술의 진정성과 인간성을 해친다고 주장한다. 이들은 예술이 단순히 기술적인 작업이 아니라, 인간의 깊은 감정과 경험에서 비롯되는 것이라고 믿는다. AI가 만든 예술 작품은 본질적으로 인간의 감정을 담아낼 수 없으며, 이는 예술의 진정성을 저해한다는 것이 이들의 견해이다. 또한 이들은 AI가 예술을 창작할 경우 인간 예술가들이 설 자리를 잃을 수도 있다고 우려하고 있다. 최근의 연구에서 AI가 만든 예술 작품이 관람자들에게 인간과 비슷한 감상을 제공한다는 결과가 나오기도 하였다. 그런데 또 다른 연구에서는 관람자들이 AI 예술 작품이 인간이 만든 것으로 생각했을 때는 긍정적 반응을 보였으나, 작품이 AI에 의해 창작되었음을 알게 되면 그 평가가 급격히 나빠진다고 지적한다.

05 다음 글을 읽고 평가한 내용으로 적절하지 않은 것은?

① AI 예술 작품이 인간의 진솔한 감정을 인간이 만든 작품보다 더 잘 전달한다면, 이는 AI 예술을 비판하는 측의 주장을 약화한다.

② AI가 만든 그림이 예술 경매에서 인간 예술가의 작품보다 더 높은 가격에 판매된다면, 이는 AI 예술을 지지하는 측의 주장을 약화한다.

③ AI가 창작한 시가 인간이 쓴 시보다 독자들에게 새로운 감동을 준다면, 이는 AI 예술을 지지하는 측의 주장을 강화한다.

④ AI가 만든 예술이 대량 생산되어 예술가들의 일자리가 사라지고 있다는 비판이 증가한다면, 이는 AI 예술을 비판하는 측의 주장을 강화한다.

06 문맥상 ㉠의 의미와 가장 가까운 것은?

① 안전기의 스위치를 열고 퓨즈가 끊어진 것을 확인한다.

② 그의 음악은 한국 대중음악의 세계화를 여는 계기가 되었다.

③ 그는 결국에는 아내에게 굳게 닫혔던 마음을 열었다.

④ 서로 국가 이념이 다른 두 나라가 경제적인 협력을 위하여 국교를 열었다.

[7~8] 다음 글을 읽고 물음에 답하시오.

정체성 정치(identity politics)는 특정 집단의 정체성과 이익을 중심으로 한 정치적 움직임이나 이론을 의미한다. 이는 주로 인종, 성별, 성적 지향, 민족, 종교 등 사회적 정체성에 기반을 ⑦둔 집단이 자신들의 권리와 이익을 보호하고 증진하기 위해 조직하는 것을 목표로 한다. 정체성 정치는 역사적으로 차별과 억압을 경험해 온 소수 집단이 자신들의 목소리를 내고 정치적 권리를 획득하는 데 중요한 역할을 해왔다. 예를 들어, 흑인 민권운동, 페미니즘, LGBTQ＋ 권리 운동 등은 모두 정체성 정치의 일환으로 볼 수 있다.

그러나 정체성 정치에 대한 비판도 존재한다. (가) 정체성 정치에 반대하는 사람들은 이러한 접근이 사회를 더 분열시키고, 공동의 목표나 보편적 가치를 약화한다고 주장한다. 이들은 정체성 정치가 개인의 독립적 사고보다는 집단적 정체성에 의존하게 만들며, 다양한 사회적 그룹 간의 갈등을 심화시킬 수 있다고 우려한다. 또한, 정체성 정치가 특정 집단의 이익을 지나치게 강조함으로써, 사회 전체의 통합을 저해할 수 있다고 비판한다.

07 윗글의 (가)의 입장을 약화하는 근거로 적절한 것은?

① 정체성 정치가 강하게 작용한 사회에서 특정 집단의 이익이 과도하게 보호되어 다른 집단 간의 갈등이 심화되었다는 사례가 보고되었다.

② 정체성·정치를 통해 차별받던 소수 집단이 정치적 권리를 획득하면서, 사회적 통합과 공존의 가능성이 높아졌다는 연구 결과가 발표되었다.

③ 정체성 정치는 집단 간의 상호 이해를 저해하고, 사회적 갈등을 더 심화시킬 수 있다는 비판이 제기되었다.

④ 정체성 정치가 강조된 사회에서 보편적 가치를 중시하는 정책들이 오히려 감소했다는 분석이 나왔다.

08 문맥상 ⑦의 의미와 가장 가까운 것은?

① 우리는 그 일을 두었다가 적당한 때에 하려고 한다.

② 철수는 간격을 두고 말을 하였다.

③ 요즘에는 많은 회사들이 전문 경영인을 대표 이사로 두고 있다.

④ 창가의 형식은 종래의 가사나 민요에 바탕을 두고 변형을 시도한 것이다.

📝 내가 이 문제를 틀린 이유 체크 리스트

∨	이유	틀린 문제 번호	보완 방법
☐	시간 촉박	＿＿번	
☐	내용 이해 부족	＿＿번	
☐	발문 착각	＿＿번	
☐	오답 패턴 미숙지	＿＿번	
☐	선지 분석 부족	＿＿번	

바꿔 쓸 수 있는 유사한 표현

亦功독해 빨리 푸는 전략!

1단계

한자어 → 고유어로 바꾸는 문제 유형은 옆에 괄호의 한자를 잘 읽어내는 것이 핵심이다.

2단계

한자를 다 읽어낼 필요는 없고, 아는 한자 한 놈만 조진다!

정답 및 해설 p.321

신유형 STEP 1 세트형 독해 – (한자어 ⇨ 고유어)

※ 다음 글을 읽고 물음에 답하시오.

동물이 신체의 내부 온도를 정상 범위 안에서 유지하는 과정을 '체온조절'이라고 한다. 체온조절을 위하여 동물은 신체 내부의 물질대사를 통해 열을 발생시키거나 외부 환경에서부터 열을 ㉠획득한다. 조류나 포유류는 체내의 물질대사에 의하여 생성된 열로 체온을 유지하기 때문에 '내온동물'이라고 부른다. 대부분의 내온동물은 외부 온도가 변화해도 안정적으로 체온을 유지한다. 추운 환경에 노출되어도 내온동물은 충분한 열을 생성해서 주변보다 더 따뜻하게 체온을 유지할 수 있다.

이와 달리 양서류나 많은 종류의 파충류와 어류는 열을 외부에서부터 획득하기 때문에 '외온동물'이라고 부른다. 외온동물은 체온조절을 위한 충분한 열을 생성하지는 않지만 그늘을 찾거나 햇볕을 쬐는 것과 같은 행동을 통해 체온을 ㉡조절한다. 외온동물은 열을 외부에서 얻기 때문에 체내의 물질대사를 통해 큰 에너지를 생성할 필요가 없어서 동일한 크기의 내온동물보다 먹이를 적게 섭취한다.

한편 체온의 안정성을 기준으로 동물을 '항온동물'과 '변온동물'로 ㉢구분하기도 한다. 주위 환경과 관계없이 비교적 일정한 체온을 유지하는 동물을 항온동물, 주위 환경에 따라서 체온이 변하는 동물을 변온동물이라고 부른다. 한때는 내온동물과 외온동물을 각각 항온동물과 변온동물이라고 부르기도 했다.

그런데 체온조절을 위해 열을 획득하는 방식과 체온의 안정성을 유지하는 것은 별개의 문제이다. 외온동물에 속하는 많은 종류의 해양 어류는 일정한 온도가 유지되는 물에서 ㉣서식하기 때문에 체온이 크게 변하지 않는다. 반대로 어떤 내온동물은 체온의 변화가 급격하게 일어나기도 한다. 예컨대 박쥐 중에는 겨울잠을 자면서 체온을 40 ℃나 떨어뜨리는 종류도 있다. 내온동물과 외온동물을 구분하는 방식과 항온동물과 변온동물을 구분하는 방식 사이에는 어떠한 상관관계도 없다.

01 윗글의 ㉠~㉣과 바꿔 쓸 수 있는 유사한 표현으로 적절하지 않은 것은? 2025. 국가직 9급

① ㉠: 얻는다　　　　　　　　② ㉡: 올린다

③ ㉢: 나누기도　　　　　　　④ ㉣: 살기

신유형 STEP 1 세트형 독해 – (한자어 ⇨ 고유어)

※ 다음 글을 읽고 물음에 답하시오.

> 동물이 신체의 내부 온도를 정상 범위 안에서 유지하는 과정을 '체온조절'이라고 한다. 체온조절을 위하여 동물은 신체 내부의 물질대사를 통해 열을 발생시키거나 외부 환경에서부터 열을 ⊙<u>획득</u>한다. 조류나 포유류는 체내의 물질대사에 의하여 생성된 열로 체온을 유지하기 때문에 '내온동물'이라고 부른다. 대부분의 내온동물은 외부 온도가 변화해도 안정적으로 체온을 유지한다. 추운 환경에 노출되어도 내온동물은 충분한 열을 생성해서 주변보다 더 따뜻하게 체온을 유지할 수 있다.
>
> 이와 달리 양서류나 많은 종류의 파충류와 어류는 열을 외부에서부터 획득하기 때문에 '외온동물'이라고 부른다. 외온동물은 체온조절을 위한 충분한 열을 생성하지는 않지만 그늘을 찾거나 햇볕을 쬐는 것과 같은 행동을 통해 체온을 ⓒ<u>조절</u>한다. 외온동물은 열을 외부에서 얻기 때문에 체내의 물질대사를 통해 큰 에너지를 생성할 필요가 없어서 동일한 크기의 내온동물보다 먹이를 적게 섭취한다.
>
> 한편 체온의 안정성을 기준으로 동물을 '항온동물'과 '변온동물'로 ⓒ<u>구분</u>하기도 한다. 주위 환경과 관계없이 비교적 일정한 체온을 유지하는 동물을 항온동물, 주위 환경에 따라서 체온이 변하는 동물을 변온동물이라고 부른다. 한때는 내온동물과 외온동물을 각각 항온동물과 변온동물이라고 부르기도 했다.
>
> 그런데 체온조절을 위해 열을 획득하는 방식과 체온의 안정성을 유지하는 것은 별개의 문제이다. 외온동물에 속하는 많은 종류의 해양 어류는 일정한 온도가 유지되는 물에서 @<u>서식</u>하기 때문에 체온이 크게 변하지 않는다. 반대로 어떤 내온동물은 체온의 변화가 급격하게 일어나기도 한다. 예컨대 박쥐 중에는 겨울잠을 자면서 체온을 40 ℃나 떨어뜨리는 종류도 있다. 내온동물과 외온동물을 구분하는 방식과 항온동물과 변온동물을 구분하는 방식 사이에는 어떠한 상관관계도 없다.

01 윗글의 ⊙~@과 바꿔 쓸 수 있는 유사한 표현으로 적절하지 않은 것은? 2025. 국가직 9급

① ⊙: 얻는다 得 얻을 득

② ⓒ: 올린다 '조절한다'와 의미가 다름

③ ⓒ: 나누기도 分 나눌 분

④ @: 살기 息 살 식

신유형 STEP 2 세트형 독해 – (고유어 ⇨ 한자어)

※ 다음 글을 읽고 물음에 답하시오.

한국 신화에 보이는 신과 인간의 관계는 다른 나라의 신화와 ㉠ 견주어 볼 때 흥미롭다. 한국 신화에서 신은 인간과의 결합을 통해 결핍을 해소함으로써 완전한 존재가 되고, 인간은 신과의 결합을 통해 혼자 할 수 없었던 존재론적 상승을 이룬다.

한국 건국신화에서 주인공인 신은 지상에 내려와 왕이 되고자 한다. 천상적 존재가 지상적 존재가 되기를 ㉡ 바라는 것인데, 인간들의 왕이 된 신은 인간 여성과의 결합을 통해 자식을 낳음으로써 결핍을 메운다. 무속신화에서는 인간이었던 주인공이 신과의 결합을 통해 신적 존재로 ㉢ 거듭나게 됨으로써 존재론적으로 상승하게 된다. 이처럼 한국 신화에서 신과 인간은 서로의 존재를 필요로 한다는 점에서 상호의존적이고 호혜적이다.

다른 나라의 신화들은 신과 인간의 관계가 한국 신화와 달리 위계적이고 종속적이다. 히브리 신화에서 피조물인 인간은 자신을 창조한 유일신에 대해 원초적 부채감을 지니고 있으며, 신이 지상의 모든 일을 관장한다는 점에서 언제나 인간의 우위에 있다. 이러한 양상은 북유럽이나 바빌로니아 등에 ㉣ 퍼져 있는 신체 화생 신화에도 유사하게 나타난다. 신체 화생 신화는 신이 죽음을 맞게 된 후 그 신체가 해체되면서 인간 세계가 만들어지게 된다는 것인데, 신의 희생 덕분에 인간 세계가 만들어질 수 있었다는 점에서 인간은 신에게 철저히 종속되어 있다.

01 ㉠~㉣과 바꿔 쓸 수 있는 유사한 표현으로 적절하지 않은 것은? 2025. 인사혁신처 1차 샘플

① ㉠: 비교해
② ㉡: 희망하는
③ ㉢: 복귀하게
④ ㉣: 분포되어

신유형 STEP 2 세트형 독해 – (고유어 ⇨ 한자어)

※ **다음 글을 읽고 물음에 답하시오.**

> 한국 신화에 보이는 신과 인간의 관계는 다른 나라의 신화와 ㉠ 견주어 볼 때 흥미롭다.
> （↳ 비교하여）
> 한국 신화에서 신은 인간과의 결합을 통해 결핍을 해소함으로써 완전한 존재가 되고, 인간
> 은 신과의 결합을 통해 혼자 할 수 없었던 존재론적 상승을 이룬다.
>
> 한국 건국신화에서 주인공인 신은 지상에 내려와 왕이 되고자 한다. 천상적 존재가 지상
> 적 존재가 되기를 ㉡ 바라는 것인데, 인간들의 왕이 된 신은 인간 여성과의 결합을 통해
> （↳ 희망하는）
> 자식을 낳음으로써 결핍을 메운다. 무속신화에서는 인간이었던 주인공이 신과의 결합을 통
> 해 신적 존재로 ㉢ 거듭나게 됨으로써 존재론적으로 상승하게 된다. 이처럼 한국 신화에서
> （↳ 복귀하게）
> 신과 인간은 서로의 존재를 필요로 한다는 점에서 상호의존적이고 호혜적이다.
>
> 다른 나라의 신화들은 신과 인간의 관계가 한국 신화와 달리 위계적이고 종속적이다. 히
> 브리 신화에서 피조물인 인간은 자신을 창조한 유일신에 대해 원초적 부채감을 지니고 있
> 으며, 신이 지상의 모든 일을 관장한다는 점에서 언제나 인간의 우위에 있다. 이러한 양상
> 은 북유럽이나 바빌로니아 등에 ㉣ 퍼져 있는 신체 화생 신화에도 유사하게 나타난다. 신체
> （↳ 분포되어）
> 화생 신화는 신이 죽음을 맞게 된 후 그 신체가 해체되면서 인간 세계가 만들어지게 된다는
> 것인데, 신의 희생 덕분에 인간 세계가 만들어질 수 있었다는 점에서 인간은 신에게 철저히
> 종속되어 있다.

· '복귀하다'로 말 만들어 보기
 → 철수가 직장으로 복귀하였다.
 　　　　　　（→ 돌아갔다.）
· '거듭나다'로 말 만들어 보기
 → 철수는 새 사람으로 거듭났다.
 　　　　　　（→ 새사람이 되다.）

01 ㉠~㉣과 바꿔 쓸 수 있는 유사한 표현으로 적절하지 <u>않은</u> 것은? **2025. 인사혁신처 1차 샘플**

① ㉠: 비교해 (○)

② ㉡: 희망하는 (○)

③ ㉢: 복귀하게 (×)

④ ㉣: 분포되어 (○)

亦功 문제 훈련 : 바꿔 쓸 수 있는 유사한 표현

Day 18 해설 영상은 '만점 출좋포 문제 훈련' 강의에서 꼭 해설 강의를 참고해 주세요.

[1~2] 다음 글을 읽고 물음에 답하시오.

판소리 문학은 영웅소설과 달리 일원론적 세계관에 기초한 소설이다. 판소리 문학에서도 초경험적 요소가 일정한 역할을 ㉠ 맡지만, 이는 작중 현실 전반을 유기적으로 예정하거나 통제하는 초월적 원인계로서 ㉡ 끼어들기보다는 일시적이고 부분적인 기능 전환 장치로 사용된다. 경험적 인과관계만으로는 해결할 수 없는 상황에서 초월적 공간이나 존재가 등장하여 현실의 전환을 일으키는 판소리 문학의 세계는 영웅소설과 다르게 일원적 세계관을 ㉢ 만든다. 판소리 문학의 현실주의 지향을 이해하는 데 있어 이러한 일원적 세계관은 판소리의 문학사적 의의를 담보한다. 판소리 문학에 등장하는 인물들과 그들이 ㉣ 그려내는 세속적 욕망은 그 이전의 영웅소설이나 가문소설에서 흔히 찾아보기 힘든 성질의 것이다.

예를 들어, <춘향전>에서는 용궁, 제비, 장승과 같은 초월적 세계를 지시하는 구체적인 표지가 발견되지 않는다. 그러나 춘향이가 변학도의 수청 요구를 거부하고 옥에 갇혔을 때 꿈의 세계가 개입되는 장면을 확인할 수 있다. 춘향이 유폐된 감옥이라는 공간은 일상의 삶에서 죽음의 공간으로 넘어가는 경계로 기능한다. 이러한 경계 공간은 현실에서는 접하지 못했던 초월적 세계에 둘러싸여 있으며, 속된 세계에서 성스러운 세계로 이행할 수 있는 역설적인 장소가 된다.

01 윗글을 이해한 내용으로 가장 적절한 것은?

① 판소리 문학에 등장하는 인물들의 세속적 욕망은 영웅소설이나 가문소설에서 자주 등장하는 주제이다.
② 판소리 문학의 경계 공간은 성스러운 세계로의 이행을 가능하게 하며, 이를 통해 초월적 경험이 현실에 미치는 영향을 탐구한다.
③ 춘향이 감옥에 갇힌 상태는 단순한 일상의 공간으로만 작용하며, 초월적 세계와의 경계로 기능하지 않는다.
④ 판소리 문학은 영웅소설과 마찬가지로 초경험적 요소가 작중 현실을 유기적으로 통제하며, 이를 통해 고전적 세계관을 유지한다.

02 ㉠~㉣과 바꿔 쓸 수 있는 유사한 표현으로 적절하지 않은 것은?

① ㉠: 담당하지만
② ㉡: 게재되기
③ ㉢: 구축한다
④ ㉣: 묘사하는

[3~4] 다음 글을 읽고 물음에 답하시오.

현대전에서 여론전은 단순히 정보를 전달하는 차원을 넘어 상대의 부정적 이미지를 ㉠ <u>만들고</u>, 자국의 정당성을 ㉡ <u>가지</u>는 데 필수적인 전략으로 자리 잡았다. 이스라엘-하마스 전쟁은 이러한 여론전의 복합적인 양상을 명확히 보여준다. 이스라엘은 하마스의 테러리즘과 민간인 학살을 부각하며 국제사회의 동정과 지지를 얻으려 하였다. 반면, 하마스는 이스라엘의 군사적 침략과 국제법 위반을 지적하며 가자지구 민간인의 피해를 강조하였다. 이러한 여론전은 전통적인 매체뿐만 아니라 소셜 미디어와 같은 디지털 플랫폼을 통해 더욱 빠르고 광범위하게 ㉢ <u>퍼지고</u> 있다. 이를 통해 각국은 여론의 형성과 변화를 활용하여 전쟁의 방향성과 국제적 반응을 유리하게 조정하려 한다. 하지만, 이 과정에서 발생하는 정보 왜곡과 과장은 민간인 피해의 심각성을 ㉣ <u>줄이거나</u> 특정 국가의 이익만을 부각하는 한계를 드러낸다. 따라서 여론전은 단순히 효과적인 도구로 기능할 뿐 아니라 국제사회의 윤리적 판단을 요구하는 과제가 되고 있다.

03 다음 글의 중심 내용으로 가장 적절한 것은?

① 여론전은 현대전에서 상대방의 이미지를 부정적으로 조성하기 위해 필수적인 전략적 도구로 활용된다.

② 이스라엘과 하마스는 여론전을 통해 국제사회에서의 정당성과 지지를 얻으려 노력하고 있다.

③ 여론전은 전통적인 매체를 넘어 디지털 플랫폼에서 더욱 강력한 영향을 발휘하고 있다.

④ 현대전에서 여론전은 정보 왜곡과 과장이라는 윤리적 문제를 동반한다.

04 ㉠~㉣과 바꿔 쓸 수 있는 유사한 표현으로 적절하지 않은 것은?

① ㉠: 조성하고

② ㉡: 확보하는

③ ㉢: 확충되고

④ ㉣: 축소하거나

[5~6] 다음 글을 읽고 물음에 답하시오.

순수예술은 흔히 작가의 깊은 사유와 창의적 표현을 강조하며, 예술적 완성도를 최우선으로 한다. 이러한 예술은 철학, 역사, 미학적 전통 속에서 발전하며, 이해하기 어렵거나 특정한 지적 배경을 필요로 할 수도 있다. 예를 들어, 20세기 초 현대 미술의 대표적 화가였던 피카소의 작품은 단순한 시각적 아름다움보다 형태의 해체와 재구성을 통해 예술의 본질을 탐구하는 데 집중한다. 이러한 예술은 대중에게 ㉠ <u>어렵게</u> 느껴질 수 있으나, 깊이 있는 감상과 해석을 통해 더욱 풍부한 의미를 발견할 수 있다.

반면, 대중예술은 보다 많은 사람들이 쉽게 ㉡ <u>다가가고</u> 즐길 수 있도록 만들어진다. 영화, 대중음악, 만화, 드라마 등은 일반적으로 직관적인 감동과 흥미로운 서사를 ㉢ <u>주며</u>, 널리 소비된다. 예를 들어, 팝 음악은 단순한 멜로디와 반복적인 후렴구를 통해 대중이 쉽게 따라 부를 수 있도록 ㉣ <u>만들어진다</u>. 이러한 예술은 삶의 즐거움을 제공하고, 문화적 소통의 장을 형성하며, 때로는 사회적 메시지를 전달하는 역할을 한다. 그런데 순수예술과 대중예술을 이분법적으로 나누기는 어렵다. 순수예술이 대중성을 가질 수도 있고, 대중예술이 높은 예술적 가치를 지닐 수도 있다. 예술의 가치는 그 목적과 수용자의 경험 속에서 결정되며, 예술이 반드시 소수의 전유물이 되어야 한다거나, 대중적이어야 한다는 절대적인 기준은 존재하지 않는다.

05 다음 글에서 추론한 내용으로 가장 적절한 것은?

① 순수예술과 대중예술은 명확히 구분되지 않으며, 각각의 특성이 서로 공존할 수 있다.

② 20세기 초 현대 미술에서는 순수예술이 대중예술보다 더 많은 사회적 메시지를 전달했다.

③ 순수예술 작품의 가치는 작가의 창작 의도와 미학적 완성도에 따라 결정된다.

④ 대중예술은 순수예술과 달리 단순한 즐거움만을 추구하므로 예술적 가치가 낮다.

06 ㉠~㉣과 바꿔 쓸 수 있는 유사한 표현으로 적절하지 않은 것은?

① ㉠: 난해하게

② ㉡: 접근하고

③ ㉢: 제공하며

④ ㉣: 제조된다

[7~8] 다음 글을 읽고 물음에 답하시오.

대기업 규제와 자유 경쟁 중 어떤 것이 더 바람직한지에 대한 논쟁은 시장 경제에서 중요한 화두 중 하나이다. 대기업 규제를 지지하는 입장은 대기업의 시장 독점과 지배력을 ㉠ <u>견제하여</u> 공정한 경쟁 환경을 ㉡ <u>조성해야</u> 한다고 주장하는 반면, 자유 경쟁을 지지하는 입장은 기업 활동의 자율성을 보장하여 시장의 효율성을 극대화해야 한다고 본다.

대기업 규제 찬성론자들은 독점으로 인해 시장의 공정성이 ㉢ <u>훼손되고</u> 소비자와 중소기업에 불리한 환경이 조성될 수 있다고 우려한다. 이에 따라 반독점법 등의 규제를 통해 대기업의 독점적 행위를 제한하고 공정 경쟁을 ㉣ <u>유도해야</u> 한다고 주장한다. 다만 과도한 규제는 기업의 성장을 저해하고 국제 경쟁력을 약화할 수 있다는 점도 고려해야 한다.

반면 자유 경쟁 옹호론자들은 시장의 자율적 작동이 효율성을 극대화한다고 본다. 대기업은 규모의 경제를 바탕으로 혁신을 주도하고 생산 비용을 낮춰 소비자에게 혜택을 제공할 수 있으며, 자유로운 성장을 통해 글로벌 시장에서의 경쟁력을 확보할 수 있다. 하지만 대기업의 시장 독점이 경쟁을 제한하고 소비자와 노동자에게 불리한 조건을 형성할 가능성도 간과할 수 없다.

결국 대기업 규제와 자유 경쟁은 시장의 공정성과 효율성이라는 두 가치 사이에서 균형점을 찾아가는 과정이라고 할 수 있다. 시장의 활력을 유지하면서도 독점의 폐해를 방지하기 위한 적절한 정책 조합을 마련하는 것이 우리 사회의 중요한 과제일 것이다.

07 다음 글에서 추론한 내용으로 가장 적절한 것은?

① 대기업 규제는 모든 국가에서 반드시 시행되어야 하며, 이를 통해 시장의 공정성을 보장할 수 있다.
② 대기업 규제와 자유 경쟁은 시장의 공정성과 효율성 사이에서 균형을 맞추는 과정이 필요하다.
③ 자유 경쟁을 허용하면 소비자 후생보다 시장의 효율성이 극대화되는 장점이 있다.
④ 대기업의 독점적 성장은 국제 경쟁력을 약화하는 원인으로 작용한다.

08 ㉠~㉣과 바꿔 쓸 수 있는 유사한 표현으로 적절하지 않은 것은?

① ㉠: 지켜
② ㉡: 만들어야
③ ㉢: 망가지고
④ ㉣: 이끌어야

📝 내가 이 문제를 틀린 이유 체크 리스트

V	이유	틀린 문제 번호	보완 방법
☐	시간 촉박	____번	
☐	내용 이해 부족	____번	
☐	발문 착각	____번	
☐	오답 패턴 미숙지	____번	
☐	선지 분석 부족	____번	

지시 대상 추론

Part 07 세트형 독해 + 어휘

지시 대상 추론 유형은 추론 유형이 강조되면서 0순위 최빈출 유형이 되었습니다.

2025 인사혁신처 1차 샘플에서는 1문제가 출제되었으나

2025 인사혁신처 2차 샘플에서는 2문제, 2025 국가직 9급에서도 2문제, 지방직 9급에서도 1문제 출제되었습니다.

지시 대상 추론 유형을 출제자들이 굉장히 중시함이 방증된 것입니다.

지시 대상 추론 유형은 세트형의 2번째 문제에 출제될 예정인데,

제시문을 준 후에 단어나 어구에 밑줄을 친 후

1) 같은 지시 대상을 한 묶음으로 묶거나,

2) 범주가 같은 지시 대상을 추론하거나,

3) 밑줄 친 (가)와 다른 지시 대상을 찾거나,

4) 유사한 지시 대상을 한 묶음으로 묶는 문제가 출제될 예정입니다.

출종포 독해 이론 — 지시 대상 추론 방법

1 지시어

문맥 내에서 주로 앞에서 미리 언급된 앞말을 가리킬 때 쓰이는 말.

지시어 문제는 원래 표현하고자 하는 대상(원관념)을 파악해야 한다.

그리고 그 원관념은 주로 지시어의 앞에 위치한다.

---

① 그

② 이들, 그들, 저들

③ 전자, 후자

④ 소리

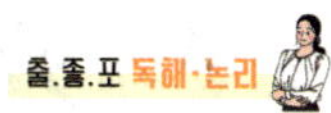

2 지시어 찾는 방법

앞뒤의 문맥을 잘 파악하며 객관적인 단서에 따라 앞의 어떤 말을 지시해 주는지를 파악해야 한다.

[예제] **문맥상 ㉠~㉢ 중 지시 대상이 같은 것만으로 묶인 것은?** 2025. 인사혁신처 1차 샘플

> 영국의 유명한 원형 석조물인 스톤헨지는 기원전 3,000년경 신석기시대에 세워졌다. 1960년대에 천문학자 호일이 스톤헨지가 일종의 연산장치라는 주장을 하였고, 이후 엔지니어인 톰은 태양과 달을 관찰하기 위한 정교한 기구라고 확신했다. 천문학자 호킨스는 스톤헨지의 모양이 태양과 달의 배열을 나타낸 것이라는 의견을 제시해 관심을 모았다.
>
> 그러나 고고학자 앳킨슨은 ㉠그들의 생각을 비난했다. 앳킨슨은 스톤헨지를 세운 사람들을 '야만인'으로 묘사하면서, ㉡이들은 호킨스의 주장과 달리 과학적 사고를 할 줄 모른다고 주장했다. 이에 호킨스를 옹호하는 학자들이 진화적 관점에서 앳킨슨을 비판하였다. ㉢이들은 신석기시대보다 훨씬 이전인 4만 년 전의 사람들도 신체적으로 우리와 동일했으며 지능 또한 우리보다 열등했다고 볼 근거가 없다고 주장했다.
>
> 하지만 스톤헨지의 건설자들이 포괄적인 의미에서 현대인과 같은 지능을 가졌다고 해도 과학적 사고와 기술적 지식을 가지지는 못했다. ㉣그들에게는 우리처럼 2,500년에 걸쳐 수학과 천문학의 지식이 보존되고 세대를 거쳐 전승되어 쌓인 방대하고 정교한 문자 기록이 없었다. 선사시대의 생각과 행동이 우리와 똑같은 식으로 전개되지 않았으리라는 점은 매우 중요하다. 지적 능력을 갖췄다고 해서 누구나 우리와 같은 동기와 관심, 개념적 틀을 가졌으리라고 생각하는 것은 잘못이다.

① ㉠, ㉢　　　　　　　　　　　　② ㉡, ㉣

③ ㉠, ㉡, ㉢　　　　　　　　　　④ ㉠, ㉡, ㉣

결국, ㉠은 호일, 톰, 호킨스
　　　㉡은 스톤헨지를 세운 사람들
　　　㉢은 호킨스를 옹호하는 학자들
　　　㉣은 스톤헨지의 건설자들

∴ ㉡, ㉣의 대상이 같다.

1단계

세트형 독해의
첫 번째 문제를 풀면서
지시 대상 추론 문제를
동시에 풀기

2단계

밑줄 친 지시 대상의
앞 부분에 있는
원관념이 무엇인지
파악하기

3단계

반드시 객관적 단서가
밑줄 앞뒤에 존재하니
객관적 단서에 따라
답을 고르기

신유형 STEP 1 세트형 독해 : 같은 지시대상 찾기

※ 다음 글을 읽고 물음에 답하시오.

이집트 벽화에서 신, 파라오, 귀족은 특이한 모습으로 표현된다. 신체의 주요 부위를 이상적으로 보여줄 수 있도록 눈은 정면, 얼굴은 측면, 가슴은 정면, 발은 측면을 향하게 조합하여 그린 것이다. 이는 단일한 시점에서 대상을 표현한 것이 아니라 여러 시점에서 바라본 모습을 하나의 형상에 집약한 것이다. 이렇게 그려진 ㉠그들의 모습은 이상적인 부분끼리의 조합을 통해 완전하고 완벽하며 장중한 형상을 보여 주고자 한 의도의 결과이다. 그런데 벽화에 표현된 대상들 중 신, 파라오, 귀족과 같은 고귀한 존재는 이렇게 그려지고, 평범한 일반인은 곧잘 이런 방식과 관계없이 꽤 사실적으로 그려졌다. ㉡그들을 서로 다른 방식으로 표현하였다는 점은 이집트 미술이 특정한 이데올로기를 통해 양식화되어 있음을 선명하게 보여 준다.

이 이데올로기에 따르면, 신과 파라오, 나아가 귀족은 '존재하는 자'이고, 죽을 운명을 가진 평범한 사람들은 그저 '행위하는 자'이다. 평범한 사람들이 일하는 모습을 그릴 때 사실적으로, 그러니까 얼굴이 측면이면 가슴도 측면으로 자연스럽게 그리는 것은, 그들이 썩어 없어질 찰나의 인생을 살고 있기 때문이다. 그러기에 ㉢그들은 이 세상에서 실제로 행위하는 모습 그대로 그려진다. 반면 고귀한 존재는 삼라만상의 변화와 관계없이 영원한 세계의 이상을 반영한다. 그러기에 ㉣그들은 이상적 규범에 따라 불변의 양식으로 그려진다.

이렇게 같은 인간을 표현해도 위계에 따라 표현 방식을 달리한 것은 이집트 종교의 영향 때문이다. 이집트 종교는 수직적이고 이원적인 정신성에 그 토대를 두고 있다. 이런 이원론적인 정신성은 양식화된 이상주의적 미술로 표현되는 경향이 있다. 이집트의 벽화가 바로 그 대표적인 사례이다.

01 윗글의 ㉠~㉣ 중 문맥상 지시 대상이 같은 것만으로 묶인 것은? 2025. 국가직 9급

① ㉠, ㉣
② ㉡, ㉢
③ ㉠, ㉡, ㉣
④ ㉠, ㉢, ㉣

신유형 _{STEP 1} 세트형 독해 : 같은 지시대상 찾기

※ 다음 글을 읽고 물음에 답하시오.

이집트 벽화에서 신, 파라오, 귀족은 특이한 모습으로 표현된다. 신체의 주요 부위를 이상적으로 보여줄 수 있도록 눈은 정면, 얼굴은 측면, 가슴은 정면, 발은 측면을 향하게 조합하여 그린 것이다. 이는 단일한 시점에서 대상을 표현한 것이 아니라 여러 시점에서 바라본 모습을 하나의 형상에 집약한 것이다. 이렇게 그려진 ㉠그들의 모습은 이상적인 부분끼리의 조합을 통해 완전하고 완벽하며 장중한 형상을 보여 주고자 한 의도의 결과이다. 그런데 벽화에 표현된 대상들 중 신, 파라오, 귀족과 같은 고귀한 존재는 이렇게 그려지고, 평범한 일반인은 곧잘 이런 방식과 관계없이 꽤 사실적으로 그려졌다. ㉡그들을 서로 다른 방식으로 표현하였다는 점은 이집트 미술이 특정한 이데올로기를 통해 양식화되어 있음을 선명하게 보여 준다.

이 이데올로기에 따르면, 신과 파라오, 나아가 귀족은 '존재하는 자'이고, 죽을 운명을 가진 평범한 사람들은 그저 '행위하는 자'이다. 평범한 사람들이 일하는 모습을 그릴 때 사실적으로, 그러니까 얼굴이 측면이면 가슴도 측면으로 자연스럽게 그리는 것은, 그들이 썩어 없어질 찰나의 인생을 살고 있기 때문이다. 그러기에 ㉢그들은 이 세상에서 실제로 행위하는 모습 그대로 그려진다. 반면 고귀한 존재는 삼라만상의 변화와 관계없이 영원한 세계의 이상을 반영한다. 그러기에 ㉣그들은 이상적 규범에 따라 불변의 양식으로 그려진다.

이렇게 같은 인간을 표현해도 위계에 따라 표현 방식을 달리한 것은 이집트 종교의 영향 때문이다. 이집트 종교는 수직적이고 이원적인 정신성에 그 토대를 두고 있다. 이런 이원론적인 정신성은 양식화된 이상주의적 미술로 표현되는 경향이 있다. 이집트의 벽화가 바로 그 대표적인 사례이다.

㉠: 신, 파라오, 귀족

㉡: 신, 파라오, 귀족 같은 고귀한 존재 + 평범한 일반인

㉢: 평범한 사람들

㉣: 고귀한 존재 =신, 파라오, 귀족

---

01 윗글의 ㉠~㉣ 중 문맥상 지시 대상이 같은 것만으로 묶인 것은? 2025. 국가직 9급

① ㉠, ㉣

② ㉡, ㉢

③ ㉠, ㉡, ㉣ **매력적 오답!**

④ ㉠, ㉢, ㉣

亦功독해 빨리 푸는 전략!

1단계

세트형 독해의
첫 번째 문제를 풀면서
지시 대상 추론 문제를
동시에 풀기

2단계

문맥상 (가)의 의미가
무엇인지
제시문에서 객관적 단서를
파악하기

3단계

㉠~㉢ 중
문맥상 (가)의 의미와
유사한 것을 찾기

단, 제시문의 단서에
근거하여 찾기

신유형 STEP 2 내용 추론 긍정 발문 + 문맥상 (가)의 의미와 가까운 것

※ 다음 글을 읽고 물음에 답하시오.

조선 시대 소설은 표기 문자에 따라 한자로 ㉠표기한 한문소설과 한글로 표기한 한글소설, 두 가지로 나뉜다. 한문소설은 중국에서 들여온 한문소설, 조선에서 창작한 한문소설, 조선의 한글소설을 ㉡번역한 한문소설로 나뉜다. 그리고 한글소설은 중국소설을 번역한 한글소설, 조선에서 창작한 한문소설을 번역한 한글소설, 조선에서 창작한 한글소설로 나뉜다. 조선 시대에 많은 한글소설이 창작되어 읽혔지만, 이를 저급한 오락물로 여겼던 당대의 지식인들은 한글소설을 외면했으므로 그에 관해 ㉢기록한 문헌을 거의 남기지 않았다. 반면에 이들은 한문소설, 특히 중국에서 들여온 한문소설을 즐겨 읽고 이에 관한 많은 기록을 남겼다.

중국에서 들여온 한문소설은 조선에서도 인쇄된 책으로 읽혔기 때문에 필사본이 거의 없다. 이와 대조적으로 조선에서 창작한 한문소설은 필사본으로 유통되었다. 조선의 필사본 소설은 뚜렷한 특징을 보이는데, 한문소설을 ㉣필사한 경우는 이본별 내용 차이가 거의 없는 반면 한글소설을 필사한 경우는 그렇지 않다는 점이다. 한글소설은 같은 제목의 소설이라도 내용이 상당히 다른 다양한 이본이 있었다. 이는 한문소설의 독자는 문자 그대로 독자였던 것에 비하여 한글소설의 독자는 독자이면서 이야기를 개작하는 작자이기도 했기 때문이다. 한자에 비해 한글은 익히기 쉽고 그만큼 쓰기도 편해서 한글소설의 필사자는 내용을 바꾸고 싶다는 의지가 있다면 쉽게 바꿀 수 있었다. 한글소설은 인쇄본이 아니라 필사본으로 많이 유통되었기 때문에 (가)옮겨 쓰는 과정에서 다양한 이본이 생겨났다.

조선 시대 소설을 이해하는 데 있어서 소설을 표기한 문자는 무엇보다 중요하다. 표기 문자는 소설의 종류를 나누는 기준이 되었을 뿐만 아니라, 소설의 감상 및 유통, 이본 생산에 직접적인 영향을 미쳤다.

02 윗글의 ㉠~㉣ 중 문맥상 (가)의 의미와 가장 가까운 것은? 2025. 국가직 9급

① ㉠　　　　　　　　　　　② ㉡

③ ㉢　　　　　　　　　　　④ ㉣

신유형 STEP 2 | 내용 추론 긍정 발문 + 문맥상 (가)의 의미와 가까운 것

※ 다음 글을 읽고 물음에 답하시오.

> **표기(表 겉 표, 記 기록할 기)**
> : 단순히 문자나 기호로 언어를 표시함.

조선 시대 소설은 표기 문자에 따라 한자로 ㉠표기한 한문소설과 한글로 표기한 한글소설, 두 가지로 나뉜다. 한문소설은 중국에서 들여온 한문소설, 조선에서 창작한 한문소설, 조선의 한글소설을 ㉡번역한 한문소설로 나뉜다. 그리고 한글소설은 중국소설을 번역한 한글소설, 조선에서 창작한 한문소설을 번역한 한글소설, 조선에서 창작한 한글소설로 나뉜다. 조선 시대에 많은 한글소설이 창작되어 읽혔지만, 이를 저급한 오락물로 여겼던 당대의 지식인들은 한글소설을 외면했으므로 그에 관해 ㉢기록한 문헌을 거의 남기지 않았다. 반면에 이들은 한문소설, 특히 중국에서 들여온 한문소설을 즐겨 읽고 이에 관한 많은 기록을 남겼다.

> **번역(飜 번역할 번 譯 번역할 역)**
> : 한 나라의 말을
>   다른 나라 말로 옮김

> **기록(記 기록할 기, 錄 기록할 록)**
> : 남길 필요가 있는 사항을 단순히
>   적는 일

중국에서 들여온 한문소설은 조선에서도 인쇄된 책으로 읽혔기 때문에 필사본이 거의 없다. 이와 대조적으로 조선에서 창작한 한문소설은 필사본으로 유통되었다. 조선의 필사본 소설은 뚜렷한 특징을 보이는데, 한문소설을 ㉣필사한 경우는 이본별 내용 차이가 거의 없는 반면 한글소설을 필사한 경우는 그렇지 않다는 점이다. 한글소설은 같은 제목의 소설이라도 내용이 상당히 다른 다양한 이본이 있었다. 이는 한문소설의 독자는 문자 그대로 독자였던 것에 비하여 한글소설의 독자는 독자이면서 이야기를 개작하는 작자이기도 했기 때문이다. 한자에 비해 한글은 익히기 쉽고 그만큼 쓰기도 편해서 한글소설의 필사자는 내용을 바꾸고 싶다는 의지가 있다면 쉽게 바꿀 수 있었다. 한글소설은 인쇄본이 아니라 필사본으로 많이 유통되었기 때문에 (가)옮겨 쓰는 과정에서 다양한 이본이 생겨났다.

> **필사(筆 붓 필, 寫 베낄 사)**
> : 베끼어 씀(= 옮겨 씀)

> ** 객관적 단서

조선 시대 소설을 이해하는 데 있어서 소설을 표기한 문자는 무엇보다 중요하다. 표기 문자는 소설의 종류를 나누는 기준이 되었을 뿐만 아니라, 소설의 감상 및 유통, 이본 생산에 직접적인 영향을 미쳤다.

---

02 윗글의 ㉠~㉣ 중 **문맥상 (가)의 의미와 가장 가까운 것은?** 2025. 국가직 9급

① ㉠　　　　　　　② ㉡

③ ㉢　　　　　　　④ ㉣

亦功 문제 훈련 : 지시 대상 추론

Day 19 해설 영상은 '만점 출종포 문제 훈련' 강의에서 꼭 해설 강의를 참고해 주세요.

[1~2] 다음 글을 읽고 물음에 답하시오.

생물은 자신의 종에 속하는 개체들과 의사소통을 한다. 꿀벌은 춤을 통해 식량의 위치를 같은 무리의 동료들에게 알려주며, 녹색원숭이는 포식자의 접근을 알리기 위해 소리를 지른다. 침팬지는 고통, 괴로움, 기쁨 등의 감정을 표현할 때 각각 다른 ㉠소리를 낸다.

말한다는 것을 단어에 대해 ㉡소리 낸다는 의미로 보게 되면, 침팬지가 사람처럼 말하도록 하는 것은 불가능하다. 침팬지는 인간과 게놈의 98%를 공유하고 있지만, 발성 기관에 차이가 있다.

인간의 발성 기관은 아주 정교하게 작용하여 여러 ㉢소리를 낼 수 있는데, 초당 십여 개의 (가)소리를 쉽게 만들어 낸다. 이는 성대, 후두, 혀, 입술, 입천장을 아주 정확하게 통제할 수 있기 때문에 가능한 것이다. 침팬지는 이만큼 정확하게 통제를 하지 못한다. 게다가 인간의 발성 기관은 유인원의 그것과 현저하게 다르다. 주요한 차이는 인두의 길이에 있다. 인두는 혀 뒷부분부터 식도에 이르는 통로로 음식물과 공기가 드나드는 길이다. 인간의 인두는 여섯 번째 목뼈에까지 이른다. 반면에 대부분의 포유류에서는 인두의 길이가 세 번째 목뼈를 넘지 않으며 개의 경우는 두 번째 목뼈를 넘지 않는다. 다른 동물의 인두에 비해 과도하게 긴 인간의 인두는 공명 상자 기능을 하여 세밀하게 통제되는 ㉣소리를 만들어 낸다.

01 윗글에서 추론한 내용으로 가장 적절한 것은? 2025. 인사혁신처 2차 샘플

① 개의 인두 길이는 인간의 인두 길이보다 짧다.
② 침팬지의 인두는 인간의 인두와 98% 유사하다.
③ 녹색원숭이는 침팬지와 의사소통을 할 수 있다.
④ 침팬지는 초당 십여 개의 소리를 만들어 낼 수 있다.

02 ㉠~㉣ 중 문맥상 (가)에 해당하는 의미로 사용되지 않은 것은? 2025. 인사혁신처 2차 샘플

① ㉠
② ㉡
③ ㉢
④ ㉣

[3~4] 다음 글을 읽고 물음에 답하시오.

현대 사회에서 자연의 법적 지위에 대한 논쟁이 심화되고 있다. (가) <u>자연에게 법적 인격을 부여해야 한다는 입장</u>은 강, 산, 숲과 같은 자연물에 법적 권리를 인정함으로써 환경 보호를 강화할 수 있다고 주장한다. 이들은 ㉠ <u>자연</u>이 독립적인 존재로서 존중받아야 하며, 법적 권리를 통해 인간의 무분별한 개발과 착취로부터 보호받을 수 있다고 본다. 이러한 관점은 자연과 인간이 상호 의존적인 관계에 있다는 ㉡ <u>생태 중심적 사고</u>에서 비롯된다. 반면, (나) <u>자연에게 법적 인격을 부여하는 것은 부적절하다는 입장</u>은 법적 인격은 인간이나 법인과 같이 의무와 책임을 질 수 있는 주체에게만 부여되어야 한다고 주장한다. 이들은 ㉢ <u>자연</u>은 의사 결정 능력이 없으며, 법적 권리를 행사할 수 없기 때문에 법적 인격을 부여하는 것은 의미가 없다고 본다. 또한 이들은 자연 보호는 기존의 환경 법령과 정책을 강화함으로써 충분히 달성할 수 있다고 주장한다. 이러한 논쟁은 뉴질랜드에서 실제로 ㉣ <u>강</u>에게 법적 인격을 부여한 사례를 통해 더욱 주목받고 있다. 이 사례는 자연과 인간의 관계를 재정립하고, 환경 보호의 새로운 패러다임을 제시했다는 평가를 받는다. 그러나 동시에 법적 체계의 복잡성을 가중시키고, 실질적인 효과가 미흡하다는 비판도 존재한다.

03 윗글을 읽고 평가한 내용으로 적절하지 <u>않은</u> 것은?

① 자연물에 법적 권리를 부여한 후, 그 지역에서 환경 파괴가 크게 감소했다는 연구 결과가 나온다면, 이는 (가)를 강화한다.

② 자연에게 법적 인격을 부여하는 것이 실질적인 환경 보호보다 법적 복잡성을 가중시키고, 혼란을 초래한다는 사례가 나온다면, 이는 (가)를 약화한다.

③ 기존의 환경 법령과 정책을 강화하는 것만으로도 충분한 환경 보호 효과가 있었다는 연구 결과가 발표된다면, 이는 (나)를 강화한다.

④ 자연물에게 법적 권리를 부여했으나, 경제 발전과 인프라 확장을 저해하는 부작용이 발생했다면, 이는 (나)를 약화한다.

04 문맥상 ㉠~㉣ 중 지시 대상이 함축하는 의미가 유사한 것만으로 묶인 것은?

① ㉠, ㉡ / ㉢, ㉣

② ㉠, ㉡, ㉢ / ㉣

③ ㉠, ㉡, ㉣ / ㉢

④ ㉡, ㉢, ㉣ / ㉠

[5~6] 다음 글을 읽고 물음에 답하시오.

> 약 400년 전, 바로크 시대의 음악 발전은 오늘날에도 그 예술적, 기술적 성과로 인정받고 있다. 이 시기에는 오페라, 콘체르토, 소나타 등 새로운 음악 형태가 발달하였고, 악기의 사용과 조화의 이론이 크게 발전하였다. 특히, ㉠ 작곡가 바흐, 비발디, 헨델과 같은 인물들은 복잡한 조화와 독창적인 멜로디를 통해 이 시대 음악의 깊이를 더했다. ㉡ 음악이론가들은 바로크 음악이 클래식 음악의 발전에 결정적인 기여를 했다고 주장했다.
>
> 그러나 ㉢ 일부 음악사학자들은 바로크 작곡가들의 음악적 혁신이 단순히 예술적 진보의 결과라기보다는 당시의 사회적, 정치적 요구의 결과라고 비판했다. ㉣ 그들은 ㉤ 그들이 기술을 주체적으로 발전시킨 것이 아니라 궁정과 교회의 요구에 응답하기 위해 작품을 창조했다고 주장했다. 이에 대해 음악이론가들은 바로크 시대의 악보와 문헌을 통해 ㉥ 그들의 음악적 능력을 입증할 수 있었다고 반박했다. ㉦ 이들은 바로크 음악의 보존과 연구를 진행하고 있으며, 이러한 작업을 통해 당시 작곡가들의 복잡한 조화 기법과 구조적 혁신을 세계에 알리고 있다.
>
> 그럼에도 불구하고, 바로크 음악이 단순히 정치적, 종교적 목적의 결과인지, 아니면 실제로 기술적, 예술적 발전의 산물인지에 대한 논란은 여전히 계속되고 있다. 바로크 음악이 실제로 음악 이론과 작곡 기법에서 어떤 수준에 있었는지에 대한 근본적인 질문은 아직도 열려 있다.

05 윗글에 대해 평가한 내용으로 가장 적절하지 않은 것은?

① 바로크 음악의 연주법과 표현에 관한 고문서나 교육 자료가 발견된다면 음악이론가들의 주장이 강화될 것이다.

② 바로크 시대에 만들어진 음악 교육 프로그램에서 클래식 음악을 혁신적으로 발전시킨 멜로디가 발견된다면 음악이론가들의 주장이 강화될 것이다.

③ 바로크 시대 작곡가들이 기술적, 예술적 발전을 이루기 위해 스스로 노력했던 흔적이 발견된다면 일부 음악사학자들의 주장이 약화될 것이다.

④ 바로크 시대의 작곡가들이 궁정과 교회의 엄격한 형식에만 맞춰 작곡했다는 증거가 더 많이 발견된다면 일부 음악사학자들의 주장이 강화될 것이다.

06 문맥상 ㉠~㉦ 중 지시 대상이 같은 것만으로 묶인 것은?

① ㉢, ㉦

② ㉤, ㉥

③ ㉠, ㉤, ㉥

④ ㉢, ㉣, ㉦

[7~8] 다음 글을 읽고 물음에 답하시오.

심리학자 밀그램과 짐바르도의 연구는 모두 인간 행동의 복잡성과 권위 및 상황의 힘을 이해하는 데 중요한 기여를 했지만, 접근하는 관점은 달랐다. 하버드 스탠리 밀그램은 인간이 권위에 어떻게 반응하는지를 탐구하기 위해 유명한 복종 실험을 설계했다. 그는 실험 참가자들이 권위 있는 인물의 명령에 얼마나 순종하는지를 측정하고자 했다. 밀그램의 실험에서는 참가자들이 ㉠ 연구자의 지시에 따라 다른 사람에게 전기 충격을 가하는 역할을 맡았다. 참가자들이 실제로 전기 충격을 주지는 않았지만, ㉡ 그들은 그것이 진짜라고 믿었고, 대부분의 참가자들이 (가) 권위자의 명령에 따라 높은 수준의 전기 충격을 가하는 데까지 이르렀다. 밀그램은 이 실험을 통해 권위에 대한 복종이 인간의 올바른 도덕적 판단을 어떻게 압도할 수 있는지를 보여주었다.

필립 짐바르도는 인간의 행동이 특정 상황과 환경에 따라 어떻게 변화하는지를 탐구했다. 짐바르도의 스탠퍼드 감옥 실험은 참가자들을 무작위로 ㉢ 교도관과 죄수 역할로 나누어, 그들이 실제 감옥 환경에서 어떻게 행동하는지를 관찰했다. 실험 결과, 교도관 역할을 맡은 ㉣ 참가자들은 권력을 남용하여 죄수 역할의 참가자들에게 가혹하게 대했으며 죄수 역할을 맡은 참가자들은 무기력해지고 심리적으로 불안정해졌다. 짐바르도는 이 실험을 통해 인간의 행동이 상황적 요인에 의해 얼마나 쉽게 변화할 수 있는지를 보여 주었으며, 상황의 힘이 개인의 성격을 압도할 수 있음을 입증했다.

---

07 다음 글을 읽고 평가한 내용으로 적절하지 않은 것은?

① 권위자의 명령보다 개인의 도덕적 판단이 우선시되는 경향이 강하다는 연구 결과가 발표된다면, 이는 밀그램의 주장을 강화한다.

② 현대 사회에서 사람들이 도덕적 상황에서 권위자의 명령에 비판적으로 대응한다는 보고서가 발표된다면, 이는 밀그램의 주장을 약화한다.

③ 상황이 달라질 때마다 인간 행동이 급격히 변화하는 사례가 다수 보고된다면, 이는 짐바르도의 주장을 강화한다.

④ 인간의 행동이 상황적 요인보다 개인의 성격에 의해 더 많이 결정된다는 연구 결과가 발표된다면, 이는 짐바르도의 주장을 약화한다.

08 ㉠~㉣ 중 문맥상 (가)에 해당하는 의미로 사용되지 않은 것은?

① ㉠   ② ㉡

③ ㉢   ④ ㉣

📝 내가 이 문제를 틀린 이유 **체크 리스트**

V	이유	틀린 문제 번호	보완 방법
☐	시간 촉박	___ 번	
☐	내용 이해 부족	___ 번	
☐	발문 착각	___ 번	
☐	오답 패턴 미숙지	___ 번	
☐	선지 분석 부족	___ 번	

박혜선 국어
출좋포 독해·논리 All In One

문학+독해 결합형

亦功독해 빨리 푸는 전략!

1단계

유명 작가의 작품을 소재로 한 문제라면, 최대한 배경지식을 활용하여 글을 읽기

2단계

내용 추론 긍정 발문의 문제처럼 문제를 풀기

3단계

헷갈리는 선지가 나오면 혜선 쌤이 알려준 오답 패턴을 꺼내서 판단하기

2025년 인사혁신처 1차 샘플에서는 문학+독해 결합형이라고 불릴 수 있는 문제들이 나왔지만 2025년 인사혁신처 1차 샘플, 2025년 국가직 9급에서는 출제되지 않았습니다.

1차 샘플에서는 현대 문학의 유명 작가의 유명 작품을 준 후 문학 작품의 해설이 맞는지 틀리는지를 물었다면 2차 샘플과 국가직 9급에서는 유명 작가의 유명 작품을 소재로 한 문제가 출제되지 않았습니다. 다만, 지방직 9급에서는 출제되었으므로 아예 배제하기에는 위험합니다.

이렇게 문학+독해 결합형을 대비는 하되, 내용 추론 긍정 발문, 내용 추론 부정 발문의 문제를 푸는 것처럼 대비를 하는 것이 현명할 것입니다.

정답 및 해설 p.325

 **STEP 1** 유명 현대 운문 작품

01 다음 글을 이해한 내용으로 가장 적절한 것은? 2025. 인사혁신처 1차 샘플

이육사의 시에는 시인의 길과 투사의 길을 동시에 걸었던 작가의 면모가 고스란히 담겨 있다. 가령, 「절정」은 크게 두 부분으로 나누어지는데, 투사가 처한 냉엄한 현실적 조건이 3개의 연에 걸쳐 먼저 제시된 후, 시인이 품고 있는 인간과 역사에 대한 희망이 마지막 연에 제시된다.

우선, 투사 이육사가 처한 상황은 대단히 위태로워 보인다. 그는 "매운 계절의 채찍에 갈겨 / 마침내 북방으로 휩쓸려" 왔고, "서릿발 칼날진 그 위에 서" 바라본 세상은 "하늘도 그만 지쳐 끝난 고원"이어서 가냘픈 희망을 품는 것조차 불가능해 보인다. 이러한 상황은 "한발 제겨디딜 곳조차 없다"는 데에 이르러 극한에 도달하게 된다. 여기서 그는 더 이상 피할 수 없는 존재의 위기를 깨닫게 되는데, 이때 시인 이육사가 나서면서 시는 반전의 계기를 마련한다.

마지막 4연에서 시인은 3연까지 치달아 온 극한의 위기를 담담히 대면한 채, "이러매 눈 감아 생각해" 보면서 현실을 새롭게 규정한다. 여기서 눈을 감는 행위는 외면이나 도피가 아니라 피할 수 없는 현실적 조건을 새롭게 반성함으로써 현실의 진정한 면모와 마주하려는 적극적인 행위로 읽힌다. 이는 다음 행, "겨울은 강철로 된 무지갠가보다"라는 시구로 이어지면서 현실에 대한 새로운 성찰로 마무리된다. 이 마지막 구절은 인간과 역사에 대한 희망을 놓지 않으려는 시인의 안간힘으로 보인다.

① 「절정」에는 투사가 처한 극한의 상황이 뚜렷한 계절의 변화로 드러난다.

② 「절정」에서 시인은 투사가 처한 현실적 조건을 외면하지 않고 새롭게 인식한다.

③ 「절정」은 시의 구성이 두 부분으로 나누어지면서 투사와 시인이 반목과 화해를 거듭한다.

④ 「절정」에는 냉엄한 현실에 절망하는 시인의 면모와 인간과 역사에 대한 희망을 놓지 않으려는 투사의 면모가 동시에 담겨 있다.

출좋포 독해 亦功노트

1 **중심 화제?**

　:

2 **지엽 OR 큼직**

　:

3 **출제자가 옳은 선지를 만드는 방법에 대한 것이다. 선지 ②가 옳은 이유에 해당하는 정보를 제시문에서 찾으시오.**

　옳은 선지 : ②

　:

4 **출제자가 옳지 않은 선지를 만드는 방법에 대한 것이다. 각 선지가 틀린 이유를 채우시오.**

　① : ____________의 오류

　→ 틀린 이유 :

　③ : ____________의 오류

　→ 틀린 이유 :

　④ : ____________의 오류

　→ 틀린 이유 :

정답

1 이육사의 시에 나타난 시인의 길과 투사의 길

2 지엽

3 3문단에 '눈을 감는 행위는 외면이나 도피가 아니라 피할 수 없는 현실적 조건을 새롭게 반성함으로써 현실의 진정한 면모와 마주하려는 적극적인 행위로 읽힌다.'를 통해 「절정」에서 시인은 투사가 처한 현실적 조건을 외면하지 않고 새롭게 인식함을 알 수 있다.

4 ① 미언급 → 「절정」에는 투사가 처한 극한의 상황이 나오기는 하나 '매운 계절(2문단, 겨울), 겨울(3문단)'이라는 하나의 계절적 배경만 나올 뿐 뚜렷한 계절의 변화가 드러나지는 않는다.

③ 미언급 → 1문단에서 '가령, 「절정」은 크게 두 부분으로 나누어지는데, 투사가 처한 냉엄한 현실적 조건이 3개의 연에 걸쳐 먼저 제시된 후, 시인이 품고 있는 인간과 역사에 대한 희망이 마지막 연에 제시된다.'라는 부분을 통해 보면, 「절정」은 시의 구성이 두 부분으로 나누어지는 것은 옳다. 하지만 투사와 시인이 반목과 화해를 거듭하지는 않는다. 반목이란 '서로 사이가 좋지 않고 미워함.'을 의미하는데 투사와 시인이 서로를 미워하는 내용이 나오지 않으며 또 반목과 화해를 거듭(= 반복)하지도 않는다.

④ 객체 혼동 → 1문단을 보면, 냉엄한 현실에 절망하는 것은 시인의 면모가 아니라 투사의 면모임을 알 수 있다. 또한 인간과 역사에 대한 희망을 놓지 않으려는 것은 투사의 면모가 아니라 시인의 면모이므로 이 선지는 옳지 않다.

신유형 STEP 2 유명 현대 산문 작품

01 다음 글의 ㉠~㉢에 들어갈 말을 적절하게 나열한 것은? 2025. 인사혁신처 1차 샘플

소설과 현실의 관계를 온당하게 살피기 위해서는 세계의 현실성, 문제의 현실성, 해결의 현실성을 구별해야 한다. 우리가 살고 있는 이 입체적인 시공간에서 특히 의미 있는 한 부분을 도려내어 서사의 무대로 삼을 경우 세계의 현실성이 확보된다. 그 세계 안의 인간이 자신을 둘러싼 세계와 고투하면서 당대의 공론장에서 기꺼이 논의해볼 만한 의제를 산출해낼 때 문제의 현실성이 확보된다. 한 사회가 완강하게 구조화하고 있는 '가능한 것'과 '불가능한 것'의 좌표를 흔들면서 특정한 선택지를 제출할 때 해결의 현실성이 확보된다.

최인훈의 「광장」은 밀실과 광장 사이에서 고뇌하는 주인공의 모습을 통해 '남(南)이냐 북(北)이냐'라는 민감한 주제를 격화된 이념 대립의 공론장에 던짐으로써 ┌ ㉠ ┐을 확보하였다. 작품의 시공간으로 당시 남한과 북한을 소설적 세계로 선택함으로써 동서 냉전 시대의 보편성과 한반도 분단 체제의 특수성을 동시에 포괄할 수 있는 ┌ ㉡ ┐도 확보하였다. 「광장」에서 주인공이 남과 북 모두를 거부하고 자살을 선택하는 결말은 남북으로 상징되는 당대의 이원화된 이데올로기를 근저에서 흔들었다. 이로써 ┌ ㉢ ┐을 확보할 수 있었다.

	㉠	㉡	㉢
①	문제의 현실성	세계의 현실성	해결의 현실성
②	문제의 현실성	해결의 현실성	세계의 현실성
③	세계의 현실성	문제의 현실성	해결의 현실성
④	세계의 현실성	해결의 현실성	문제의 현실성

01 다음 글의 ㉠~㉢에 들어갈 말을 적절하게 나열한 것은? 2025. 인사혁신처 1차 샘플

> 소설과 현실의 관계를 온당하게 살피기 위해서는 세계의 현실성, 문제의 현실성, 해결의 현실성을 구별해야 한다. 우리가 살고 있는 이 입체적인 시공간에서 특히 의미 있는 한 부분을 도려내어 서사의 무대로 삼을 경우 세계의 현실성이 확보된다. 그 세계 안의 인간이 자신을 둘러싼 세계와 고투하면서 당대의 공론장에서 기꺼이 논의해볼 만한 의제를 산출해 낼 때 문제의 현실성이 확보된다. 한 사회가 완강하게 구조화하고 있는 '가능한 것'과 '불가능한 것'의 좌표를 흔들면서 특정한 선택지를 제출할 때 해결의 현실성이 확보된다.
>
> 최인훈의 「광장」은 밀실과 광장 사이에서 고뇌하는 주인공의 모습을 통해 '남(南)이냐 북(北)이냐'라는 민감한 주제를 격화된 이념 대립의 공론장에 던짐으로써 [㉠]을 확보하였다. 작품의 시공간으로 당시 남한과 북한을 소설적 세계로 선택함으로써 동서 냉전 시대의 보편성과 한반도 분단 체제의 특수성을 동시에 포괄할 수 있는 [㉡]도 확보하였다. 「광장」에서 주인공이 남과 북 모두를 거부하고 자살을 선택하는 결말은 남북으로 상징되는 당대의 이원화된 이데올로기를 근저에서 흔들었다. 이로써 [㉢]을 확보할 수 있었다.

	㉠	㉡	㉢
①	문제의 현실성	세계의 현실성	해결의 현실성
②	문제의 현실성	해결의 현실성	세계의 현실성
③	세계의 현실성	문제의 현실성	해결의 현실성
④	세계의 현실성	해결의 현실성	문제의 현실성

亦功 문제 훈련 : 현대 운문, 산문

Day 20 해설 영상은 '만점 출좋포 문제 훈련' 강의에서 꼭 해설 강의를 참고해 주세요.

01 다음 글에서 추론한 내용으로 적절하지 않은 것은?

김소월의 <진달래꽃>은 1922년 『개벽』에 발표된 이후 1925년 시집에 수록된 작품으로 한국인이 가장 좋아하는 시로도 선정된 바 있다. 이 작품에서 두드러지는 정제된 형식을 통해 드러나는 리듬감이다. 『개벽』에 수록될 당시 <진달래꽃>은 '민요시'라고 부기되었는데, 이를 통해 작품이 민요를 염두에 두고 창작되었음을 알 수 있다. '나보기가 역겨워 / 가실때에는 / 말업시 고히 보내드리우리다'에는 7·5조, 3음보의 민요조 형식이 드러난다. 김소월은 형식 미학과 전통적 민요조에 근거한 리듬을 효과적으로 활용하였다. 또한 작품의 1연과 4연은 임과의 이별 상황을 가정하고 그 상황에 당면하였을 때 화자가 취할 행위를 묘사하였다. 1연에서 임이 떠날 때 말없이 보내드리겠다고 했던 화자는, 4연에서 '죽어도 아니 눈물 흘리우리다'라는 표현으로 임이 떠날 때 매우 슬플 것이라는 마음을 반어적 표현으로 드러내고 있다. 또한 2연에서는 화자가 이별 상황에서 임이 가시는 길에 진달래 꽃을 뿌리겠다는 축복의 의미를, 3연에서는 임이 꽃을 사뿐히 즈려 밟고 가시라는 희생적 사랑의 자세를 보여주고 있다. 이 작품은 이별의 정한(情恨)을 그려낸 수작이기도 하지만, 민요풍시가 혼재되어 있던 상황에서 낭독되고 불리는 한국 서정시의 시대를 열었다는 평가를 받는다.

① <진달래꽃>의 2연과 3연에서 화자는 이별을 축복하고 임의 길을 꽃으로 덮으며 희생적인 사랑을 드러내고 있다.
② 반어적 표현은 임과의 이별이 매우 슬플 것이라는 마음을 드러내는 문학적 장치이다.
③ 김소월은 전통적 민요조 형식을 통해 이별의 슬픔과 화자의 희생적 사랑을 효과적으로 드러냈다.
④ <진달래꽃>은 이별의 정한을 직설적으로 드러낸 작품으로 평가받는다.

02 다음 글에서 추론한 내용으로 적절하지 않은 것은?

『병신과 머저리』는 이청준의 초기작들 중에서도 특별히 주목할 만한 가치가 있는 작품으로 평가된다. 1960년대 문학의 핵심인 성찰과 주체성을 독특한 상상력으로 서사화함으로써 50년대 문학에 두드러졌던 특유의 비극성을 '거대한 전환'으로 이루어내는 중심에 있었던 작품이기 때문이다. 이 작품은 액자식 구성을 취하여 외화와 내화가 동시에 진행된다. 외화의 형과 동생이 표면적으로 갈등한다면, 내화인 형의 소설은 6.25 전쟁에 참전했다가 낙오된 형의 경험이 드러나 있다. 의사인 '형'은 소녀를 죽게 한 경험을 통해 전쟁에서의 상처가 되살아나게 되고, 소설을 쓰면서 상처를 극복하고자 시도한다. 형의 글쓰기는 행위 자체로 죄에 대한 감각을 드러내며 자기 서사화를 통해 존재의 구멍을 메우고자 하는 의지를 보여준다. 그렇지만 형은 글쓰기를 통해 완전한 트라우마 극복의 단계까지는 나가지 못한다. 소설의 결말을 완성하지 못한 상태에서 자신이 쓴 소설을 불태워 버리고, 다시 일상으로 돌아가는 데에서 작품이 끝남으로써 독자에게 생각할 여지를 남겨두고 있다.

① 형이 소설을 불태우고 다시 일상으로 돌아간 것은 극복의 경지에 이르렀음을 보여주는 것이라고 볼 수 있다.
② 『병신과 머저리』 외화에는 형과 동생의 표면적 갈등이 드러나 있다.
③ 『병신과 머저리』에서 글쓰기는 형의 죄책감을 드러내는 기제로 사용되었다.
④ 형의 소설 쓰기는 자신의 전쟁 트라우마를 극복하고자 하는 행위로 볼 수 있다.

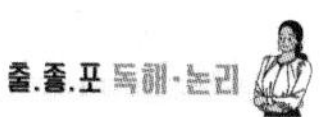

03 다음 글에서 추론한 내용으로 가장 적절한 것은?

> 1970년대는 정치사회학적 관점에서 보면 군사독재권력에 저항한 시기이자 노동과 인권을 향한 지각이 생겨난 시대였다. 1960년대 말에 등단한 김지하는 민중의 삶과 한을 노래한 대표적인 시인이다. 박정희의 군사독재가 심해지자 그는 당대의 지배세력을 비판하는 작품을 썼다. 그는 <오적>이라는 작품에서 대한제국에서 을사늑약 체결에 찬성했던 을사오적을 빗대어 재벌과 국회의원, 고급공무원, 장성, 장차관을 '다섯 명의 도둑'으로 풍자하였다. 그는 이 작품 때문에 장기간의 옥고를 치르기도 했으나, 이에 굴하지 않고 문학을 통해 한국의 민주화운동에 크게 기여하였다.
>
> 정호승 또한 <슬픔이 기쁨에게> 등 민중의 아픔을 대변하는 시를 창작했던 대표적인 시인이다. 그런데 정호승은 구체적인 정치현실을 폭로하고 비판하기보다는 소외된 약자들의 삶에 연민을 표현하는 방식을 사용하였다. 그는 알레고리 기법을 주로 사용하였고, 대중적 정서에 호소하는 인생론적 대중시를 창작하기도 하였다.

① 김지하와 정호승은 모두 사회적 약자를 보호하는 시를 써서 정치현실을 풍자하고 있다.
② 정호승은 소외된 자들에 대한 연민을 드러내는 시보다는 정치현실을 폭로하고 비판하는 시를 주로 창작하였다.
③ 정호승은 알레고리 기법을 거의 사용하지 않고 대중적 정서에 호소하는 시를 창작하였다.
④ 김지하는 문학을 통해 민주화운동에 기여하였던 인물이다.

04 다음 글에서 추론한 내용으로 적절하지 않은 것은?

> 조지훈의 등단작인 <승무>는, 그가 시를 쓰기 위해 승무를 직접 찾아다니며 구경하고 구상한 지 10개월, 집필을 시작한 지 7개월 만에 비로소 완성했다고 알려져 있다. 승무는 불교적 소재를 차용한 작품이지만, 불교적 세계관이 드러난 작품이라고 보기는 어렵다. 그가 등단하던 1930년대는 이미 서구 모더니즘을 비롯해 카프 문학의 경향성 등을 체험한 시기였고, 그 한계에 대한 인식도 있었다. 맹목적으로 서구를 추구하는 것에서 한계를 인식한 당대의 문학인들은 절박한 심정으로 전통을 추구하였다. 이런 상황에서 『문장』지를 통해 등단하기 위해서는, 조지훈 또한 조선적인 것, 고전적인 것을 찾아야 했던 것으로 보인다.
>
> 조화로운 자연을 바라보는 시인의 정관적 태도는, 승무를 추는 여인을 바라보는 화자의 태도에서도 그대로 드러난다. 배경을 이루는 자연과 완벽하게 노화를 이루는 승무와 그 승무를 추는 여인의 모습은 화자의 시선을 따라 아름답게 묘사된다. '세사에 시달려도 번뇌는 별빛이라'에 묘사된 번뇌의 순간 빛나는, 승무를 추는 여인의 내면은 번뇌를 극복하려는 움직임으로 드러난다. 불교적 용어인 '번뇌'를 사용하기는 했으나, 특정한 종교적 세계관이 아니라 번뇌를 극복하려는 인간 보편의 정서를 표현해냄으로써 이 작품은 높은 문학적 성취를 이루었다.

① 1930년대 조선 문학인들은 서구 모더니즘의 한계를 인식하고 절박한 심정으로 전통을 추구하였다.
② <승무>는 서구 모더니즘의 영향 아래 창작되었으며 전통적 요소보다는 근대적 요소를 차용하고자 하였다.
③ <승무>에는 조화로운 자연을 바라보는 시인의 정관적 태도가 드러나며, 이는 승무를 추는 여인의 모습을 묘사하는 화자의 태도와 연결된다.
④ <승무>는 특정한 종교적 세계관보다는 번뇌를 극복하려는 인간 보편의 정서를 표현한 작품으로도 볼 수 있다.

📝 내가 이 문제를 틀린 이유 **체크 리스트**

∨	이유	틀린 문제 번호	보완 방법
☐	시간 촉박	___번	
☐	내용 이해 부족	___번	
☐	발문 착각	___번	
☐	오답 패턴 미숙지	___번	
☐	선지 분석 부족	___번	

MEMO

고전 운문, 산문

亦功독해 빨리 푸는 전략!

1단계

내용 추론 긍정 발문
유형임을 알기

2단계

제시문을 읽을 때에는
혜선 쌤이 알려 준
야매 꼼수를 활용하기

3단계

선지를 볼 때에는
혜선 쌤이 알려 준
오답 패턴을 초점을
맞춰서 파악하기

2025년 인사혁신처 1차 샘플에서는 고전 산문의 한 종류인 '신화'를 소재로 한 문제가 나왔지만
2025년 인사혁신처 2차 샘플, 2025년 국가직 9급에서는
문학+독해 결합형이라고 불릴 수 있는 문제들이 출제되지 않았습니다.

다만, 2차 샘플과 국가직 9급에서는
'방각본이나 세책업'과 같이 '고전 소설이 어떻게 유통되었는지'에 대한 소재나
'국문학에 한문학을 넣을지'에 대한 소재나
'표기 문자에 따른 한글 소설과 한문 소설'에 대한 소재를 출제하였습니다.

따라서 문학+독해 결합형을 대비는 하되,
내용 추론 긍정 발문, 내용 추론 부정 발문의 문제를 푸는 것처럼 대비를 하는 것이 현명할 것입니다.

정답 및 해설 p.326

신유형 STEP 1 **표기 문자에 따른 소설의 종류**

01 다음 글을 추론한 내용으로 가장 적절한 것은? 2025. 국가직 9급

　조선 시대 소설은 표기 문자에 따라 한자로 표기한 한문소설과 한글로 표기한 한글소설, 두 가지로 나뉜다. 한문소설은 중국에서 들여온 한문소설, 조선에서 창작한 한문소설, 조선의 한글소설을 번역한 한문소설로 나뉜다. 그리고 한글소설은 중국소설을 번역한 한글소설, 조선에서 창작한 한문소설을 번역한 한글소설, 조선에서 창작한 한글소설로 나뉜다. 조선 시대에 많은 한글소설이 창작되어 읽혔지만, 이를 저급한 오락물로 여겼던 당대의 지식인들은 한글소설을 외면했으므로 그에 관해 기록한 문헌을 거의 남기지 않았다. 반면에 이들은 한문소설, 특히 중국에서 들여온 한문소설을 즐겨 읽고 이에 관한 많은 기록을 남겼다.
　중국에서 들여온 한문소설은 조선에서도 인쇄된 책으로 읽혔기 때문에 필사본이 거의 없다. 이와 대조적으로 조선에서 창작한 한문소설은 필사본으로 유통되었다. 조선의 필사본 소설은 뚜렷한 특징을 보이는데, 한문소설을 필사한 경우는 이본별 내용 차이가 거의 없는 반면 한글소설을 필사한 경우는 그렇지 않다는 점이다. 한글소설은 같은 제목의 소설이라도 내용이 상당히 다른 다양한 이본이 있었다. 이는 한문소설의 독자는 문자 그대로 독자였던 것에 비하여 한글소설의 독자는 독자이면서 이야기를 개작하는 작자이기도 했기 때문이다. 한자에 비해 한글은 익히기 쉽고 그만큼 쓰기도 편해서 한글소설의 필사자는 내용을 바꾸고 싶다는 의지가 있다면 쉽게 바꿀 수 있었다. 한글소설은 인쇄본이 아니라 필사본으로 많이 유통되었기 때문에 옮겨 쓰는 과정에서 다양한 이본이 생겨났다.
　조선 시대 소설을 이해하는 데 있어서 소설을 표기한 문자는 무엇보다 중요하다. 표기 문자는 소설의 종류를 나누는 기준이 되었을 뿐만 아니라, 소설의 감상 및 유통, 이본 생산에 직접적인 영향을 미쳤다.

① 조선 시대의 소설은 한글소설보다 한문소설의 종류가 훨씬 다양했다.
② 조선 시대의 지식인들은 조선에서 창작한 한문소설을 저급한 오락물로 여겼다.
③ 한자로 필사할 때보다 한글로 필사할 때 필사자의 의견이 반영되어 개작되기 쉬웠다.
④ 조선의 필사본 소설 중 한문소설을 필사한 것은 소수였고 한글소설을 필사한 것이 대부분이었다.

★★★ 출종포 독해 亦功 노트

1 글의 구조?
:

2 지엽 OR 큼직
:

3 출제자가 옳은 선지를 만드는 방법에 대한 것이다. 선지 ③이 옳은 이유에 해당하는 정보를 제시문에서 찾으시오.

옳은 선지: ③
:

4 출제자가 옳지 않은 선지를 만드는 방법에 대한 것이다. 각 선지가 틀린 이유를 채우시오.

① : ___________의 오류
→ 틀린 이유 :

② : ___________의 오류
→ 틀린 이유 :

④ : ___________의 오류
→ 틀린 이유 :

정답

1 나열 구조

2 지엽

3 3문단의 "한자에 비해 한글은 익히기 쉽고 그만큼 쓰기도 편해서 한글소설의 필사자는 내용을 바꾸고 싶다는 의지가 있다면 쉽게 바꿀 수 있었다."라는 언급을 보면 한자로 필사할 때보다 한글로 필사할 때 필사자의 의견이 반영되어 개작되기 쉬웠음을 알 수 있다.

4 ① 비교 미언급의 오류 → 1문단을 보면 한문소설의 종류는 세 가지, 한글소설의 종류도 세 가지이다. 따라서 한글소설보다 한문소설의 종류가 훨씬 다양하다는 것은 적절하지 않다.
② 객체 혼동 → 1문단을 보면 "조선 시대에 많은 한글소설이 창작되어 읽혔지만, 이를 저급한 오락물로 여겼던 당대의 지식인들은 한글소설을 외면했으므로"라고 언급되고 있다. 따라서 조선 시대의 지식인들은 한글 소설을 외면했음을 알 수 있으므로 한문 소설을 저급한 오락물로 여겼다는 것은 적절하지 않음을 알 수 있다.
④ 미언급 → 2문단에 "중국에서 들여온 한문소설은 조선에서도 인쇄된 책으로 읽혔기 때문에 필사본이 거의 없다."라는 언급이 나오기는 한다. 하지만 조선의 필사본 소설 중 한문소설을 필사한 것은 소수였고 한글소설을 필사한 것이 대부분이었다는 언급은 어디에도 나오지 않는다.

신유형 STEP 2 | 고전 산문의 한 종류인 '판소리 문학'과 '영웅 소설'에 대한 제재

亦功독해 빨리 푸는 전략!

1단계

내용 추론 긍정 발문
유형임을 알기

2단계

제시문을 읽을 때에는
혜선 쌤이 알려 준
야매 꼼수를 활용하기

3단계

선지를 볼 때에는
혜선 쌤이 알려 준
오답 패턴을 초점을
맞춰서 파악하기

01 다음 글을 이해한 내용으로 가장 적절한 것은?

판소리 문학은 영웅소설과 달리 일원론적 세계관에 기초한 소설이다. 판소리 문학에서도 초경험적 요소가 일정한 역할을 맡지만, 이는 작중 현실 전반을 유기적으로 예정하거나 통제하는 초월적 원인계로서 끼어들기보다는 일시적이고 부분적인 기능 전환 장치로 사용된다. 경험적 인과관계만으로는 해결할 수 없는 상황에서 초월적 공간이나 존재가 등장하여 현실의 전환을 일으키는 판소리 문학의 세계는 영웅소설과 다르게 일원적 세계관을 만든다. 판소리 문학의 현실주의 지향을 이해하는 데 있어 이러한 일원적 세계관은 판소리의 문학사적 의의를 담보한다. 판소리 문학에 등장하는 인물들과 그들이 그려내는 세속적 욕망은 그 이전의 영웅소설이나 가문소설에서 흔히 찾아보기 힘든 성질의 것이다.

예를 들어, <춘향전>에서는 용궁, 제비, 장승과 같은 초월적 세계를 지시하는 구체적인 표지가 발견되지 않는다. 그러나 춘향이가 변학도의 수청 요구를 거부하고 옥에 갇혔을 때 꿈의 세계가 개입되는 장면을 확인할 수 있다. 춘향이 유폐된 감옥이라는 공간은 일상의 삶에서 죽음의 공간으로 넘어가는 경계로 기능한다. 이러한 경계 공간은 현실에서는 접하지 못했던 초월적 세계에 둘러싸여 있으며, 속된 세계에서 성스러운 세계로 이행할 수 있는 역설적인 장소가 된다.

① 판소리 문학에 등장하는 인물들의 세속적 욕망은 영웅소설이나 가문소설에서 자주 등장하는 주제이다.

② 판소리 문학의 경계 공간은 성스러운 세계로의 이행을 가능하게 하며, 이를 통해 초월적 경험이 현실에 미치는 영향을 탐구한다.

③ 춘향이 감옥에 갇힌 상태는 단순한 일상의 공간으로만 작용하며, 초월적 세계와의 경계로 기능하지 않는다.

④ 판소리 문학은 영웅소설과 마찬가지로 초경험적 요소가 작중 현실을 유기적으로 통제하며, 이를 통해 고전적 세계관을 유지한다.

신유형 STEP 2 　고전 산문의 한 종류인 '판소리 문학'과 '영웅 소설'에 대한 제재

01 다음 글을 이해(＝추론)한 내용으로 가장 적절한 것은?

판소리 문학은 영웅소설과 달리 일원론적 세계관에 기초한 소설이다. 판소리 문학에서도 초경험적 요소가 일정한 역할을 맡지만, 이는 작중 현실 전반을 유기적으로 예정하거나 통제하는 초월적 원인계로서 끼어들기보다는 일시적이고 부분적인 기능 전환 장치로 사용된다. 경험적 인과관계만으로는 해결할 수 없는 상황에서 초월적 공간이나 존재가 등장하여 현실의 전환을 일으키는 판소리 문학의 세계는 영웅소설과 다르게 일원적 세계관을 만든다. 판소리 문학의 현실주의 지향을 이해하는 데 있어 이러한 일원적 세계관은 판소리의 문학사적 의의를 담보한다. 판소리 문학에 등장하는 인물들과 그들이 그려내는 세속적 욕망은 그 이전의 영웅소설이나 가문소설에서 흔히 찾아보기 힘든 성질의 것이다.

예를 들어, <춘향전>에서는 용궁, 제비, 장승과 같은 초월적 세계를 지시하는 구체적인 표지가 발견되지 않는다. 그러나 춘향이가 변학도의 수청 요구를 거부하고 옥에 갇혔을 때 꿈의 세계가 개입되는 장면을 확인할 수 있다. 춘향이 유폐된 감옥이라는 공간은 일상의 삶에서 죽음의 공간으로 넘어가는 경계로 기능한다. 이러한 경계 공간은 현실에서는 접하지 못했던 초월적 세계에 둘러싸여 있으며, 속된 세계에서 성스러운 세계로 이행할 수 있는 역설적인 장소가 된다.

① 판소리 문학에 등장하는 인물들의 세속적 욕망은 영웅소설이나 가문소설에서 자주 등장하는 주제이다.
　　반대의 오류
　　(영웅 소설, 가문 소설에서 잘 등장하지 ✕)

② 판소리 문학의 경계 공간은 성스러운 세계로의 이행을 가능하게 하며, 이를 통해 초월적 경험이 현실에 미치는 영향을 탐구한다.

③ 춘향이 감옥에 갇힌 상태는 단순한 일상의 공간으로만 작용하며, 초월적 세계와의 경계로 기능하지 않는다. 반대의 오류(기능한다.)

④ 판소리 문학은 영웅소설과 마찬가지로 초경험적 요소가 작중 현실을 유기적으로 통제하며, 이를 통해 고전적 세계관을 유지한다. **극단의 오류**

亦功 문제 훈련 : 고전 운문, 산문

Day 21 해설 영상은 '만점 출좋포 문제 훈련' 강의에서 꼭 해설 강의를 참고해 주세요.

[1~2] 다음 글을 읽고 물음에 답하시오.

일반적으로 한 나라의 문학, 즉 '국문학'은 "그 나라의 말과 글로 된 문학"을 지칭한다. 그래서 우리나라에서 국문학에 대한 근대적 논의가 처음 시작될 무렵에는 (가) 국문학에서 한문으로 쓰인 문학을 배제하자는 주장이 있었다. 국문학 연구가 점차 전문화되면서, 한문문학 배제론자와 달리 한문문학을 배제하는 데 있어 신축성을 두는 절충론자의 입장이 힘을 얻었다. 절충론자들은 국문학의 범위를 획정하는 데 있어 (나) 종래의 국문학의 정의를 기본 전제로 하되, 일부 한문문학을 국문학으로 인정하자고 주장했다. 즉 한문으로 쓰여진 문학을 국문학에서 완전히 배제하지 않고, ㉠전자 중 일부를 ㉡후자의 주변부에 위치시키는 것으로 국문학의 영역을 구성한 것이다. 이에 따라 국문학을 지칭할 때에는 '순(純)국문학'과 '준(準)국문학'으로 구별하게 되었다. 작품에 사용된 문자의 범주에 따라서 ㉢전자는 '좁은 의미의 국문학', ㉣후자는 '넓은 의미의 국문학'이라고도 칭할 수 있다.

하지만 이런 절충안을 취하더라도 순국문학과 준국문학을 구분하는 데에는 논자마다 차이가 있다. 어떤 이는 국문으로 된 것은 ㉤전자에, 한문으로 된 것은 ㉥후자에 귀속시켰다. 다른 이는 훈민정음 창제 이전과 이후로 나누어 국문학의 영역을 구분하였다. 훈민정음 창제 이전의 문학은 차자표기건 한문표기건 모두 국문학으로 인정하고, 창제 이후의 문학은 국문문학만을 순국문학으로 규정하고 한문문학 중 '국문학적 가치'가 있는 것을 준국문학에 귀속시켰다.

01 윗글의 (가)와 (나)의 주장에 대해 평가한 내용으로 가장 적절한 것은? 2025. 인사혁신처 2차 샘플

① 국문으로 쓴 작품보다 한문으로 쓴 작품이 해외에서 문학적 가치를 더 인정받는다면 (가)의 주장은 강화된다.

② 국문학의 정의를 '그 나라 사람들의 사상과 정서를 그 나라 말과 글로 표현한 문학'으로 수정하면 (가)의 주장은 약화된다.

③ 표기문자와 상관없이 그 나라의 문화를 잘 표현한 문학을 자국문학으로 인정하는 것이 보편적인 관례라면 (나)의 주장은 강화된다.

④ 훈민정음 창제 이후에도 차자표기로 된 문학작품이 다수 발견된다면 (나)의 주장은 약화된다.

02 윗글의 ㉠~㉥ 중 지시하는 바가 같은 것끼리 짝 지은 것은? 2025. 인사혁신처 2차 샘플

① ㉠, ㉢

② ㉡, ㉣

③ ㉡, ㉥

④ ㉢, ㉤

03 다음 글을 이해한 내용으로 적절하지 않은 것은?

> 허난설헌과 이청조는 각각 조선과 송나라를 대표하는 여류 시인으로, 두 사람의 규원시는 시대와 지역을 초월한 공통적인 주제와 독창적인 개성을 담고 있다. 허난설헌은 16세기 조선의 유교적 사회에서 여성의 문학 활동이 제약된 상황 속에서도 뛰어난 한시를 창작하며 조선 최고의 여류 문인으로 인정받았다. 그녀의 규원시는 남편의 부재에서 비롯된 고독과 슬픔을 주제로 하며, 개인의 한(恨)을 넘어 사회적 모순으로까지 확장해 해석할 수 있는 특징을 지닌다. 예컨대, 그녀의 시 <기부강사독서>에서는 남편이 과거 준비를 핑계로 집을 떠난 상황을 쌍쌍이 날아드는 제비와 대비해 묘사하며, 홀로 남은 규방 여성의 고독을 시적으로 형상화하였다.
>
> 이청조는 송나라 초기의 문학적 풍요 속에서 활동하며, 당시의 문학적 전통과 송시의 특징을 융합한 규원시를 창작하였다. 그녀의 대표작 <일전매>에서는 남편과의 이별로 인한 그리움을 꽃과 물에 비유해 노래하였다. 이청조는 신혼 초기 남편과의 학문적 교류와 연구를 통해 행복한 결혼 생활을 보냈으나, 이후 정강의 변과 같은 정치적 혼란 속에서 남편과 떨어져 지내며 규원시를 남기게 되었다. 그녀의 규원시는 반복적이고 강렬한 어휘를 통해 슬픔과 외로움을 극대화한 것이 특징이다.

① 허난설헌의 규원시는 여성의 내면적 고통을 상징적 자연물에 투영하는 방식으로 표현되었다.
② 허난설헌의 규원시는 당시 조선 사회에서 금서로 지정되어 널리 읽히지 못했다.
③ 허난설헌과 이청조의 시는 문학적 전통을 기반으로 하되, 각자의 개성과 시대적 배경이 반영되어 있다.
④ 이청조는 자신의 시를 통해 정치적 혼란이 개인의 삶에 미치는 영향을 은유적으로 드러냈다.

04 다음 글을 이해한 내용으로 가장 적절한 것은?

> 『춘향전』에서 장소성과 공간성은 남원, 오리정, 감옥 등 작품의 배경을 통해 드러나며, 서사 전개와 인물의 행동에 중요한 영향을 미친다. 남원은 작품 초입에서 "지리산 서쪽으로 적성강의 산수 정기가 서려 있어서"라고 묘사되어 있는데, 이는 지리적 위치를 드러내는 동시에 작품 내 장소성을 강화하는 표현이다. 또한 이는 이도령과 춘향의 만남과 사랑의 서사가 실재하는 공간 속에서 시작된다는 점을 부각함으로써 남원의 장소적 정체성을 작품 속에 뚜렷이 새긴다.
>
> 오리정은 춘향과 이도령이 이별하는 장소로서 서사의 공간성을 확장한다. 오리정 앞에 붙는 '오리', '십리'와 같은 수치는 거리와 영역을 나타내며, 정자를 단순한 장소가 아닌 이별의 공간으로 탈바꿈한다. 이별 장면은 두 사람의 사랑을 더욱 깊이 있게 묘사하며, 정자의 공간성은 이본에 따라 다양하게 해석된다. 이는 독자에게 정자가 단순히 고정된 위치가 아니라 서사적 의미를 부여받은 공간임을 암시한다. 춘향의 투옥 또한 공간성과 장소성을 명확히 드러낸다. 옥은 춘향의 자유를 구속하는 장소적 정체성을 가지며, 춘향이 이도령에 대한 사랑을 지키기 위해 고난을 견디는 공간으로 묘사된다. 춘향의 행동과 심정은 옥이라는 장소적 성격에 새로운 공간성을 부여하며, 서사적 깊이를 더한다.

① 감옥은 춘향의 고난을 형식적으로 보여주는 장치이며, 그녀의 신념과 사랑의 의지를 표현하는 공간적 기능은 부여되지 않았다.
② 남원의 지리적 묘사는 당시 지역적 특색을 부각하려는 의도로 삽입된 설정으로 춘향전이 실제 일어났던 사건임을 강조하고 있다.
③ 오리정은 단순히 지리적 위치를 나타내는 장소가 아니라, 춘향과 이도령의 이별을 통해 서사적 공간성을 확장한다.
④ 정자는 춘향전이 향유되는 공간에 따라 다양하게 해석되는 공간성을 가진다.

05 다음 글을 이해한 내용으로 적절하지 않은 것은?

> 『삼국유사』는 다양한 설화 속에서 아이를 중요한 서사적 도구로 활용하며, 이를 통해 고대와 중세의 문화적 가치와 상징을 드러낸다. 특히 '아(兒)'와 '동(童)'으로 표현되는 아이는 크게 세 가지로 형상화된다. 첫째, 아이는 건국 신화에서 왕조의 정당성을 부여하는 존재로, 부모의 정체가 모호하거나 이계에서 발견되는 특성을 보인다. 둘째, 불교 설화에서는 보살의 화신이나 메신저로 등장하여 신성성을 체현한다. 셋째, 아이는 동요를 통해 감춰진 진실이나 소원을 드러내는 역할을 하며, 이를 통해 문제를 해결하거나 소원을 성취시킨다.
>
> 예를 들어, <신라시조혁거세왕>에서 혁거세는 보랏빛 알에서 태어난 '동남'으로 묘사되며, 신성한 탄생 서사를 통해 신라 왕조의 권위를 상징한다. 불교 설화 <낙산이대성>에서는 금빛 동자가 돌부처를 발견하게 하는 계기를 제공하며, 보살의 현신으로서 신성성을 드러낸다. 또한 <미륵선화>에서는 동네 아이들의 노래를 통해 감춰진 진실이 밝혀지며, 아이가 하늘의 뜻을 전하는 신성한 존재로 인식된다.
>
> 이처럼 『삼국유사』는 아이를 세속과 신성의 경계를 넘나드는 매개자로 형상화하며, 왕조사와 불교사 모두에서 중요한 서사적 의미를 부여한다. 이는 아이가 단순한 연령층이 아닌, 신성한 상징체로서 시대의 가치와 세계관을 반영하는 역할을 한다는 점에서 의의를 가진다.

① 『삼국유사』에서 아이는 세속적 존재와 신성한 존재 사이를 넘나들며, 서사적 긴장감을 강화하는 도구로 활용된다.
② 불교 설화 속 아이는 초월적 존재로 등장하여, 인간과 신성을 연결하는 다리 역할을 한다.
③ 『삼국유사』에서 아이는 일상적 삶에서의 순수함을 강조하는 인물로 묘사된다.
④ <신라시조혁거세왕>에서 혁거세의 출생은 신라 왕조의 권위를 정당화하기 위해 신성한 서사로 구성되었다.

📝 내가 이 문제를 틀린 이유 체크 리스트

V	이유	틀린 문제 번호	보완 방법
☐	시간 촉박	___번	
☐	내용 이해 부족	___번	
☐	발문 착각	___번	
☐	오답 패턴 미숙지	___번	
☐	선지 분석 부족	___번	

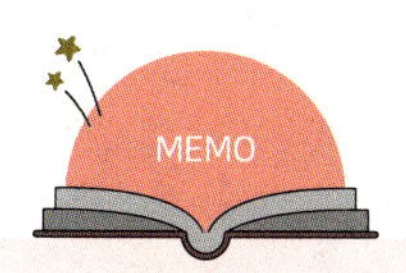

MEMO

박혜선 국어
출종포 독해·논리 All In One

Part

09

문법+독해 결합형

Chapter 22

형태론

亦功독해 빨리 푸는 전략!

1단계

첫 번째 빈칸을 포함한
문장을 읽고
빈칸을 추론할 수 있는
객관적 단서를 찾기

2단계

첫 번째 빈칸에 해당되지
않는 선지는 소거하기

3단계

두 번째 빈칸부터는
선지를 슬쩍
커닝하기

4단계

두 번째 빈칸을 포함한
문장을 읽고
빈칸을 추론할 수 있는
객관적 단서를 찾기

이 유형은 2025년 인사혁신처 1차 샘플에 출제되었던 '문법+독해 결합형'으로
2025 인사혁신처 2차 샘플에는 출제되지 않았으나
2025년 국가직 9급에서 3문제나 출제되었습니다.
따라서 2026년에 문법 파트는 더 중요해질 예정입니다. 그 이유는 다음과 같습니다.
첫째, 3문제 출제로 비중이 커졌습니다.
둘째, 독해 비중이 커졌기 때문에 문법 영역에서 시간을 절약해야 합니다.
물론 문법과 독해가 결합된 형태로 시험이 출제될 예정입니다.
하지만 문법 문제를 독해 문제처럼만으로 풀게 되면 독해 문제가 16문제로 늘어나게 되어
20문제를 27-30분 안에 풀 수 없게 되고, 이는 다른 과목에도 부정적인 영향을 끼칠 것입니다.
따라서 평소 공부하기에 까다롭더라도 문법 개념을 확실하게 공부하여
시험장에서는 경쟁자들보다 빠르고 정확하게 답을 골라야 합니다.

형태론에서 나올 수 있는 출제 포인트를 정리하면
1) 단어의 형성(단일어, 파생어, 합성어)
2) 품사(체언, 관계언, 수식언, 용언, 독립언) 등이 있습니다.

정답 및 해설 p.329

신유형 STEP 1 빈칸 추론

01 다음 글의 (가)와 (나)에 들어갈 말을 적절하게 나열한 것은? 2025. 국가직 9급

두 개 이상의 형태소로 이루어진 단어를 복합어라 한다. 복합어를 처음 두 개로 쪼갰을 때의 구성 요소를 직접구성요소라고 한다. 이 직접구성요소를 분석한 결과, 둘 중 어느 하나가 접사이면 파생어이고, 둘 다 어근이면 합성어이다. 즉 합성어는 '어근 + 어근'의 구성인데, 이는 합성어를 구성하는 두 구성 요소 중 어느 것도 접사가 아니라는 말이다.

그런데 '쏜웃음'과 같은 단어에는 접사 '-음'이 있으니까 ☐ (가) ☐ 가 아니냐고 반문할 수 있다. 그러나 이는 복합어 구분의 기준을 온전히 이해하지 못했기 때문에 나올 수 있는 질문이다. 전술한 바와 같이 복합어가 파생어인지 합성어인지를 결정하는 기준은 처음 두 개로 쪼갰을 때 두 구성 요소의 성격이며, 2차, 3차로 쪼갠 결과는 복합어 구분에 관여하지 않는다. 즉 '쏜웃음'의 두 구성 요소 중의 하나인 '웃음'은 파생어이지만 이 '웃음'이 또 다른 단어 형성에 참여할 때는 ☐ (나) ☐ (으)로 참여하는 것이다.

	(가)	(나)		(가)	(나)
①	합성어	접사	②	합성어	어근
③	파생어	접사	④	파생어	어근

신유형 · STEP 1 · 빈칸 추론

01 다음 글의 (가)와 (나)에 들어갈 말을 적절하게 나열한 것은? 2025. 국가직 9급

두 개 이상의 형태소로 이루어진 단어를 복합어라 한다. 복합어를 처음 두 개로 쪼갰을 때의 구성 요소를 직접구성요소라고 한다. 이 직접구성요소를 분석한 결과, 둘 중 어느 하나가 접사이면 파생어이고, 둘 다 어근이면 합성어이다. 즉 합성어는 '어근 + 어근'의 구성인데, 이는 합성어를 구성하는 두 구성 요소 중 어느 것도 접사가 아니라는 말이다.

그런데 '쓴웃음'과 같은 단어에는 접사 '−음'이 있으니까 ▢ (가) ▢ 가 아니냐고 반문할 수 있다. 그러나 이는 복합어 구분의 기준을 온전히 이해하지 못했기 때문에 나올 수 있는 질문이다. 전술한 바와 같이 복합어가 파생어인지 합성어인지를 결정하는 기준은 처음 두 개로 쪼갰을 때 두 구성 요소의 성격이며, 2차, 3차로 쪼갠 결과는 복합어 구분에 관여하지 않는다. 즉 '쓴웃음'의 두 구성 요소 중의 하나인 '웃음'은 파생어이지만 이 '웃음'이 또 다른 단어 형성에 참여할 때는 ▢ (나) ▢ (으)로 참여하는 것이다.

	(가)	(나)		(가)	(나)
①	합성어	접사	②	합성어	어근
③	파생어	접사	④	파생어	어근

보통 접사 '-음'이 있으면 '파생어'라고 생각하기 쉽다.

즉, '쓴웃음'은 파생어가 아니라 합성어라는 뜻

'쓴웃음'이 합성어가 되려면 '웃음'이 어근의 역할을 해야 함

1단계

일반 사례 추론은
제시문에서 다루는
문법 중심 화제가
무엇인지 정도만
가볍게 확인하기

2단계

문법+독해 결합형은
배경지식이 있는 경우,
선지를 먼저 보기

3단계

만약 배경지식으로
해결되지 않는다면
제시문에서 발췌하여
헷갈리는 선택지를
다시 판단하기

신유형 STEP 2 일반 사례 추론

01 다음 글을 추론한 내용으로 적절하지 않은 것은?

> 품사의 통용이란 하나의 단어가 문장에서 쓰이는 방식에 따라 서로 다른 품사로 기능하는 현상을 말한다. 한국어에서 특히 명사와 부사, 명사와 조사, 수사와 관형사 등의 통용이 자주 나타난다.
>
> 예를 들어 명사는 뒤에 격 조사가 결합이 될 수 있고, 부사는 뒤에 용언을 꾸미는 특성을 지닌다. '처음이 중요하다'의 경우 '이'라는 주격 조사가 결합되었으므로 '처음'은 명사라고 볼 수 있다. 하지만 '나는 그를 처음 만났다'의 '처음'은 뒤의 동사 '만나다'를 수식하므로 부사라고 볼 수 있다. 또한 '많이 먹은 만큼 운동을 해야 한다.'에서 '만큼'은 관형어 '먹은'의 수식을 받고 있으므로 명사라고 볼 수 있지만 '나만큼 너를 좋아하는 사람은 없어'의 '만큼'은 대명사와 결합이 되므로 조사라고 볼 수 있다. 수사는 명사, 대명사와 함께 체언의 일종이므로 뒤에 격 조사가 결합될 수 있지만 수 관형사는 뒤의 체언을 꾸민다. 가령 '철수는 여섯을 모아 갔다'에서 '여섯'은 목적격 조사 '을'이 결합되고 있으므로 수사라고 볼 수 있지만 '철수는 여섯 사람을 모아 갔다'의 '여섯'은 명사 '사람'을 수식하므로 관형사라고 볼 수 있다.

① '아이가 싸운 것은 제 잘못입니다.'의 '잘못'은 서술격 조사가 결합되어 있으므로 명사이지만, '뜻을 잘못 이해하여 시험이 어려웠다.'의 '잘못'은 동사를 수식하므로 부사이다.

② '오늘이 내 생일이다.'의 '오늘'은 주격 조사가 결합되어 있으므로 명사이지만, '그가 드디어 오늘 왔다.'의 '오늘'은 동사를 수식하므로 부사이다.

③ '들어오는 대로 전화 좀 해'의 '대로'는 관형어의 수식을 받으므로 명사이지만 '네 멋대로 일을 처리하면 안 된다.'의 '대로'는 명사 뒤에 결합되므로 조사이다.

④ '비교적으로 날씨가 좋다'의 '비교적'은 격 조사가 결합되어 있으므로 명사이지만, '비교적 교통이 편리하다'의 '비교적'은 뒤의 명사를 수식하므로 관형사이다.

신유형 STEP 2 일반 사례 추론

01 다음 글을 추론한 내용으로 적절하지 않은 것은?

> 품사의 통용이란 하나의 단어가 문장에서 쓰이는 방식에 따라 서로 다른 품사로 기능하는 현상을 말한다. 한국어에서 특히 명사와 부사, 명사와 조사, 수사와 관형사 등의 통용이 자주 나타난다.
>
> → 선지 ①, ②, ④의 근거
>
> 예를 들어 명사는 뒤에 격 조사가 결합이 될 수 있고, 부사는 뒤에 용언을 꾸미는 특성을 지닌다. '처음이 중요하다'의 경우 '이'라는 주격 조사가 결합되었으므로 '처음'은 명사라고 볼 수 있다. 하지만 '나는 그를 처음 만났다'의 '처음'은 뒤의 동사 '만나다'를 수식하므로 부사라고 볼 수 있다. 또한 '많이 먹은 만큼 운동을 해야 한다.'에서 '만큼'은 관형어 '먹은'의 수식을 받고 있으므로 명사라고 볼 수 있지만 '나만큼 너를 좋아하는 사람은 없어'의 '만큼'은 대명사와 결합이 되므로 조사라고 볼 수 있다. 수사는 명사, 대명사와 함께 체언의 일종이므로 뒤에 격 조사가 결합될 수 있지만 수 관형사는 뒤의 체언을 꾸민다. 가령 '철수는 여섯을 모아 갔다'에서 '여섯'은 목적격 조사 '을'이 결합되고 있으므로 수사라고 볼 수 있지만 '철수는 여섯 사람을 모아 갔다'의 '여섯'은 명사 '사람'을 수식하므로 관형사라고 볼 수 있다.
>
> → 선지 ③의 근거

① '아이가 싸운 것은 제 잘못입니다'의 '잘못'은 서술격 조사가 결합되어 있으므로 명사이지만, '뜻을 잘못 이해하여 시험이 어려웠다.'의 '잘못'은 동사를 수식하므로 부사이다. ⇒ '처음'의 예시를 통해 추론 가능

② '오늘이 내 생일이다.'의 '오늘'은 주격 조사가 결합되어 있으므로 명사이지만, '그가 드디어 오늘 왔다.'의 '오늘'은 동사를 수식하므로 부사이다. ⇒ '처음'의 예시를 통해 추론 가능

③ '들어오는 대로 전화 좀 해'의 '대로'는 관형어의 수식을 받으므로 명사이지만 '네 멋 대로 일을 처리하면 안 된다.'의 '대로'는 명사 뒤에 결합되므로 조사이다. ⇒ '만큼'의 예시를 통해 추론 가능

④ '비교적으로 날씨가 좋다'의 '비교적'은 격 조사가 결합되어 있으므로 명사이지만, '비교적 교통이 편리하다'의 '비교적'은 뒤의 명사를 수식하므로 관형사이다.

亦功 문제 훈련 : 형태론

Day 22 해설 영상은 '만점 출좋포 문제 훈련' 강의에서 꼭 해설 강의를 참고해 주세요.

01 다음 글에서 추론한 내용으로 적절하지 않은 것은? 2025. 인사혁신처 1차 샘플

'밤하늘'은 '밤'과 '하늘'이 결합하여 한 단어를 이루고 있는데, 이처럼 어휘 의미를 띤 요소끼리 결합한 단어를 합성어라고 한다. 합성어는 분류 기준에 따라 여러 방식으로 나눌 수 있다. 합성어의 품사에 따라 합성명사, 합성형용사, 합성부사 등으로 나누기도 하고, 합성의 절차가 국어의 정상적인 단어 배열법을 따르는지의 여부에 따라 통사적 합성어와 비통사적 합성어로 나누기도 하고, 구성 요소 간의 의미 관계에 따라 대등합성어와 종속합성어로 나누기도 한다.

합성명사의 예를 보자. '강산'은 명사(강) + 명사(산)로, '젊은이'는 용언의 관형사형(젊은) + 명사(이)로, '덮밥'은 용언 어간(덮) + 명사(밥)로 구성되어 있다. 명사끼리의 결합, 용언의 관형사형과 명사의 결합은 국어 문장 구성에서 흔히 나타나는 단어 배열법으로, 이들을 통사적 합성어라고 한다. 반면 용언 어간과 명사의 결합은 국어 문장 구성에 없는 단어 배열법인데 이런 유형은 비통사적 합성어에 속한다. '강산'은 두 성분 관계가 대등한 관계를 이루는 대등합성어인데, '젊은이'나 '덮밥'은 앞 성분이 뒤 성분을 수식하는 종속합성어이다.

① 아버지의 형을 이르는 '큰아버지'는 종속합성어이다.
② '흰머리'는 용언 어간과 명사가 결합한 합성명사이다.
③ '늙은이'는 어휘 의미를 지닌 두 요소가 결합해 이루어진 단어이다.
④ 동사 '먹다'의 어간인 '먹'과 명사 '거리'가 결합한 '먹거리'는 비통사적 합성어이다.

02 다음 글을 이해한 내용으로 가장 적절한 것은?

수식언은 다른 단어를 꾸며 주는 역할을 하며, 독립언은 문장에서 독립적으로 사용되는 단어들이다. 수식언은 다른 단어를 꾸며 주는 역할을 하는 말로, 주로 관형사와 부사로 나뉜다. 관형사는 체언(주로 명사)을 꾸며 주며, 부사는 용언(주로 동사나 형용사)이나 다른 부사, 또는 문장 전체를 꾸며 준다. 관형사는 명사 앞에 놓여 그 명사에 뜻을 더하는 역할을 한다. 예를 들어, "이 책", "새 옷", "큰 집"에서 '이', '새', '큰'은 각각 '책', '옷', '집'을 꾸며 주는 관형사이다. 부사는 동사, 형용사, 다른 부사, 문장 전체 등을 꾸며 주는 역할을 한다. 예를 들어, "빠르게 달리다", "매우 아름답다", "아주 빨리"에서 '빠르게', '매우', '아주'는 각각 '달리다', '아름답다', '빨리'를 꾸며 주는 부사이다. 독립언은 문장에서 독립적으로 사용되는 단어로, 감탄사가 있다. 독립언은 다른 단어와 문법적으로 연결되지 않고, 그 자체로 독립적인 의미를 가진다. 감탄사는 주로 화자의 감정이나 느낌을 표현하는 단어이다. 예를 들어, "아!", "어머!", "와!" 같은 단어들은 화자의 놀람, 감탄, 기쁨 등의 감정을 직접적으로 표현하는 감탄사이다. 감탄사는 문장에서 독립적으로 사용되며, 다른 단어와의 문법적 연결 없이도 의미를 전달할 수 있다.

① 감탄사는 문장에서 체언과 문법적으로 연결되어 그 동작의 강도를 나타낸다.
② 부사는 주로 동사만을 꾸미고 동작의 방식이나 정도를 나타낸다.
③ 관형사는 체언을 꾸미며 문장에서 명사에 뜻을 더하는 역할을 한다.
④ 독립언은 주로 동사와 연결되어 문장의 주된 동작을 설명하는 데 사용된다.

03 다음 글을 읽고 추론한 내용으로 옳지 않은 것은?

> 동사는 움직임이나 작용을 나타내는 말이며, 형용사는 성질이나 상태를 나타내는 말이다. 동사와 형용사는 모두 '-다'의 형태로 끝나기 때문에 형태상으로 구별이 쉽지 않다. 따라서 의미로 구별하거나, 문법적인 구별이 필요하다. 동사와 형용사를 구별하는 방법으로 현재 시제 선어말 어미 '-는-/-ㄴ-'을 결합하는 방법이 있다. 동사에는 현재 시제 선어말 어미가 결합할 수 있지만 형용사에는 결합이 불가하다.
>
> 예를 들어 보자. 동사 '먹다'는 어간 '먹-'에 현재 시제 선어말 어미 '-는-'을 결합하여 '먹는다'의 형태로 쓸 수 있다. 따라서 '나는 지금 밥을 먹는다'는 어색하지 않다. 하지만 형용사 '아름답다'의 어간 '아름답-'에 동일하게 현재 시제 선어말 어미 '-는-'을 결합할 경우, '아름답는다'가 되는데 이는 어색한 표현이다. '그녀는 아름답는다'로 쓸 수 없기 때문이다. 이를 통해 동사는 현재 시제 선어말 어미로 시제 표현이 가능하지만, 형용사의 경우 본래 기본형이 현재 시제를 포함하고 있음을 알 수 있다.

① '저 빵은 정말 크다'에서 '크-'에 '-ㄴ-'을 결합할 수 없으므로 형용사이다.
② '한강에 귀여운 오리가 있다'에서 '있-'에 '-는-'을 결합할 수 있으므로 '있다'는 동사이다.
③ '찬호가 시끄러운 소리에 잠에서 깼다'에서 '깨-'에 '-ㄴ-'을 결합할 수 있으므로 '깨다'는 동사이다.
④ '너무 더워서 에어컨을 켰다'에서 '켜-'에 '-ㄴ-'을 결합할 수 있으므로 '켜다'는 동사이다.

04 다음 글의 ㉠의 사례가 포함되어 있지 않은 것은?

> 성분 부사와 ㉠ 문장 부사는 둘 다 부사이지만, 그 기능과 역할에서 차이가 있다. 성분 부사는 문장의 일부 성분(주로 동사, 형용사, 다른 부사 등)을 수식하여 그 성분의 뜻을 더욱 구체화하는 부사이다. 문장 부사는 문장 전체를 접속하거나 화자의 판단, 태도, 또는 문장의 분위기를 나타내어 문장 전체를 꾸미는 부사이다. 예를 들어 '그녀는 합격 소식에 빙그레 웃었다.'의 '빙그레'는 뒤의 '웃었다'라는 서술어만 꾸미므로 성분 부사이다. '솔직히 나는 이 영화가 별로다.'는 '나는 이 영화가 별로다.'라는 문장 전체를 '솔직히'가 꾸미므로 문장 부사이다.

① 철수는 <u>바로</u> 눈앞에서 물건을 <u>빼앗기고</u> 말았다.
② 영희는 <u>결코</u> 인생에서 돈만 좇지는 않았다.
③ <u>설마</u> 이번에도 문법이 3문제나 나오겠어?
④ 담당직원은 원서 교부 <u>및</u> 접수를 도맡아 하였다.

05 다음 글의 (가)~(다)에 들어갈 말을 바르게 연결한 것은?

> 감탄사는 상황에 대한 즉각적인 반응을 표현하는 것이 주된 기능이다. 감탄사의 종류에는 감정 감탄사, 의지 감탄사, 간투 감탄사가 있다. 감정 감탄사는 즉석에서 느낀 대로 표현한다. 놀람, 실망, 기쁨, 안심 등 어떤 감정과 관련된 반응이냐에 따라 다양한 단어를 사용한다. 청자에 대한 의식이 약하므로 혼잣말로 많이 쓰인다. 예를 들어, ＿＿(가)＿＿(이)라는 감정 감탄사를 사용한다. 의지 감탄사는 소통에 대한 의지나 태도를 표현한다. 대답, 부름, 명령 등 어떤 의지나 태도와 관련된 반응이냐에 따라 다양한 단어를 사용한다. 청자에 대한 의식이 강하므로 혼잣말로는 잘 쓰이지 않는다. ＿＿(나)＿＿(이)라고 말하는 것이 그 예가 된다. 간투 감탄사는 말하기를 준비하고 있거나 대화에 참여하고 있음을 표현하는 감탄사이다. ＿＿(다)＿＿(이)라는 간투 감탄사가 자주 사용된다.

> ㄱ. 너무 힘들 때 자기도 모르게 '아이고'
> ㄴ. 말할 내용이 생각나지 않을 때 '음'
> ㄷ. 시끄럽게 떠드는 아이에게 '쉿!'

	(가)	(나)	(다)
①	ㄱ	ㄴ	ㄷ
②	ㄱ	ㄷ	ㄴ
③	ㄴ	ㄱ	ㄷ
④	ㄴ	ㄷ	ㄱ

📝 내가 이 문제를 틀린 이유 체크 리스트

∨	이유	틀린 문제 번호	보완 방법
☐	시간 촉박	＿＿번	
☐	내용 이해 부족	＿＿번	
☐	발문 착각	＿＿번	
☐	오답 패턴 미숙지	＿＿번	
☐	선지 분석 부족	＿＿번	

통사론

이 유형은 2025년 인사혁신처 1차 샘플에 출제되었던 '문법+독해 결합형'으로 2025 인사혁신처 2차 샘플에는 출제되지 않았으나 2025년 국가직 9급에서 3문제나 출제되었습니다. 따라서 2026년에 문법 파트는 더 중요해질 예정입니다. 그 이유는 다음과 같습니다.
첫째, 3문제 출제로 비중이 커졌습니다.
둘째, 독해 비중이 커졌기 때문에 문법 영역에서 시간을 절약해야 합니다.
물론 문법과 독해가 결합된 형태로 시험이 출제될 예정입니다.
하지만 문법 문제를 독해 문제처럼만으로 풀게 되면 독해 문제가 16문제로 늘어나게 되어 20문제를 27-30분 안에 풀 수 없게 되고, 이는 다른 과목에도 부정적인 영향을 끼칠 것입니다.
따라서 평소 공부하기에 까다롭더라도 문법 개념을 확실하게 공부하여 시험장에서는 경쟁자들보다 빠르고 정확하게 답을 골라야 합니다.

통사론에서 나올 수 있는 출제 포인트를 정리하면
1) 문장 성분(주어, 목적어, 보어, 서술어 / 관형어 / 부사어 / 독립어)
2) 문장의 짜임새[홑문장 / 겹문장(이어진 문장, 안은문장)]
3) 높임 표현
4) 사동, 피동 등이 있습니다.

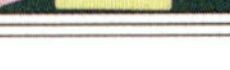

정답 및 해설 p.330

신유형 STEP 1 밑줄 사례 추론

01 다음 글의 ㉠의 사례가 포함되어 있지 않은 것은? 2025. 인사혁신처 1차 샘플

> 존경 표현에는 주어 명사구를 직접 존경하는 '직접존경'이 있고, 존경의 대상과 긴밀한 관련을 가지는 인물이나 사물 등을 높이는 ㉠'간접존경'도 있다. 전자의 예로 "할머니는 직접 용돈을 마련하신다."를 들 수 있고, 후자의 예로는 "할머니는 용돈이 없으시다."를 들 수 있다. 전자에서 용돈을 마련하는 행위를 하는 주어는 할머니이므로 '마련한다'가 아닌 '마련하신다'로 존경 표현을 한 것이다. 후자에서는 용돈이 주어이지만 할머니와 긴밀한 관련을 가진 사물이라서 '없다'가 아니라 '없으시다'로 존경 표현을 한 것이다.

① 고모는 자식이 다섯이나 있으시다.
② 할머니는 다리가 아프셔서 병원에 다니신다.
③ 언니는 아버지가 너무 건강을 염려하신다고 말했다.
④ 할아버지는 젊었을 때부터 수염이 많으셨다고 들었다.

신유형 | STEP 1 | 밑줄 사례 추론

01 다음 글의 ⊙의 사례가 포함되어 있지 않은 것은? 2025. 인사혁신처 1차 샘플

> 존경 표현에는 주어 명사구를 직접 존경하는 '직접존경'이 있고, 존경의 대상과 긴밀한 관련을 가지는 인물이나 사물 등을 높이는 ⊙'간접존경'도 있다. 전자의 예로 "할머니는 직접 용돈을 마련하신다."를 들 수 있고, 후자의 예로는 "할머니는 용돈이 없으시다."를 들 수 있다. 전자에서 용돈을 마련하는 행위를 하는 주어는 할머니이므로 '마련한다'가 아닌 '마련하신다'로 존경 표현을 한 것이다. 후자에서는 용돈이 주어이지만 할머니와 긴밀한 관련을 가진 사물이라서 '없다'가 아니라 '없으시다'로 존경 표현을 한 것이다.

① 고모는 자식이 다섯이나 있으시다. – ⊙ 간접존경

② 할머니는 다리가 아프셔서 병원에 다니신다. – ⊙ 간접존경

③ 언니는 아버지가 너무 건강을 염려하신다고 말했다. – 직접존경

④ 할아버지는 젊었을 때부터 수염이 많으셨다고 들었다. – ⊙ 간접존경

주어인 '자식, 다리, 수염'은
각각 '고모, 할머니, 할아버지'와 긴밀한 관련을 가지므로
⊙ 간접 존경에 해당한다.

1단계

일반 사례 추론은 제시문에서 다루는 문법 중심 화제가 무엇인지 정도만 가볍게 확인하기

2단계

문법+독해 결합형은 배경지식이 있는 경우, 선지를 먼저 보기

3단계

만약 배경지식으로 해결되지 않는다면 제시문에서 발췌하여 헷갈리는 선택지를 다시 판단하기

신유형 STEP 2 · 일반 사례 추론

01 다음을 읽고 추론한 내용으로 가장 적절한 것은?

> 관형절을 안은 문장은 문장 안에서 관형어가 주어 서술어 관계를 갖춘 절인 경우에 해당한다. 예를 들어, '나는 그가 범인이라는 사실을 안다'라는 문장의 관형어는 '그가 범인이라는'이다. 그리고 이는 주어인 '그가'와 서술어인 '범인이다'로 구성되어 있다. 따라서 관형절을 안은 문장이다.
>
> 관형절을 안은 문장은 두 가지 종류로 나뉘는데, 관형절 안에 모든 문장 성분이 빠짐없이 들어가 있는 동격 관형절과 주요 성분이 생략되어 있는 관계 관형절이다. 관계 관형절의 경우 관형절 안에 쓰인 체언과 그 관형절이 수식하는 체언이 같을 경우 관형절 안에서 생략이 이루어지기 때문에 문장이 불완전한 것처럼 보인다.
>
> 예를 들어, 앞서 말한 '나는 그가 범인이라는 사실을 안다'라는 문장의 관형절은 '그가 범인이라는'으로서, 주어와 서술어를 모두 갖추고 있으며 더 필요한 문장 성분이 없다. 하지만 '나는 먹던 밥을 버렸다.'의 경우 해당 문장의 관형어인 '먹던'은 목적어인 '밥을'이 생략되어 있는 형태이다. 즉, 본래 문장은 '밥을 먹다'인 것이다. 하지만 문장의 목적어인 '밥'과 해당 관형절이 수식하는 체언인 '밥'이 같은 대상이기에 생략이 이루어졌다.

① '나는 민수가 착하다는 소문이 있다고 들었다.'라는 문장의 관형절에는 생략된 성분이 없으므로 관계 관형절이다.

② '선미가 직접 만든 신발은 정말 튼튼하다'에서의 관형절에는 생략된 성분이 있으므로 동격 관형절이다.

③ '내가 어제 읽은 책은 소설이다'의 관형절에서 생략된 주어인 '책은'은 뒤에 수식하는 '책'과 같은 대상이기에 생략이 이루어졌다.

④ '매일 새벽에 운동하는 그는 부지런하다'의 관형절에서 생략된 주어인 '그는'은 뒤에 수식하는 '그'와 같은 대상이기에 생략이 이루어졌다.

신유형 STEP 2 · 일반 사례 추론

01 다음을 읽고 추론한 내용으로 가장 적절한 것은? (동격 관형절 vs 관계 관형절의 대조 구조)

> 관형절을 안은 문장은 문장 안에서 관형어가 주어 서술어 관계를 갖춘 절인 경우에 해당한다. 예를 들어, '나는 그가 범인이라는 사실을 안다'라는 문장의 관형어는 '그가 범인이라는'이다. 그리고 이는 주어인 '그가'와 서술어인 '범인이다'로 구성되어 있다. 따라서 관형절을 안은 문장이다.
>
> 관형절을 안은 문장은 두 가지 종류로 나뉘는데, 관형절 안에 모든 문장 성분이 빠짐없이 들어가 있는 동격 관형절과 주요 성분이 생략되어 있는 관계 관형절이다. 관계 관형절의 경우 관형절 안에 쓰인 체언과 그 관형절이 수식하는 체언이 같을 경우 관형절 안에서 생략이 이루어지기 때문에 문장이 불완전한 것처럼 보인다.
>
> 예를 들어, 앞서 말한 '나는 그가 범인이라는 사실을 안다'라는 문장의 관형절은 '그가 범인이라는'으로서, 주어와 서술어를 모두 갖추고 있으며 더 필요한 문장 성분이 없다. 하지만 '나는 먹던 밥을 버렸다.'의 경우 해당 문장의 관형어인 '먹던'은 목적어인 '밥을'이 생략되어 있는 형태이다. 즉, 본래 문장은 '밥을 먹다'인 것이다. 하지만 문장의 목적어인 '밥'과 해당 관형절이 수식하는 체언인 '밥'이 같은 대상이기에 생략이 이루어졌다.

선지 ①
⇒ '나는 그가 범인이라는 사실을 안다'를 통해 유추 가능

선지 ②, ③, ④
⇒ '나는 먹던 밥을 버렸다'를 통해 유추 가능

① '나는 민수가 착하다는 소문이 있다고 들었다.'라는 문장의 관형절에는 생략된 성분이 없으므로 ~~관계~~ (동격) 관형절이다.

② '선미가 직접 만든 (신발을) 신발은 정말 튼튼하다'에서의 관형절에는 생략된 성분이 있으므로 ~~동격~~ (관계) '신발을' 관형절이다.

③ '내가 어제 읽은 (책을) 책은 소설이다'의 관형절에서 생략된 ~~주어~~ (목적어) 인 '책은' 책을 은 뒤에 수식하는 '책'과 같은 대상이기에 생략이 이루어졌다.

④ '매일 새벽에 운동하는 (그는) 그는 부지런하다'의 관형절에서 생략된 주어인 '그는'은 뒤에 수식하는 '그'와 같은 대상이기에 생략이 이루어졌다. **(O)**

亦功 문제 훈련 : 통사론

Day 23 해설 영상은 '만점 출졸포 문제 훈련' 강의에서 꼭 해설 강의를 참고해 주세요.

01 밑줄 친 ㉠의 사례로 가장 적절한 것은?

> 국어의 높임법에는 말하는 이가 듣는 이에 대하여 높이거나 낮추어 말하는 상대 높임법, 서술어의 주체를 높이는 주체 높임법, 서술어의 객체를 높이는 객체 높임법 등이 있다. 이러한 높임 표현은 한 문장에서 복합적으로 실현되기도 하는데, (   )의 경우 ㉠ 대화의 상대, 서술어의 주체, 서술어의 객체를 모두 높인 표현이다.
>
> 상대 높임법은 문장의 종결 어미에 반영되어 청자를 높이면 [+상대], 청자를 낮추면 [−상대]로 표현이 된다. 예를 들어 '밥을 먹었습니다. 밥을 먹었소. 밥을 먹었어요'는 [+상대], '밥을 먹게, 밥을 먹어라, 밥을 먹어'는 [−상대]로 볼 수 있다. 주체 높임법은 '할아버지께서 댁에 가셨습니다'처럼 주격 조사 '께서'나 주체 높임 선어말 어미 '−시−', 특수 어휘 '계시다, 잡수시다, 편찮으시다' 등으로 실현된다. 객체 높임법은 '철수가 할아버지께 선물을 드렸다'처럼 목적어나 부사어를 높이는 특수 어휘를 쓰거나 부사격 조사 '께'를 통해 실현된다.

① 선생님께서 학생을 데리고 학교로 돌아가셨다.
② 제가 할머니께 그렇게 말씀을 거들어드리는 것은 어떨까요?
③ 고객님께서는 잠시만 쇼핑을 그만두시고 방송을 들어주시길 바랍니다.
④ 고모님께서 아버지께 안부를 여쭈어보라고 하셨습니다.

02 다음 글을 미루어 볼 때 밑줄 친 안긴 문장의 종류로 적절하지 않은 것은?

> '안은문장'과 '안긴 문장'은 문장의 구조를 이해하는 데 중요한 개념이다. 안은 문장이란 다른 문장 속에 들어가 하나의 문장 성분으로 쓰이는 홑문장을 안고 있는 문장을 말한다. 이때 명사절을 가진 안은문장은 명사형 어미 '−(으)ㅁ, −기'가 붙어서 만들어지는 것으로 문장에서 주어, 목적어, 부사어 등의 기능을 한다. 예를 들어 '그가 범인임이 밝혀졌다.'라는 문장은 '그가 범인이다.'라는 문장이 명사절 형태로 안긴 문장이다. 관형절을 가진 안은문장은 관형사형 어미 '−(으)ㄴ, −는, −(으)ㄹ, −던'이 붙어서 만들어지며 문장에서 관형어의 역할을 한다. 부사절을 가진 안은문장은 부사형 어미 '−게, −도록, −(아/어)서' 등이 붙어서 만들어지는데 접미사 '−이'가 붙은 '없이, 같이, 달리, 듯이' 등도 포함하며 문장에서 부사어의 기능을 한다. '이 책은 내가 요즘 읽는 책이다.'라는 문장은 관형절을 안은 문장, '벚꽃이 예쁘게 피었다.'는 부사절을 안은 문장이다. 마지막으로 '라고'가 붙은 것을 직접 인용절을 안은문장, '고'가 붙은 것을 간접 인용절을 안은 문장이라고 한다.

① 동주는 시를 읽는 취미가 있다. − 관형절
② 그녀는 철수에게 사랑한다고 말했다. − 인용절
③ 이 설명은 한복이 우리나라 전통 의복임을 보여 준다. − 서술절
④ 그는 글씨가 잘 보이도록 글씨를 정자로 썼다. − 부사절

03 밑줄 친 ㉠의 사례로 적절하지 않은 것은?

> 피동문은 문장의 서술어가 피동사로 된 문장으로 주어가 당하는 의미를 나타낸다. 짧은 피동의 경우에는 '-이-, -히-, -리-, -기-, -되-' 등의 피동 접미사가 결합되며 긴 피동의 경우에는 '-어지다, -게 되다'가 활용되어 사용된다. 피동문의 남용은 일상생활에서 흔히 보이는 현상인데, 특히 ㉠ '이중 피동'을 쓰지 않도록 유의해야 한다.
> 이중 피동은 피동 표현이 중복되어 잘못된 문법 표현으로 쓰이는데, 주로 피동 접미사와 함께 '-어지다'가 중복 사용되면서 발생한다. 가령, '창문이 닫혀졌다.'의 경우 창문이 닫음을 당하는 의미가 있는 피동문인데, '닫+히+어지+었+다'에서 '-히-'는 피동 접미사, '-어지-'는 긴 피동 표현이므로 잘못된 이중 피동이 쓰였다고 볼 수 있다.

① 영희는 가식적이게도 <u>보여지는</u> 모습에만 집중했다.
② 콤단문은 공시생들에게 많이 <u>읽혀진</u> 책이라 신뢰가 간다.
③ 오늘 날씨는 오랜만에 맑을 것으로 <u>예상되어집니다</u>.
④ 사람들에게 <u>받아들여지는</u> 대로 혜선 쌤은 실물이 예쁘구나.

04 다음 글을 읽고 추론한 내용으로 적절하지 않은 것은?

> 부사어란 문법에서 다른 요소를 꾸며주는 수식어의 하나로서 용언의 내용을 한정하는 문법 성분에 해당한다. 부사어는 부사, 체언+부사격 조사, 용언의 부사형 등으로 실현될 수 있다. 이러한 부사어로는 부사어, 관형어, 서술어 등을 수식할 수 있다. 예를 들어 '기차가 간다.'라는 문장에서 서술어 '간다'를 수식하기 위하여 부사인 '지금', 체언+부사격 조사인 '노량진역에서(노량진역으로)', 용언의 부사형인 '빠르게'를 부사어로 쓰면 뒤에 있는 서술어인 '간다'를 수식하게 된다. 이 경우 부사어는 주로 다른 말을 꾸며 주는 성분의 하나이므로 대개 문장을 구성하는 데에 꼭 필요하지는 않다. 그런데 어떤 서술어는 부사어를 반드시 요구하기도 하는데, 이처럼 문장의 성립에 반드시 필요한 부사어를 '필수적 부사어'라고 부른다. 해당 문장의 서술어가 무엇이냐에 따라서 부사어가 반드시 필요할 때가 있다. 필수적 부사어가 문장에서 생략이 되면 매우 부자연스러운 문장이 된다.

① '철수는 영희를 친구로 여겼다.'에서 '친구로'는 필수적 부사어이다.
② '그들은 맛있게 밥을 먹었다.'라는 문장에서 '맛있게'는 필수적 부사어이다.
③ '나는 아버지와 많이 닮았습니다.'라는 문장에서 '많이'는 필수적 부사어가 아니다.
④ '영호는 한국에서 공무원이 되었다.'라는 문장에서 '한국에서'는 필수 부사어가 아니다.

📝 내가 이 문제를 틀린 이유 체크 리스트

V	이유	틀린 문제 번호	보완 방법
☐	시간 촉박	____번	
☐	내용 이해 부족	____번	
☐	발문 착각	____번	
☐	오답 패턴 미숙지	____번	
☐	선지 분석 부족	____번	

MEMO

亦功독해 빨리 푸는 전략!

1단계

밑줄 사례 추론은
제시문의 밑줄을
먼저 확인해서
문법 중심 화제가
무엇인지 정도만 체크

2단계

선지를 분석해서
참 거짓을
스스로 판별하기

3단계

만약 선지만으로
판단이 안 되는 경우에는
제시문으로 가서
해당 부분을 발췌하여
선지를 판단한다.

이 유형은 2025년 인사혁신처 1차 샘플에 출제되었던 '문법+독해 결합형'으로 2025 인사혁신처 2차 샘플에는 출제되지 않았으나 2025년 국가직 9급에서 3 문제나 출제되었습니다. 따라서 2026년에 문법 파트는 더 중요해질 예정입니다. 그 이유는 다음과 같습니다.
첫째, 3문제 출제로 비중이 커졌습니다.
둘째, 독해 비중이 커졌기 때문에 문법 영역에서 시간을 절약해야 합니다.
물론 문법과 독해가 결합된 형태로 시험이 출제될 예정입니다.
하지만 문법 문제를 독해 문제처럼만으로 풀게 되면 독해 문제가 16문제로 늘어나게 되어 20문제를 27-30분 안에 풀 수 없게 되고, 이는 다른 과목에도 부정적인 영향을 끼칠 것입니다.
따라서 평소 공부하기에 까다롭더라도 문법 개념을 확실하게 공부하여 시험장에서는 경쟁자들보다 빠르고 정확하게 답을 골라야 합니다.
음운론에서 나올 수 있는 출제 포인트를 정리하면
1) 음운의 체계(자음의 체계 / 단모음의 체계)
2) 음운 변동의 유형(교체, 축약, 탈락, 첨가)
3) 음운 변동 후의 개수 변화 등이 있습니다.

정답 및 해설 p.331

신유형 **STEP 1** 밑줄 사례 추론

01 다음 글의 ㉠의 사례가 포함되어 있지 않은 것은?

> 국어의 음운 변동의 종류 중 음운의 탈락과 ㉠음운의 축약은 음운이 하나 줄어든다는 공통점이 있다. 하지만 음운의 축약은 두 개의 음운이 결합하여 하나의 음운으로 줄어드는 현상을 말한다. 음운의 축약과 달리 음운의 탈락은 단어의 형태나 발음 과정에서 특정 음운(소리)이 사라지는 현상이다. 가령, '각하'의 발음은 [가카]로 'ㄱ'과 'ㅎ'이라는 음운의 결합하여 'ㅋ'이라는 하나의 음운으로 줄어드는 것은 음운의 축약이다. 반면, '좋아'는 [조아]로 발음되는 것으로 'ㅎ'이 사라지는 현상이다. 이 둘은 음운이 하나 줄어드는 공통점이 있지만 과정상의 차이점이 있으므로 유의하여 구별해야 한다.

① '모자라다'와 어미 '-아도'가 만나 '모자라도'가 되었다.
② '주다'와 어미 '-어라'가 만나 '줘라'가 되었다.
③ '막혀'는 [마켜]로, '맞힌'은 [마친]으로 발음된다.
④ '옳다'는 [올타]로, '옳지'는 [올치]로 발음된다.

신유형 STEP 1 **밑줄 사례 추론**

01 다음 글의 ㉠의 사례가 포함되어 있지 않은 것은? (음운의 탈락 vs 음운의 축약의 대조 구조)

> 국어의 음운 변동의 종류 중 음운의 탈락과 ㉠음운의 축약은 음운이 하나 줄어든다는 공통점이 있다. 하지만 음운의 축약은 두 개의 음운이 결합하여 하나의 음운으로 줄어드는 현상을 말한다. 음운의 축약과 달리 음운의 탈락은 단어의 형태나 발음 과정에서 특정 음운(소리)이 사라지는 현상이다. 가령, '각하'의 발음은 [가카]로 'ㄱ'과 'ㅎ'이라는 음운의 결합하여 'ㅋ'이라는 하나의 음운으로 줄어드는 것은 음운의 축약이다. 반면, '좋아'는 [조아]로 발음되는 것으로 'ㅎ'이 사라지는 현상이다. 이 둘은 음운이 하나 줄어드는 공통점이 있지만 과정상의 차이점이 있으므로 유의하여 구별해야 한다.

① '모자라다'와 어미 '-아도'가 만나 '모자라도'가 되었다. 모자라 + 아도 → 모자라도 ('ㅏ' 탈락)

② '주다'와 어미 '-어라'가 만나 '줘라'가 되었다. 주 + 어라 → 줘라 ('ㅜ'와 'ㅓ'가 'ㅝ'로 줄어듦)

③ '막혀'는 [마켜]로, '맞힌'은 [마친]으로 발음된다. 막혀[마켜], 맞힌[마친] (ㄱ+ㅎ=ㅋ / ㅈ+ㅎ=ㅊ 으로 줄어듦)

④ '옳다'는 [올타]로, '옳지'는 [올치]로 발음된다. 옳다[올타], 옳지[올치] (ㅎ+ㄷ=ㅌ / ㅎ+ㅈ=ㅊ 으로 줄어듦)

선지 ① ⇒ 제시문의 '좋아[조아]'라는 음운 탈락 예시를 통해 유추할 수 있다.
선지 ②, ③, ④ ⇒ 제시문의 '각하[가카]'라는 음운 축약 예시를 통해 유추할 수 있다.

亦功독해 빨리 푸는 전략!

1단계

일반 사례 추론은
제시문에서 다루는
문법 중심 화제가
무엇인지 정도만
가볍게 확인하기

2단계

문법+독해 결합형은
배경지식이 있는 경우,
선지를 먼저 보기

3단계

만약 배경지식으로
해결되지 않는다면
제시문에서 발췌하여
헷갈리는 선택지를
다시 판단하기

신유형 **STEP 2** 일반 사례 추론

01 다음 글에서 추론한 내용으로 적절하지 않은 것은?

> 음절의 끝소리에서 두 개의 자음이 동시에 발음될 수 없다. 따라서 음절의 끝이나 자음 앞에서 두 개의 자음 중 하나가 탈락해야 하는데 이를 자음군 단순화 현상이라 한다. 예를 들어, 명사 '값'의 경우, 종성에 자음이 두 개 있으므로 하나가 탈락해야 한다. 이러한 경우, 'ㅅ'이 탈락하여 최종적으로는 [갑]으로 발음된다. 음절 뒤에 자음이 연결되는 경우에도 동일한 현상이 발생한다.
>
> 한편, 뒤에 모음이 연결되는 경우에는 형태소의 성질에 따라 양상이 달라질 수 있다. 겹받침 뒤에 모음으로 시작하는 형식 형태소, 즉 모음으로 시작하는 조사나 어미, 접사가 오는 경우에 겹받침 중 뒤에 위치한 자음을 형식 형태소의 초성으로 그대로 연음한다. 예를 들어, '값이'의 경우, '이'가 조사이므로 형식 형태소이다. 이러한 경우 겹받침 중 뒤의 자음인 'ㅅ'을 '이'의 초성으로 연음시켜 최종적으로는 [갑씨]로 발음한다. 겹받침 'ㅄ'의 경우에는 연음 시에 'ㅅ'이 된소리가 된 채로 넘어가기 때문이다. 하지만 '값있다'의 경우, 용언의 어간 '있-'은 실질 형태소이므로 겹받침 중 'ㅅ'을 탈락시킨 후 'ㅂ'을 연음하여 최종적으로는 [가빈따]로 발음한다.

① '없어'는 겹받침 뒤에 모음으로 시작하는 형식 형태소가 연결되는 경우이므로 [업써]로 발음한다.

② '여덟이'는 겹받침 뒤에 모음으로 시작하는 형식 형태소가 연결되는 경우이므로 [여더비]로 발음한다.

③ '넋 안에'는 겹받침 뒤에 모음으로 시작하는 실질 형태소가 연결되므로 [너가네]로 발음한다.

④ '외곬'은 자음군 단순화 현상에 따라 [외골]로 발음한다.

신유형 STEP 2 일반 사례 추론

01 다음 글에서 추론한 내용으로 적절하지 않은 것은? (모음 형식 형태소 vs 모음 실질 형태소의 발음 ∴ 대조 구조)

음절의 끝소리에서 두 개의 자음이 동시에 발음될 수 없다. 따라서 음절의 끝이나 자음 앞에서 두 개의 자음 중 하나가 탈락해야 하는데 이를 자음군 단순화 현상이라 한다. 예를 들어, 명사 '값'의 경우, 종성에 자음이 두 개 있으므로 하나가 탈락해야 한다. 이러한 경우, 'ㅅ'이 탈락하여 최종적으로는 [갑]으로 발음된다. 음절 뒤에 자음이 연결되는 경우에도 동일한 현상이 발생한다.

★★★

한편, 뒤에 모음이 연결되는 경우에는 형태소의 성질에 따라 양상이 달라질 수 있다. 겹받침 뒤에 모음으로 시작하는 형식 형태소, 즉 모음으로 시작하는 조사나 어미, 접사가 오는 경우에 겹받침 중 뒤에 위치한 자음을 형식 형태소의 초성으로 그대로 연음한다. 예를 들어, '값이'의 경우, '이'가 조사이므로 형식 형태소이다. 이러한 경우 겹받침 중 뒤의 자음인 'ㅅ'을 '이'의 초성으로 연음시켜 최종적으로는 [갑씨]로 발음한다. 겹받침 'ㅄ'의 경우에는 연음 시에 'ㅅ'이 된소리가 된 채로 넘어가기 때문이다. 하지만 '값있다'의 경우, 용언의 어간 '있-'은 실질 형태소이므로 겹받침 중 'ㅅ'을 탈락시킨 후 'ㅂ'을 연음하여 최종적으로는 [가빋따]로 발음한다.

① '없어'는 겹받침 뒤에 모음으로 시작하는 형식 형태소가 연결되는 경우이므로 [업써]로 발음 (O)
한다. ⇒ 제시문의 '값이'가 [갑씨]로 발음되는 것을 통해 유추할 수 있다.

② '여덟이'는 겹받침 뒤에 모음으로 시작하는 형식 형태소가 연결되는 경우이므로 [여더비]로 [여덜비]
발음한다. ⇒ 제시문의 '값이[갑씨]'라는 예시를 통해 '여덟이'는 [여덜비]로 발음됨을 알 수 있다.

③ '넋 안에'는 겹받침 뒤에 모음으로 시작하는 실질 형태소가 연결되므로 [너가네]로 발음한다. (O)
↳ '값있다[가빋따]'의 예시를 통해 유추할 수 있다.

④ '외곬'은 자음군 단순화 현상에 따라 [외골]로 발음한다. (O)
↳ 제시문의 '값[갑]'의 예시를 통해 유추할 수 있다.

亦功 문제 훈련 : 음운론

Day 24 해설 영상은 '만점 출좋포 문제 훈련' 강의에서 꼭 해설 강의를 참고해 주세요.

01 다음 글의 ㉠의 사례가 포함되어 있지 않은 것은?

> ㉠ ㄴ첨가란 앞말이 자음으로 끝나고 뒷말이 '이, 야, 여, 요, 유'로 시작하는 경우에는 뒷말의 초성 자리에 'ㄴ' 소리가 첨가되는 현상을 의미한다. 가령, '내복약'은 '내복＋약'의 단어 구성을 보이는데 '내복'이 자음으로 끝나고 뒷말이 '야'로 시작하므로 [내복냑]으로 ㄴ이 첨가된다. 이후 첨가된 'ㄴ'이 앞의 'ㄱ'을 자기와 비슷한 비음 [ㅇ]으로 교체시키게 되어 [내봉냑]으로 발음이 완성된다.

① 직행열차[지캥녈차]
② 곗날[곈날]
③ 예삿일[예산닐]
④ 설익다[설릭따]

02 다음 글에서 추론한 내용으로 적절하지 않은 것은?

> 음운 변동이란 발음을 쉽게 하기 위해서 환경에 따라 음운이 변하는 현상을 말한다. 국어의 음운 변동의 종류에는 네 가지가 있다. 교체는 한 음운이 다른 음운으로 변하는 현상으로, '국물'이 [궁물]로 발음되는 것이 그 예시이다. 탈락은 한 음운이 없어지는 현상으로 '값'이 [갑]으로 발음되는 것이 그 예시이다. 첨가는 새로운 음운이 생기는 현상으로 '솜이불'이 [솜니불]로 발음되는 것이 그 예시이다. 축약은 두 음운이 하나의 음운으로 줄어드는 현상으로 '축하'가 [추카]로 발음되는 것이 그 예시이다. 이처럼 국어는 발음이 어려운 단어의 발음을 편하게 하기 위해 교체, 탈락, 첨가, 축약을 거쳐 쉽게 발음되는 경우가 많다.

① '법학'이 [버팍]으로 발음되는 것은 탈락의 예시이다.
② '신라'가 [실라]로 발음되는 것은 교체의 예시이다.
③ '닭'이 [닥]으로 발음되는 것은 탈락의 예시이다.
④ '막일'이 [망닐]로 발음되는 것은 교체와 첨가의 예시이다.

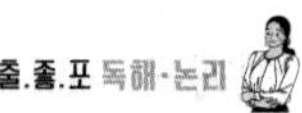

03 다음 글에서 추론한 내용으로 적절하지 않은 것은?

음운 교체 현상 중에서 흔히 일어나는 현상으로 비음화와 유음화가 있다. 이들은 조음 방법 동화에 해당된다. 비음화는 특정 받침이 비음의 조음 방법인 'ㅁ, ㄴ, ㅇ'으로 변하는 현상을 말한다. 비음화는 특정 조건하에서 일어나는데, 첫째, 'ㅂ, ㄷ, ㄱ'이 'ㅁ, ㄴ' 앞에서 [ㅁ, ㄴ, ㅇ]으로 교체된다. 예를 들어, '먹는'이 [멍는]으로 발음된다. 둘째, 받침 'ㅁ, ㅇ' 뒤에 연결되는 'ㄹ'은 [ㄴ]으로 교체된다. 예를 들어, '침략'이 [침냑]으로 발음된다. 셋째, 받침 'ㄱ, ㅂ' 뒤에 연결되는 'ㄹ'이 [ㄴ]으로 교체된다. 예를 들어, '백 리'는 [뱅니]로 발음된다. 유음화는 특정 받침이 유음인 'ㄹ'로 변하는 현상이다. 유음화가 일어나는 조건은 'ㄴ'이 'ㄹ'의 앞이나 뒤에 있을 때로, 비음인 'ㄴ'이 조음 방법인 유음의 영향을 받아 유음 'ㄹ'로 교체된다. 예를 들어 '신라'가 [실라]로 발음되는 것이 있다.

한편, 조음 위치 동화도 있는데 '굳이[구지]'가 이에 해당된다. 'ㄷ'이 뒤의 'ㅣ'의 조음 위치에 영향을 받아 경구개음인 'ㅈ'으로 변하는 것이다. 즉, 'ㄷ, ㅌ'이 'ㅣ'나 반모음 ㅣ'로 시작되는 형식 형태소 앞에서 'ㅈ, ㅊ'으로 변하는 것이다.

① '잡는'이 [잠는]으로 발음되는 것은 비음화가 일어난 것이다.
② '담력'이 [담녁]으로 발음되는 것은 조음 위치가 비슷해져 일어난 것이다.
③ '칼날'이 [칼랄]로 발음되는 것은 조음 방법이 비슷해져 일어난 것이다.
④ '해돋이'가 [해도지]로 발음되는 것은 조음 위치가 비슷해져 일어난 것이다.

04 다음 글을 이해한 내용으로 가장 적절한 것은?

음운 변동은 말소리가 환경에 따라 변하는 현상을 말하며, 주로 '교체, 축약, 탈락, 첨가'로 구분된다. 이 중 교체는 어떤 음운이 다른 음운으로 바뀌는 현상으로 음운의 개수 변화는 없다. 축약은 두 음운이 합쳐져 하나의 음운으로 줄어들기 때문에 음운의 개수는 1개 줄어든다. 탈락은 음운이 발음에서 사라지는 현상이므로 음운의 개수가 1개 줄어든다. 첨가는 음운이 새롭게 더해지는 현상으로 음운의 개수가 1개 늘어난다.

예를 들어, '국물'이라는 단어에서 /ㄱ/ 뒤에 오는 /ㅁ/ 때문에 /ㄱ/이 /ㅇ/으로 바뀌어 [궁물]로 발음된다. 이는 음운 환경에 따라 소리가 교체되는 경우다. '좋다'라는 단어에서 /ㅎ/과 /ㄷ/이 만나면서 [조타]로 축약되는 경우이다. '삶'이라는 단어에서 [ㄼ]이 [ㅁ]으로 탈락되는 경우이다. 마지막으로 '한여름'이라는 단어에서 [한녀름]으로 [ㄴ]이 첨가되는 경우이다. 이처럼 음운 변동은 발음의 편의를 위해 일어나는 다양한 변화 양상들을 포함하며, 각 유형은 언어 사용 환경에 따라 특정 규칙을 따른다.

① '알약[알략]'은 교체가 한 번 일어나며 음운의 개수가 한 개 줄어든다.
② '솥하고[소타고]'는 교체 및 축약이 일어나며 음운의 개수가 변하지 않는다.
③ '늑막염[능망념]'은 첨가 및 교체가 일어나며 음운의 개수가 두 개 늘어난다.
④ '굵고[굴꼬]'는 탈락 및 교체가 일어나며 음운의 개수가 한 개 줄어든다.

📝 내가 이 문제를 틀린 이유 **체크 리스트**

∨	이유	틀린 문제 번호	보완 방법
☐	시간 촉박	___ 번	
☐	내용 이해 부족	___ 번	
☐	발문 착각	___ 번	
☐	오답 패턴 미숙지	___ 번	
☐	선지 분석 부족	___ 번	

이외의 문법 영역

亦功독해 빨리 푸는 전략!

1단계

일반 사례 추론은
제시문에서 다루는
문법 중심 화제가
무엇인지 정도만
가볍게 확인하기

2단계

문법+독해 결합형은
배경지식이 있는 경우,
선지를 먼저 보기

3단계

만약 배경지식으로
해결되지 않는다면
제시문에서 발췌하여
헷갈리는 선택지를
다시 판단하기

이 유형은 2025년 인사혁신처 1차 샘플에 출제되었던 '문법+독해 결합형'으로
2025 인사혁신처 2차 샘플에는 출제되지 않았으나 2025년 국가직 9급에서 3 문제나 출제되었습니다.
따라서 2026년에 문법 파트는 더 중요해질 예정입니다. 그 이유는 다음과 같습니다.
첫째, 3문제 출제로 비중이 커졌습니다.
둘째, 독해 비중이 커졌기 때문에 문법 영역에서 시간을 절약해야 합니다.
물론 문법과 독해가 결합된 형태로 시험이 출제될 예정입니다.
하지만 문법 문제를 독해 문제처럼만으로 풀게 되면 독해 문제가 16문제로 늘어나게 되어
20문제를 27-30분 안에 풀 수 없게 되고, 이는 다른 과목에도 부정적인 영향을 끼칠 것입니다.
따라서 평소 공부하기에 까다롭더라도 문법 개념을 확실하게 공부하여
시험장에서는 경쟁자들보다 빠르고 정확하게 답을 골라야 합니다.

이외의 영역에서 나올 수 있는 출제 포인트를 정리하면
1) 어문 규정(표준 발음법, 표준어 규정, 한글 맞춤법)
2) 언어의 본질과 특성
3) 의미론, 담화론

정답 및 해설 p.333

 **신유형** STEP 1 **어문 규정(일반 사례 추론)**

01 다음 글에서 추론한 내용으로 적절하지 않은 것은? 2025. 국가직 9급

　국어의 표준 발음법 규정에서는 이중모음의 발음과 관련한 여러 조항들을 찾을 수 있다. 이중모음은 기본적으로 글자 그대로 발음해야 하지만, 글자와 다르게 발음하는 원칙이 덧붙은 경우도 있다. 이중모음 'ㅢ'의 발음에는 세 가지 원칙이 적용된다. 첫째, 초성이 자음인 음절의 'ㅢ'는 단모음 [ㅣ]로 발음해야 한다. 둘째, 첫음절 이외의 음절에서 'ㅢ'는 이중모음 [ㅢ]로 발음하는 것이 원칙이나 단모음 [ㅣ]로도 발음할 수 있다. 셋째, 조사 '의'는 이중모음 [ㅢ]로 발음하는 것이 원칙이나 단모음 [ㅔ]로도 발음할 수 있다.

　이 세 가지 원칙을 적용하여 발음하려 할 때 원칙 간에 충돌이 발생할 때가 있다. '무늬'의 경우, 첫째 원칙에 따르면 [무니]로 발음해야 하는데 둘째 원칙에 따르면 [무늬]도 가능하고 [무니]도 가능하게 된다. 이렇게 첫째와 둘째가 충돌할 때에는 첫째 원칙을 따른다. 하지만 물어본다는 뜻의 명사 '문의(問議)'처럼 앞 음절의 받침이 뒤 음절의 초성으로 오게 되는 경우에는 첫째 원칙이 적용되지 않고 둘째 원칙이 적용된다. '문의 손잡이'에서의 '문의' 역시 받침이 이동하여 발음되기는 하지만 조사 '의'가 포함되어 있다. 이처럼 둘째와 셋째가 충돌하는 상황에서는 셋째 원칙을 따른다.

① '꽃의 향기'에서 '꽃의'는 두 가지 발음이 가능하다.
② '거의 끝났다'에서 '거의'는 한 가지 발음만 가능하다.
③ '편의점에 간다'에서 '편의점'은 두 가지 발음이 가능하다.
④ '한 칸을 띄고 쓴다'에서 '띄고'는 한 가지 발음만 가능하다.

신유형 STEP 1 어문 규정(일반 사례 추론)

01 다음 글에서 (추론)한 내용으로 적절하지 않은 것은? 2025. 국가직 9급

> 국어의 표준 발음법 규정에서는 이중모음의 발음과 관련한 여러 조항들을 찾을 수 있다. 이중모음은 기본적으로 글자 그대로 발음해야 하지만, 글자와 다르게 발음하는 원칙이 덧붙은 경우도 있다. 이중모음 'ㅢ'의 발음에는 세 가지 원칙이 적용된다. 첫째, 초성이 자음인 음절의 'ㅢ'는 단모음 [ㅣ]로 발음해야 한다. 둘째, 첫음절 이외의 음절에서 'ㅢ'는 이중모음 [ㅢ]로 발음하는 것이 원칙이나 단모음 [ㅣ]로도 발음할 수 있다. 셋째, 조사 '의'는 이중모음 [ㅢ]로 발음하는 것이 원칙이나 단모음 [ㅔ]로도 발음할 수 있다.
>
> 이 세 가지 원칙을 적용하여 발음하려 할 때 원칙 간에 충돌이 발생할 때가 있다. '무늬'의 경우, 첫째 원칙에 따르면 [무니]로 발음해야 하는데 둘째 원칙에 따르면 [무늬]도 가능하고 [무니]도 가능하게 된다. 이렇게 첫째와 둘째가 충돌할 때에는 첫째 원칙을 따른다. 하지만 물어본다는 뜻의 명사 '문의(問議)'처럼 앞 음절의 받침이 뒤 음절의 초성으로 오게 되는 경우에는 첫째 원칙이 적용되지 않고 둘째 원칙이 적용된다. '문의 손잡이'에서의 '문의' 역시 받침이 이동하여 발음되기는 하지만 조사 '의'가 포함되어 있다. 이처럼 둘째와 셋째가 충돌하는 상황에서는 셋째 원칙을 따른다.

① '꽃의 향기'에서 '꽃의'는 두 가지 발음이 가능하다. [ㅢ](원칙), [ㅔ](허용)

② '거의 끝났다'에서 '거의'는 한 가지 발음만 가능하다. [ㅢ](원칙), [ㅣ](허용)

③ '편의점에 간다'에서 '편의점'은 두 가지 발음이 가능하다. [ㅢ](원칙), [ㅣ](허용)

④ '한 칸을 띄고 쓴다'에서 '띄고'는 한 가지 발음만 가능하다. [ㅣ]로만 발음 가능

①: 제시문의 '문의 손잡이'를 통해 유추할 수 있다.

②, ③: 제시문의 '문의'를 통해 유추할 수 있다.

④: 제시문의 '무늬'를 통해 유추할 수 있다.

1단계

일반 사례 추론은
제시문에서 다루는
문법 중심 화제가
무엇인지 정도만
가볍게 확인하기

2단계

문법+독해 결합형은
배경지식이 있는 경우,
선지를 먼저 보기

3단계

만약 배경지식으로
해결되지 않는다면
제시문에서 발췌하여
헷갈리는 선택지를
다시 판단하기

신유형 STEP 2 언어의 본질

01 다음 글에서 추론한 내용으로 가장 적절한 것은? 2025. 국가직 9급

> 언어에는 중요한 몇 가지 특징이 있다. 첫째, 언어의 형식인 말소리와 언어의 내용인 의미 간에는 필연적 관계가 없다. 이를 언어의 '자의성'이라 한다. 즉 어떤 내용을 나타내는 형식은 약속으로 정할 뿐이라는 것이다. 둘째, 언어에서 형식과 내용의 관계에 대한 사회적 약속은 한번 정해지면 개인이 쉽게 바꿀 수가 없다. 이를 언어의 '사회성'이라 한다. 셋째, 언어는 시간의 흐름에 따라 사회 구성원이 바뀌면서 끊임없이 변화한다. 이를 언어의 '역사성'이라 한다. 넷째, 하나의 언어 형식은 수많은 구체적 대상이 가진 공통적인 속성을 개념화하여 표현한 것이다. 예컨대 우리는 세상에 존재하는 여러 책상들의 공통적 속성을 추출하여 하나의 언어 형식인 '책상'으로 표현한다. 이를 언어의 '추상성'이라 한다.

① 같은 언어 안에도 다양한 방언 형태가 존재한다는 것은 언어의 자의성을 보여주는 사례이다.

② 가족과 대화할 때는 직장 동료와 대화할 때와 다른 표현을 사용한다는 것은 언어의 사회성을 보여주는 사례이다.

③ 유명인이 개인적으로 사용한 유행어가 시간이 지나도 표준어로 인정되지 않는다는 것은 언어의 역사성을 보여주는 사례이다.

④ 새로운 줄임말이 끊임없이 만들어지고 있다는 것은 언어의 추상성을 보여주는 사례이다.

신유형 STEP 2 언어의 본질

01 다음 글에서 추론한 내용으로 가장 적절한 것은? 2025. 국가직 9급 **(나열 구조)**

> 언어에는 중요한 몇 가지 특징이 있다. 첫째, 언어의 형식인 말소리와 언어의 내용인 의미 간에는 필연적 관계가 없다. 이를 언어의 '자의성'이라 한다. 즉 어떤 내용을 나타내는 형식은 약속으로 정할 뿐이라는 것이다. 둘째, 언어에서 형식과 내용의 관계에 대한 사회적 약속은 한번 정해지면 개인이 쉽게 바꿀 수가 없다. 이를 언어의 '사회성'이라 한다. 셋째, 언어는 시간의 흐름에 따라 사회 구성원이 바뀌면서 끊임없이 변화한다. 이를 언어의 '역사성'이라 한다. 넷째, 하나의 언어 형식은 수많은 구체적 대상이 가진 공통적인 속성을 개념화하여 표현한 것이다. 예컨대 우리는 세상에 존재하는 여러 책상들의 공통적 속성을 추출하여 하나의 언어 형식인 '책상'으로 표현한다. 이를 언어의 '추상성'이라 한다.

= 언어의 형식적인 말소리와 의미 간에는 필연적 관계가 없다

① 같은 언어 안에도 다양한 방언 형태가 존재한다는 것은 언어의 자의성을 보여주는 사례이다.

② 가족과 대화할 때는 직장 동료와 대화할 때와 다른 표현을 사용한다는 것은 언어의 사회성을 보여주는 사례이다. **맥락에 따라 다른 언어를 사용하는 것일 뿐, 언어의 사회성과는 관련 ×**

③ 유명인이 개인적으로 사용한 유행어가 시간이 지나도 표준어로 인정되지 않는다는 것은 **↳ 언어가 시간이 지나도 변하지 않는 것을 의미하므로 언어의 역사성 ×** 언어의 역사성을 보여주는 사례이다.

④ 새로운 줄임말이 끊임없이 만들어지고 있다는 것은 언어의 추상성을 보여주는 사례이다. **↳ 공통적인 속성을 개념화하는 것이 아니므로 언어의 추상성 ×**

亦功 문제 훈련 : 이외의 문법 영역

01 다음 글을 이해한 내용으로 가장 적절한 것은? 2025. 인사혁신처 2차 샘플

> 언어의 형식적 요소에는 '음운', '형태', '통사'가 있으며, 언어의 내용적 요소에는 '의미'가 있다. 음운, 형태, 통사 그리고 의미 요소를 중심으로 그 성격, 조직, 기능을 탐구하는 학문 분야를 각각 '음운론', '문법론'(형태론 및 통사론 포괄), 그리고 '의미론'이라고 한다. 그 가운데서 음운론과 문법론은 언어의 형식을 중심으로 그 체계와 기능을 탐구하는 반면, 의미론은 언어의 내용을 중심으로 체계와 작용 방식을 탐구한다.
>
> 이처럼 언어학은 크게 말소리 탐구, 문법 탐구, 의미 탐구로 나눌 수 있는데, 이때 각각에 해당하는 음운론, 문법론, 의미론은 서로 관련된다. 이를 발화의 전달 과정에서 살펴보자. 화자의 측면에서 언어를 발신하는 경우에는 의미론에서 문법론을 거쳐 음운론의 방향으로, 청자의 측면에서 언어를 수신하는 경우에는 반대의 방향으로 작용한다. 의사소통의 과정상 발신자의 측면에서는 의미론에, 수신자의 측면에서는 음운론에 초점이 놓인다. 의사소통은 화자의 생각, 느낌, 주장 등을 청자와 주고받는 행위이므로, 언어 표현의 내용에 해당하는 의미는 이 과정에서 중심적 요소가 된다.

① 언어는 형식적 요소가 내용적 요소보다 다양하다.
② 언어의 형태 탐구는 의미 탐구와 관련되지 않는다.
③ 의사소통의 첫 단계는 언어의 형식을 소리로 전환하는 것이다.
④ 언어를 발신하고 수신하는 과정에서 통사론은 활용되지 않는다.

02 다음 글의 밑줄 친 ⊙과 ⓒ에 해당하는 예로 알맞은 것끼리 짝지은 것은?

한글 맞춤법 제40항에서는 ⊙ 어간의 끝음절 '하'의 'ㅏ'가 줄고 'ㅎ'이 다음 음절의 첫소리와 어울려 거센소리로 될 적에는 거센소리로 적는다고 규정하고 있다. 이에 따라 '간편하게, 정결하다, 연구하도록'과 같은 단어들은 '간편케, 정결타, 연구토록'으로 적는다. '하'가 통째로 줄지 않고 'ㅎ'이 남아 뒤에 오는 말의 첫소리와 어울려 거센소리가 되는 것이다. 그런데 이 조항의 [붙임 1]에서는 'ㅎ'이 어간의 끝소리로 굳어진 것은 받침으로 적는다고 밝히고 있다. 이에 따라 '아니하다, 이러하다, 그러하다'와 같은 단어들은 '않다, 이렇다, 그렇다' 등으로 활용한다. 또, [붙임 2]에서는 ⓒ 어간의 끝음절 '하'가 아주 줄 적에는 준 대로 적는다고 밝히고 있다. 이에 따라 '거북하지, 생각하건대'와 같은 단어들은 '거북지, 생각건대'로 적는다. '하'가 통째로 주는 것은 '하' 앞의 받침의 소리가 [ㄱ, ㄷ, ㅂ]일 때이며, 그 외의 경우에는 'ㅎ'이 남는다. 한편, 어원적으로는 용언의 활용형에서 나온 것이라도 현재 부사로 굳어졌으면 원형을 밝히지 않는다. 이에 따라 '결단코, 기필코'와 같은 부사는 소리대로 적는다.

	⊙	ⓒ
①	무심코, 감탄케	익숙지, 섭섭지
②	달성코자, 아무튼	갑갑잖다, 깨끗잖다
③	다정타, 회상컨대	섭섭지, 같잖다
④	무심치, 흔타	넉넉지, 깨끗잖다

03 다음 글을 읽고 추론한 내용으로 적절하지 않은 것은?

사이시옷은 순우리말로 된 합성어나 순우리말과 한자어로 이루어진 합성어의 어근 사이에 'ㅅ'을 받치어 적는 표기 방식이다. 사이시옷을 받치어 적을 수 있으려면 사잇소리 현상이 발생해야 하는데, 사잇소리 현상이란 복합어에서 뒷말의 첫소리가 된소리로 발음되거나 뒷말의 첫소리 'ㄴ, ㅁ' 앞에서 'ㄴ'소리가 덧나거나 뒷말의 첫소리 모음 앞에서 'ㄴㄴ'소리가 덧나는 경우이다. 이때 모든 앞말은 모음으로 끝나야 한다.

예를 들어, '나루'라는 단어와 '배'라는 단어는 모두 순우리말이며, '나루'는 모음으로 끝난다. 그리고 '나루'와 '배'를 연결시켜 발음하면 '배'는 [빼]로 발음되기 때문에 사이시옷을 표기할 수 있는 조건이 된다. 따라서 '나룻배'라 표기한다. 마찬가지로, '제삿날(祭祀날)'이라는 단어의 어근인 '제사(祭祀)'는 한자어이며 '날'은 순우리말이다. 또한 '제사'는 모음으로 끝나고 뒷말 '날'의 첫소리 'ㄴ' 앞에서 'ㄴ' 소리가 덧나 [제산날]이라 발음하기 때문에 사이시옷 표기 조건이 성립한다. 따라서 '제삿날'이라 표기한다. '예삿일'이라는 단어의 어근인 '예사(例事)'는 한자어이며 '일'은 순우리말이다. 또한 '예삿'에서 앞이 자음으로 끝나고 뒷말이 '이, 야, 여, 요, 유'로 시작하는 단어이므로 ㄴ 첨가가 일어난 후 '예삿'의 'ㅅ'이 [ㄷ]으로 음절의 끝소리 규칙이 되고, 그 이후에 'ㄷ'이 첨가된 'ㄴ'의 영향을 받아 비음 'ㄴ'이 되어 'ㄴㄴ' 소리가 결국 덧나게 된다. 이와 달리, 한자어와 한자어의 조합으로 이루어지는 합성어에서는 사이시옷을 표기하지 않는다. 또한 뒷말이 된소리나, 거센소리로 시작하는 경우에도 사이시옷을 표기하지 않는다. 가령, '화(火)'와 '병(病)'이 결합되는 경우 뒷말의 첫소리가 된소리로 발음 나서 [화뺑]이 되지만 사이시옷이 표기되지 않는다. 또한 '위'와 '층(層)'이 결합되는 경우에 뒤의 명사가 거센소리 'ㅊ'이므로 사이시옷이 표기되지 않는다.

① '위'와 '층'의 결합인 경우, 뒷말의 첫소리가 거센소리이므로 순우리말 '위'가 있더라도 사이시옷을 표기할 수 없다.
② '도매'와 '금'은 한자어와 한자어의 결합이므로 [도매끔]으로 발음이 되더라도 사이시옷을 표기할 수 없다.
③ 순우리말의 결합인 '순대'와 '국'이 결합되면 [순대꾹]으로 발음되므로 사이시옷을 표기할 수 있다.
④ '마구'와 '간'은 순우리말과 한자어의 결합이며 [마구깐]으로 발음이 되므로 사이시옷을 표기할 수 있다.

04 다음 글을 이해한 내용으로 적절하지 않은 것은?

> 둘 이상의 단어가 서로 짝을 이루어 대립하는 관계에 있을 때 이를 '반의 관계', 즉 '반의어'라고 말한다. 반의 관계가 성립하기 위해서는 두 단어 사이에 공통적인 의미 특성이 있고 단 한 가지 특성만이 대립되어야 한다. 예를 들어 '남학생'과 '여학생'은 둘 다 학생이라는 공통적인 의미 특성이 있으면서 성별만이 다르기 때문에 반의 관계에 있는 단어이다. 반의어는 유형에 따라 정도 반의어, 상보 반의어, 방향 반의어로 나눌 수 있다. 먼저 정도 반의어는 정도나 등급에 있어 대립이 되는 쌍이며, 중간 단계가 존재한다. 상보 반의어는 서로 겹치지 않는 두 영역으로 철저히 대립되는 쌍으로, 정도 반의어와는 달리 중간 단계가 존재하지 않는다. 방향 반의어는 관계나 이동, 공간 측면에 있어서 대립이 되는 쌍을 일컫는다. 다의어의 경우에는 의미에 따라서 여러 개의 단어들이 대립하여 반의 관계를 이루기도 한다. 예를 들어 '(얼음이) 녹다'의 반의어는 '(얼음이) 얼다'이고, '(초콜릿이) 녹다'의 반의어는 '(초콜릿이) 굳다'이다.

① '아래쪽'과 '위쪽'은 반의 관계이며 방향 반의어에 해당한다.
② '높다'와 '낮다'는 반의 관계이며 상보 반의어에 해당한다.
③ '살다'와 '죽다'는 반의 관계이며 상보 반의어에 해당한다.
④ '스승'과 '제자'는 반의 관계이며 방향 반의어에 해당한다.

📝 **내가 이 문제를 틀린 이유 체크 리스트**

V	이유	틀린 문제 번호	보완 방법
☐	시간 촉박	___번	
☐	내용 이해 부족	___번	
☐	발문 착각	___번	
☐	오답 패턴 미숙지	___번	
☐	선지 분석 부족	___번	

MEMO

박혜선 국어
출좋포 독해·논리 All In One

정답 및 해설

화법, 작문

정답 및 해설

Chapter 01 [화법] 말하기 방식

STEP 01 말하기 방식   p.24

01 ▶ ④

말하기 방식 유형 같아 보이나, 대화 참여자들의 의견 대립 양상을 물어보는 유형이다. 소현의 "그래서 나는 스위치를 눌러서 한 명이 죽더라도 다섯 명을 살리는 선택을 할 거야."라는 발화와 영민의 "나는 이 상황에서 어떻게 하면 죽는 사람의 수를 최소화하는가가 그 기준이 되어야 한다고 생각해."라는 발화를 통해 소현과 영민 모두 죽는 사람의 수를 줄이는 선택을 할 것임을 알 수 있다. 따라서 소현은 그렇게 하지 않는다는 것은 적절하지 않다.

오답풀이 ① 은주의 "행위 자체의 도덕성을 따진다면, 스위치를 눌러서 사람을 '죽이는 것'과 아무것도 하지 않고 '죽게 내버려 두는 것' 중에 당연히 살인에 해당하는 전자가 더 나쁘지."라는 발화를 통해 은주는 스위치를 누르는 것을 살인으로 봄을 알 수 있다. 또한 보은의 "스위치를 누르면 살인이고, 누르지 않으면 방관일 텐데,"라는 발화를 통해 보은 또한 스위치를 누르는 것을 살인으로 봄을 알 수 있다.

② 보은의 생명의 가치를 수량화할 수 없다는 주장에 대해 영민은 "생명의 가치를 수량화할 수 없다는 데 원론적으로는 나도 동의해."라고 대답하고 있다. 따라서 생명의 가치를 수량화할 수 없다는 점에 대해 영민은 원론적으로는 보은과 견해를 같이함을 알 수 있다.

③ 소현의 "그건 결과적으로 봤을 때 불가피한 조치 아니겠어?"라는 발화를 통해 소현은 행위에 따른 결과를 선택의 기준으로 삼음을 알 수 있다. 또한 은주의 "글쎄, 행위에 따른 결과보다 행위 자체의 도덕성을 기준에 두어야 하는 거 아니야?"라는 발화를 통해 은주는 행위 자체의 도덕성을 선택의 기준으로 삼음을 알 수 있다.

STEP 02 의견의 대립 양상   p.26

02 ▶ ②

ㄴ. 을은 '하지만 경제 수준이 향상된 지금도 이 불평등은 해소되지 않고 있다.오늘날 세계화와 시장 규제 완화로 인해 빈부 격차가 심화되고 계급 불평등이 더 고착되었다.'라고 말했으므로 경제 수준으로 인한 계급 불평등이 있다고 보았다. 이와 마찬가지로 병은 '하지만 현대사회에서 계급 체계는 여전히 경제적 불평등의 핵심으로 남아 있다. '라고 말했으므로 둘다 경제 수준으로 인한 불평등을 언급하므로 을의 주장과 병의 주장은 대립하지 않는다고 볼 수 있다.

오답풀이 ㄱ, ㄷ. 갑은 '이에 따라서 전통적인 계급은 사라지고, 이제는 계급이 없는 보다 유동적인 사회질서가 새로 정착되었다.'라고 말했으므로 계급 불평등이 없음을 드러내고 있다. 따라서 갑은 을과 병 모두와 대립하고 있음을 알 수 있다.

> **Day 01 해설 영상은 '만점 출좋포 문제 훈련' 강의에서 꼭 해설 강의를 참고해 주세요.**

DAY 01 [화법] 말하기 방식   p.28

01 ▶ ①

갑과 병의 경우에는 '개인의 기본권, 윤리적인 차원'이라는 측면에서 마스크를 쓰지 않는 행위를 탐색하고 있다면 '을'은 문화적인 차원에서도 고려할 필요가 있다며 다른 측면에서 탐색하고 있으므로 ①은 적절하다.

오답풀이 ② 갑이 마스크를 쓰지 않는 사람이 이해되지 않는다고 의견을 제시하자 을은 마스크를 쓰지 않는 사람을 비난하기보다는 그 이유를 알아야 한다고 반박하고 있다. 뒤에 갑이 '개인의 자유로운 선택이 타인의 생명을 위협한다면 기본권이라 하더라도 제한하는 것이 보편적 상식 아닐까?'라며 질문을 하고 있기는 하나 이 질문의 화제는 '마스크를 쓰지 않는 사람들'에 대한 것이므로 앞의 화제와 동일함을 알 수 있다. 따라서 질문을 던져 화제를 전환하는 사람이 있다는 것은 옳지 않다.

③ 갑, 병은 모두 마스크를 쓰지 않는 사람들에 대해 반대하는 입장을 취하고 을은 마스크를 쓰지 않는 이유를 분석해야 한다는 입장을 유지하고 있다. 따라서 논점에 대한 찬반 입장이 바뀌는 사람이 있다는 것은 옳지 않다.

④ 사례의 공통점을 종합하는 부분은 나오지 않으므로 옳지 않다.

02 ▶ ②

을은 '스웨덴에서는 음주운전에 대한 교육을 통해 문제를 해결하려고 노력하거든'이라고 말하며, 처벌 외에도 교육을 통해 문제를 해결하는 방안을 제시하고 있다. 이는 선지에서 이야기하는 다른 국가 사례(스웨덴)를 통해 해결책을 넓게 바라보는 관점에 해당한다.

오답풀이 ① 을은 '음주운전을 하는 사람들을 비난하는 것보다, 왜 그들이 음주 후에도 운전을 결심하게 되는지 이해해 보는 것이 중요할 것 같아.'라며 처벌보다 문제 이해가 중요하다는 태도를 보인다. 이러한 태도를 보이는 사람은 을 한 명뿐이므로 두 명 이상이 처벌보다 문제 이해가 중요하다는 태도를 보인다는 것은 적절하지 않다.

③ 을은 '왜 그들이 음주 후에도 운전을 결심하게 되는지 이해해 보는 것이 중요할 것 같아'라고 말하면서, 음주운전자를 비난하기보다는 그들의 심리를 이해하려는 입장을 취하고 있다. 따라서 대화 참여자들이 모두 전적으로 비난한다고 보기는 어렵다.

④ 대화 참여자들은 각자의 의견을 고수하고 있으며 특정 의견을 철회하거나 상대방에게 동의하는 발언은 없으므로 적절하지 않다.

03 ▶ ②

갑은 "대규모로 일자리가 사라지면 단기적으로는 사회에 큰 혼란을 줄 수도 있지 않을까?"라며 일자리가 사라지는 것에 대한 우려를 표현하였다. 또한 을도 "맞아, 그래서 일자리 감소에 대한 우려도 커지고 있지."라고 말하고 있으므로 이 둘 모두 일자리가 사라지는 것에 대해 의견을 같이 함을 알 수 있다.

[오답풀이] ① 을은 "그래서 일자리 감소에 대한 우려도 커지고 있지."라고 하며 처음부터 끝까지 로봇으로 인한 일자리 감소에 대해 우려를 표현하고 있다. 갑은 "그렇다고 하더라도, 대규모로 일자리가 사라지면 단기적으로는 사회에 큰 혼란을 줄 수도 있지 않을까?"라고 하며 처음부터 끝까지 로봇으로 인한 일자리 감소에 대해 우려를 표현하고 있다. 병은 "나는 기술 발전이 꼭 일자리 감소로 이어지기보다는 새로운 일자리를 창출할 가능성도 있다고 생각해."라고 하며 로봇으로 인해 일자리가 창출될 것이라고 하고 있다. 이들 모두 각자의 입장을 수정하지 않고 있다.

③ 을은 로봇으로 인해 일자리가 사라질 것에 대한 우려를, 병은 로봇으로 인해 새로운 일자리가 창출될 것이라는 기대를 하고 있으므로 로봇으로 인해 일자리가 사라지는 것에 대해 의견을 같이한다는 것은 적절하지 않다. 오히려 을과 병은 대립되는 의견을 보이고 있다.

④ "그래서 로봇 도입에 대한 적절한 규제와 노동자 지원 정책이 필요하다고 봐. 변화에 적응할 수 있도록 사회적인 준비가 필요할 것 같아."라고 언급한 것은 갑과 병이 아니라 '을'이었다. 따라서 갑과 병은 애초에 로봇 도입에 대한 적절한 정책의 필요성에 대해 언급한 적이 없었으므로 갑과 병의 의견이 대립한다는 것 자체가 적절하지 않다.

04 ▶ ①

ㄱ. 갑은 "행위의 도덕성은 행위가 따르는 원칙의 정당성에 의해 결정된다"고 주장하여, 결과와 무관하게 보편적 도덕 원칙을 지키는 것이 중요하다고 본다. 반면 을은 "행위의 도덕성은 그 행위가 가져오는 결과에 의해 판단된다"고 주장하여, 최대 다수의 최대 행복을 추구하는 결과 중심의 도덕 판단을 강조한다. 따라서 도덕 판단의 기준을 원칙과 의도에 두는 갑과 결과에 두는 을의 주장은 상호 대립하는 관점이라고 보는 것이 옳다.

[오답풀이] ㄴ. 을은 "행위의 도덕성은 그 행위가 가져오는 결과에 의해 판단된다"라고 하여 결과주의적 입장을 취한다. 병은 "도덕성

은 행위자의 품성과 덕성에 의해 결정된다"라고 하여 행위보다는 행위자의 품성을 중시한다. 을은 행위의 결과를, 병은 행위의 결과를 도덕 판단의 기준으로 삼지 않고, 행위자의 품성을 도덕 판단의 기준으로 삼고 있으므로 두 입장은 '행위의 결과를 도덕 판단의 기준으로 놓는지의 여부'에 대한 관점에서 대립한다고 볼 수 있다.

ㄷ. 병은 "따라서 어떤 결과가 나오든 필수적으로 지켜야 하는 도덕 원리를 교육하여"라고 주장하여, 도덕 원리는 어떤 결과나 상황이든지 꼭 지켜야 한다고 언급하고 있다. 갑은 "도덕적 행위는 보편적인 도덕 법칙을 준수하는 것이며, 그 결과와는 무관하다. 의무를 다하는 것이 중요하며, 어떤 상황에서도 도덕적 원칙을 지켜야 한다."고 주장하여, 도덕적 행위는 어떤 상황에서든 지켜야 한다고 언급한다. 따라서 이 두 주장은 모두 도덕적 행위는 반드시 지켜져야 한다는 의견을 같이 하므로 병의 주장과 갑의 주장은 대립한다고 보는 것은 적절하지 않다.

Chapter 02 [작문] 공문서 개요 작성

2025 출제 기조 반영 독해 PIN POINT

STEP 01 [작문] 공문서 빈칸 개요 작성   p.34

01 ▶ ④

'Ⅲ.청소년 아르바이트의 노동 문제 개선 방안'에 해당하는 내용으로 '청소년 고용 업체 규모 축소를 위한 정부의 지속적인 감독과 단속'이 들어가는 것은 적절하지 않다. '청소년 아르바이트의 노동 문제를 개선'하자는 것이지, 청소년 고용 자체를 축소하자는 것이 주제가 아니기 때문에 이는 아예 상위항목의 내용과 어울리지 않는 내용이므로 적절하지 않다.

[오답풀이] 개요 작성 문제에서 원인과 개선 방안은 1:1 대응이 되는 경우가 많다. 따라서 ①, ②, ③은 모두 옳다.

① '청소년의 노동 환경 개선을 위한 제도 정비'는 'Ⅱ. 1. 청소년의 노동 환경에 대한 실효성 있는 제도 부족'을 해결하는 방안이므로 적절하다.

② '청소년 고용 업주에 대한 노동 관계법 교육과 지도 확대'는 Ⅱ. 2. 노동 관계법에 관한 청소년 고용 업주의 인식 부족'을 해결하는 방안이므로 적절하다.

③ '청소년 노동자의 인권 보호를 위한 사회적 교육 기관 설립'은 'Ⅱ. 3. 청소년 노동자의 인권을 존중하지 않는 사회의 통념'을 해결하는 방안이므로 적절하다.

02 ▶ ③

ⓒ은 <지침>에서처럼 '각 장의 하위 항목끼리 대응되도록 작성할 것.'을 잘 지켜야 했다. 'Ⅱ.-2.'라는 원인에 대응되는 것이 ⓒ(Ⅲ.-2.)에 와야 했는데 그러지 않았으므로 옳지 않다. 'Ⅱ.-2. 사회복지 담당 공무원의 인력 부족'에 대응되는 해소 방안이 '사회복지 업무 경감을 통한 공무원 직무 만족도 증대'는 아니기 때문이다. '공무원 인력을 늘리기'가 오면 더 적절했을 것이다.

오답풀이 ① '서론은 중심 소재의 개념 정의와 문제 제기를 1개의 장으로 작성할 것.'이라는 지침에 따를 때, 이미 개념 정의는 서술이 되어 있으므로 ㉠에 '복지 사각지대의 발생에 따른 사회 문제의 증가'를 넣은 것은 옳다.

② '본론은 제목에서 밝힌 내용을 2개의 장으로 구성하되'라는 지침에 따라 '복지 사각지대의 발생 원인과 해소 방안'이라는 제목에서 밝힌 내용으로 본다면 '㉡ 사회적 변화를 반영하지 못한 기존 복지 제도의 한계'를 넣은 것은 옳다.

④ '결론은 기대 효과와 향후 과제를 1개의 장으로 작성할 것.'라는 지침에 따라 이미 Ⅳ.-2에 향후 과제가 기재되어 있으므로 ㉣에는 기대 효과가 언급되는 '복지 혜택의 범위 확장을 통한 사회 안전망 강화'를 넣은 것은 옳다.

Day 02 해설 영상은 '만점 출좋포 문제 훈련' 강의에서 꼭 해설 강의를 참고해 주세요.

DAY 02 [작문] 공문서 개요 작성   p.38

01 ▶ ②

Ⅱ. 원격 근무의 장단점을 들어야 하는데 'Ⅱ. 2. 업무 효율 저하와 소통 문제'는 원격 근무의 단점이므로 ㉡은 장점이 나왔어야 했다. 하지만 '업무 집중력 저하' 또한 단점이므로 상위 항목에 포함되기에는 적절하지 않다.

오답풀이 ① 서론은 중심 소재의 개념 정의와 문제 제기를 1개의 장으로 작성해야 하는데, 1에서 '원격 근무의 정의'로 개념 정의를 하였으므로 2에서는 문제 제기를 해야 한다. 따라서 문제 제기로 '감염병으로 인한 팬데믹의 영향'은 적절하다.

③ 본론은 제목에서 밝힌 내용을 2개의 장으로 구성하되 각 장의 하위 항목끼리 대응되도록 작성해야 한다. 'Ⅲ. 원격 근무 효율성 제고 방안'의 하위 항목으로 '명확한 커뮤니케이션 규칙 설정'을 설정하는 것은 옳다. 이를 통해 '업무 효율 저하와 소통 문제'를 극복할 수 있기 때문이다.

④ ㉣에는 기대 효과가 와야 하므로 '업무 생산성 향상 및 비용 절감'은 옳다.(업무 생산성 향상) 원격 근무는 직원들이 더 유연한 시간과 환경에서 일할 수 있게 하여 집중력을 높이고 업무 효율성

을 향상시킬 수 있다.(비용 절감) 또한 사무실 유지 비용, 통근비, 식사비 등 여러 부대비용을 절감할 수 있어 기업과 직원 모두 경제적 이점을 누릴 수 있다.

02 ▶ ②

㉡은 'Ⅱ. 정보 왜곡의 주요 원인과 문제점'의 하위항목이므로 이에 대한 내용이 들어가야 하는데 '가짜 뉴스를 판별하고 비판적으로 사고하는 교육 프로그램 구축'은 'Ⅲ. 정보 왜곡 문제의 대응 방안'에 어울리는 내용이므로 적절하지 않다.

오답풀이 ① 서론에서는 주제의 중요성을 설명하고 현 상황을 진단해야 한다. '탈진실 시대에서 허위 정보가 여론 형성에 미치는 영향'은 탈진실 현상의 심각성을 드러내는 데 적합하므로 적절하다.

③ 본론의 'Ⅱ. 3. 정보 검증 체계 부재로 인한 허위 정보 확산'에 대응하는 해결방안이므로 '허위 정보 확산 방지를 위한 검열 체계 구축'을 드는 것은 적절하다.

④ 결론에서는 본론의 내용을 요약하고 실행 가능한 향후 과제를 제시해야 한다. '정보 왜곡 해결을 위한 팩트체크 플랫폼의 효과에 대한 논의 필요'는 구체적인 실행 방안에 해당하므로 적절하다.

03 ▶ ②

<지침>에서 '본론은 제목에서 밝힌 내용을 2개의 장으로 구성하되 각 장의 하위 항목이 대응되도록 할 것'이라고 했기 때문에 'Ⅱ. 1'인 ㉡은 'Ⅲ.1 학업 스트레스 해소를 위한 학교문화프로그램 강화'에 대응되는 원인이 들어갔어야 했다. 하지만 '과도한 SNS 노출로 인한 스트레스 증가'는 학업 스트레스와 관련된 원인이 아니므로 '과도한 SNS 노출로 인한 스트레스 증가'는 ㉡에 들어갈 말로 적절하지 않다. ㉡에는 '과도한 경쟁으로 인한 학업 스트레스' 등이 들어가는 것이 더 적절했다.

오답풀이 ① <지침>을 보면 서론에서는 중심 소재의 배경을 설명한 후 문제를 제기해야 하므로 ㉠에는 중심 소재와 관련된 문제를 제기하는 내용이 나와야 한다. 주제가 '청소년 우울증의 원인과 대처 방안'이므로 '자살 청소년 증가'라는 문제 제기가 들어가는 것은 적절하다.

③ <지침>에서 '본론은 제목에서 밝힌 내용을 2개의 장으로 구성하되 각 장의 하위 항목이 대응되도록 할 것'이라고 했기 때문에 'Ⅲ. 2'인 ㉢은 Ⅱ.2인 '가정 내 갈등과 학교 폭력'을 해결할 수 있는 방안이 들어가야 한다. 따라서 ㉢에 '학교 상담 프로그램 강화 및 전문 상담인력 확충'이 들어가는 것은 적절하다. 학교 상담이 활성화된다면 '가정 내 갈등과 학교 폭력'으로 인한 우울증이 완화될 수 있기 때문이다.

④ <지침>에서 '결론은 기대 효과와 향후 과제를 1개의 장으로 작성할 것'이라고 했으므로 ㉣에는 기대 효과가 들어가야 한다. 따라서 ㉣에 우울증을 극복한 후 '청소년의 자아 존중감 회복'이 들어가는 것은 적절하다.

04 ▶ ③

Ⅲ. 2인 ⓒ은 <지침>에 나온 것처럼 일회용품 사용 금지의 부정적 영향이 나왔어야 했다. 그런데 '일회용품 대체품의 환경적 영향에 대한 의문'은 일회용품 사용 금지 정책의 부정적 영향이라기보다는, 일회용품 사용 금지 정책의 효과성에 대한 의문에 가까우므로 ⓒ에 들어갈 내용으로 적절하지 않다.

[오답풀이] ① <지침>을 보면 서론에서는 일회용품 사용 금지 정책의 도입 배경과 현황을 언급해야 하므로 ㉠에는 일회용품 사용 금지 정책의 현황을 설명해야 한다. 따라서 '2022년부터 일회용품 사용 금지 정책을 시행 중인 환경부'는 ㉠의 내용으로 적절하다.

② <지침>에서 '본론은 일회용품 사용 금지 정책이 환경에 미치는 긍정적 및 부정적 영향을 각각 1개 장으로 나누어 설명할 것'이라고 했기 때문에 ㉡에는 긍정적 영향이 들어가야 한다. 따라서 ㉡에 '일회용품 폐기물 처리 비용 절감'이 들어가는 것은 경제적으로 긍정적인 영향이므로 적절하다.

④ <지침>을 보면 결론의 ㉣에는 정책의 효과가 들어가야 하므로 '일회용품 사용 금지 정책을 통한 환경적, 경제적, 사회적 효과'가 들어가는 것은 적절하다.

Chapter 03 [작문] 내용 고쳐 쓰기

STEP 01 [작문] 내용 고쳐 쓰기 긍정 발문 p.42

01 ▶ ③

ⓒ 앞에 '높은 주파수의 영역에서도 귀에 들리지 않는 진동이 있다.'라는 언급이 있기 때문에 ⓒ에는 귀에 들리지 않는 진동에 대한 내용이 왔어야 했다. 따라서 '사람은 보통 20,000Hz 이상의 진동이 귀에 도달하면 소리로 인식하지 못한다'로 고치는 것이 적절하다.

[오답풀이] ① ㉠ 앞에 '그렇지만 앰프에서 강력한 저음이 흘러나오는 것을 듣고 몸이 흔들리는 것을 경험할 때, 우리는 소리를 몸으로 느낀다고 생각하기도 한다.'라는 언급이 나온다. 즉, 소리를 몸으로 느끼거나, 귀로는 들리지 않는다는 것이므로 '㉠ 우리의 몸은 흔들리지만 귀로는 아무것도 듣지 못한다.'라는 기존의 언급을 유지하는 것이 옳다. 이를 '우리의 몸이 흔들리지 않을 뿐 귀로는 저음을 들을 수 있다'로 고치는 것은 적절하지 않다.

② ㉡ 앞에 '우리는 이 들리지 않는 진동을 '초저주파음'이라고 부른다.'라는 언급이 나온다. 즉, 진동이지만 '초저주파음'이라고 명명하고 있으므로 진동을 소리로 간주할 수 있음을 보여주고 있다. 따라서 '㉡ 귀에 들리지 않는 진동도 소리로 간주할 수 있다는 생각에서이다.'라는 기존의 언급을 유지하는 것이 옳다. 이를 '귀에 들리지 않는 진동은 소리로 간주할 수 없다는 생각에서이다'로 고치는 것은 적절하지 않다.

④ ㉣ 앞에 "예컨대 우리와 가까이 지내는 개의 경우, 가청 주파수 대역의 하한은 사람과 비슷하지만 50,000Hz의 진동까지 소리로 인식할 수 있다."라는 언급이 나온다. 사람과 개의 가청 주파수 대역의 하한은 '20Hz'인데 사람은 '20,000Hz'까지, 개는 '50,000Hz'까지 들리는 것이므로 개의 가청 주파수 대역이 '㉣ 사람의 가청 주파수 대역보다 넓기 때문이다.'라는 기존의 언급을 유지하는 것이 옳다. 이를 '사람의 가청 주파수 대역보다 좁기 때문이다.'로 고치는 것은 적절하지 않다.

2025 출제 기조 반영 독해 PIN POINT

STEP 02 [작문] 내용 고쳐 쓰기 부정 발문 p.44

01 ▶ ②

미국 대륙은 '입헌군주제 정치와 종교의 박해를 받았던 청교도 개척민들이 대거 이주한 곳'이다. 또한 '민주주의를 가동하는 동력'이라는 표현이 나오고 있다. 따라서 이들은 신분주의보다는 보편적 평등을 추구했을 것임을 짐작할 수 있으므로 기존 서술을 유지하는 것이 옳았으므로 ㉡을 '신분주의의 기초에 입각한 차등의 조건'으로 고치는 것은 적절하지 않다.

[오답풀이] ① '미국은 프랑스에 비하면 신생국에 불과했고'라는 표현으로 보아, 미국은 프랑스보다 열악한 국가로 여겨졌을 것임을 짐작할 수 있으므로 ㉠을 '여러 면에서 부족하다고'로 고치는 것은 적절하다.

③ 이 글은 프랑스의 정치사상가가 미국에 민주주의가 정착할 수 있었던 배경을 연구한 내용이다. '프랑스에서처럼 문서나 계몽사상가의 이론으로 배우는 것이 아니라'라는 서술을 참고할 때, 미국의 민주주의는 정치이론보다는 생존과 안전 차원에서 발전하였을 것임을 추론할 수 있다. 따라서 ㉢을 '미지의 땅에서 생존과 안전 차원'으로 고치는 것은 적절하다.

④ '프랑스에서처럼 문서나 계몽 사상가의 이론으로 배우는 것이 아니라'라는 서술로 미루어 보아, 이론적 민주주의가 아닌 실천적 민주주의가 자리 잡았을 것임을 추론할 수 있다. 따라서 ㉣을 '실천적 민주주의'로 고치는 것은 적절하다

DAY 03 · [작문] 내용 고쳐 쓰기 · p.46

01 ▶ ④

3문단의 "사람들이 내재적으로 가지고 있는 지식이 언어능력"을 통해 '랑그'가 언어 능력임을 알 수 있다. 또한 3문단의 "사람들이 실제로 발화하는 행위가 언어수행이다."를 통해 '파롤'이 언어수행임을 알 수 있다. 따라서 ㉣을 '랑그가 언어능력에 대응한다면, 파롤은 언어수행에 대응'으로 수정하는 것은 적절하다.

오답풀이) ① 1문단에서 "랑그는 머릿속에 내재되어 있는 추상적인 언어의 모습~가리킨다. 반면에 파롤은 구체적인 언어의 모습으로, ~개인적인 행위를 의미한다."라고 나와 있으므로 ㉠에 나와 있듯 '랑그를 악보에 비유하고, 파롤을 실제 연주에 비유'하는 것은 옳다. 따라서 이미 올바른 ㉠을 수정하는 것은 적절하지 않다.

② 2문단의 "악보는 고정되어 있지만 실제 연주는 그 고정된 악보를 연주하는 사람에 따라 달라지기 마련이다."를 통해 악보에 비유된 랑그는 '여러 상황에도 불구하고 변하지 않고 기본을 이루는 언어의 본질적인 모습'임을 알 수 있다. 따라서 이미 올바른 ㉡을 수정하는 것은 적절하지 않다.

③ 2문단의 "한편 '책상'이라는 단어를 발음할 때 ~ '책상'에 대한 발음은 제각각일 수밖에 없다"를 통해 파롤은 '실제로 발음되는 제각각의 소리값'임을 알 수 있다. 따라서 이미 올바른 ㉢을 수정하는 것은 적절하지 않다.

02 ▶ ④

바텀업 처리는 감각 기관을 통해 들어온 세부 정보를 분석하여 전체적인 이해를 구축하는 과정이며, 복잡한 정보를 정확하게 분석하는 데 강점이 있다. 따라서 여러 개의 직관적인 단계로 나누는 것이라고 보기는 어렵다.

오답풀이) ① ㉠ 탑다운 처리의 핵심은 기존 지식에 기반해 새로운 정보를 해석하는 것이다. 선지에서 '새로운 상황에 맞추어 기존 지식을 변경하는 방식'이라고 되어 있는데, 탑다운 처리는 기존 지식을 변경하기보다는 이를 활용해 새로운 정보를 처리하려 한다. 따라서 적절하지 않다.

② ㉡ 탑다운 처리는 기존 지식을 사용하기 때문에 선입견이나 고정관념이 개입될 가능성이 있다. 새로운 아이디어가 생성될 가능성은 창의적 사고와 관련된 표현이므로 적절하지 않다.

③ ㉢ 바텀업 처리의 특징은 세부 정보에서 출발해 전체적인 이해를 구축하는 것이다. 그런데 선지에서는 기존 지식을 활용하여 빠르게 전체 의미를 유추하는 과정이라고 하였다. 이는 탑다운 처리의 방식에 해당하므로 적절하지 않다.

03 ▶ ④

다세계 해석이 '불확정성 문제를 해결할 수 있다'는 가능성을 제시하고 '양자 컴퓨터의 발전'이라는 기술적 진보가 언급된 상황에서, 다세계 해석의 한계를 지적하는 기존 서술은 적절하지 않다. 또한 '그뿐만 아니라'라는 표현은 앞선 표현과 비슷한 맥락이 와야 하므로 따라서 다세계 해석의 긍정적인 평가가 나와야 한다. 따라서 ㉣을 '실험적 증거들이 축적되면서 과학적 타당성을 인정받고 있다'로 수정하는 것이 옳다.

오답풀이) ① ㉠ 뒤의 '현실의 모든 요소가 관찰자의 측정 전에는 불확정한 상태로 존재한다'라는 설명과 '양자계의 상태는 관찰과 무관하게 항상 확정적으로 존재하며'는 배치되므로, 기존 서술을 유지하는 것이 자연스럽다.

② ㉡ 앞에는 '관찰자의 측정 전에는 불확정한 상태로 존재'한다는 서술이 나온다. 이로 보아 관찰자의 역할을 간과하기보다는 지나치게 강조한 것으로 본다는 서술이 흐름상 자연스러우므로 기존 서술을 유지하는 것이 자연스럽다.

③ ㉢ 뒤의 '관찰이나 측정과 무관하게 모든 가능성이 실제로 존재한다'라는 설명으로 보아, '양자계의 상태들이 모두 허구이며 실제로는 존재하지 않는다고'로 고치는 것은 적절하지 않음을 알 수 있다. 따라서 기존 서술을 유지하는 것이 적절하다.

04 ▶ ③

㉢ 뒤에서 목적론은 '더 많은 사람에게 더 큰 행복을 가져다주는 행위가 도덕적으로 옳다'는 결과 중심적 판단을 제시하고 있다. 따라서 '그것이 가져오는 결과나 목적의 달성 여부로 판단해야 한다'로 수정하는 것이 적절하다.

오답풀이) ① ㉠ 뒤에서 의무론에 대해 '설령 좋은 결과를 가져온다 하더라도 정당화될 수 없다'고 설명하고 있으므로, 결과와 무관하게 보편 도덕법칙을 따라야 한다는 기존 서술이 적절하다.

② ㉡ 앞에서 의무론이 '인간의 존엄성을 강조하며, 다른 사람을 목적이 아닌 수단으로 대하는 것을 거부한다'고 설명하고 있다. 이는 의무론은 결과에 따른 다양한 해석을 인정하지 않는다는 의미이다. 따라서 복잡한 상황에서 적용하기 어렵다는 기존 서술이 적절하다.

④ ㉣ 앞에서 목적론이 '현실적인 문제 해결에 유용한 기준을 제시'한다고 설명하고 있으며, 역접의 접속사로 내용이 이어지고 있다. 따라서 목적론의 한계가 나오는 것이 적절하므로 목적론의 문제점을 드러내는 기존 서술을 유지하는 것이 적절하다.

Chapter 04 ✏️ **[작문] 공문서 문장 고쳐 쓰기**

2025 출제 기조 반영 독해 PIN POINT

STEP 01 [작문] 공문서 문장 고쳐 쓰기(기안문 포함)　　p.54

01 ▶ ③

<공공언어 바로 쓰기 원칙>의 세 번째 원칙인 '문맥에 맞는 정확한 어휘를 사용할 것.'을 보면, 'ⓒ 위탁하며'는 이미 옳은 표현이다. '위탁(委託: 委 맡길 위 託 부탁할 탁)'은 '남에게 사물이나 사람의 책임을 맡김.'을 의미한다. 이 경우 별도의 전문 평가 기관에 조사를 맡기는 것이므로 이미 적절한 단어를 썼음을 알 수 있다. 이것을 오히려 '수주하며'로 고치는 것은 문맥상 옳지 않다. '수주(受注: 受 받을 수 注 부을 주)'는 '주문을 받음'을 의미하므로 이는 문맥상 적절하지 않다.

오답풀이 ① <공공언어 바로 쓰기 원칙>의 첫 번째 원칙인 '생소한 외래어나 외국어는 우리말로 다듬을 것.'을 보면, 외국어인 '마스터 플랜'을 우리말 '기본 계획'으로 고치는 것은 적절하다.

② <공공언어 바로 쓰기 원칙>의 두 번째 원칙인 '주어와 서술어의 관계를 명확하게 표현할 것.'을 보면, 주어 '본 조사의 대상은'과 'ⓛ 기업을 대상으로 합니다.'가 호응이 되지 않음을 알 수 있다. '대상'이 굳이 중복되는 것은 지양되어야 하기 때문이다. 따라서 주어 '본 조사의 대상은'에 호응이 되는 서술어로 '기업입니다'로 고치는 것은 적절하다.

④ <공공언어 바로 쓰기 원칙>의 네 번째 원칙인 '지나친 명사 나열을 피하고 적절한 조사와 어미를 활용하여 문장을 구성할 것.'을 보면, 'ⓔ 학교 현장 교수 학습 환경 개선 정책 개발 및'은 지나친 명사의 나열이 나타남을 알 수 있다. 따라서 이를 '학교 현장의 교수 학습 환경을 개선하는 정책을 개발하고'로 조사와 어미를 활용하여 풀어쓰는 것은 적절하다.

STEP 02 [작문] 공문서 문장 고쳐쓰기(기안문 포함 ✕)　　p.56

02 ▶ ②

ⓛ의 '중의적인 문장'이란 문장이 2가지 이상의 뜻으로 해석되는 문장을 의미한다. 애초에 "시장은 시민의 안전에 관하여 건설업계 관계자들과 논의하였다."는 올바른 문장이므로 'ⓛ 중의적인 문장을 사용하지 않음.'을 적용할 필요가 없으므로 ⓛ에 따라 수정해야 한다는 것은 적절하지 않다. 오히려 "시장은 건설업계 관계자들과 시민의 안전에 관하여 논의하였다."로 수정하게 되면 '1) 시장은 '건설업계 관계자들과 시민의 안전'이라는 주제에 대해 논의하였다. 2) 시장은 건설업계 관계자들을 만나 시민의 안전에 관하여 논의하였다.'라는 중의성을 띠게 되므로 오히려 틀린 표현이 된다.

오답풀이 ① '선출되었다'의 '-되-'는 피동 접미사이므로 앞에 목적어 '국회의원 ○○○명을'이 있어서는 안 된다. 따라서 'ⓐ 능동과 피동의 관계를 정확하게 사용'하려면 "국회의원 ○○○명을"을 "국

회의원 ○○○명이"로 수정하는 것은 적절하다.

③ "5킬로그램 정도의 금 보관함"을 보면 수식어 "5킬로그램 정도의"가 '금'을 꾸미는지 '보관함'을 꾸미는지 모호하다. [중의적인 문장이 된다. 1) 금 5킬로그램 상당을 담은 금 보관함 2) 금을 담은 5킬로그램 상당의 금 보관함] 따라서 'ⓒ 수식어와 피수식어의 관계를 분명하게 표현'하려면 "금 5킬로그램 정도를 담은 보관함"으로 수정하는 것은 적절하다.

④ "음식물의 신선도 유지와 부패를 방지해야 한다."는 '와'에 따라 대등한 관계를 보이는데 그럴 때에 '신선도 유지를 방지해야 한다'는 적절하지 않다. 따라서 'ⓔ '-고', '와/과' 등으로 접속될 때에는 대등한 관계를 사용함.'에 따라 "음식물의 신선도를(목적어) 유지하고(서술어), 부패를(목적어) 방지해야 한다(서술어)."로 수정하는 것은 옳다.

Day 04 해설 영상은 '만점 출좋포 문제 훈련' 강의에서 꼭 해설 강의를 참고해 주세요.

DAY 04 [작문] 공문서 문장 고쳐 쓰기　　p.58

01 ▶ ②

'대등한 것끼리 접속할 때는 구조가 같은 표현을 사용할 것.'이라는 조건이 있음에도 '표준적인 언어생활을 확립하고 일상적인 국어 생활의 향상을 위해'로 고치는 것은 옳지 않다. '표준적인 언어생활의 확립과 일상적인 국어 생활의 향상을 위해' 또는 '표준적인 언어생활을 확립하고 일상적인 국어 생활을 향상하기 위해'로 고쳐야 한다.

오답풀이 ① '중복되는 표현을 삼갈 것.'이라는 조건에 따라 '안내'와 '알림'은 중복되므로 ㉠에서 '알림'을 삭제한 것은 옳다.

③ '주어와 서술어를 호응시킬 것.'에 따라 ㉢은 주어 '본원은'과 호응되어야 하므로 '표준 정보를 제공하고 있습니다.'로 고치는 것은 옳다.

④ '필요한 문장 성분이 생략되지 않도록 할 것.'에 따라 ㉣의 '개선하다'는 목적어를 필수적으로 요구하므로 '의약품 용어를'을 추가한 것은 옳다.

02 ▶ ①

수정 전 문장과 "경품이 공정거래위원회의 '경품류 제공에 관한 ~ 지정 고시 (제20○○-11호)' 위반 여부를 점검" 모두 주어인 '경품이'에 호응하는 말이 없어서 문법에 어긋나는 문장이다. '경품이'와 호응하는 말을 넣어 "경품이 공정거래위원회의 '경품류 제공에 관한 ~ 지정 고시 (제20○○-11호)' 위반되는지 여부"로 수정해야 한다.

오답풀이 ② '보여지다(보이어지다)'는 피동의 뜻을 나타내는 '-이-'와 '-어지다'를 이중으로 쓴 표현이므로, '보여짐'을 피동 표현을 한 번만 사용한 '보임'으로 수정하는 것은 적절하다.

③ '일자리 기업의 홍보 기회'는 '일자리'가 '기업'을 수식하는 것처럼 보일 수 있으므로, ⓒ을 고려하여 '기업의 일자리 홍보 기회'로 어순을 자연스럽게 배열하는 것이 적절하다.

④ '-고'를 통해 접속되는 말에는 구조가 같은 표현을 사용해야 한다. '과거사를 극복하고 미래지향적인 양국 간 관계 발전을 위한'은 '극복하고'와 '발전을 위한'이 호응하지 않으므로, ⓔ을 고려하여 '과거사를 극복하고 미래지향적인 양국 간 관계를 발전시키기 위한'으로 수정하는 것이 적절하다.

03 ▶ ①

<공문서 작성 지침>의 첫 번째 지침인 '올바른 주동, 사동 표현을 쓰도록 주의할 것.'에 따르면, ⓐ은 이미 옳은 주동 표현이므로 표현을 유지했어야 했다. 그런데 '정책을 구체화시켰습니다.'로 고치면 오히려 불필요하게 시킴의 의미를 갖게 되므로 적절하지 않다. 정부가 직접 정책을 구체화한 것이지 누구를 시키는 것이 아니기 때문이다.

오답풀이 ② <공문서 작성 지침>의 두 번째 지침인 '필요한 문장 성분이 생략되지 않도록 할 것.'에 따르면, ⓑ에서 서술어 '과세되며'에 필요한 문장 성분인 주어가 생략되었으므로 주어 '자동차세는'을 추가하는 것은 적절하다.

③ <공문서 작성 지침>의 세 번째 지침인 '주어와 서술어를 호응시킬 것.'에 따르면, ⓒ에서 주어 'ㅇㅇ부와 △△부는'과 '보훈보상대상자에게 ⓒ 50% 감면이 적용될'에서 서술어 '적용될'은 호응이 되지 않는다. 주어 'ㅇㅇ부와 △△부는'이 보훈보상대상자에게 직접 적용을 하는 것이므로 ⓒ을 '50% 감면을 적용할 계획'으로 고치는 것은 적절하다.

④ <공문서 작성 지침>의 네 번째 지침인 '번역투의 표현을 지양할 것.'에 따르면, '세무부서에 대하여'는 영어 번역투이므로 간결하게 '세무부서에'라는 우리말로 순화하는 것은 적절하다.

04 ▶ ④

'ⓔ 영어 번역 투 삼가기'에 따라 보면 '조선은 태조 이성계에 의해 건국되었다.'라는 문장은 오히려 잘못 고친 문장이다. 어색한 피동 표현으로 '에 의해 ~되다'라는 표현은 지양해야 하므로 기존의 표현인 '조선은 태조 이성계가 건국했다.'를 유지하는 것이 적절하다.

오답풀이 ① 'ⓐ 다듬기(국어 순화)의 의미'에 따라 한자어 '기(旣)'는 우리말인 '이미'로 다듬어 쓴다.

② 'ⓑ 지나치게 긴 문장 삼가기'에 따라 주어진 문장은 지나치게 길므로 이 문장을 3문장으로 나누어 '20ㅇㅇ년 ㅇ월 ㅇ일부터 △월 △일까지 우리 시에서는 제1회 의료사진전을 개최합니다. 이 사진전은 응급 의료에 대한 시민의 관심을 높이고자 마련하였습니다. 참가를 원하시는 분은 □월 □일까지 ㅇㅇ시 보건복지과로 응모해 주시기 바랍니다'로 고치는 것은 적절하다.

③ 'ⓒ 대등한 것끼리 접속을 올바르게 할 것.'에 따라 '-고', '-며', '-와', '-과' 등으로 접속되는 말에는 문장 구조가 같은 표현을 사용해야 하므로 '정부는 평화 수호(명사구 나열)와 인권을(목적어) 보장하는(서술어) 것에'는 옳지 않은 표현임을 알 수 있다. 이를 고치려면 '평화를 수호하고 인권을 보장하는 것에' 혹은 '평화 수호와 인권 보장에'로 고쳐야 한다.

Chapter 05 반드시 참인 명제

Day 05 해설 영상은 '만점 출종포 문제 훈련' 강의에서 꼭 해설 강의를 참고해 주세요.

DAY 05 반드시 참인 명제　　　　　　　　p.88

01 ▶ ①

전제 1 : 갑 → ~을 ≡ 을 → 갑
전제 2 : ~을 → ~병 ≡ 병 → 을
전제 3 : 병

확정적인 정보가 전제 3이므로 전제 3 '병'부터 시작할 수 있다. 전제 3 '병'을 전제 2의 대우 명제 '병 → 을'과 연결 지으면 '을'을 도출할 수 있다. '을'을 전제 1의 대우 명제 '을 → ~갑'과 연결 지으면 '~갑'을 도출할 수 있다. 따라서 반드시 참인 명제는 '~갑', 즉 '갑이 제주도 출장을 가지 않는다.'임을 알 수 있다.

[오답풀이] ② 반대의 오류이다. 전제 3 '병'을 전제 2의 대우 명제 '병 → 을'과 연결 지으면 '을'을 도출할 수 있으므로 '을이 제주도 출장을 가지 않는다'는 반대의 오류이다.

③ 반대의 오류이다. ③을 기호화하면 '갑 ∧ 병'이다. 하지만 반드시 참인 명제로 '~갑'이 도출되므로 '갑이 제주도 출장을 간다'는 반대의 오류이다.

④ 반대의 오류이다. ④을 기호화하면 '을 ∧ ~병'이다. 하지만 전제 3 '병'이 있으므로 '~병'은 반대의 오류이다. 즉, '병은 휴가를 내지 않는다.'는 반대의 오류이다.

02 ▶ ④

○ 축구 → 농구 ≡ ~농구 → ~축구
○ ~농구 → 야구 ≡ ~야구 → 농구
○ ~배구 → ~농구 ≡ 농구 → 배구

세 번째 조건에 의해 '~배구 → ~농구'이며 첫 번째 조건의 대우명제에 의해 '~농구 → ~축구'이므로 두 명제를 연결하면 '~배구 → ~축구'이다. 따라서 배구를 좋아하지 않는 사람은 축구도 좋아하지 않는다.

[오답풀이] ① 판단 불가의 오류이다. 첫 번째 조건의 대우명제에 의해 '~농구 → ~축구'이고 두 번째 조건에 의해 '~농구 → 야구'이긴 하나 두 명제의 결론을 전제와 결론으로 하여 '~축구 → 야구'

를 도출하는 것은 불가능하다.

② 반대의 오류이다. 세 번째 조건에 의해 '~배구 → ~농구'이고 두 번째 조건에 의해 '~농구 → 야구'이므로 두 명제를 연결하면 '~배구 → 야구'이다. 따라서 배구를 좋아하지 않는 사람은 야구를 좋아한다.

③ 반대의 오류이다. 첫 번째 조건에 의해 '축구 → 농구'이고 세 번째 조건의 대우명제에 의해 '농구 → 배구'이므로 두 명제를 연결하면 '축구 → 배구'이다. 따라서 축구를 좋아하는 사람은 배구를 좋아한다.

03 ▶ ①

○ ~오렌지 → 사과 ≡ ~사과 → 오렌지
○ 딸기 → 바나나 ≡ ~바나나 → ~딸기
○ 체리 → 바나나 ≡ ~바나나 → ~체리
○ 사과 → ~바나나 ≡ 바나나 → ~사과

네 번째 명제에 의해 '사과 → ~바나나'이고, 두 번째 명제의 대우명제에 의해 '~바나나 → ~딸기'이다. 따라서 두 명제를 연결하면 '사과 → ~딸기'이다.

[오답풀이] ② 반대의 오류이다. 네 번째 명제의 대우명제에 의해 '바나나 → ~사과'이고 첫 번째 명제의 대우명제에 의해 '~사과 → 오렌지'이다. 따라서 두 명제를 연결하면 '바나나 → 오렌지'이므로 바나나를 좋아하는 모든 사람은 오렌지를 좋아한다.

③ 반대의 오류이다. 두 번째 명제에 의해 '딸기 → 바나나'이고 네 번째 명제의 대우명제에 의해 '바나나 → ~사과'이다. 그리고 첫 번째 명제의 대우명제에 의해 '~사과 → 오렌지'이다. 세 명제를 연결하면 '딸기 → 오렌지'이므로 딸기를 좋아하는 모든 사람은 오렌지를 좋아한다.

④ 판단 불가의 오류이다. 이 선지는 세 번째 명제의 역명제이다. 따라서 참, 거짓을 판단할 수 없기 때문에 항상 참인 명제라고 할 수 없다.

04 ▶ ④

첫 번째 조건 : (A ∨ B) → C ≡ ~C → (~A ∧ ~B)
두 번째 조건 : D → ~C ≡ C → ~D
세 번째 조건 : ~A → ~B ≡ B → A

두 번째 조건에 의해 "D → ~C"이고, 세 번째 조건의 대우명제에 의해 "~C → (~A ∧ ~B)"이므로 D가 수영을 하면 C가 수영을 하지 않고, C가 수영을 하지 않으면 A와 B 모두 수영을 하지 않는다. 따라서 "D → (~A ∧ ~B)"가 도출된다. 즉, D가 수영을 하면 A와 B가 모두 수영을 하지 않는다. 따라서 ④가 정답이다.

오답풀이) ① 첫 번째 조건의 대우명제에 의해 "~C → (~A ∧ ~B)" 이므로 C가 수영을 하지 않으면 A와 B 모두 반드시 수영을 하지 않는다. 따라서 C가 수영을 하지 않을 때 A는 수영을 하지 않는다. 반대의 오류이다.
② 첫 번째 조건에 의해 "(A ∨ B) → C"이므로 "A → C"이고 두 번째 조건의 대우명제에 의해 "C → ~D"이므로 두 명제를 연결하면 "A → ~D"가 도출된다. 따라서 A가 수영을 하면 D는 수영을 하지 않는다. 반대의 오류이다.
③ 두 번째 조건의 대우명제에 의해 "C → ~D"이므로 C가 수영을 하면 D는 수영을 하지 않는다. 반대의 오류이다.

05 ▶ ④

○ A → (~B ∨ ~C) ≡ (B ∧ C) → ~A
○ ~B → ~D ≡ D → B
○ (~C ∨ ~D) → E ≡ ~E → (C ∧ D)
○ ~E

네 번째 조건에 의하여 E단체는 선정되지 않는 것이 확정된다. 그러면 세 번째 명제의 대우명제 '~E → (C ∧ D)'에 의해 C단체와 D단체는 모두 선정된다. D단체가 선정되었으므로 두 번째 명제의 대우명제 'D → B'에 의해 B단체도 선정된다. 지금까지 B단체, C단체가 둘 다 선정된 것이 확인되었으므로 첫 번째 명제의 대우명제 '(B ∧ C) → ~A'에 의해 A단체는 선정되지 않는다. 모두 종합하면 지원 대상으로 선정되는 단체는 B, C, D이다.

06 ▶ ③

(가) 일반 ∨ 쇠퇴
(나) 일반 → (편리 ∧ 직장 잃음)
(다) 쇠퇴 → (직장 잃음 ∧ 침체)

전제 (가), (나), (다)에 확정적인 정보가 없으므로 (가)에서 경우의 수를 나눠서 봐야 한다.

Case 1) 일반, ~쇠퇴
'일반'이므로 (나) '일반 → (편리 ∧ 직장 잃음)'에 따라 '편리'와 '직장 잃음'은 반드시 참인 결론임을 알 수 있다. '~쇠퇴'로는 (다)와 연결지을 수 없으므로 '침체'는 참인지 거짓인지 알 수 없다. 따라서 Case 1)에서 확실한 결론은 '편리'와 '직장 잃음'이다.

Case 2) ~일반, 쇠퇴
'쇠퇴'이므로 (다) '쇠퇴 → (직장 잃음 ∧ 침체)'에 따라 '직장 잃음'과 '침체'는 반드시 참인 결론임을 알 수 있다. '~일반'으로는 (나)와 연결 지을 수 없으므로 '편리'는 참인지 거짓인지 알 수 없다. 따라서 Case 2)에서 확실한 결론은 '직장 잃음'과 '침체'이다.

Case 3) 일반, 쇠퇴
'일반'이므로 (나) '일반 → (편리 ∧ 직장 잃음)'에 따라 '편리'와 '직장 잃음'은 반드시 참인 결론임을 알 수 있다. '쇠퇴'이므로 (다) '쇠퇴 → (직장 잃음 ∧ 침체)'에 따라 '직장 잃음'과 '침체'는 반드시 참인 결론임을 알 수 있다. 따라서 Case 3)에서 확실한 결론은 '편리'와 '직장 잃음', '침체'이다.

빈칸에 들어갈 결론은 반례가 없는 항상 참인 결론이어야 하므로 Case 1), 2), 3)에서 공통적으로 참인 결론이 나와야 한다. 따라서 공통 결론인 '직장 잃음'이 빈칸에 들어갈 결론으로 적절하다.

오답풀이) ①을 기호화하면 '침체'이다. 하지만 이는 Case 2), 3)에는 해당되지만 Case 1)에서는 '침체'가 판단불가이므로 '침체'는 빈칸에 들어갈 결론으로 적절하지 않다.
②을 기호화하면 '편리'이다. 하지만 이는 Case 1), 3)에는 해당되지만 Case 2)에서는 '편리'가 판단불가이므로 '편리'는 빈칸에 들어갈 결론으로 적절하지 않다.
④을 기호화하면 '편리∧침체'이다. 하지만 이는 Case 3)에만 해당되므로 '편리∧침체'는 빈칸에 들어갈 결론으로 적절하지 않다.

07 ▶ ②

㉠~㉣을 기호화해서 나타내면 다음과 같다.

㉠ (~야구 ∨ ~농구) → ~축구 ≡ 축구 → (야구 ∧ 농구)
㉡ 테니스 → (배구 ∧ 골프) ≡ (~배구 ∨ ~골프) → ~테니스
㉢ ~농구 → ~골프 ≡ 골프 → 농구
㉣ 축구 ∨ 테니스

㉣을 이용하여 <축구> 경기를 관람하는 경우와 <테니스> 경기를 관람하는 경우로 분류할 수 있다.

Case 1) <축구> 경기를 관람하고 <테니스> 경기를 관람하지 않은 경우
'<축구> 경기를 관람'하면 ㉠의 대우명제에 의해, '야구 ∧ 농구'가 도출된다. 따라서 이 경우 관람되는 경기는 <축구>, <야구>, <농구>이다.
'<테니스> 경기를 관람하지 않은 경우'는 ㉡의 대우명제에 있기는 하지만 '~테니스'가 후건에 있기 때문에 <배구>와 <골프>는 관람하는지 하지 않는지 알 수 없다.
따라서 이 경우 무조건 관람되는 경기는 <축구>, <야구>, <농구>이다.

Case 2) <축구> 경기를 관람하지 않고 <테니스> 경기를 관람하는 경우

'<축구> 경기를 관람하지 않은 경우'는 ㉠의 명제에 있기는 하지만 '~축구'가 후건에 있기 때문에 <야구>와 <농구>는 관람하는지 하지 않은지 알 수 없다.

'<테니스> 경기를 관람'하면 ㉡에 의해, '배구 ∧ 골프'가 도출되고, 이 경우 '골프'가 만족되므로 ㉢의 대우명제에 의해 '농구'가 도출된다. 따라서 이 경우 관람되는 경기는 <테니스>, <배구>, <골프>, <농구>이다.

따라서 이 경우 무조건 관람되는 경기는 <테니스>, <배구>, <골프>, <농구>이다.

Case 3) <축구>와 <테니스> 모두를 관람하는 경우

'<축구> 경기를 관람'하면 ㉠의 대우명제에 의해, '야구 ∧ 농구'가 도출된다. 따라서 이 경우 관람되는 경기는 <축구>, <야구>, <농구>이다.

'<테니스> 경기를 관람'하면 ㉡에 의해, '배구 ∧ 골프'가 도출되고, 이 경우 '골프'가 만족되므로 ㉢의 대우명제에 의해 '농구'가 도출된다. 따라서 이 경우 관람되는 경기는 <테니스>, <배구>, <골프>, <농구>이다.

따라서 이 경우 무조건 관람되는 경기는 <축구>, <야구>, <테니스>, <배구>, <골프>, <농구>이다.

따라서 Case 1)~3)에 의해 반드시 관람되는 경기는 세 경우 모두에서 관람되는 <농구>이다.

Chapter 06 충분조건, 필요조건

2025 출제 기조 반영 독해 PIN POINT
p.96

01 ▶ ④

흰색 옷과 검은색 옷, 고릴라 복장은 모두 시각과 관련된 정보들이다. '인간의 인지는 시각과 밀접하게 관련되어 있다'고 한다면, 고릴라 복장의 사람도 잘 인지했어야 한다. 흰색 옷을 입은 사람이 패스를 몇 번 하는지가 참가자들에 있어 중요한 사안이었기에 고릴라 복장의 사람을 인지하지 못한 것이다. 따라서 '인간은 중요하다고 생각하는 것 위주로 주의를 기울인다'는 서술이 적절하다.

'충분조건'은 해당 조건이 참이라면 결론이 무조건 참임을 보장하는 조건이다. 반대로 '필요조건'은 결론이 참이려면 해당 조건이 참이어야 하지만, 해당 조건이 참이라는 것만으로는 결론의 참이 보장되지 않는 조건이다. 제시된 글에서 밝은 색 옷을 입은 오토바이 운전자가 알아보기 쉬운 것은 맞지만, 모든 경우에 그런 것은 아니라고 하고 있다. 밝은 색 옷을 입어도 알아보지 못하는 경우가 있기 때문이다. 따라서

바라보는 행위는 인지의 충분조건이 아닌 필요조건이라고 하는 것이 적절하다.

02 ▶ ①

㉠은 '세 요소'가 '성공'에 필수적인 조건임을 드러내고 있다. 즉, 세 요소는 성공의 필요조건이므로 논리 기호로 표현하면 '세 요소 ← 성공'으로 표시 가능하다. ①에서는 성공한 프로젝트들은 모두 세 요소가 만족이 되었다고 말하고 있으므로 세 요소는 '성공'의 필수 조건임을 드러내고 있다. 따라서 이는 ㉠을 강화한다고 볼 수 있다.

[오답풀이] ② 성공하지 못한 프로젝트가 있다면 세 요소가 다 만족되지 않았음을 나타내는 것이라고 보는 이 사례는 ㉠을 강화하는 것이지, 약화하는 것이 아니므로 적절하지 않다.

③ ㉡은 '세 요소'가 달성되었다고 해서 '성공'을 보장할 수 없다고 하고 있다. 즉, 세 요소는 성공의 충분조건이 아니라는 것으로 이는 세 요소는 성공의 충분한 조건이라는 것을 보장할 수 없음을 드러낸다. 세 요소 말고도 다른 제3의 요소가 성공의 요소로 작용할 수 있기 때문이다. 하지만 이 사례는 세 요소가 모두 달성이 안 되어도 성공되었음을 나타내고 있으므로 아예 세 요소가 달성된다는 전제를 하고 있는 ㉡의 초점에 어긋나므로 ㉡을 강화한다고 보기 어렵다. 만약 ㉡을 강화하려면 '세 요소를 만족하였으나 다른 부분에 변수가 되어 마케팅이 실패하였다' 정도의 사례가 나와줘야 한다.

④ '유행지각, 깊은 사고 그리고 협업 모두에서 목표를 달성했지만 성공하지 못한 프로젝트가 있다'면 ㉡은 강화되는 것이지 약화되는 것은 아니므로 이 선지는 옳지 않다.

DAY 06 충분조건, 필요조건 p.100

01 ▶ ②

○ 취업 → 자격증

○ 창업 → 취업

두번째 조건에 의해 '창업 → 취업'이고 첫 번째 조건에 의해 '취업 → 자격증'이므로 두 명제를 연결하면 '창업 → 자격증'이 성립한다. 따라서 창업을 하기 위해서는 자격증을 취득해야 한다.

[오답풀이] ① 명제는 '~창업 → ~취업'으로 두 번째 조건의 이명제이다. 따라서 참, 거짓을 정확하게 판단할 수 없으므로 반드시 참이라고 할 수 없다.

③ 명제는 '자격증 → 취업'으로 첫 번째 조건의 역명제이다. 따라서 참, 거짓을 정확하게 판단할 수 없으므로 반드시 참이라고 할 수 없다.

④ 두 번째 조건에 의해 '창업 → 취업'이고 첫 번째 조건에 의해 '취

업 → 자격증'이므로 두 명제를 연결하면 '창업 → 자격증'이 성립한다. ④는 '자격증 → 창업'로 표현되는데, 이는 '창업 → 자격증'의 역명제이므로 참, 거짓을 정확하게 판단할 수 없다. 따라서 반드시 참인 명제라 할 수 없다.

02 ▶ ③

> • 건강 → 물 ≡ ~물 → ~건강
> • BMI 25 이상 → 비만 ≡ ~비만 → BMI 25 미만
> • ~(비만 ∧ 건강) ≡ ~비만 ∨ ~건강 ≡ 비만 → ~건강

두 번째 조건에 의해 'BMI 25 이상 → 비만'이고 세 번째 조건에 의해 '비만 → ~건강'이므로 두 명제를 연결하면 'BMI 25 이상 → ~건강'이다. 따라서 BMI가 30인 사람은 모두 건강하지 않다.

오답풀이 ①, ②은 '물 → 건강'으로 첫 번째 조건의 역명제이다. 따라서 참, 거짓을 정확하게 판단하는 것이 불가능하므로 반드시 참인 명제라 할 수 없다.

④이 참이기 위해서는 'BMI 25 미만 → ~비만'이 성립해야 하는데 이 명제는 두 번째 조건의 이명제이다. 따라서 참, 거짓을 정확하게 판단하는 것이 불가능하므로 반드시 참인 명제라 할 수 없다.

03 ▶ ②

> ○ 천재 → IQ 140이상 ≡ IQ 140 미만 → ~천재
> ○ 좋은 직업 → 부자 ≡ ~부자 → ~좋은 직업
> ○ 부자 → 성실 ≡ ~성실 → ~부자

두 번째 조건에 의해 '좋은 직업 → 부자'이고 세 번째 조건에 의해 '부자 → 성실'이므로 두 명제를 연결하면 '좋은 직업 → 성실'이다. 따라서 좋은 직업을 가진 모든 사람은 성실하다.

오답풀이 ① 첫 번째 조건의 대우명제에 의해 'IQ140 미만 → ~천재'이므로 IQ가 120인 사람은 모두 천재가 아니다.

③ '~부자 → ~성실'로 세 번째 조건의 이명제이다. 따라서 이 명제의 참, 거짓을 정확하게 판단할 수 없으므로 반드시 참인 명제라 할 수 없다.

④ 두 번째 조건에 의해 '좋은 직업 → 부자'이고 세 번째 조건에 의해 '부자 → 성실'이므로 두 명제를 연결하면 '좋은 직업 → 성실'이다. 따라서 좋은 직업은 성실하기 위한 충분조건이지, 필요조건이 아니다.

04 ▶ ④

> (1) 목표 의식만 있다고 해서 스포츠 팀이 승리할 수 있는 것은 아니다.
> = ~(목표 의식 → 승리)
> = 목표 의식은 승리의 충분조건이 아니다.
> = 승리는 목표 의식의 필요조건이 아니다.

> (2) 우리는 이 팀이 승리를 목표로 했음을 인정하지만, 그 목표를 달성할 가능성이 크다고 보지는 않는다. 이 팀은 기존의 전술에 변화를 주지 않았기 때문이다.
> = ~전술의 변화 → ~승리 ≡ 승리 → 전술의 변화
> = 전술의 변화는 승리의 필요조건이다.
> = 승리는 전술의 변화의 충분조건이다.

(2)에 의해 승리는 전술 변화의 충분조건이다.

오답풀이 ① (1)에 의해 목표 의식은 승리의 충분조건이 아니다.

② (2)에 의해 전술의 변화는 승리의 필요조건이다.

③ (2)에 의해 승리는 전술 변화의 충분조건이지만, 목표 의식이 전술 변화의 충분조건이라고 할 수 없다.

Chapter 07 ✏️ 빈칸에 들어갈 결론

> Day 07 해설 영상은 '만점 출좋포 문제 훈련' 강의에서 꼭 해설 강의를 참고해 주세요.

DAY 07 빈칸에 들어갈 결론 p.110

01 ▶ ①

> (가) 게임 ∧ 성적
> (나) 성적 → 시험 ≡ ~시험 → ~성적

(가)에서 '게임 ∧ 성적'이고 (나)에서 '성적 → 시험'이므로 게임을 열심히 하면서 성적이 우수한 사람이 존재하고 이 사람은 시험을 잘 보는 사람이라는 결론을 내릴 수 있다. 즉, '게임 ∧ 시험'이므로 시험을 잘 보는 어떤 사람은 게임을 열심히 한다고 할 수 있다.

오답풀이 ② ①에서와 같이 '게임 ∧ 시험'을 도출하는 것은 가능하나 이를 통해 '게임 → 시험'을 도출하는 것은 불가능하다.

③ '~게임 → ~성적 ≡ 성적 → 게임'이다. (가)에서 '게임 ∧ 성적'이긴 하지만 이를 통해 '성적 → 게임'을 도출하는 것은 불가능하다.

④ '~성적 → ~시험 ≡ 시험 → 성적'이다. 이 명제는 (나)의 역명제이므로 참, 거짓을 판단하는 것이 불가능하다.

02 ▶ ③

> (가) 화폐 → 교환 수단
> (나) ~(화폐 → 자본 소득)
> ≡ ~(~화폐 ∨ 자본 소득)
> ≡ 화폐 ∧ ~자본 소득

'화폐 → 교환 수단'이고 '화폐 ∧ ~자본 소득'이므로 '교환 수단 ∧ ~자본 소득'이라는 결론을 내릴 수 있다. 모든 화폐가 교환 수단이

고, 화폐 중 자본 소득이 아닌 것이 존재하므로 교환 수단 중 자본 소득이 아닌 것은 존재해야 한다. 따라서 어떤 교환 수단은 자본 소득이 아니다.

오답풀이) ① '화폐 → 교환 수단'이고 '화폐 ∧ ~자본 소득'이므로 '교환 수단 ∧ ~자본 소득'이라는 결론을 내릴 수 있다. 하지만 이를 통해 ①처럼 '교환 수단 ∧ 자본 소득'이라는 결론을 도출하는 것은 불가능하다. 판단불가의 오류이다.
② '화폐 ∧ ~자본 소득'이라고 해서 ②처럼 '화폐 ∧ 자본 소득'이라는 결론을 내릴 수는 없다. 판단불가의 오류이다.
④ '화폐 → 교환 수단'이므로 화폐가 교환 수단에 포함되는 관계인 것은 맞으나 ④처럼 '교환 수단 ∧ ~화폐'라는 결론을 내릴 수는 없다. 판단불가의 오류이다.

03 ▶ ②

```
(가) 시계 ∧ ~비쌈
(나) ~(명품 ∧ ~비쌈) ≡ ~명품 ∨ 비쌈
     ≡ 명품 → 비쌈 ≡ ~비쌈 → ~명품
```

(가)에서 '시계 ∧ ~비쌈'이므로 시계 중에서 비싸지 않은 것이 존재하고 (나)에서 '~비쌈 → ~명품'이므로 비싸지 않은 모든 것은 명품이 아니다. 따라서 시계 중에서 명품이 아닌 것이 반드시 있다는 결론을 도출할 수 있다. 즉, '시계 ∧ ~명품'이며 이는 '어떤 시계는 명품이 아니다'로 표현할 수 있다.

오답풀이) ① (가)에서 '시계 ∧ ~비쌈'이므로 시계 중에서 비싸지 않은 것이 존재하고 (나)에서 '~비쌈 → ~명품'이므로 비싸지 않은 모든 것은 명품이 아니다. 따라서 시계 중에서 명품이 아닌 것이 반드시 있다는 결론을 도출할 수 있다. 즉, '시계 ∧ ~명품'이다. 하지만 이를 통해 '시계 ∧ 명품'을 도출하는 것은 불가능하다. 반드시 거짓이라고 할 수는 없지만 반드시 참이라고 할 수도 없기 때문에 전제 (가)와 (나)를 통해 도출한 결론으로 부적절하다.
③ ②에서와 같이 '시계 ∧ ~명품(특칭 부정)'을 도출하는 것은 가능하나 이를 통해 '시계 → ~명품(전칭 부정)'을 도출하는 것은 불가능하다.
④ (나)에서 '~명품 ∨ 비쌈'이라서 비싸지만 명품이 아닌 것이 존재할 수는 있으나 반드시 존재한다고 단정 짓는 것은 불가능하다.

04 ▶ ③

```
(가) 등산 ∧ 볼링
(나) ~양궁 → ~등산 ≡ 등산 → 양궁
(다) 양궁 → ~펜싱 ≡ 펜싱 → ~양궁
```

(가)에서 '등산 ∧ 볼링'이고 (나)의 대우명제에서 '등산 → 양궁'이므로 등산과 볼링에 동시에 관심이 있는 사람이 존재하고 이 사람은 반드시 양궁에도 관심이 있어야 한다. 따라서 '볼링 ∧ 양궁'을 도출할 수 있다. 그리고 (다)에서 '양궁 → ~펜싱'이므로 마찬가지 논리로 '볼링 ∧ ~펜싱'을 도출할 수 있다. 따라서 볼링에 관심이 있는 어떤 사람은 펜싱에 관심이 없다.

오답풀이) ① (다)의 대우명제에 의해 '펜싱 → ~양궁'이고, (나)에 의해 '~양궁 → ~등산'이므로 두 명제를 연결하면 '펜싱 → ~등산'을 도출하는 것이 가능하다. 즉, 펜싱에 관심이 있는 모든 사람은 등산에 관심이 없다. 반대의 오류이다.
② (가)에서 '등산 ∧ 볼링'이므로 등산에 관심이 있는 모든 사람이 볼링에도 관심이 있다고 할 수는 없다. 즉, '등산 ∧ ~볼링'이 거짓이라고 할 수는 없지만 반드시 참이라고 할 수도 없다. 따라서 등산에 관심이 있고 볼링에 관심이 없는 사람이 존재한다고 단정적으로 진술하는 것은 옳다고 할 수 없다. 판단불가의 오류이다.
④ (다)의 역명제이다. 따라서 참 거짓을 판단할 수 없다. 판단불가의 오류이다.

05 ▶ ③

```
㉠ 자원 → 한정 ≡ ~한정 → ~자원
㉡ 광물 ∧ ~자원
㉢ ~한정 ∧ 광물
㉣ 자원 ∧ 광물
㉤ ~광물 ∧ 한정
```

가. ㉣에 의해 광물 중 자원인 것이 존재하고 ㉠에 의해 모든 자원은 한정적이므로 광물 중 자원인 것도 한정적이라는 결론을 내릴 수 있다. 즉, 광물 중 한정적인 것이 존재하므로 '한정 ∧ 광물'이라고 할 수 있다.
다. ㉢에 의해 광물 중 한정적이지 않은 것이 존재하고 ㉠의 대우명제에 의해 한정적이지 않은 것은 모두 자원이 아니므로 광물 중 한정적이지 않은 것은 자원이 아니라는 결론을 내릴 수 있다. 즉, 광물 중 자원이 아닌 것이 존재하므로 '광물 ∧ ~자원'이라고 할 수 있다.

오답풀이) 나. 가.와 같은 논증에 의해 한정적인 것 중 광물이 존재한다는 결론, 즉 '한정 ∧ 광물'이라는 결론을 도출하는 것은 가능하나 이를 통해 '한정 → 광물'을 도출하는 것은 불가능하다.

06 ▶ ②

```
㉠ 운동선수 ∧ 키가 큼
㉡ 키가 큼 → 힘이 셈 ≡ ~힘이 셈 → ~키가 큼
㉢ ~키가 큼 → ~힘이 셈 ≡ 힘이 셈 → 키가 큼
㉣ 운동선수 ∧ ~힘이 셈
```

㉐㉑에 의해 운동선수 중 힘이 세지 않은 사람이 존재하고, ㉑의 대우명제에 의해 힘이 세지 않은 모든 사람은 키가 크지 않으므로 운동선수 중 키가 크지 않은 사람이 존재한다는 결론, 즉 '운동선수 ∧ ~키가 큼'을 도출하는 것이 가능하다. 이를 통해 ㉠, 즉 '운동선수 ∧ 키가 큼'을 부정할 수는 없으므로 ㉑과 ㉑이 참일 경우 ㉠이 반드시 참이라고 할 수는 없지만 ㉠은 참일 수 있다고는 할 수 있다.

오답풀이) ㉓ ㉠에 의해 운동선수 중 키가 큰 사람이 존재하고 ㉑에 의해 키가 큰 모든 사람은 힘이 세므로 운동선수 중 힘이 센 사람이 존재한다는 결론, 즉 '운동선수 ∧ 힘이 셈'을 도출할 수 있다. 하지만 이를 통해 운동선수 중 힘이 세지 않은 사람이 존재한다는 결론, 즉 '운동선수 ∧ ~힘이 셈'을 도출하는 것은 불가능하다.

㉔ ㉠과 ㉐의 경우 매개항이 ㉐의 대우명제의 후건에 있으므로 연결하여 '운동선수 ∧ ~힘이 셈'을 도출하는 것은 불가능하다.

Chapter 08 생략된 전제 추론

Day 08 해설 영상은 '만점 출좋포 문제 훈련' 강의에서 꼭 해설 강의를 참고해 주세요.

DAY 08 생략된 전제 추론   p.118

01 ▶ ②

```
전제 1 : 의사 → 친절
전제 2 : [                    ] 의사 ∧ 수술
─────────────────────────────
결론 : 친절 ∧ 수술
```

②을 기호화하면 '의사 ∧ 수술'이다. '의사 ∧ 수술'을 전제 1 '의사 → 친절'과 연결시킬 수 있다. '의사'가 공통되면서 전칭 명제의 전건에서 공통되기 때문이다. 이 두 명제를 연결하면 '친절 ∧ 수술'이 도출되므로 ②가 답이다. 따라서 친절한 사람 중 어떤 사람은 수술을 잘한다.

오답풀이) ①은 '~수술 ∧ ~의사'이다. 이 전제를 '의사 → 친절'과 연결지어 '친절 ∧ 수술'을 도출하는 것은 불가능하다.

③은 '~수술 ∧ ~친절'이다. 전제 1의 대우 명제 '~친절 → ~의사'와 연결지으면 '~수술 ∧ ~의사'의 결론만 도출될 뿐이다.

④은 '의사 → ~수술'이다. 이 전제를 '의사 → 친절'과 연결하여 '친절 ∧ 수술'을 도출하는 것은 불가능하다. 두 명제의 전건이 같다고 해서 후건끼리 연결하여 교집합을 도출할 수는 없기 때문이다.

02 ▶ ①

```
전제 1 : 채소 ∧ ~맛
전제 2 : [                    ] 채소 → 영양가
─────────────────────────────
결론 : ~맛 ∧ 영양가
```

전제 1이 특칭, 결론이 특칭이므로 전제 2는 반드시 전칭 명제가 들어가야 한다. 매개념이 최소 1번은 주연되어야 하기 때문이다. 따라서 선지에서 전칭 명제인 ① '채소 → 영양가'를 넣어볼 수 있다. 전제 1 '채소 ∧ ~맛'과 '채소 → 영양가'를 연결하면 공통되는 매개항인 '채소'가 전칭 명제의 전건에서 공통되므로 이 두 명제를 연결시켜 '영양가 ∧ ~맛(≡~맛 ∧ 영양가)'이라는 결론을 도출할 수 있으므로 ①은 전제 2에 들어갈 결론으로 적절하다.

오답풀이) ② '(~맛 ∧ 채소) → ~영양가'이므로 이를 전제에 넣어도 어떤 결론도 도출할 수 없다.

③을 기호화하면 '채소 → ~영양가'이다. 전제 1 '채소 ∧ ~맛'과 '채소 → 영양가'를 연결하면 공통되는 매개항인 '채소'가 전칭 명제의 전건에서 공통되므로 이 두 명제를 연결시켜 '~영양가 ∧ ~맛(≡~맛 ∧ ~영양가)'이라는 결론을 도출할 수 있다. 하지만 이는 결론인 '~맛 ∧ 영양가'와는 일치하지 않으므로 ③은 전제 2에 들어갈 결론으로 적절하지 않다.

④을 기호화하면 '채소 ∧ 영양가'이다. 이는 특칭 명제인데 이를 특칭 명제인 전제 1과 연결 지을 수 없다. 매개념이 최소 1번은 주연되어야 하기 때문이다.

03 ▶ ④

```
전제 1 : ~(~귀여움 ∧ 고양이) ≡ 귀여움 ∨ ~고양이
             ≡ ~귀여움 → ~고양이 ≡ 고양이 → 귀여움
전제 2 : 동물 ∧ 귀여움
전제 3 : [                    ] 귀여움 → 고양이
─────────────────────────────
결론 : 동물 ∧ 고양이
```

앞에서 이론을 배운 것처럼 전제 1이 전칭, 전제 2가 특칭인 경우에 전제 3은 전칭일 확률이 크다. 따라서 전제 3에 선지 ④ '귀여움 → 고양이'를 넣어 보면 이를 전제 2 '동물 ∧ 귀여움'과 연결 지을 수 있다. '귀여움'이 공통되면서 '귀여움'이 전칭 명제의 전건에 있기 때문이다. ④와 전제 2를 연결 지으면 '동물 ∧ 고양이'를 도출할 수 있으므로 전제 3에는 ④ '귀여움 → 고양이'를 넣는 것이 적절하다.

오답풀이) ①을 기호화하면 '고양이 ∧ 귀여움'이다. 이는 첫 번째 전제 '고양이 → 귀여움'으로부터 이미 도출할 수 있는 전제이므로 추가해야 할 전제로 적절하지 않다.

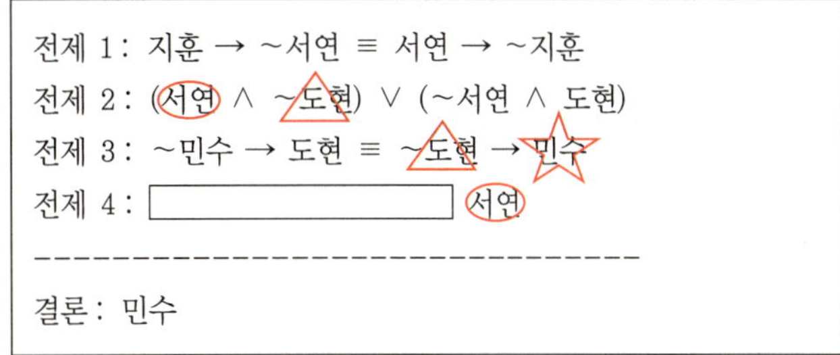

추가해야 할 전제로 적절하지 않다.

②을 기호화하면 '동물 ∧ ~귀여움'이다. '동물 ∧ ~귀여움'은 전제 1의 대우명제인 '~귀여움 → ~고양이'과 연결 지을 수 있다. '~귀여움'이 공통되면서 '~귀여움'이 전칭 명제의 전건에 있기 때문이다. 이 둘을 연결하면 '동물 ∧ ~고양이'가 도출되는데 이는 결론과 일치하지 않으므로 ②를 전제 3에 넣는 것은 적절하지 않다.

③을 기호화하면 '귀여움 ∧ 동물'이다. 이는 두 번째 전제와 이미 완전히 동치인 명제이므로 추가해야 할 전제로 적절하지 않다.

04 ▶ ③

```
전제 1 : 음악가 → 악기
전제 2 : 클래식 → ~전자음악
전제 3 : [              ]   클래식 ∧ 악기
─────────────────────────────
결론 : 악기 ∧ ~전자음악
```

전제 1은 전칭, 전제 2는 전칭이므로 전제 3에는 특칭 명제가 와야 한다. 따라서 선지 중에서 특칭 명제를 먼저 넣어 보는 것이 좋다. ③을 기호화하면 '클래식 ∧ 악기'이다. 이를 전제 2 '클래식 → ~전자음악'과 연결 지을 수 있다. '클래식'이 공통되면서 '클래식'이 전칭 명제의 전건에서 공통되기 때문이다. 이 둘을 연결하면 '~전자음악 ∧ 악기'를 도출할 수 있다. 이는 결론인 '악기 ∧ ~전자음악(≡~전자음악 ∧ 악기)'와 일치하므로 전제 3에 ③을 넣는 것이 적절하다.

[오답풀이] ①을 기호화하면 '전자음악 ∧ ~음악가'이다. 이는 전제 2의 대우 명제인 '전자음악 → ~클래식'과 연결 지을 수 있다. '전자음악'이 공통되면서 '전자음악'이 전칭 명제의 전건에서 공통되기 때문이다. 이 둘을 연결하면 '~클래식 ∧ ~음악가'를 도출할 수 있을 뿐 결론인 '악기 ∧ ~전자음악(≡~전자음악 ∧ 악기)'을 도출할 수는 없으므로 전제 3에 ①을 넣는 것은 적절하지 않다.

②을 기호화하면 '~클래식 → ~음악가'이다. 이를 대우 명제로 바꾸면 '음악가 → 클래식'인데 이를 전제 2 '클래식 → ~전자음악'과 연결 지을 수 있어 '음악가 → ~전자음악'이라는 결론이 도출될 수 있다. 하지만 이는 결론인 '악기 ∧ ~전자음악(≡~전자음악 ∧ 악기)'을 도출할 수는 없으므로 전제 3에 ②을 넣는 것은 적절하지 않다.

④을 기호화하면 '음악가 → 전자음악'이다. 이를 전제 2의 대우명제 '전자음악 → ~클래식'과 연결 지을 수 있어 '음악가 → ~클래식'이라는 결론이 도출될 수 있다. 하지만 이는 결론인 '악기 ∧ ~전자음악(≡~전자음악 ∧ 악기)'을 도출할 수는 없으므로 전제 3에 ④을 넣는 것은 적절하지 않다.

05 ▶ ①

각 문장을 기호로 나타내어 해석한다.

```
전제 1 : 지훈 → ~서연 ≡ 서연 → ~지훈
전제 2 : (서연 ∧ ~도현) ∨ (~서연 ∧ 도현)
전제 3 : ~민수 → 도현 ≡ ~도현 → 민수
전제 4 : [              ]   서연
─────────────────────────────
결론 : 민수
```

'서연'이 추가되면 전제 2에 의해 '~도현'이 도출되고 전제 3에 의해 '민수'를 도출할 수 있다.

[오답풀이] ② '~서연'이 추가되면 전제 2에 의해 '도현'이 도출된다. 하지만 이를 통해 '민수'를 도출하는 것은 불가능하다.

③ '지훈'이 추가되면 전제 1에 의해 '~서연'이 도출되고 전제 2에 의해 '도현'이 도출된다. 하지만 이를 통해 '민수'를 도출하는 것은 불가능하다.

④ '도현'이 추가되면 전제 2에 의해 '~서연'이 도출된다. 하지만 이를 통해 '민수'를 도출하는 것은 불가능하다.

내용 추론

Chapter 09 중심 내용 추론

STEP 01 중심 내용 추론 p.126

01 ▶ ②

4문단의 '그런데'라는 초점 전환의 접속 부사가 있으므로 중심내용의 무게가 4문단에 있음을 알 수 있다. 4문단의 "그런데 체온조절을 위해 열을 획득하는 방식과 체온의 안정성을 유지하는 것은 별개의 문제이다."와 "내온동물과 외온동물을 구분하는 방식과 항온동물과 변온동물을 구분하는 방식 사이에는 어떠한 상관관계도 없다."의 정보를 통해 '체온조절을 위한 열 획득 방식과 체온의 안정성은 동물을 분류하는 서로 다른 기준이다.'가 중심내용으로 적절함을 알 수 있다.

[오답풀이] ① 반대의 오류이다. 4문단의 "내온동물과 외온동물을 구분하는 방식과 항온동물과 변온동물을 구분하는 방식 사이에는 어떠한 상관관계도 없다."의 정보를 통해 내온동물과 외온동물의 특징을 통해 항온동물과 변온동물의 특징을 밝힐 수 없음을 알 수 있다.

③ 비교 미언급의 오류이다. 동물을 내온동물과 외온동물로 구분하는 기준이 항온동물과 변온동물로 구분하는 기준보다 모호하다는 언급은 된 적이 없다.

④ 비교 미언급의 오류이다. '체온조절을 위한 열 획득 방식'과 '체온의 안정성을 유지하는 방식'이 모두 언급이 되고는 있으나 어떤 것이 더 적합한 기준이 되는지는 언급이 된 적이 없다.

2025 출제 기조 반영 독해 **PIN POINT** p.128

01 ▶ ④

대조 구조의 제시문으로 판타지와 SF의 차이점을 드러내고 있다. 2문단의 "결국 판타지에서는 이미 알고 있는 것보다 새로운 것이 더 중요한 의미를 갖는다."와 2문단 맨 끝부분인 "이처럼 SF에서는 어떤 새로운 것이 등장했을 때 그 낯섦을 인정하면서도 동시에 그것을 자신이 이미 알고 있던 인식의 틀로 끌어들여 재조정하는 과정이 요구된다."을 통해 '판타지는 알고 있는 것보다 새로운 것이 더 중요하고, SF는 알고 있는 것과 새로운 것 사이의 재조정이 필요한 장르이다.'가 핵심 논지임을 알 수 있다.

[오답풀이] ① 미언급의 오류이다. 특히 판타지는 '이미 알고 있는 것보다 새로운 것이 더 중요한 의미를 갖는다'고 하였다.

② 극단의 오류이다. 둘 사이의 재조정이 필요한 것은 SF에만 해당되므로 판타지도 그러하다고 보기 어렵다.

③ 주체 혼동의 오류이다. 새로운 것보다 알고 있는 것이 중요한 것은 '판타지'가 아니라 'SF'이며, 알고 있는 것보다 새로운 것이 중요한 것은 'SF'가 아니라 '판타지'이다.

> **Day 09 해설 영상은 '만점 출좋포 문제 훈련' 강의에서 꼭 해설 강의를 참고해 주세요.**

DAY 09 중심 내용 추론 p.130

01 ▶ ③

글의 끝 부분에서 "삶을 살아가면서 돈에 대한 욕망이나 성적 욕망만이라도 잘 다스릴 수 있다면 낭패를 당하거나 망신을 당할 일이 거의 없을 것이다. 인간에 대한 플라톤의 통찰력과 삶에 대한 지혜는 현재에도 여전히 유효하다."라는 내용을 통해 중심 내용은 '성공적인 삶을 살려면 재물욕과 성욕을 잘 다스려야 한다.'임을 알 수 있다.

[오답풀이] ① 미언급의 오류이다. '재물욕과 성욕'에 대한 언급은 1문단에서 플라톤이 제시하는 사람들이 살아가면서 중요하게 생각하는 2가지 요소로 나오기는 한다. 하지만 재물욕과 성욕이 과거나 지금이나 가장 강한 욕망이라고 하는 것은 언급되지 않았다.

② 2문단에서 "케팔로스는 재물이 많으면 남을 속이거나 거짓말하지 않을 수 있어서 좋고, 나이가 많으면 성적 욕망을 쉽게 통제할 수 있어서 좋다고 말한다."를 통해 재물이 많으면서 나이가 많으면 좋은 삶을 살 수 있다고 볼 수도 있으나, 이것은 일부에 언급된 것일 뿐이므로 중심 내용이라고 보기 어렵다.

④ 미언급의 오류이다. 잘 살기 위해서는 살면서 재물욕과 성욕을 잘 다스려야 한다는 언급은 나오지만 '살면서 가장 중요한 것이 무엇인지 알아야 한다'는 내용은 언급되지 않았으므로 적절하지 않다.

02 ▶ ④

본문은 인간주의 지리학이 장소의 주관적 의미를 강조하며, 이를 통해 개인의 정체성과 공동체적 유대감을 형성하는 역할을 중시함을 다루고 있다. 또한 장소가 개인에게 안정감을 제공하고 소속감을 부여함으로써 정체성 형성에 중요한 역할을 함을 설명하며, 이러한 유대감이 공동체적 정체성에도 기여함을 강조하였다. 따라서 ④가 가장 적절하다.

[오답풀이] ① 내용 불일치의 오류이다. 제시문의 처음 부분에서 "현대 지리학은 객관적 관점에 치중하며 '지역'이라는 개념을 학문적 용어로 고집해왔다. 그러나 이에 반기를 든 인간주의 지리학은 장소 개념을 중시하며, 인간의 주관적 경험을 중요하게 다루는 방식을 제안한다."라고 언급되어 있다. 즉 인간주의 지리학은 현대 지리학의 지역 개념을 수용한 것이 아니라 오히려 반기를 든 것

이므로 이 선지는 내용 자체가 제시문과 일치하지 않는다.

② 장소가 정체성과 안정감을 제공한다는 점은 일부 적절하기는 하나, 본문의 전체 논지는 장소를 통한 정체성 형성의 중요성을 더욱 강조하였으므로 '안정감'이 중심 내용이라고 보기는 어렵다.

③ 본문에서 장소는 개인적 경험의 영역으로 다루어지며 사회적 개념보다는 개인의 소속감과 정체성을 중시하는 개념이다. 따라서 장소가 사회적 개념이라는 것은 적절하지 않다.

03 ▶ ②

본문은 인공지능이 기술적으로 발전했음에도 불구하고 '몸'의 부재로 인해 인간의 인식능력을 완전히 모방하는 데 근본적인 한계가 있다는 점을 중심 내용으로 다루고 있다. "특히 '몸'의 부재는 인공지능이 인간과 같은 인식능력을 갖추는 데 있어 근본적인 한계를 드러낸다"라고 직접적으로 언급하고 있으며, 이어서 인간은 "감각과 운동, 그리고 신체를 기반으로 한 세계와의 상호작용을 통해 사고하고 판단한다"는 점을 강조하고 있다. 또한 "인공지능이 인간처럼 '의미 있는 세계'를 경험하는 데 구조적인 한계가 있다"라고 명시적으로 서술하고 있다. 따라서 이 선지가 본문의 중심 내용을 가장 정확하게 반영하고 있다.

오답풀이 ① 본문은 인공지능 기술이 발전하고 있다는 점은 인정하면서도, "인간의 고유한 경험과 사고방식을 완전히 대체할 수 있는지는 여전히 논란거리"라고 언급하고 있다. 또한 마지막 문장에서 "인공지능이 인간의 인지와 사고를 완벽히 모방하거나 대체할 수 있을지에 대해서는 신중한 접근이 필요하다"라고 강조하고 있어, 이 선지는 본문의 내용과 정반대의 주장을 담고 있다.

③ 본문에서는 인공지능의 감정 인식 능력 부족이 단순한 '기술적 한계'가 아니라 '몸'의 부재로 인한 '구조적인 한계'라고 설명하고 있다. '단지 언어와 정보를 조작하는 기계가 아닌, '인간과 인공지능은 그 근본부터 다르다'고 언급하고 있어, 이러한 한계가 기술 발전으로 극복될 수 있다는 내용은 본문에서 다루고 있지 않다.

④ 본문에서는 인간과 인공지능의 차이점, 특히 신체성의 유무로 인한 근본적인 차이를 강조하고 있다. 공통점에 주목하거나 상호보완적 관계 구축의 중요성에 대한 내용은 언급되지 않았다. 따라서 이 선지는 본문에서 다루지 않은 내용을 중심 내용으로 제시하고 있다.

04 ▶ ②

본문은 바이오필릭 디자인, 특히 텍스타일 분야에서의 적용과 그 가치에 대해 설명하고 있다. 마지막 문단에서 "바이오필릭 텍스타일 디자인은 자연을 닮은 아름다움과 삶의 안정을 위한 실천이라는 두 가지 가치를 동시에 추구"한다고 직접적으로 중심 내용을 요약하고 있다. 본문에서는 바이오필릭 디자인이 정서적 안정감을 제공하는 측면과 환경 보호의 가치를 담고 있는 측면을 모두 강조하고 있다. 따라서 이 선지가 글의 중심 내용을 가장 정확하게 반영하고 있다.

오답풀이 ① 본문에서는 바이오필릭 디자인이 "단순히 자연 형태를 모방하는 데 그치지 않고, 사람의 감정을 안정시키고 자연과 연결된 느낌을 주기 위한 깊은 고민이 담겨 있다"고 설명하고 있다. 따라서 '자연의 모습을 그대로 모방하여 시각적 아름다움을 극대화'한다는 설명은 본문의 내용과 일치하지 않는다.

③ 본문에서는 텍스타일 분야에서 바이오필릭 디자인이 두드러지게 나타난다고 설명하고 있으며, 바이오필릭 디자인과 환경 친화적 디자인을 대립적으로 보지 않고 오히려 바이오필릭 디자인이 환경 보호의 가치도 담고 있다고 설명하고 있다. 따라서 '바이오필릭 디자인보다 기능성과 내구성을 중시하는 환경 친화적 디자인이 더 중요하다'는 내용은 본문에서 언급되지 않았다.

④ 본문에서는 자연 속에 머무는 것이 마음을 편안하게 한다는 점과 바이오필릭 디자인이 정서적 안정감을 준다는 점은 언급하고 있지만, 이는 일부의 내용일 뿐, 전체를 아우르지 못하는 내용이므로 적절하지 않다.

Chapter 10 내용 추론 긍정 발문

01 ▶ ③

2문단의 '이 시기 신문학의 순수문학 작품, 일본을 비롯한 외국의 순수문학 소설 등을 향유했던 사람들이 바로 그들이다.'와 '이들은 '엘리트 독자층'이라고 부를 수 있다.'의 정보를 조합하여 추론하면 '엘리트 독자층에 속한 사람들은 우리나라 문학작품 외에도 외국 소설을 읽었다.'가 적절한 선지임을 알 수 잇다.

오답풀이 ① 미언급의 오류이다. 1문단에 근대적 대중 독자층, 2문단에 엘리트 독자층에 대한 언급이 나오기는 하지만 근대적 대중 독자층에서 엘리트 독자층이 분화되어 나왔다는 내용은 언급된 적이 없다.

② 반대의 오류이다. 1문단에서 '전통적 독자층에는 노동자와 농민, 양반, 부녀자 등이 속하고, 근대적 대중 독자층에는 도시 노동자, 학생, 신여성 등이 속했다.'라는 언급을 보면 전통적 독자층에도 노동자, 근대적 대중 독자층은 도시 노동자로 신분으로 모두 노동자의 신분이므로 20세기 초의 문학 독자층을 구분할 수 없음을 알 수 있다. 또한 학력이라는 기준으로 구분할 수 있는 것도 이 제시문에서는 언급이 되어있지 않다.

④ 비교 미언급의 오류이다. 근대적 대중 독자층과 전통적 독자층에 대한 언급이 일부 나오나 누가 더 경제적으로 부유한지에 대한 언급은 나오지 않는다.

2025 출제 기조 반영 독해 PIN POINT
p.140

01 ▶ ①

윌리엄 보잉은 '시스템은 불안정하고 완벽하지 않'다는 생각을, 베테유는 '인간은 실수할 수 있는 존재'라는 생각을 토대로 항공기를 설계했다.

오답풀이 ② 윌리엄 보잉은 컴퓨터보다 조종사의 판단이 우선시된다고 생각하였을 뿐, 인간이 실수하지 않는다고 본 것은 아니다.

③ 에어버스는 반대로 자동조종시스템이 조종사의 조종을 통제한다. 오히려 보잉에서 조종사가 자동조종시스템을 통제한다.

④ 보잉과 에어버스의 차이는 자동조종시스템의 '활용 정도'에 있다. 보잉이 자동조종시스템을 활용하지 않는 것은 아니며, 조종사가 시스템을 통제할 수 있다.

> Day 10 해설 영상은 '만점 출종포 문제 훈련' 강의에서 꼭 해설 강의를 참고해 주세요.

DAY 10 내용 추론 긍정 발문
p.142

01 ▶ ③

2문단의 "다시 말해 시간의 시작점 역시 '1'로 셈했다는 것인데"를 통해 '0' 개념이 없었던 옛날에는 실제보다 1이 더해진 채로 셈해졌음을 알 수 있다. 그런데 프랑스어 'quinze jours'는 '2주(14일)'가 어원에 의하면 '15일'을 가리키고 있으므로 '0' 개념이 들어오기 전 셈법의 흔적이 남아 있다고 볼 수 있다.

오답풀이 ① 2문단의 "'0' 개념은 13세기가 되어서야 유럽으로 들어왔으니,"를 통해 '0' 개념은 13세기에 유럽에서 발명되었다는 것은 적절하지 않음을 알 수 있다. '0' 개념이 들어온 것이지 유럽에서 처음 만들어진 것은 아니기 때문이다.

② 미언급의 오류이다. 『성경』에서는 예수의 신성성을 부각하기 위해 그의 부활 시점을 활용하였다는 내용은 언급되지 않았다.

④ 3문단에서 "오늘날 그리스 사람들은 올림픽이 열리는 주기에 해당하는 4년을 'pentaeteris'라고 부르는데, 이 말의 어원은 '5년'을 뜻한다"는 부분을 보면 실제보다 1이 더해진 채 과거에 셈해졌음을 알 수 있다. 이는 '0' 개념이 없었을 때의 셈법에 의한 것이므로 오늘날의 올림픽이 열리는 주기는 예전과 변함 없이 4년임을 알 수 있다.

02 ▶ ④

"1930년대 전후 유럽과 미국에서는 이러한 구조주의 언어학이 널리 퍼져나갔고 미국에서는 시카고 대학에 언어학과가 독립적으로 설립되기에 이르렀다."라는 선지로 보아 유럽과 미국을 중심으로 구조주의 언어학이 퍼져나갔을 것임을 알 수 있다.

오답풀이 ① "언어 요소가 개별적으로 존재하는 것이 아니라 어떤 큰 틀 속에서 유기적 관계를 맺고 있다는 구조주의 개념을 언어학에 도입할 수 있게 만들었다."라는 서술로 보아 구조주의는 언어 요소의 개별적 특성이 아니라 유기적 관계를 강조할 것임을 알 수 있으므로 적절하지 않다.

② "언어의 개별 학문으로서의 특성을 밝히고자 했던 소쉬르의 노력은"이라는 서술로 보아 언어학은 다른 학문의 하위 갈래가 아니라 독립적인 학문이 되었을 것임을 알 수 있으므로 적절하지 않다.

③ "그는 당대 사회에서 고수하던 역사적 언어 접근법에 회의를 느꼈다."라는 서술로 보아 적절하지 않은 선지임을 알 수 있다.

03 ▶ ①

본문에서 '자연법칙의 성격에 대한 논의는 필연적 법칙과 규칙성 이론이라는 두 가지 관점으로 나뉜다'고 하였으며, 마지막 문단에서 '필연적 법칙은 자연의 본질을 탐구하는 데 초점을 맞추는 반면, 규칙성 이론은 우리의 경험적 관찰을 중시한다'고 설명하여 필연적 법칙과 규칙성 이론은 자연 법칙의 성격을 이해하는 서로 다른 관점을 제공함을 알 수 있다.

오답풀이 ② 극단의 오류이다. 본문에서는 규칙성 이론의 관점에서 '만약 우주의 조건이 달라진다면 지금의 자연법칙이 더 이상 성립하지 않을 수도 있다'고 설명했다. '모든' 자연법칙이 '절대로' 변하지 않는다는 극단적 주장은 본문의 내용을 벗어난다.

③ 미언급의 오류이다. 본문에서 기본 상수를 필연적 법칙의 예시로 언급했을 뿐, 이것이 '자연법칙의 규칙성을 입증하는 가장 중요한 과학적 성과'라는 내용은 언급되지 않았다.

④ 주체 혼동의 오류이다. 본문에서는 '규칙성 이론은 자연법칙이 필연적이지 않으며, 단지 우리가 경험하는 반복적인 패턴일 뿐이라고 본다'고 설명했다. 그러나 해당 선지는 '규칙성 이론이 자연법칙을 필연적 법칙으로 환원할 수 있다고 주장한다'고 하였는데, 이는 규칙성 이론의 핵심 주장과 정반대이다. 규칙성 이론은 자연법칙을 필연적인 원리가 아니라 단순한 경험적 규칙으로 본다는 점에서, 해당 선지는 논리적 오류를 포함하고 있다.

04 ▶ ③

'화자는 발이 푹푹 잠길 정도로 눈이 쌓이기를 원하고, 그만큼 쌓여 눈이 늦게 녹아야 나타샤와 함께 있는 행복한 상상이 오래 지속될 수 있다.'라는 서술로 보아 적절함을 알 수 있다.

오답풀이 ① 비교 미언급의 오류이다. '백색의 이미지는 화자가 나타샤와 함께하는 행복한 상상을 지속할 수 있게 한다.'라는 서술로 보아, 백색이 차가운 현실을 강조한다는 서술은 적절하지 않음을 알 수 있다. 또한 현실과 상상이 교란되고 있으므로 어떤 것에 더 집중하고 있는지 언급되고 있지 않다.

② 극단의 오류이다. '행복한 상상에 불안이 제시되고~ 현실과 상상의 분할이 교란되고 있다.'를 통해 현실의 어려움을 철저히 외면

하는 태도를 보인다는 서술은 적절하지 않음을 알 수 있다. 행복한 상상 속에 현실적 불안이 제시되기 때문이다.

④ 반대의 오류이다. '현실이 지속적으로 상상 장면에 개입한다는 것이 특징적인 작품이다.', '현실과 상상의 분할이 교란되고 있다.'라는 서술로 보아 현실과 상상이 완전히 분리된다는 서술은 적절하지 않음을 알 수 있다.

Chapter 11 ✏ 내용 추론 부정 발문

STEP 01 내용 추론 부정 발문　　　　p.150

01 ▶ ②

2문단의 "예를 들어, '역병(疫病)'은 사람이 고된 일을 치르듯[役] 병에 걸려 매우 고통스러운 상태를 말한다."를 통해 역병은 질병의 전염성에 주목하여 붙여진 이름이 아님을 알 수 있다. 질병의 전염성에 주목하여 붙여진 이름은 '역병'이 아니라 '염병(染病)'이므로 주체 혼동의 오류임을 알 수 있다.

오답풀이 ① 3문단의 "'온역(溫疫)'에 들어 있는 '온(溫)'은 이 병을 일으키는 계절적 원인을 가리킨다."를 통해 파악할 수 있는 정보이다.

③ 2문단의 "현재의 성홍열로 추정되는 '당독역(唐毒疫)'은 오랑캐처럼 사납고[唐], 독을 먹은 듯 고통스럽다[毒]는 의미가 들어가 있다."를 통해 파악할 수 있는 정보이다.

④ 3문단의 "'마진(痲疹)' 따위의 병명은 피부에 발진이 생기고 그 모양이 콩 또는 삼씨 모양인 것을 강조한 말이다."를 통해 파악할 수 있는 정보이다.

2025 출제 기조 반영 독해 PIN POINT　　p.152

01 ▶ ③

제시문에서는 '인지적 요소를 배제하고 감정적 요소만을 강조한다면 개별 정서의 차이를 구분하여 설명하지 못한다'라고 하였다. 따라서 감정 이론을 따르면 개별 정서의 차이를 구분하여 설명할 수 없다.

오답풀이 ① 인지주의적 이론은 '우리가 보편적으로 정서를 감정과 동일시하는 성향을 설명하기 어렵다'고 하였다. 반면 감정 이론은 정서를 감정적 요소와 동일시한다고 하였으므로, 감정과 정서를 동일시하는 보편적 성향을 설명하기에 적절하다.

② 감정 이론에서 정서는 자신도 모르게 생긴 느낌이라고 본다. 그러나 인지주의적 이론에서 정서란 판단이나 믿음에 근거한 것이다.

④ 정서가 당위적인 가치 기준에 부합하는지를 판단할 수 없는 것은 감정 이론의 한계이다. 인지주의적 이론은 판단과 믿음이 정서를 결정한다고 보며, 이러한 판단과 믿음에는 '당위적인 가치 기준이 개입될 수 있다'고 하였다.

DAY 11 내용 추론 부정 발문　　　　p.154

01 ▶ ③

'그의 발상 전환은 … 모든 모더니즘 회화의 기본 정신으로 이어졌다.'라는 서술로 보아 모더니즘 회화로의 이행은 마네의 예술적 실천을 수용하는 방향으로 이루어졌음을 추론할 수 있다. 따라서 마네의 예술적 실천에서 독립하는 방향으로 전개되었다고 보기 어렵다.

오답풀이 ① '르네상스 시대의 화가들은 현실에 존재하지 않는 이상적인 미를 구현하기 위하여 철저히 계산한 그림을 그렸다.'라는 서술로 보아 르네상스 화가들은 계산을 토대로 그림을 그렸음을 알 수 있다.

② '그는 단순함이 아름답다는 신념을 토대로 근대미술이 발전할 토대를 다졌으며'라는 서술로 보아 마네의 혁신이 후대 미술 사조의 발달에 영향을 주었음을 알 수 있다.

④ '2차원의 벽과 캔버스를 3차원 공간으로 만드는 원근법'이라는 서술로 보아 전통적 원근법은 입체감을 강조하는 것이었음을 추론할 수 있다.

02 ▶ ①

'우리나라 역시 반도체 수출에 크게 기대고 있기 때문에'라는 서술이 있기는 하지만 대한민국의 반도체 의존도가 다른 아시아 국가들과 비교할 때 상대적으로 낮다는 것은 언급되어 있지 않으므로 적절하지 않다.

오답풀이 ② '세계 경제와 반도체의 핵심은 미국, 대한민국, 일본, 대만의 칩4동맹이다.'라는 서술로 보아 적절하다.

③ '미래 사회는 반도체를 중심으로 작동할 것이다.'와 '시장점유율 1위인 대만은 TSMC를 중심으로 반도체 기술 개발에 박차를 가하고 있다.'라는 언급을 통해 시장점유율 1위인 대만이 해당 국가의 국제적 영향력 확대에 기여할 수 있을 것임을 예측할 수 있다.

④ '글로벌 경제는 저성장 시대로 진입하였고 각국은 과거 추구하던 세계화 대신, 보호무역과 민족주의를 내세우면서 빗장을 걸어잠그는 태세를 보인다.'라는 서술로 보아 적절한 선지임을 알 수 있다.

03 ▶ ①

본문에서 '아무리 좋은 살충제를 개발한다고 하더라도 부정적인 영향을 최소화하기 어렵고, 정부의 승인을 받기 위해 필요한 모든 절차를 따르는 데에도 매우 큰 비용이 들어간다.'라는 서술이 나온다. 이는 살충제 개발이 농업의 지속 가능성을 위한 경제적 부담을 가중시키고, 환경에 대한 부정적 영향을 최소화하기 어렵다는 점을 드러내므로 적절하지 않음을 알 수 있다.

오답풀이 ② 살충제 개발이 초반에는 주목받았으나 환경과 인간 건
강에 미치는 부작용이 있다는 연구가 등장하면서 살충제 개발이
유의미한 대안이 아니게 되었다. 따라서 살충제가 환경과 인간
건강에 미치는 부작용이 살충제 개발을 재평가하게 만들었다는
선지는 적절하다. 긍정적인 평가에서 부정적인 평가로 바뀌었기
때문이다.

③ 3문단의 '그래서 최근에는 해충을 관리하기 위한 다양한 접근법이
연구되고 있다.'와 '이러한 접근법은 환경에 미치는 부정적인 영
향을 줄이고, 장기적으로 지속 가능한 농업을 실현하는 데 중요
한 역할을 할 것이다.' 라는 정보를 통해 해충 관리 기법의 다양성
은 지속가능한 농업을 실현하는 핵심 역할을 하고 있음을 알 수
있다.

④ 본문에서 '생물학적 통제 기법의 개선이나 해충 저항성이 강화된
품종 개발과 같은 대안적인 방법들이 주목받는 추세'라고 하였으
므로 이 선지는 적절하다.

04 ▶ ①

'표면적인 원인은 오스트리아 황태자 암살 사건인데, 이 사건을 계기
로 오스트리아와 독일이 러시아를 상대로 선전포고했다.'라는 서술
로 볼 때 러시아가 참전한 이유는 황태자 암살 사건 때문임을 알 수
있다. 따라서 산업화 문제 때문에 러시아가 세계대전에 참전한 것이
라고 보기 어렵다. 주체 혼동의 오류로 '러시아'가 아닌 '독일'에 해당
하는 선지이다.

오답풀이 ② '일본이 제국주의를 확장하고자 전쟁에 뛰어들면서'를
통해 적절한 선지임을 알 수 있다.

③ '러시아가 전쟁에 휘말리자 … 동아시아에서는 일본이 제국주의
를 확장하고자 전쟁에 뛰어들었다'를 통해 각 국가의 이해관계가
복잡하게 얽혀있는 상황이 전쟁 확산에 영향을 주었음을 추론할
수 있다.

④ '독일이 전쟁을 원하고 있었다는 것이 세계대전의 본질적인 이유
다.'를 통해 적절한 선지임을 알 수 있다.

Chapter 12 ✎ 빈칸 추론

📖 STEP 01 단수 빈칸 추론　　　　　　　　p.160

01 ▶ ③

로빈 후드 이야기의 시대적 배경을 추측하는 빈칸이 뚫려 있으므로 이와 관련한 단서를 찾는 것이 중요하다. 로빈후드는 사슴 밀렵이 가능한 시기였으므로 사슴에 대한 밀렵을 금지하는 법이 있었던 11세기 후반으로 거슬러 올라가지 않는다고 하셨으므로 ①은 소거된다. 결정적인 단서는 제시문의 중간 부분에 '또한 이야기에서 ~ 로빈후드를 만났다고 하는 국왕 에드워드는 1307년에 즉위하여 20년간 재위한 2세일 가능성이 있다.'라는 단서를 통해 로빈후드의 이야기의 시대적 배경은 '1307-1327,8' 정도이므로 14세기 전반임을 알 수 있다.

2025 출제 기조 반영 독해 **PIN POINT**

STEP 02 복수 빈칸 추론　　　　　　　　p.162

01 ▶ ④

이 글은 소득이 증가함에 따라 자동차 보급률이 높아졌고, 이것이 도시문제의 원인이 됨을 이야기하고 있다. (가) 뒤의 '자동차를 사용하지 않도록 사람들을 설득하는 것이 도시 관리자와 계획가들에게 주요한 과제로 부상'한다는 표현으로 보아, '자동차 사용을 억제'가 빈칸에 들어갈 말로 적절함을 알 수 있다.
(나)에도 자동차를 사용하지 않도록 사람들을 설득할 방안이 나와야 한다. (나)에는 '하지만' 뒤에 언급된 '자동차 사용 비용을 증가시키거나, 규제를 통해 자동차 사용을 제한하는' 직접적인 방안 이외의 것이 들어가야 하므로 '대안적인 교통수단의 질을 높이는 것'이 빈칸에 들어가는 것이 옳다.

[오답풀이] (가)에 '자동차 기술을 혁신'이 들어가면 자동차 사용률이 증가될 수 있으므로 적절하지 않다.
(나)에서 '자동차 운영에 세금을 부과하는 것'은 자동차 수요를 억제하는 직접적인 방안에 해당하므로 적절하지 않다.

📅 DAY 12 빈칸 추론　　　　　　　　p.164

01 ▶ ②

'프랑스 국민에게 그들 자신과도 같은 포도주가 보이지 않는다는 사실은 참을 수 없는 일이었다.'를 통해 빈칸에 들어갈 내용은 '결국 포도주란 자신들의 정체성을 나타내는 상징과도 같다.'임을 추론할 수 있다.

[오답풀이] ① '심리적으로 불안할 때나 육체적으로 힘든 그 어느 경우에도 프랑스인들은 포도주가 절실하다고 느낀다.'라는 내용을 통해 포도주가 심신을 치유하는 물질임을 알 수 있다. 하지만 매우 거룩하고 성스럽다는 뜻을 가진 '신성한' 물질임을 알 수 있는 내용은 나오지 않으므로 적절하지 않다.
③ 포도주를 중시하는 것은 알 수 있으나 포도주가 국가의 주요 행사에서 가장 주목받는 음료라는 내용은 언급도 안 되므로 적절하지 않다.
④ '포도주는 계절에 따른 어떤 날씨에도 분위기를 고양시킬 수 있어'라는 내용은 나오나 이것이 빈칸에 나오기에는 제시문의 내용을 포괄하는 내용이 아니므로 적절하지 않다.

02 ▶ ④

지문에서는 광합성의 효율이 빛의 세기와 이산화탄소 농도에 비례한다고 설명하고 있다. 즉, 빛이 강하고 이산화탄소 농도가 높을수록 광합성 속도가 증가함을 의미하므로 적절하다.

[오답풀이] ① 지문에서 광합성 속도가 식물의 종류와 환경 조건에 따라 달라진다고 설명하고 있으므로 적절하지 않다.
② 지문에서는 빛의 세기와 이산화탄소 농도가 높을수록 광합성 속도가 증가한다고 설명하고 있으므로 적절하지 않다.
③ 지문에서 C4 식물과 C3 식물의 광합성 조건 차이를 설명하면서 'C3 식물은 상대적으로 낮은 온도에서 최적의 광합성 속도를 보인다'고 하였으므로 적절하지 않다.

03 ▶ ①

지문에서는 "따라서 AI가 계약을 체결하거나 재산을 소유하는 독립적인 법적 주체가 되어야 한다는 주장이 제기된다."라고 언급되어 있다. 그 뒤에 이에 대한 반론이 제기되므로 ㉠에는 AI에 법적 인격을 부여할 경우에 나타나게 될 부작용이 들어가는 것이 적절하다. 이러한 맥락에서 AI에 법적 인격을 부여할 경우 기업이 법적 책임을 회피하는 수단으로 악용할 가능성이 있다는 내용이 가장 적절하므로 ①이 정답이다.

오답풀이 ② 지문에서는 AI에 법적 인격을 부여할 경우 인간의 지위가 위협받는다는 내용이나 인간 중심의 법체계 유지에 대한 언급이 없으므로 적절하지 않다.
③ 지문에서는 AI에 법적 지위를 부여하는 것과 기술 발전 저해나 산업 경쟁력 약화의 연관성을 언급하지 않았으므로 적절하지 않다.
④ 지문에서는 AI의 법인격과 기본권이나 사회적 통합에 대한 내용을 다루고 있지 않으며, 오히려 AI에 법인격을 부여하는 것의 문제점을 지적하고 있으므로 적절하지 않다.

04 ▶ ③

(가)의 경우, 본문에서는 '현실에서는 (가)에 의해 실질적인 정치적 평등이 훼손되는 경우가 많다.'라고 설명하면서, 경제적 불평등이 정치적 불평등으로 이어지는 과정을 서술하고 있다. 특히, '경제적 자원이 정치적 영향력으로 전환'되는 구조적 문제가 강조되고 있으며, 이는 정치 과정에서 부유층이 강한 영향력을 행사하는 원인으로 작용한다. 따라서 '경제적 자원이 정치적 영향력으로 전환되는 구조적 불균형'이 가장 적절한 선택지이다. 반면, '정치적 의사 결정 과정에서 개인의 이념이 배제되는 구조'는 본문에서 논의된 경제적 요인과 연결성이 부족하며, 이념 배제 문제는 경제적 불평등과 직접적인 연관이 없다. 따라서 (가)에 들어갈 내용으로 적절하지 않다.
(나)의 경우, 본문에서는 '이는 (나) 문제를 완화하고 다양한 계층이 정치 과정에 참여할 수 있도록 유도하는 방안으로 평가된다.'라고 설명하고 있으며, 이어서 경제적 불평등으로 인해 정치 자금이 소수 부유층에게 집중되는 문제를 해결하려는 정책적 개입을 강조하고 있다. 이는 특정 계층이 과도한 정치적 영향력을 행사하는 현상과 연관되므로, '선거에서 특정 계층의 정치적 영향력이 과도하게 확대되는 현상'이 가장 적절한 선택지이다. 반면, '정책 결정 과정에서 정당이 아닌 시민 단체의 영향력이 커지는 문제'는 본문에서 다루고 있는 경제적 불평등과 정치적 불균형의 맥락과는 거리가 있으며, 정치 자금 불균형이 아니라 시민 단체의 영향력 증대 문제를 의미하므로 적절하지 않다.

강화 약화 추론

Chapter 13 밑줄 강화 약화

STEP 01 밑줄 강화 약화   p.170

01 ▶ ②

글의 논지의 핵심은 제시문의 "문제를 해결하기 위해서는, 단기간에 교사의 수를 늘리거나 교사의 연봉을 인상하기보다는 도시 이외의 지역에서 근무할 수 있는 충분한 교육 환경과 사회 기반 시설을 확보하는 것이 급선무이다."이다. 즉, 문제를 해결하기 위해서는 '교육 환경과 사회 기반 시설'을 확보하는 것이다. 이를 잘 충족한 선지가 'A 국에서 도시 이외의 지역에 근무하던 사회 초년생들이 연봉을 낮추어서라도 도시로 이직한 주된 이유는 교통 시설의 부족으로 밝혀졌다.'이다. A국에서 '교통 시설이 부족'하다는 것은 사회 기반 시설을 확보하는 것이 중요하다는 것이기 때문에 이는 다음 글의 논지를 강화하는 것으로 적절하다.

[오답풀이] ① 반대의 오류이다. 제시문에서는 '교육 환경'을 충분하게 확보하는 것이 중요하다고 하였는데 이 선지는 A국의 '교육환경'이 도시의 교육 환경과 별 차이가 없다고 하고 있다. 이는 '교육 환경'을 충분하게 확보하는 것이 그다지 중요하지 않음을 보여주고 있는 사례이므로 글의 논지에 반하는 약화하는 사례이다.

③ 반대의 오류이다. 제시문에서는 '교사의 연봉'을 인상하는 것이 그다지 효과가 없다고 언급하였지만 이 사례에서는 교사 연봉을 인상하자 긍정적 도시 이외 지역의 학생 1인당 교사 비율이 크게 증가했다고 하고 있다. 이는 교사의 연봉을 인상하는 것이 효과가 있다고 보는 사례이므로 글의 논지에 반하는 약화하는 사례이다.

④ 반대의 오류이다. 제시문에서는 '교사 양성 프로그램'을 확대하는 것이 근본적인 해결책이 되기 어렵다고 언급하였지만 이 사례에서는 '교사 양성 프로그램'을 확대하자 도시 이외 지역의 교사의 수가 크게 증가했다고 하고 있다. 이는 '교사 양성 프로그램'을 확대하는 것이 효과가 있다고 보는 사례이므로 글의 논지에 반하는 약화하는 사례이다.

2025 출제 기조 반영 독해 PIN POINT   p.172

01 ▶ ④

밑줄 친 (가)를 강화하는 사례를 확인하기 위해서 꼭 봐야 할 핵심 정보는 제시문의 "한 번도 패러다임을 정립하지 못해 전정상과학 시기에 머물러 있는 과학 분야는 과학자 모두가 제각기 연구 활동을 한다. 과학의 발전 단계상 성숙한 수준에 도달하지 못한 것이다."이다. (가)에서 일부 사회과학 분야는 과학의 발전 단계상 아직도 성숙한

수준에 도달하지 못했다고 했으므로 이를 강화하는 선지는 '패러다임이 정립된 적이 없고 과학자들의 연구 방향 및 평가 기준이 서로 다른 사회과학 분야가 있다.'가 적절하다.

> Day 13 해설 영상은 '만점 출좋포 문제 훈련' 강의에서 꼭 해설 강의를 참고해 주세요.

DAY 13 밑줄 강화 약화   p.174

01 ▶ ④

④는 글로벌 식량 공급망의 불안정성을 강조하면서, 자국 내 식량 자급률을 높이는 것이 필수적이라는 주장을 뒷받침한다. 이는 농업 보조금 확대와 농지 보호 정책이 필요하다는 입장을 강화하는 것이므로 ④는 ㉠을 강화하는 선지로 적절하다.

[오답풀이] ① 농업 보조금 확대가 오히려 농업 생산성에 부정적인 영향을 미쳤다는 통계자료를 제시하는 것은 농업 보조금 반대 근거가 되므로 ㉠을 약화하는 선지이다.

② 농업 보조금이 비효율적인 경작 방식을 유지하게 만들어 자원의 낭비와 시장 왜곡을 초래할 수 있다는 비판에 해당하는 것이다. 따라서 농업 보조금 정책의 비효율성을 강조하는 근거라고 볼 수 있으므로 ㉠을 약화하는 선지이다.

③ 농업 보조금 정책의 부작용을 강조하므로 이는 ㉠을 약화하는 선지이다.

02 ▶ ②

외국인 도우미를 도입한 홍콩과 싱가포르에서 가사도우미 비용이 절감되었고, 이로 인해 출산율이 소폭 상승한 사례는 외국인 돌봄 도우미에게 차등 임금을 적용해야 한다는 주장을 강화하는 적절한 근거이다. 이 사례는 차등 임금 적용이 경제적 비용 절감과 저출산 문제 해결에 긍정적인 영향을 미쳤음을 보여주므로 ㉠을 강화하는 근거이다.

[오답풀이] ① 외국인 도우미의 임금을 제도적으로 낮추게 되면 차별을 용인하는 것이라는 비판은 차등 임금 적용을 반대하는 근거로 보는 것이 적절하다. 이는 ㉠을 약화하는 근거이다.

③ 외국인 도우미에 차등 임금을 적용한 국가에서 돌봄 인력의 질이 떨어졌다는 연구 결과는 차등 임금 적용이 부정적인 결과를 초래할 수 있음을 시사하므로 이는 ㉠을 약화하는 근거이다.

④ 싱가포르의 외국인 가사도우미 정책 사례에서, 차등 임금을 적용했지만 현지인과의 갈등이라는 부작용이 초래되었으므로 이는 ㉠을 약화하는 근거이다.

03 ▶ ④

고령 운전자의 사고 비율이 지속적으로 증가하고 있으며, 특히 고령자에 의한 대형 사고가 자주 발생하고 있다는 통계는 운전면허 제한의 필요성을 주장하는 측의 입장을 강화하는 적절한 근거이다. 이러한 통계는 고령 운전자들이 교통사고를 일으킬 위험이 크다는 점을 명확히 보여주며, 운전면허 제한의 필요성을 뒷받침한다.

오답풀이 ① 자율주행 기술의 발전으로 고령 운전자의 교통사고 발생률이 감소하고 있다는 연구 결과는 운전면허 제한의 필요성을 약화하는 근거이다.

② 고령 운전자가 운전면허를 반납할 경우 인센티브를 제공한 일본의 사례는 고령 운전자의 운전 면허 제한을 효과적으로 하기 위한 해결방안에 해당될 뿐이므로 ㉠을 강화하는 사례로 적절하지 않다. ㉠과는 무관한 사례로 볼 수 있다.

③ 신체 건강이 좋은 고령 운전자의 사고 발생 비율이 낮다는 연구 결과는 운전면허 제한의 필요성을 약화하는 근거이다.

04 ▶ ②

사회 구조의 변동이 상호작용과 협의를 통한 점진적인 변화로 이루어진다는 연구는 사회 변동이 갈등보다는 협력과 합의에 의해 발생한다는 점을 강조하는 것이다. 따라서 이는 사회 변동을 갈등과 권력 투쟁의 결과로 보는 갈등론자의 입장을 약화하는 근거이다.

오답풀이 ① 사회적 갈등으로 경제적 불평등이 심화되 특정 계층이 사회적 규범을 독점적으로 형성한다면 이는 갈등이 사회적 변화를 초래한다고 보는 입장으로, 갈등론자의 입장을 강화한다.

③ 상징적 상호작용이 개인 간의 관계에서만 영향을 미치며, 사회적 구조 전체에 큰 변화를 가져오지 못한다는 연구 결과가 발표되었다는 사례는 상징적 상호작용론의 한계를 지적하는 것일 뿐이므로, 갈등론자의 입장을 약화하지 않는다.

④ 대기업의 시장 지배력이 강화되면서 중소기업들이 점차 시장에서 배제되고 있다는 사례는 경제적 불평등과 권력 투쟁이 사회 구조를 형성한다는 것이므로 갈등론자의 입장을 강화한다.

Chapter 14 일반 강화 약화

STEP 01 일반 강화 약화　　　　　　　　　p.178

01 ④

대안복지론자는 '단순히 현금을 지급하는 것으로는 근본적인 사회적 관계망이 강화되지 않으며', '공공 일자리 보장이나 사회서비스 확대로 사회적 연대를 높이는 편이 현금 지급 위주의 정책보다 바람직하다'고 주장한다. 공공 일자리 사업이 지역 공동체 의식을 높였다는 증거는 현금 지급보다 공공 일자리가 사회적 관계 형성에 효과적이라는 주장을 뒷받침하므로, 대안복지론자를 강화하는 근거로 적절하다.

오답풀이 ① 무관의 오류이다. 전면도입 옹호론자는 기본소득이 생계 보장과 창의적 활동 증진에 기여한다고 보는 입장이다. 전자기기 사용 시간 증가는 전면도입 옹호론자의 주장과 직접적 관련이 없으므로 강화나 약화의 근거가 될 수 없다.

② 반대의 오류이다. 재정효율 회의론자는 재정 부담과 노동 의욕 저하를 우려하는 입장이다. 그런데 해당 사례에서는 기본 소득 지급에도 불구하고 근로 참여율이 유지된다고 보고 있다. 이는 노동 의욕이 저하되지 않고 있음을 의미하므로 재정효율 회의론자를 약화하는 사례에 해당된다.

③ 반대의 오류이다. 단계도입론자는 재정 상황을 고려한 단계적 도입을 주장한다. 재정 건전성이 개선되었다는 것은 이러한 입장을 약화하는 것이 아니라 오히려 강화하는 근거가 되므로, '약화한다'는 설명은 적절하지 않다.

2025 출제 기조 반영 독해 **PIN POINT**　p.180

01 ▶ ④

달러 패권을 우려하는 입장을 지닌 리카스는 "그는 여러 국가들이 탈달러 움직임을 보이고 있으며"라고 주장하지만 이 사례에서는 많은 국가들이 달러를 국제 거래의 기본 통화로 유지하고 있다고 하고 있으므로 이는 달러 패권을 우려하는 입장을 약화하는 사례로 적절하다.

오답풀이 ① 반대의 오류이다. 미국의 재정적 불안정성이 심화되고 있다는 것은 달러 패권을 지지하는 사람들이 주장하는 '달러의 효용성과 안정성'에 문제가 생겼음을 의미하는 것이다. 따라서 미국의 재정적 불안정성 심화는 달러 패권을 지지하는 입장을 약화하는 근거가 된다.

② 반대의 오류이다. 크루그먼은 '달러의 효용성과 안정성은 다른 통화가 쉽게 따라잡기 어려운 장점을 가지고 있다.'라고 주장하였다. 따라서 이는 달러 패권을 지지하는 입장을 강화하는 것이지, 약화하지 않는다.

③ 무관의 오류이다. 달러 패권을 우려하는 제임스 리카스와 같은 경제학자는 금과 같은 대체 자산이 주목받고 있으며, 디지털 화폐와 블록체인 기술의 발전으로 달러의 지위가 더욱 위태로워질 수 있다고 경고하고 있다. 하지만 '중국 위안화'에 대해서는 언급이 없기 때문에 이는 달러 패권을 우려하는 입장을 강화하지도 약화하지도 않는다.

DAY 14 일반 강화 약화　　p.182

01 ▶ ④

2문단의 '앳킨슨은 스톤헨지를 세운 사람들을 '야만인'으로 묘사하면서, ㉡ 이들은 호킨스의 주장과 달리 과학적 사고를 할 줄 모른다고 주장했다'을 통해 앳킨슨은 기원전 3,000년경의 스톤헨지를 세운 사람들을 과학적 사고를 할 줄 모르는 야만인이라고 생각했음을 알 수 있다. 이런 상황에서 기원전 3,000년경 인류에게 천문학 지식이 있었다는 증거가 나온다면 앳킨슨의 주장은 약화될 것이다.

[오답풀이] ① '제사'에 관련된 것 자체가 제시문에 언급되지 않았으므로 무관의 오류에 해당한다.

② 1문단의 '1960년대에 천문학자 호일이 스톤헨지가 일종의 연산장치라는 주장을 하였고'를 통해 호일은 스톤헨지가 계산 장치라고 보았으므로 스톤헨지 건설 당시의 사람들이 숫자를 사용하였다는 증거가 발견되면 오히려 호일의 주장이 강화되었을 것이므로 이 선지는 옳지 않다.

③ 3문단의 ' 하지만 스톤헨지의 건설자들이 포괄적인 의미에서 현대인과 같은 지능을 가졌다고 해도 과학적 사고와 기술적 지식을 가지지는 못했다.'를 통해 스톤헨지의 건설자들이 과학적 사고는 가지지 못했을 거라고 생각하고 있다. 따라서 스톤헨지의 유적지에서 수학과 과학에 관련된 신석기시대 기록물이 발견되면 글쓴이의 주장은 약화될 것이므로 이 선택지는 옳지 않다.

02 ▶ ②

사회구성론은 기술이 사회적, 문화적, 경제적 맥락에 의해 발전한다고 주장한다. 화석 연료 사용으로 인한 대기 오염과 기후 변화에 대한 우려 증가로 인해 기술이 발전한 것이다. 따라서 이는 사회구성론을 강화하는 사례이므로 적절하다.

[오답풀이] ① 반대의 오류이다. 기술결정론은 기술 발전이 사회 변화의 주요 동력임을 주장한다. 증기기관이 18~19세기 산업혁명 시기에 주요 동력으로 사용된 것은 새로운 기술이 도입된 것이다. 또 이를 통해 생산 방식과 경제 구조를 혁신적으로 변화시켰다는 것은 새로운 기술 도입 후 사회적 변화가 급격하게 일어났다는 증거이므로 기술결정론을 강화하는 사례라고 보는 것이 적절하다.

③ 무관의 오류이다. 주로 방위 산업체와 정부의 이해관계에 따라 군사 기술(예: 드론, 미사일 시스템, 사이버 무기)이 발전됐다는 것은 사회구성론의 입장에 가까우므로 기술 결정론을 강화하는 사례가 아니므로 적절하지 않다.

④ 무관의 오류이다. QR 코드(Quick Response Code)는 1994년 일본에서 처음 개발되었지만, 초기 도입 당시에는 대중적으로 사용되지 않았다는 것은 그 이유가 따로 밝혀지지 않았다. 즉, 기술이

사회적, 문화적, 경제적 맥락 속에서 구성된다는 맥락이 따로 언급되지 않았으므로 사회구성론을 약화하는 근거가 되기는 어렵다.

03 ▶ ②

반대의 오류이다. 칸트는 "인간을 수단이 아닌 목적으로 대우해야 한다"는 인간 존엄성의 원칙을 제시하였다. 따라서 인간을 수단이 아닌 목적으로 대우하는 기업이 더 높은 직원 만족도와 윤리적 평판을 얻는다는 사례가 증가하면, 이는 칸트의 주장을 강화하는 것이므로 약화한다는 것은 적절하지 한다.

[오답풀이] ① 칸트는 '도덕적 행위가 그 결과가 아닌, 행위 자체의 의도와 원칙에 따라 평가되어야 한다'고 주장하였다. 따라서 원칙에 따른 도덕적 행위가 사회적 신뢰와 도덕성을 증진시킨다는 연구 결과는 칸트의 주장을 강화한다.

③ 벤담은 '행위의 도덕성을 그 결과, 즉 최대 다수의 최대 행복을 기준으로 평가해야 한다'고 보았다. 따라서 공리주의적 접근이 사회 전체의 행복을 증진시키는 데 효과적이라는 연구 결과는 벤담의 주장을 강화한다.

④ 벤담의 공리주의는 개인의 행복 뿐만 아니라 사회 전체의 행복을 증진시키는 데 중점을 두었다. 따라서 공리주의적 접근이 장기적으로 사회적 불평등과 불만을 초래할 수 있다는 사례는 벤담의 주장을 약화한다.

04 ▶ ①

인지주의 심리학자들은 '개인이 기존 지식을 새롭게 재구성하고 조합하는 과정에서 창의적 산물이 나온다'고 주장한다. 해당 사례에서 아동들은 이미 배운 기존의 내용들을 재구성하여 창의적인 예술 작품을 만든 것이므로 이는 인지주의 심리학자들의 주장을 강화하는 사례로 적절하다.

[오답풀이] ② 무관의 오류이다. 신경과학자들은 '창의적 과정에서 나타나는 뇌의 활성화 패턴'을 연구한다. '창의적인 사람들의 뇌 활성화 패턴이 일반인들과 유사하다'는 실험 결과는 창의성과 뇌 활동의 차이를 밝히고자 하는 신경과학자들의 연구 목적과 직접적인 관련이 없다. 따라서 이는 강화나 약화를 판단할 수 없다.

③ 반대의 오류이다. 사회적 관점을 지지하는 연구자들은 '창의적 사고가 문화적 맥락 속에서만 이해될 수 있다'고 주장한다. '다양한 문화권에서 창의성의 기준이 서로 다르게 나타난다'는 연구 결과는 문화적 맥락에 따라 창의적 사고가 다르게 나타남을 보여주므로 오히려 이들의 주장을 강화하는 증거가 된다.

④ 무관의 오류이다. 체계모델 지지자들은 '개인의 능력, 전문 분야의 특성, 사회적 평가가 상호작용'한다고 주장한다. '전문가 집단의 평가 기준이 시대에 따라 변화한다'는 증거는 평가 기준의 변화만을 보여줄 뿐, 이러한 요소들의 상호작용을 보여주지는 않는다. 따라서 이는 강화나 약화를 판단할 수 없다.

Chapter 15 ✏️ <보기> 강화 약화

01 ▶ ②

'㉠ 주장'에서 말하고자 하는 핵심은 '혈거와 소거가 기후에 따라 다른 자연환경에 적응해 발생했다는 것'이다. 따라서 ㉠을 강화하려면 기후에 따라 다른 자연 환경에 적응한 사례가 와야 한다. ㄱ에서 '우기' '비'라는 기후에 따라 '산간'이라는 자연환경에 따라 고상식 주거 건축 유물만 발견되었으므로 이는 ㉠을 강화하는 사례이다. ㄷ에서 '여름', '겨울'이라는 기후에 따라 고상식, 움집형 건축물이 발견된 것이므로 이는 ㉠을 강화하는 사례이다.

[오답풀이] ㄴ에는 기후에 따른 자연 환경에 대한 내용이 나오지 않으므로 ㄱ을 강화한다고 보기 어렵다.

2025 출제 기조 반영 독해 PIN POINT 　p.188

01 ▶ ④

'㉠ 사피어-워프 가설'은 제시문에 '특정 현상과 관련한 단어가 많을수록 해당 언어권의 화자들은 그 현상에 대해 심도 있게 경험하는 것이다. 언어가 의식을, 사고와 세계관을 결정한다.'는 것이다. 즉, 단어의 개수가 많으면 현상을 심도 있게 경험하고 반대로 단어의 개수가 적으면 현상을 단순하게 경험하는 비례의 관계임을 알 수 있다. 이에 따라 보았을 때 'ㄱ, ㄴ, ㄷ'은 옳은 평가임을 알 수 있다.

ㄱ. '㉠ 사피어-워프 가설'에 따르면 눈[雪]을 가리키는 단어를 4개 지니고 있는 이누이트족이 1개 지니고 있는 영어 화자들보다 눈을 넓고 섬세하게 경험한다는 것은 '㉠ 사피어-워프 가설'을 강화한다.

ㄴ. 수를 세는 단어가 '하나', '둘', '많다' 3개뿐인 피라하족의 사람들이 세 개 이상의 대상을 모두 '많다'고 인식하는 것은 단어의 개수가 적으니 현상을 단순하게 인식하는 것이므로 단어가 적을수록 현상을 단순하게 경험한다는 '㉠ 사피어-워프 가설'을 강화한다.

ㄷ. 색채 어휘가 적은 자연언어 화자들이 색채 어휘가 많은 자연언어 화자들에 비해 색채를 구별하는 능력이 뛰어나다는 것은 어휘가 적을수록 대상을 인식하는 능력이 더 떨어진다는 '㉠ 사피어-워프 가설'과 반대되는 사례이므로 '㉠ 사피어-워프 가설'을 약화한다.

---

01 ▶ ④

㉠은 모국어에 내재된 음악적 개념에 다라 음악을 다르게 해석하고 경험한다는 것으로 모국어의 음악 용어가 풍부할수록 음악을 더 깊이 이해하고 느낄 수 있다는 것을 의미한다.

ㄱ. 다양한 리듬을 구분하는 단어를 많이 가진 브라질 포르투갈어 화자들이 기본 리듬 구분 단어만 있는 영어 화자들보다 리듬을 섬세하게 경험한다는 것은 모국어의 음악 용어가 풍부할수록 음악을 더 깊이 이해하는 사례이므로 이 사례는 ㉠을 강화한다.

ㄴ. 음정을 세밀하게 구분하는 단어가 '높다', '낮다' 두 개뿐인 어떤 부족의 사람들이 세 개 이상의 음정을 모두 '높다' 또는 '낮다'로 인식하는 것은 모국어의 음악 용어가 한정적이라 음정을 매우 한정적으로 이해하는 사례이므로 이 사례는 ㉠을 강화한다.

ㄷ. 음악 용어가 거의 없는 원시 언어 화자들이 음악 용어가 많은 언어 화자들에 비해 음악의 조화를 구분하는 능력이 뛰어난 것은 모국어에 음악 용어가 부족함에도 불구하고 음악에 대한 이해가 높은 사례이므로 이 사례는 ㉠을 약화한다.

02 ▶ ②

던바의 수 이론은 인간이 맺을 수 있는 사회적 관계의 최대 수가 약 150명이며, 이는 생물학적 요인(뇌 크기)과 관련이 있다는 주장이다. 즉, 150명을 초과하면 관계의 밀도가 낮아지고, 소통이 비효율적이 된다는 점이 핵심이다. 따라서 ㉠을 평가하는 기준은 '사회적 관계에 생물학적 한계가 존재하는가'이다.

ㄱ. 던바의 수는 인간이 실질적으로 유지할 수 있는 관계의 수가 제한적(약 150명)이라는 점을 강조한다. 이 사례는 온라인 친구 수가 많더라도 실질적으로 유지하는 관계는 150명 이하인 것을 보여주므로, ㉠을 강화하는 사례이다.

ㄴ. 던바의 수 이론에 따르면, 150명을 초과하는 집단에서는 관계의 밀도가 낮아지고 효율성이 떨어져야 한다. 하지만 이 사례에서는 150명을 초과한 집단에서도 관계가 원활하게 유지되었으므로, ㉠을 약화하는 사례이다.

[오답풀이] ㄷ. 던바의 수 이론은 인간의 생물학적 한계로 인해 150명을 넘으면 관계의 밀도가 낮아지고 소통이 비효율적으로 변한다고 주장한다. 그러나 이 사례에서는 '근무 공간의 분산'으로 인해 일의 성공률이 떨어졌다고 하였으므로 인간의 생물학적 한계가 일의 성공률에 영향을 미쳤는지의 여부는 알 수 없다. 따라서 이 사례는 ㉠을 강화하지도, 약화하지도 못하는 사례이다.

03 ▶ ①

ㄱ. 아리스토텔레스는 예술이 인간의 감정과 경험을 표현하고, 이를 통해 사람들에게 깊은 정서적 경험과 도덕적 교훈을 전달할 수 있다고 보았다. 따라서 아리스토텔레스의 입장을 강화하는 것으로 적절하다.

[오답풀이] ㄴ. 반대의 오류이다. 아리스토텔레스는 예술이 카타르시스를 통해 사람들의 감정을 정화하고 도덕적 교훈을 전달한다고 보았다. 따라서 감정을 정화하지 못하고 불안과 두려움을 조장한 사례는 아리스토텔레스의 입장을 약화하는 것으로 보아야 한다.

ㄷ. 무관의 오류이다. 아리스토텔레스는 예술은 모방이라고 하였으며 예술의 장점으로 '감정 표현, 카타르시스, 도덕적 교훈, 사회적 유익성'을 들었다. 하지만 제시문 어디에서도 '부조리한 사회 현실을 효과적으로 폭로할 수 있다'는 내용은 없기 때문에 이는 ㉠의 입장과 무관하다. 따라서 ㉠을 강화하지도 약화하지도 않는 사례이다.

04 ▶ ③

ㄴ. 온라인 학습이 시공간적 자율성을 높여 결과적으로 학습 효율성을 높인다는 연구 결과는 온라인 학습이 시간과 장소에 구애받지 않고 학습할 수 있어 학습 효율성을 극대화한다고 주장하는 ㉠을 강화한다.

ㄷ. 온라인 학습이 학생들의 집중력을 감퇴시켜 장기적으로 학업 성취도에 부정적인 영향을 미친다는 연구 결과는 온라인 학습이 학생들의 자기 주도 학습 능력, 학습 참여도를 높이고 개인 맞춤형 학습을 가능하게 하여 교육 효과를 높일 수 있다고 주장하는 ㉠을 약화한다.

[오답풀이] ㄱ. 이 연구는 온라인 학습을 통해 학습을 한 학생들이 전통적인 교실 학습을 한 학생들에 비해 학업 성취도가 더 좋다는 주장을 하고 있다. 사회적인 의사소통 역량에 대해서는 알 수 없으므로 ㄱ은 ㉠을 강화하지도, 약화하지도 못한다.

정답 및 해설

Chapter 16 순서 배열

2025 출제 기조 반영 독해 PIN POINT

STEP 01 순서 배열 　　　　　　　　　　　p.200

01 ▶ ②

(나)에서 '롤러블 TV'에 대해 설명하면서 "기존에 우리가 생각하는 텔레비전 화면이나 모니터는 평평하고 딱딱한 것인데, 어떻게 접거나 말 수 있을까?"라고 언급하고 있다. 그리고 어떻게 접고 말 수 있는 원리를 (가)에서 이어서 설명하고 있다. 이를 지시어 '그 원리'가 받고 있는 것이다. (가)에서는 LCD와 OLED의 차이를 이해해야 한다고 하며 LCD는 스스로 빛을 내지 못한다는 것이라고 언급하고 있다. 그리고 (라)에서 '반면'이라는 반대의 내용을 전개하며 LCD와는 다르게 OLED는 스스로 빛을 낼 수 있음을 언급하고 있다. (라)에 언급된 '특수 유리나 플라스틱'이라는 단어가 (다)에서 그대로 반복되며 (라)의 내용을 (다)에서 구체화하고 있다. 따라서 적절한 순서 배열은 '(나)-(가)-(라)-(다)'이다.

02 ▶ ②

처음에는 북방에 사는 매에 대한 특성과 그 인기를 서술하고 있으므로 뒤에는 '북방의 매'에 대한 설명이 오는 것이 적절하다. (나)에는 '북방'과 '매'라는 단어가 바로 반복되므로 (나)가 맨 처음에 오는 것이 적절하다. (나)에서는 한반도와 일본의 교역에서 매가 중요한 물품이었으나 임진왜란으로 조선과 일본의 교류가 '단절'되었음을 서술하고 있다. (가)에서는 (나)에 언급된 '단절'이라는 단어가 바로 반복되므로 (나) 다음에는 (가)가 와야 한다. (가)에 있는 '대마도'라는 단어가 (다)에 반복되므로 (가) 다음에는 (다)가 와야 한다.

> Day 16 해설 영상은 '만점 출종포 문제 훈련' 강의에서 꼭 해설 강의를 참고해 주세요.

DAY 16 순서 배열 　　　　　　　　　　　p.204

01 ▶ ②

(나)는 현대 물리학에서 시간이 절대적인 개념이 아니라는 점을 아인슈타인의 상대성 이론을 통해 설명하므로 도입부로 보는 것이 옳다. (나) 뒤의 (마)는 시간의 상대성을 잘 드러내는 사고 실험인 쌍둥이 역설을 제시한 것이므로 (나)의 내용을 구체적인 예시로 이어가는 부분이라고 볼 수 있다. 그 (마) 뒤의 (가)는 설명된 시간의 상대

성을 더욱 명확히 보여주는 부분이다. (가) 뒤의 (라)는 이러한 이론들이 우리의 직관적인 시간 감각과 다르다는 관점을 언급하고 (라) 뒤의 (다)는 '또한'으로 양자역학에서 시간의 방향성을 다르게 해석하는 관점을 언급하므로 (라) 뒤에 (다)가 오는 것이 적절하다. 따라서 (나)-(마)-(가)-(라)-(다) 순서가 옳다.

02 ▶ ②

선지는 ㄷ으로 시작하는 것과 ㄹ으로 시작하는 것이 있다. ㄷ은 과거 독서의 의미에 대한 문장이며, ㄹ은 독서가 저자 중심에서 독자 중심의 활동으로 변화했다는 내용의 문장이다. ㄹ이 먼저 올 경우, 그 뒤는 ㄴ 또는 ㄷ이 오게 된다. 그런데 ㄴ이 ㄹ 뒤에 올 경우, 독자가 저자의 지식이나 사고를 수동적으로 수용하는 존재라는 내용의 ㄴ에서 '이러한 독서 활동'이 ㄹ의 '독자 중심의 활동'을 가리키게 되므로 자연스럽지 않다. ④번 선지의 배치를 따를 경우, 독자가 주체적이라는 내용의 ㅁ 뒤에 이와 같은 입장의 ㄱ이 '그러나'로 시작하며 오는 것도 적절하지 않다. 글을 ㄷ으로 시작할 경우, 독자가 정보를 수동적으로 수용하는 입장으로 보는 ㄴ이 먼저 온 뒤 역접 표현인 '그러나'로 독자의 주체적 지위에 대해 언급하는 ㄱ이 오는 것이 더 자연스럽다. 따라서 ②번 선지의 순서대로 'ㄷ-ㄴ-ㄱ-ㅁ-ㄹ'로 전개되는 것이 가장 적절하다.

03 ▶ ②

(가)는 프레임의 개념과 이중 프레이밍의 정의를 소개하고 있어 글의 도입부로 적합하다. (다)는 이차 프레임의 첫 번째 기능인 '시선 유도 기능'에 대해 설명하고 있으므로 (가)에서 제시한 개념에 대한 첫 번째 기능을 설명하는 것으로 (가) 다음에 오는 것이 자연스럽다. (나)는 '다음으로'라는 표현이 생략되었지만 이차 프레임의 두 번째 기능을 설명하고 있으므로 (다) 다음에 위치하는 것이 적절하다. (라)에서 지시어 '이'는 (나)의 '이차 프레임은 시각적으로 내부 대상을 외부와 분리한다.'를 가리키는 것이므로 (나) 다음에 (라)가 와야 한다. 따라서 (가)-(다)-(나)-(라) 순서가 옳다.

04 ▶ ①

선지를 통해 첫 번째로 올 문단은 ㉡임을 알 수 있다. 그리고 선지를 통해 ㉠ 혹은 ㉢이 올 수 있음을 알 수 있다. 그런데 ㉢을 보면 ㉢이 ㉠보다 먼저 오기는 힘듦을 알 수 있다. ㉢이 ㉠을 부연 설명하는 내용이기 때문이다, '이러한 주장'은 ㉠을 가리키는 것이므로 '㉠ - ㉢'이 와야 함을 알 수 있다. 마지막으로 일반적 내용인 ㉢의 예외적인 경우를 언급하는 ㉣이 오는 것이 자연스럽다. ㉣의 접속어 '다만'이 앞의 일반적 내용의 예외 사항임을 잘 보여주고 있다. 따라서 글의 순서로 가장 적절한 것은 '㉡ - ㉠ - ㉢ - ㉣'이다.

Part 07 세트형 독해+어휘

정답 및 해설

Chapter 17 문맥적 의미 추론

2025 출제 기조 반영 독해 PIN POINT

STEP 01 세트형 독해 – 내용 추론 + 어휘의 문맥적 의미   p.212

01 ▶ ②

1문단에서는 영웅 소설의 주인공에 대해 '그들의 목표는 상실한 원점을 회복하는 것, 즉 그곳에서 향유했던 이상적 상태로 돌아가는 것이다.'라고 하고 있으므로 영웅소설의 주인공은 그들의 이상적 원점을 상실했다고 볼 수 있다. 「무정」의 이형식 또한 박진사라는 이상적인 원점을 상실했으므로 이 선지는 옳다.

오답풀이 ① 「무정」은 회귀의 크로노토프를 부정하지만 '고소설'은 '회귀의 크로노토프'를 보이기 때문에 부정한다는 것은 옳지 않다.
③ 「무정」에서 '이상적인 고향의 기억'은 이형식과 박영채의 이상적 원점의 구실을 한다. 이들이 결합된다면 이는 '미래로서의 종결점'이 아니라 다시 도래할 과거로서의 미래일 것이다.
④ 1문단에 언급되는 가정소설은 고소설이므로 상실했던 원점으로의 복귀를 거부하는 것이 아니라 상실했던 원점을 회복하려는 특성을 지닐 것이다.

02 ▶ ③

'㉠ 돌아가다'는 '2 【…에/에게】 【…으로】 「1」 원래의 있던 곳으로 다시 가거나 다시 그 상태가 되다.'를 의미한다. 이와 관련된 의미로 가장 가까운 것은 '동심으로 돌아가고 싶었다.'이다.

오답풀이 ① 3 【…으로】 「1」 일이나 형편이 어떤 상태로 끝을 맺다.
② 1 「2」 차례나 몫, 승리, 비난 따위가 개인이나 단체, 기구, 조직 따위의 차지가 되다.
④ 1 「6」 돈이나 물건 따위의 유통이 원활하다.

03 ▶ ③

㉠의 '미치다'는 '「2」 【…에/에게 (…을)】 영향이나 작용 따위가 대상에 가하여지다. 또는 그것을 가하다.'를 의미한다. 이와 문맥상 의미와 가장 가까운 것은 ③이다.

오답풀이 ①, ②, ④ 「1」 【…에/에게】 【…으로】 공간적 거리나 수준 따위가 일정한 선에 닿다.

04 ▶ ①

'㉠ 기르다'는 '「4」 육체나 정신을 단련하여 더 강하게 만들다.'를 의미한다. 따라서 이와 문맥상 의미가 가장 가까운 것은 ① '단결 정신을 기르다'이다.

오답풀이 ② 「7」 병을 제때에 치료하지 않고 증세가 나빠지도록 내버려두다.
③ 「2」 아이를 보살펴 키우다.
④ 「5」 습관 따위를 몸에 익게 하다.

> Day 17 해설 영상은 '만점 출종포 문제 훈련' 강의에서 꼭 해설 강의를 참고해 주세요.

DAY 17 문맥적 의미 추론   p.216

01 ▶ ④

1문단의 끝 문장 "이에 따라 방각본 출판에서는 규모가 큰 작품을 기피하였으며, 일단 선택된 작품에도 종종 축약적 윤색이 가해지고는 하였다."와 2문단의 첫 문장인 "일종의 도서대여업인 세책업은 가능한 여러 종류의 작품을 가지고 있는 편이 유리하고, 한 작품의 규모가 큰 것도 환영할 만한 일이었다."을 통해 ④가 적절함을 알 수 있다.

오답풀이 ① 객체 혼동의 오류이다. 분량이 많은 작품은 책값이 비쌌기 때문에 '세책가'가 아니라 '방각본 출판 업자'가 취급하지 않았다.
② 반대의 오류이자, 비교 미언급의 오류이다. 세책업자는 구비할 책을 선정할 때 분량이 많은 작품을 우선하였으므로 이는 적절하지 않다. 또한 시장성이 좋은 작품과 분량이 적은 작품을 비교한 적도 없다.
③ 방각본 출판업자들은 분량이 많은 경우에는 책값이 비싸지기 때문에 자연스럽게 분량이 적은 작품을 선호하였으므로 이 선지는 적절하지 않다.

02 ▶ ①

'㉠ 올라가'는 '값이나 통계 수치, 온도, 물가가 높아지거나 커지다.'를 의미하므로 ㉠의 의미와 가장 가까운 것은 '습도가 올라가는'이다.

오답풀이 ② '올라갔다'는 '죽다'를 비유적으로 이르는 말이다.
③ '올라가게'는 '지방 부서에서 중앙 부서로, 또는 하급 기관에서 상급 기관으로 자리를 옮기다.'를 의미한다.
④ '올라갔다'는 '지방에서 중앙으로 가다.'를 의미한다.

03 ▶ ④

'한때 잘나가던 노인이 경제력을 잃고 자녀에게 의지하다가 투자 실패를 거듭하는 양상은 오늘날에도 빈번하다.'라고 하였다. 현대 사회에서 경제력을 잃고 자녀에게 의지하는 노인이 줄어들고 있다고 추론할 근거는 없으므로 적절하지 않다.

오답풀이 ① '노년 소설은 노인 문제를 주제로 삼아 해결 방안이나 대안을 제시하는 경우도 많다.'라는 서술을 참고할 때 노년 소설이 중요한 문학 장르로 자리 잡을 가능성이 있음을 추론할 수 있다.

② '이태준의 단편소설 「복덕방」은 노인 자살과 관련된 요소들이 서사 전반에 농후하게 내재된 작품이다. 작품 속에는 일제 강점기 부동산 투기 열풍, 배금주의에 물든 세태, 파괴되는 가족 윤리, 노인의 소외와 고통, 극단적인 노인 자살 양상이 생생하게 묘사되어 있다.'라는 서술을 참고할 때 적절한 선지임을 알 수 있다.

③ '주인공 안초시는 경제적 재기를 꿈꾸며 부동산 투자 정보를 접하게 된다. 딸 안경화가 땅 투기에 뛰어들지만 실패하고, 이로 인해 안초시는 딸과의 관계가 소원해지고 우울증에 시달리다 자살로 생을 마감한다'라는 서술을 참고할 때 적절한 선지이다.

04 ▶ ④

'㉠ 다루다'는 '2 「3」 어떤 것을 소재나 대상으로 삼다.'를 의미한다. 이와 문맥상 의미가 가장 가까운 것은 '당면 과제로 다루었다'이다.

오답풀이 ① 2 「1」 어떤 물건이나 일거리 따위를 어떤 성격을 가진 대상 혹은 어떤 방법으로 취급하다.

② 1 「3」 기계나 기구 따위를 사용하다.

③ 1 「1」 일거리를 처리하다.

05 ▶ ②

반대의 오류이다. AI가 만든 그림이 예술 경매에서 높은 가격에 판매되는 것은 AI 예술이 인간 예술보다 뛰어난 가치를 가지고 있음을 보여주는 것이므로 이는 AI 예술을 지지하는 측의 주장을 강화하는 것이므로 약화한다고 보는 것은 적절하지 않다.

오답풀이 ① 제시문에서 "AI가 만든 예술 작품은 본질적으로 인간의 감정을 담아낼 수 없으며, 이는 예술의 진정성을 저해한다는 것이 이들의 견해이다."라고 하였다. 이는 AI 예술이 감정을 전달하지 못함을 드러내는 것이다. 그런데 해당 사례에서는 오히려 AI 예술 작품이 인간의 진솔한 감정을 인간이 만든 작품보다 더 잘 전달한다고 했으므로 이는 AI 예술을 비판하는 측의 주장에 반하므로 약화하는 사례라고 보는 것은 적절하다.

③ 제시문에서 "이들은 AI가 기존 예술을 학습하는 데서 더 나아가 혁신적인 결과물을 만들어낼 수 있다고 본다."라고 하였다. 이는 AI가 기존의 인간 예술보다 더 새로운 혁신적인 결과물을 만들어낼 수 있다고 하는 것이므로 AI가 창작한 시가 인간의 시보다 독자들에게 새로운 감동을 주었다는 사례는 AI 예술을 지지하는 측의 주장을 강화한다.

④ 제시문에서 "또한 이들은 AI가 예술을 창작할 경우 인간 예술가들이 설 자리를 잃을 수도 있다고 우려하고 있다."라고 하였다. 이는 AI가 예술을 창작할 경우 예술가들의 일자리가 감소될 수 있다는 비판에 해당한다. 따라서 AI가 만든 예술이 대량 생산되어 예술가들의 일자리가 사라지고 있다는 비판이 증가한다는 것은 AI 예술을 비판하는 측의 주장을 강화한다.

06 ▶ ②

'㉠ 열다'는 「2」 새로운 기틀을 마련하다.'를 의미한다. 이와 문맥상 의미가 가장 가까운 것은 '한국 대중음악의 세계화를 여는 계기가 되었다'이다.

오답풀이 ① 1 「1」 닫히거나 잠긴 것을 트거나 벗기다.

③ 3 「1」 자기의 마음을 다른 사람에게 터놓거나 다른 사람의 마음을 받아들이다.

④ 4 어떤 관계를 맺다.

07 ▶ ②

(가)의 입장을 약화하는 근거는 정체성 정치를 찬성하는 근거를 보면 된다. 제시문에서 정체성 정치는 특정 집단의 정체성과 이익을 중심으로 한 정치적 움직임을 의미하는 것으로, 차별과 억압을 경험해 온 소수 집단이 자신들의 목소리를 내고 권리를 획득할 수 있게 하였다고 한다. 주어진 사례는 차별 받던 소수 집단이 권리를 획득하는 사례이므로 정체성 정치에 대한 비판을 약화하는 근거로 볼 수 있다.

오답풀이 ① 반대의 오류이다. 특정 집단의 이익이 과도하게 보호되었다는 이 사례는 정체성 정치가 사회를 분열시킬 수 있음을 나타내므로 (가)의 입장을 강화하는 근거로 보는 것이 옳다.

③ 반대의 오류이다. 정체성 정치가 상호 이해를 저해하고 오히려 사회적 갈등을 심화시킬 수 있다고 보므로 이는 (가)의 입장을 강화하는 근거로 보는 것이 옳다.

④ 반대의 오류이다. 정체성 정치가 강조된 사회에서 보편적 가치를 중시하는 정책들이 오히려 감소했다는 것은 정체성 정치의 부작용에 해당하므로 (가)의 입장을 강화하는 근거로 보는 것이 옳다.

08 ▶ ④

'㉠ 두다'는 '2 「1」 행위의 준거점, 목표, 근거 따위를 설정하다.'를 의미한다. 이와 문맥상 의미가 가장 가까운 것은 '종래의 가사나 민요에 바탕을 두고 변형을 시도한 것이다'이다.

오답풀이 ① 3 「2」 ((주로 '두었다가' 꼴로 쓰여)) 어떤 일을 처리하지 않고 미루다.

② 3 「3」 시간적 여유나 공간적 간격 따위를 주다.

③ 3 「5」 【…을 …으로】 사람을 데리고 쓰다.

Chapter 18 ✏ 바꿔 쓸 수 있는 유사한 표현

STEP 01 세트형 독해 – (한자어 ⇨ 고유어) p.220

01 ▶ ②

'ⓒ 조절(調 고를 조 節 마디 절)하다'는 '균형을 잡아 어울리게 바로 잡다'를 의미하므로 '올린다'로 고치는 것은 적절하지 않다.

오답풀이 ① 'ⓐ 획득(獲 얻을 획 得 얻을 득)하다'는 '얻어 내거나 얻어 가지다'를 의미하므로 '얻는다'로 고치는 것은 적절하다.

③ 'ⓒ 구분(區 구분할 구 分 나눌 분)하다'는 '일정한 기준에 따라 갈라 나누다'를 의미하므로 '나누기도'로 고치는 것은 적절하다.

④ 'ⓔ 서식(棲 깃들일 서 息 쉴 식)하다'는 '동물이 깃들여 살다'를 의미하므로 '살기'로 고치는 것은 적절하다.

2025 출제 기조 반영 독해 PIN POINT

STEP 02 세트형 독해 – (고유어 ⇨ 한자어) p.222

01 ▶ ③

'거듭나다'는 '지금까지의 방식이나 태도를 버리고 새롭게 시작하다.'를 의미한다. 따라서 '본디의 자리나 상태로 되돌아가다.'를 의미하는 '복귀하다'는 ⓒ과 바꿔쓸 수 있는 유사한 표현으로 적절하지 않다.

오답풀이 ① 'ⓐ '견주다'는 '둘 이상의 사물을 질이나 양 따위에서 어떠한 차이가 있는지 알기 위해 맞대어 보거나 비교하다.'를 의미하므로 '비교하다'로 바꿔쓸 수 있음을 알 수 있다.

② 'ⓑ '바라다'는 '생각대로 되기를 원하다.'를 의미하므로 '희망하다'로 바꿔쓸 수 있음을 알 수 있다.

④ 'ⓔ '퍼지다'는 '어떤 물질이나 현상 따위가 넓은 범위에 미치다.'를 의미하므로 '분포되다'로 바꿔쓸 수 있음을 알 수 있다.

> Day 18 해설 영상은 '만점 출종포 문제 훈련' 강의에서 꼭 해설 강의를 참고해 주세요.

DAY 18 바꿔 쓸 수 있는 유사한 표현 p.224

01 ▶ ②

'경험적 인과관계만으로는 해결할 수 없는 상황에서 초월적 공간이나 존재가 등장하여 현실의 전환을 일으키는 판소리 문학의 세계는'이라는 언급을 통해 판소리 문학은 초월적 경험이 현실에 영향을 미치고 있음을 알 수 있다. 또한 '이러한 경계 공간은 현실에서는 접하지 못했던 초월적 세계에 둘러싸여 있으며, 속된 세계에서 성스러운 세계로 이행할 수 있는 역설적인 장소가 된다.'라는 서술을 참고할 때 '판소리 문학의 경계 공간은 성스러운 세계로의 이행을 가능하게 함'을 알 수 있다.

오답풀이 ① '판소리 문학에 등장하는 인물들과 그들이 그려내는 세속적 욕망은 그 이전의 영웅소설이나 가문소설에서 흔히 찾아보기 힘든 성질의 것이다.'라고 하였다. 따라서 본문의 내용과 반대되는 선지이다.

③ '춘향이 유폐된 감옥이라는 공간은 일상의 삶에서 죽음의 공간으로 넘어가는 경계로 기능한다.'라는 서술을 참고할 때 '춘향이 감옥에 갇힌 상태는 초월적 세계와의 경계로 기능하지 않는다.'는 적절하지 않음을 알 수 있다.

④ 판소리 문학과 영웅 소설의 차이점을 위주로 설명하고 있으므로 공통점을 드러내는 '마찬가지로'라는 표현은 적절하지 않음을 알 수 있다. 또한 '판소리 문학에서도 초경험적 요소가 일정한 역할을 맡지만, 이는 ~ 일시적이고 부분적인 기능 전환 장치로 사용된다.'는 언급을 통해 판소리 문학은 초경험적 요소가 작중 현실을 유기적으로 통제하는 기능까지 한다고 단정지을 수 없음을 알 수 있다.

02 ▶ ②

'끼어들다'는 '자기 순서나 자리가 아닌 틈 사이를 비집고 들어서다.'를 의미한다. 따라서 '글이나 그림 따위가 신문이나 잡지 따위에 실리다.'를 의미하는 '게재(揭 높이 들 게 載 실을 재)되다'는 ⓒ과 바꿔 쓸 수 있는 유사한 표현으로 적절하지 않다. '끼어들다'는 '자신과 직접적인 관계가 없는 일에 끼어들게 되다.'를 의미하는 '개입(介 낄 개 入 들 입)되다'로 바꿔 쓸 수 있다.

오답풀이 ① 'ⓐ '맡다'는 '어떤 일에 대한 책임을 지고 담당하다.'를 의미한다. 따라서 '어떤 일을 맡다.'를 의미하는 '담당(擔 멜 담 當 마땅 당)하다'로 바꿔 쓸 수 있다.

③ 'ⓒ '만들다'는 '규칙이나 법, 제도 따위를 정하다.'를 의미한다. 따라서 '체제·체계 따위의 기초를 닦아 세우다'를 의미하는 '구축(構 얽을 구 築 쌓을 축)하다'로 바꿔 쓸 수 있다.

④ 'ⓔ '그리다'는 '생각, 현상 따위를 말이나 글, 음악 등으로 나타내다.'를 의미한다. 따라서 '어떤 대상이나 사물·현상 따위를 언어로 서술하거나 그림을 그려서 나타내다'를 의미하는 '묘사(描 그릴 묘 寫 베낄 사)하다'로 바꿔 쓸 수 있다.

03 ▶ ④

본문 첫부분에서는 현대전에서의 여론전의 특징을 설명을 하며 '이스라엘-하마스 전쟁'을 예시로 들고 있다. 그러면서 맨 뒤에서 '이 과정에서 발생하는 정보 왜곡과 과장은 민간인 피해의 심각성을 축소하거나 특정 국가의 이익만을 부각하는 한계를 드러낸다.'라고 언급되어 있으므로 여론전의 특징과 한계점을 모두 포함하는 '현대전에서 여론전은 정보 왜곡과 과장이라는 윤리적 문제를 동반한다.'가 중심 내용으로 가장 적절하다.

오답풀이 ① 본문에서 여론전이 '상대의 부정적 이미지를 조성하고, 자국의 정당성을 확보하는 데 필수적인 전략으로 자리 잡았다'라고 언급되어 있으나, 이는 여론전의 일부 특징이 잠깐 언급이 된 것일 뿐 중심 내용으로 보기에는 한계가 있다.

② 본문에서 '이스라엘은 하마스 테러리즘과 민간인 … 지지를 얻으려 하였다.', '반면, 하마스는 … 민간인 피해를 강조하였다.'라는 설명이 나온다. 하지만 이는 일부 언급되었을 뿐이므로 중심 내용으로 보기 어렵다.

③ 본문에서 '전통적인 매체뿐만 아니라 소셜 미디어와 같은 디지털 플랫폼을 통해 더욱 빠르고 광범위하게 확산되고 있다.'라는 설명이 나오기는 하나, 이는 여론전의 매체적 특징에 대한 일부 언급일 뿐이다. 따라서 중심 내용과는 거리가 있다.

04 ▶ ③

'퍼지다'는 '어떤 물질이나 현상 따위가 넓은 범위에 미치다.'를 의미한다. 따라서 '늘어나고 넓어져서 충실하게 되다.'을 의미하는 '확충(擴 넓힐 확 充 채울 충)되다'는 ㉢과 바꿔 쓸 수 있는 유사한 표현으로 적절하지 않다. '퍼지다'는 '흩어져 널리 퍼지게 되다.'를 의미하는 '확산(擴 넓힐 확 散 흩을 산)되다'로 바꿔 쓸 수 있다.

오답풀이 ① ㉠ '만들다'는 '노력이나 기술 따위를 들여 목적하는 사물을 이루다.'를 의미한다. 따라서 '무엇을 만들어서 이루다.'를 의미하는 '조성(造 지을 조 成 이룰 성)하다'로 바꿔 쓸 수 있다.

② ㉡ '가지다'는 '생각, 태도, 사상 따위를 마음에 품다.'를 의미한다. 따라서 '확실히 보증하거나 가지고 있다.'를 의미하는 '확보(確 굳을 확 保 지킬 보)하다'로 바꿔 쓸 수 있다.

④ ㉣ '줄이다'는 '힘이나 세력 따위를 본디보다 약하게 하다.'를 의미한다. 따라서 '모양이나 규모 따위를 줄여서 작게 하다.'를 의미하는 '축소(縮 줄일 축 小 작을 소)하다'로 바꿔 쓸 수 있다.

05 ▶ ①

본문에서 "순수예술과 대중예술을 이분법적으로 나누기는 어렵다"라고 하였으며, "순수예술이 대중성을 가질 수도 있고, 대중예술이 높은 예술적 가치를 지닐 수도 있다"라고 명시적으로 언급하고 있다. 따라서 이 선지는 본문의 내용과 일치한다.

오답풀이 ② 비교 미언급의 오류이다. 본문에서는 "대중예술이 사회적 메시지를 전달하는 역할을 한다"라고 언급했으나, 순수예술과 대중예술의 사회적 메시지 전달 정도를 비교하지는 않았다. 둘 간의 비교 우위를 설정하는 것은 적절하지 않다.

③ 미언급의 오류이다. 본문에서는 "순수예술이 작가의 깊은 사유와 창의적 표현을 강조하며, 예술적 완성도를 최우선으로 한다"라고 설명했다. 하지만 '작품의 가치가 작가의 창작 의도와 미학적 완성도에 의해 결정된다'는 내용은 본문에 명확하게 언급되지 않았다. 오히려 본문에서는 "예술의 가치는 그 목적과 수용자의 경험 속에서 결정된다"라고 하였으므로, 해당 선지는 본문과 다르다.

④ 극단의 오류이다. 본문에서는 "대중예술이 삶의 즐거움을 제공하고, 문화적 소통의 장을 형성하며, 때로는 사회적 메시지를 전달하는 역할을 한다"라고 했으며, "대중예술이 높은 예술적 가치를 지닐 수도 있다"라고 하였다. 따라서 대중예술이 단순한 즐거움만을 추구하며 예술적 가치가 낮다는 것은 지나치게 단정적인 표현이므로 극단의 오류에 해당한다.

06 ▶ ④

'만들다'는 '글이나 노래를 짓거나 문서 같은 것을 짜다.'를 의미한다. 따라서 '공장에서 큰 규모로 물건이 만들어지다.'를 의미하는 '제조(製 지을 제 造 지을 조)되다'는 ㉣과 바꿔 쓸 수 있는 유사한 표현으로 적절하지 않다. '만들다'는 '음악 작품이 창작되다.'를 의미하는 '작곡(作 지을 작 曲 굽을 곡)되다'로 바꿔 쓸 수 있다.

오답풀이 ① '㉠ 어렵다'는 '말이나 글이 이해하기에 까다롭다.'를 의미한다. 따라서 '뜻을 이해하기 어렵다.'를 의미하는 '난해(難 어려울 난 解 풀 해)하다'로 바꿔 쓸 수 있다.

② '㉡ 다가가다'는 '어떤 대상 쪽으로 가까이 가다.'를 의미한다. 따라서 '가까이 다가가다.'를 의미하는 '접근(接 이을 접 近 가까울 근)하다'로 바꿔 쓸 수 있다.

③ '㉢ 주다'는 '남에게 어떤 일이나 감정을 겪게 하거나 느끼게 하다.'를 의미한다. 따라서 '무엇을 내주거나 갖다 바치다.'를 의미하는 '제공(提 끌 제 供 이바지할 공)하다'로 바꿔 쓸 수 있다.

07 ▶ ②

본문에서 "대기업 규제와 자유 경쟁은 시장의 공정성과 효율성이라는 두 가치 사이에서 균형점을 찾아가는 과정"이라고 명시적으로 언급하였으며, '시장 활력을 유지하면서도 독점의 폐해를 방지하기 위한 적절한 정책 조합'이 필요하다고 설명하였다. 이는 선지의 내용과 일치한다.

오답풀이 ① 극단의 오류이다. 본문에서는 "대기업 규제를 통해 공정 경쟁을 유도해야 한다고 주장한다"라고 하였지만, 이는 규제의 필요성을 설명한 것이지 '모든 국가에서 반드시 시행해야 한다'고 단정하지 않았다. 따라서 '모든 국가에서 반드시'라는 표현은 지나치게 단정적이다.

③ 비교 미언급의 오류이다. 본문에서는 "자유 경쟁 옹호론자들은 대기업이 생산 비용을 낮춰 소비자에게 혜택을 제공할 수 있다고 주장한다"고 했지만, 자유 경쟁을 허용하면 소비자 후생보다 시장의 효율성이 극대화되는 장점이 있다고 비교한 적은 없다.

④ 반대의 오류이다. 본문에서는 '대기업은 규모의 경제를 바탕으로 혁신을 주도하고 생산 비용을 낮춰 소비자에게 혜택을 제공할 수 있으며, 자유로운 성장을 통해 글로벌 시장에서의 경쟁력을 확보할 수 있다'고 설명했다. 하지만 선지는 대기업의 성장이 '국제 경쟁력을 약화한다'고 하여 본문의 내용과 정반대되므로 적절하지 않다.

08 ▶ ①

'견제(牽 이끌 견 制 절제할 제)하다'는 '일정한 작용을 가함으로써 상대편이 지나치게 세력을 펴거나 자유롭게 행동하지 못하게 억누르다.'를 의미한다. 따라서 '재산, 이익, 안전 따위를 잃거나 침해당하지 아니하도록 보호하거나 감시하여 막다.'를 의미하는 '지키다'는 ㉠과 바꿔 쓸 수 있는 유사한 표현으로 적절하지 않다. '견제하다'는 '자유롭게 행동하지 못하도록 압력을 가하다.'를 의미하는 '억누르다'로 바꿔 쓸 수 있다.

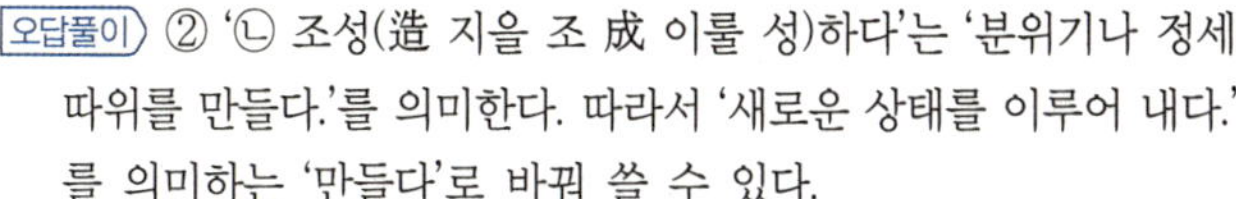

오답풀이 ② 'ⓛ 조성(造 지을 조 成 이룰 성)하다'는 '분위기나 정세 따위를 만들다.'를 의미한다. 따라서 '새로운 상태를 이루어 내다.'를 의미하는 '만들다'로 바꿔 쓸 수 있다.

③ 'ⓒ 훼손(毀 헐 훼 損 덜 손)되다'는 '체면이나 명예가 손상되다.'를 의미한다. 따라서 '상황이나 상태 따위가 좋지 아니하게 되다.'를 의미하는 '망가지다'로 바꿔 쓸 수 있다.

④ 'ⓔ 유도(誘 꾈 유 導 인도할 도)하다'는 '사람이나 물건을 목적한 장소나 방향으로 이끌다.'를 의미한다. 따라서 '사람, 단체, 사물, 현상 따위를 인도하여 어떤 방향으로 나가게 하다.'를 의미하는 '이끌다'로 바꿔 쓸 수 있다.

오답풀이 ① 'ⓐ 표기(表 겉 표 記 기록할 기)한'은 단순히 문자나 기호로 언어를 표시하는 일에 불과하므로 '(가) 옮겨 쓰는'의 문맥상 의미가 같다고 볼 수 없다.

② 'ⓑ 번역(飜 번역할 번 譯 번역할 역)한'은 한 나라의 말로 표현된 문장의 내용을 다른 나라 말로 옮김을 의미하므로 '(가)옮겨 쓰는'의 문맥상 의미가 같다고 볼 수 없다.

③ 'ⓒ 기록(記 기록할 기 錄 기록할 록(녹))한'은 남길 필요가 있는 사항을 적는 일이므로 '(가) 옮겨 쓰는'의 문맥상 의미가 같다고 볼 수 없다.

Chapter 19 ✏ 지시 대상 추론

2025 출제 기조 반영 독해 **PIN POINT**

STEP 01 세트형 독해 : 같은 지시대상 찾기 p.230

01 ①

'ⓐ 그들'은 '신, 파라오, 귀족'을 의미한다. '이렇게 그려진 'ⓐ 그들'의 모습은 이상적인 부분끼리의 조합을 통해 완전하고 완벽하며 장중한 형상을 보여 주고자 한 의도의 결과이다.'라는 단서를 통해 이상적인 조합을 한 것은 '신, 파라오, 귀족'을 의미함을 알 수 있다.

'ⓔ 그들'은 '신, 파라오, 귀족'을 의미한다. '이상적 규범에 따라 불변의 양식으로 그려진다.'라는 단서를 통해 'ⓐ 그들'과 같은 '신, 파라오, 귀족'을 의미함을 알 수 있다.

오답풀이 'ⓑ 그들'은 앞의 '신, 파라오, 귀족과 같은 고귀한 존재'와 '평범한 일반인'을 통튼 것임을 알 수 있다. 'ⓑ 그들을 서로 다른 방식으로 표현하였다는 점은'이라는 단서를 통해 서로 다른 방식으로 표현된 대상인 'ⓑ 그들'은 앞의 '신, 파라오, 귀족과 같은 고귀한 존재'와 '평범한 일반인'을 모두 일컫는 것임을 알 수 있다.

'ⓒ 그들'은 '평범한 사람들'을 의미한다. '이 세상에서 실제로 행위하는 모습 그대로 그려진다.'라는 단서를 통해 'ⓒ 그들'은 '행위하는 자', 즉 '평범한 사람들'임을 알 수 있다.

STEP 02 내용 추론 긍정 발문 + 문맥상 (가)의 의미와 가까운 것 p.232

02 ▶ ④

'(가) 옮겨 쓰는'의 문맥상 의미가 가장 가까운 것은 'ⓔ 필사한'이다. (가)의 앞에 '한글소설은 인쇄본이 아니라 필사본으로 많이 유통되었기 때문에'라는 단서를 통해 옮겨 쓴다는 것은 '필사본'과 밀접한 관련이 있음을 알 수 있다. 또한 '필사(筆 붓 필 寫 베낄 사)'란 '베끼어 씀'을 의미하므로 '(가) 옮겨 쓰는'의 의미와도 가장 관련이 깊다.

Day 19 해설 영상은 '만점 출종포 문제 훈련' 강의에서 꼭 해설 강의를 참고해 주세요.

DAY 19 지시 대상 추론 p.234

01 ▶ ①

3문단의 "인간의 인두는 여섯 번째 목뼈에까지 이른다. 반면에 ~ 개의 경우는 두 번째 목뼈를 넘지 않는다."를 통해 개의 인두 길이는 인간의 인두 길이보다 짧음을 알 수 있다.

오답풀이 ② 미언급의 오류이다. 2문단의 "침팬지는 인간과 게놈의 98%를 공유하고 있지만, 발성 기관에 차이가 있다."를 통해 침팬지의 인두가 인간의 인두와 98% 유사하다고 보기 힘듦을 알 수 있다.

③ 미언급의 오류이다. 1문단에서 녹색원숭이와 침팬지에 대한 언급은 있으나 이들이 서로 의사소통할 수 있다는 것은 언급되어 있지 않다.

④ 주체 혼동의 오류이다. 3문단의 "인간의 발성 기관은 아주 정교하게 작용하여 여러 소리를 낼 수 있는데, 초당 십여 개의 소리를 쉽게 만들어 낸다."를 통해 초당 십여 개의 소리를 만들어 낼 수 있는 것은 '침팬지'가 아니라 '인간'임을 알 수 있다.

02 ▶ ①

'(가) 소리'는 인간이 만들 수 있는 정교한 소리를 의미한다. 나머지는 모두 '인간이 만들 수 있는 정교한 소리'를 의미하지만 'ⓐ 소리'는 침팬지의 소리이므로 (가)에 해당하는 의미로 사용되지 않았음을 알 수 있다.

오답풀이 ② "말한다는 것을 단어에 대해 ⓑ 소리 낸다는 의미로 보게 되면, 침팬지가 사람처럼 말하도록 하는 것은 불가능하다."를 통해 'ⓑ 소리'는 사람처럼 말하도록 하는 소리임을 알 수 있다.

③ "인간의 발성 기관은 아주 정교하게 작용하여 여러 ⓒ 소리를 낼 수 있는데"를 통해 'ⓒ 소리'는 인간이 내는 정교한 소리임을 알 수 있다.

④ "다른 동물의 인두에 비해 과도하게 긴 인간의 인두는 공명 상자 기능을 하여 세밀하게 통제되는 ⓔ 소리를 만들어 낸다."를 통해 'ⓔ 소리'는 인간의 소리임을 알 수 있다.

03 ▶ ④

(나)의 입장은 자연에게 법적 인격을 부여하는 것이 부적절하며, 대신 기존의 환경 법령과 정책을 강화함으로써 환경 보호를 달성할 수 있다고 본다. 따라서 자연물에게 법적 권리를 부여했을 때 경제 발전과 인프라 확장을 저해하는 부작용이 발생했다면, 이는 (나)를 강화하는 근거가 되어야 한다.

[오답풀이] ① (가)의 입장은 자연에게 법적 인격을 부여해야 한다고 주장하며, 이러한 조치가 자연 보호를 강화할 수 있다고 본다. 법적 권리를 부여한 후 환경 파괴가 크게 감소했다는 연구 결과는 (가)를 강화하는 것으로 타당하다.

② (가)의 입장은 자연에게 법적 권리를 부여하면 환경 보호에 효과적이라고 주장하는 것이다. 그런데 이것이 법적 복잡성이나 혼란을 초래한다는 사례가 나온다면 이는 (가) 주장의 실효성을 약화하는 근거로 작용할 수 있다.

③ (나)는 기존의 환경 법령과 정책을 강화하는 것만으로도 충분히 환경 보호가 가능하다는 입장이다. 따라서 법령 강화로 충분한 보호 효과가 있었다면 이는 (나)를 강화하는 근거가 되는 것이 옳다.

04 ▶ ③

㉠은 법적 권리를 부여받아야 하는 대상으로서의 자연을 의미하는 것이다. ㉡의 생태 중심적 사고는 자연과 인간의 상호 의존성을 강조하는 입장으로, 자연을 존중하고 보호해야 한다는 관점에 해당한다. ㉣의 '강'은 뉴질랜드에서 법적 인격을 부여한 구체적 자연물이므로, 자연에게 법적 인격을 부여해야 한다는 (가)의 관점과 유사한 것으로 볼 수 있다. ㉢의 '자연'은 자연에게 법적 인격을 부여하는 것이 부적절하다고 주장하는 입장에서 의사 결정 능력이 없고 법적 권리를 행사할 수 없다는 의미로 사용한 것이다.

05 ▶ ①

음악이론가들은 바로크 시대의 작곡가들이 복잡한 조화와 독창적인 멜로디를 통해 그 시대 음악에 깊이를 더했으며 이는 기술적, 예술적 발전의 산물이라고 주장했다. 단순히 바로크 음악의 연주법과 표현이 발견된 것만으로 이를 기술적, 예술적 발전의 산물이라고 보기는 힘들기 때문에 음악이론가들의 주장을 강화한다고 보기 어렵다.

[오답풀이] ② 음악 이론가들은 바로크 음악이 클래식 음악의 발전에 결정적 기여를 했다고 주장한다. 따라서 바로크 시대에 만들어진 음악 프로그램에서 클래식 음악을 혁신적으로 발전시킨 멜로디가 발견된다면 음악이론가들의 주장이 강화될 것이다.

③ 일부 음악사학자들은 바로크 음악은 바로크 작곡가들이 기술을 주체적으로 발전시킨 것이 아니라 당시의 사회적, 정치적 요구의 결과라고 주장했다. 따라서 바로크 시대 작곡가들이 기술적, 예술적 발전을 이루기 위해 스스로 노력했던 흔적이 발견된다면 일부 음악사학자들의 주장이 약화될 것이다.

④ 바로크 시대의 작곡가들이 궁정과 교회의 엄격한 형식에만 맞춰 작곡했다는 증거는 이들이 단순히 당시 사회적, 정치적 요구에 따라 작곡했다는 것을 의미하므로 일부 음악사학자들의 주장이 강화될 것이다.

06 ▶ ②

㉠은 '작곡가 바흐, 비발디, 헨델'을 가리킨다.
㉡은 '음악이론가들'을 가리킨다.
㉢은 '일부 음악사학자들'을 가리킨다.
㉣은 작곡가들이 기술을 발전시킨 것이 아니라 궁정과 교회의 요구에 응답하기 위해 작품을 창조했다고 주장한 사람이므로 '일부 음악사학자들'을 가리킨다.
㉤은 '기술을 발전'시키거나 '궁정과 교회의 요구에 응답하기 위해 작품을 창조'하는 주체들이므로 '바로크 작곡가들'을 가리킨다.
㉥은 '음악적 능력'을 가진 사람이므로 '바로크 작곡가들'을 가리킨다.
㉦은 바로크 음악의 보존과 연구를 진행하고 있으며, 이러한 작업을 통해 당시 작곡가들의 복잡한 조화 기법과 구조적 혁신을 세계에 알리려고 하므로 '음악이론가들'을 가리킨다. 따라서 지시하는 대상이 같은 것끼리 묶인 것은 ㉤, ㉥이다.

07 ▶ ①

밀그램의 연구는 권위자의 명령이 인간의 올바른 도덕적 판단을 이길 수 있음을 보여 주었다. 따라서 권위자의 명령보다 개인의 도덕적 판단이 우선시된다는 연구 결과는 밀그램의 주장을 약화한다.

[오답풀이] ② 도덕적 상황에서 사람들이 권위자의 명령에 비판적으로 대응한다는 것은 권위자의 명령에 복종하지 않는다는 것이므로 밀그램의 주장을 약화하는 사례로 적절하다.

③ 짐바르도의 연구는 인간 행동이 상황적 요인에 의해 쉽게 변화할 수 있음을 보여주었다. 따라서 상황이 달라질 때마다 인간 행동이 급격히 변화하는 사례는 짐바르도의 주장을 강화하는 근거가 된다.

④ 짐바르도는 상황의 힘이 개인의 성격을 압도할 수 있음을 입증했다. 이는 상황적 요인이 개인의 성격보다 더 중요함을 드러낸다. 따라서 인간의 행동이 상황적 요인보다 개인의 성격에 의해 더 많이 결정된다는 것은 짐바르도의 의견에 반하므로 약화하는 사례로 적절하다.

08 ▶ ②

(가)는 명령을 내리는 '권위자'를 의미한다. ㉡은 '참가자들'을 의미하므로 '명령에 복종하는 인간들'을 의미한다.

[오답풀이] ㉠은 '연구자'가 '참가자들'에게 명령을 내리므로 '권위자'를 의미한다.
㉢은 죄수에게 명령을 내리는 교도관이므로 '권위자'를 의미한다.
㉣은 죄수 역할의 참가자들에게 명령을 내리는 교도관이므로 '권위자'를 의미한다.

문학＋독해 결합형

Chapter 20 현대 운문, 산문

STEP 01 유명 현대 운문 작품   p.240

01 ▶ ②

3문단에 '눈을 감는 행위는 외면이나 도피가 아니라 피할 수 없는 현실적 조건을 새롭게 반성함으로써 현실의 진정한 면모와 마주하려는 적극적인 행위로 읽힌다.'를 통해 「절정」에서 시인이 투사가 처한 현실적 조건을 외면하지 않고 새롭게 인식함을 알 수 있다.

[오답풀이] ① 「절정」에는 투사가 처한 극한의 상황이 나오기는 하나 '매운 계절(2문단, 겨울), 겨울(3문단)'이라는 하나의 계절적 배경만 나올 뿐 뚜렷한 계절의 변화가 드러나지는 않는다.

③ 1문단에서 '가령, 「절정」은 크게 두 부분으로 나누어지는데, 투사가 처한 냉엄한 현실적 조건이 3개의 연에 걸쳐 먼저 제시된 후, 시인이 품고 있는 인간과 역사에 대한 희망이 마지막 연에 제시된다.'라는 부분을 통해 보면, 「절정」은 시의 구성이 두 부분으로 나누어지는 것은 옳다. 하지만 투사와 시인이 반목과 화해를 거듭하지는 않는다. 반목이란 '서로 사이가 좋지 않고 미워함.'을 의미하는데 투사와 시인이 서로를 미워하는 내용이 나오지 않으며 또 반목과 화해를 거듭(=반복)하지도 않는다.

④ 1문단을 보면, 냉엄한 현실에 절망하는 것은 시인의 면모가 아니라 투사의 면모임을 알 수 있다. 또한 인간과 역사에 대한 희망을 놓지 않으려는 것은 투사의 면모가 아니라 시인의 면모이므로 이 선지는 옳지 않다.

2025 출제 기조 반영 독해 PIN POINT

STEP 02 유명 현대 산문 작품   p.242

01 ▶ ①

㉠ 1문단을 보면 문제의 현실성이란 '인간이 자신을 둘러싼 세계와 고투하면서 당대의 공론장에서 기꺼이 논의해볼 만한 의제를 산출해낼 때' 확보된다고 한다. 따라서 "'남(南)이냐 북(北)이냐'라는 민감한 주제를 격화된 이념 대립의 공론장에 던짐"이라는 단서를 보면 '문제의 현실성'이 ㉠에 올 수 있음을 알 수 있다.

㉡ 1문단을 보면 세계의 현실성은 '입체적인 시공간에서 특히 의미 있는 한 부분을 도려내어 서사의 무대로 삼을 경우' 확보된다고 한다. 따라서 "남한과 북한을 소설적 세계로 선택함으로써 동서 냉전 시대의 보편성과 한반도 분단 체제의 특수성을 동시에 포괄할 수 있는"이라는 단서를 보면 '세계의 현실성'이 ㉡에 올 수 있음을 알 수 있다.

㉢ 1문단을 보면 해결의 현실성은 "'가능한 것'과 '불가능한 것'의 좌표를 흔들면서 특정한 선택지를 제출할 때' 확보된다고 한다. 따라서 "「광장」에서 주인공이 남과 북 모두를 거부하고 자살을 선택하는"이라는 단서를 보면 '해결의 현실성'이 ㉢에 올 수 있음을 알 수 있다.

Day 20 해설 영상은 '만점 출좋포 문제 훈련' 강의에서 꼭 해설 강의를 참고해 주세요.

DAY 20 현대 운문, 산문   p.244

01 ▶ ④

<진달래꽃>의 화자는 반어적 표현으로 이별로 슬픈 자신의 마음을 표현하고 있으므로 이별의 정한을 직설적으로 드러냈다고 보기는 어렵다. 오히려 문학적 표현으로 간접적으로 드러내고 있음을 추론할 수 있다.

[오답풀이] ① '2연에서는 화자가 이별 상황에서 임이 가시는 길에 진달래꽃을 뿌리겠다는 축복의 의미를, 3연에서는 임이 꽃을 사뿐히 즈려 밟고 가시라는 희생적 사랑의 자세를 보여주고 있다.'라는 서술로 보아 '<진달래꽃>의 2연과 3연에서 화자는 이별을 축복하고 임의 길을 꽃으로 덮으며 희생적인 사랑을 드러내고 있다.'는 적절한 선지임을 알 수 있다.

② '4연에서 '죽어도 아니 눈물 흘리우리다'라는 반어적 표현으로 임이 떠날 때 매우 슬플 것이라는 마음을 드러낸다는 것은 적절함을 알 수 있다.

③ '김소월은 형식 미학과 전통적 민요조에 근거한 리듬을 효과적으로 활용하였다.', '희생적 사랑의 자세를 보여주고 있다.'라는 서술로 보아 '김소월은 전통적 민요조 형식을 통해 이별의 슬픔과 화자의 희생적 사랑을 효과적으로 드러냈다.'는 적절한 선지임을 알 수 있다.

02 ▶ ①

반대의 오류이다. "그렇지만 형은 글쓰기를 통해 완전한 트라우마 극복의 단계까지는 나가지 못한다."라고 하였으므로 형의 극복이 실패로 끝났음을 알 수 있다.

[오답풀이] ② "외화의 형과 동생이 표면적으로 갈등한다면"이라는 서술로 보아 『병신과 머저리』 외화에는 형과 동생의 표면적 갈등이 드러나 있다'는 것은 적절한 선지임을 알 수 있다.

③ '형의 글쓰기는 행위 자체로 죄에 대한 감각을 드러내며'라는 서술을 참고할 때 『병신과 머저리』에서 글쓰기는 형의 죄책감을

드러내는 기제로 사용되었다.'는 것은 적절한 선지임을 알 수 있다.
④ '의사인 '형'은 … 소설을 쓰면서 상처를 극복하고자 시도한다.'라고 하였다. 따라서 '형의 소설 쓰기는 자신의 전쟁 트라우마를 극복하고자 하는 행위로 볼 수 있다'는 것은 적절한 선지임을 알 수 있다.

03 ▶ ④

"이에 굴하지 않고 문학을 통해 한국의 민주화운동에 크게 기여하였다."라는 서술로 보아 '김지하는 문학을 통해 민주화운동에 기여하였던 인물이'라는 선지가 적절함을 알 수 있다.

[오답풀이] ① 극단의 오류이다. 김지하는 사회적 약자를 보호하는 시를 쓰기보다는 정치현실을 풍자하는 시를 썼으므로 '모두'라는 표현은 적절하지 않다.
② 비교 혼동의 오류이다. '정호승은 구체적인 정치현실을 폭로하고 비판하기보다는 소외된 약자들의 삶에 연민을 표현하는 방식을 사용하였다.'라는 서술로 보아 '정호승이 정치현실을 폭로하고 비판하는 시를 주로 창작하였다'는 선지는 적절하지 않음을 알 수 있다.
③ 반대의 오류이다. '그는 알레고리 기법을 주로 사용하였고, 대중적 정서에 호소하는 인생론적 대중시를 창작하기도 하였다.'라는 서술을 참고할 때 알레고리 기법을 사용하지 않았다는 서술은 적절하지 않음을 알 수 있다.

04 ▶ ②

비교 혼동의 오류이다. "조지훈 또한 조선적인 것, 고전적인 것을 찾아야 했던 것으로 보인다."라는 서술을 고려할 때 이 작품이 전통적 요소보다는 근대적 요소를 차용했을 것이라고 보기는 어렵다.

[오답풀이] ① "맹목적으로 서구를 추구하는 것에서 한계를 인식한 당대의 문학인들은 절박한 심정으로 전통을 추구하였다."라는 서술로 보아 '조선 문학인들은 서구 모더니즘의 한계를 인식하고 절박한 심정으로 전통을 추구하였다.'는 선지가 적절함을 알 수 있다.
③ "조화로운 자연을 바라보는 시인의 정관적 태도는, 승무를 추는 여인을 바라보는 화자의 태도에서도 그대로 드러난다."라는 서술로 보아 '조화로운 자연을 바라보는 시인의 정관적 태도가 드러나며, 이는 승무를 추는 여인의 모습을 묘사하는 화자의 태도와 연결된다.'는 선지가 적절함을 알 수 있다.
④ '특정한 종교적 세계관이 아니라 번뇌를 극복하려는 인간 보편의 정서를 표현해냄으로써 이 작품은 높은 문학적 성취를 이루었다.'라는 서술로 보아 '특정한 종교적 세계관보다는 번뇌를 극복하려는 인간 보편의 정서를 표현한 작품으로도 볼 수 있다.'는 선지가 적절함을 알 수 있다.

Chapter 21 고전 운문, 산문

STEP 01 표기 문자에 따른 소설의 종류   p.248

01 ▶ ③

3문단의 "한자에 비해 한글은 익히기 쉽고 그만큼 쓰기도 편해서 한글소설의 필사자는 내용을 바꾸고 싶다는 의지가 있다면 쉽게 바꿀 수 있었다."라는 언급을 보면 한자로 필사할 때보다 한글로 필사할 때 필사자의 의견이 반영되어 개작되기 쉬웠음을 알 수 있다.

[오답풀이] ① 비교 혼동의 오류이다. 1문단을 보면 한문 소설의 종류는 "중국에서 들여온 한문소설, 조선에서 창작한 한문소설, 조선의 한글소설을 번역한 한문소설"로 총 3가지이다. 한글 소설의 종류로는 "한글소설은 중국소설을 번역한 한글소설, 조선에서 창작한 한문소설을 번역한 한글소설, 조선에서 창작한 한글소설로 나뉜다."로 총 4가지이다. 따라서 한글 소설보다 한문 소설의 종류가 다양하다는 것은 적절하지 않다. 오히려 한문 소설보다 한글 소설의 종류가 다양하다는 것이 적절하다.
② 객체 혼동의 오류이다. 1문단을 보면 "조선 시대에 많은 한글소설이 창작되어 읽혔지만, 이를 저급한 오락물로 여겼던 당대의 지식인들은 한글소설을 외면했으므로"라고 언급되고 있다. 따라서 조선 시대의 지식인들은 한글 소설을 외면했음을 알 수 있으므로 한문 소설을 저급한 오락물로 여겼다는 것은 적절하지 않음을 알 수 있다.
④ 미언급의 오류이다. 2문단에 "중국에서 들여온 한문소설은 조선에서도 인쇄된 책으로 읽혔기 때문에 필사본이 거의 없다."라는 언급이 나오기는 한다. 하지만 조선의 필사본 소설 중 한문소설을 필사한 것은 소수였고 한글소설을 필사한 것이 대부분이었다는 언급은 어디에도 나오지 않는다.

2025 출제 기조 반영 독해 PIN POINT

STEP 02 고전 산문의 한 종류인 '판소리 문학'과 '영웅 소설'에 대한 제재 p.250

01 ▶ ②

'경험적 인과관계만으로는 해결할 수 없는 상황에서 초월적 공간이나 존재가 등장하여 현실의 전환을 일으키는 판소리 문학의 세계는'이라는 언급을 통해 판소리 문학은 초월적 경험이 현실에 영향을 미치고 있음을 알 수 있다. 또한 '이러한 경계 공간은 현실에서는 접하지 못했던 초월적 세계에 둘러싸여 있으며, 속된 세계에서 성스러운 세계로 이행할 수 있는 역설적인 장소가 된다.'라는 서술을 참고할 때 '판소리 문학의 경계 공간은 성스러운 세계로의 이행을 가능하게 함'을 알 수 있다.

③ '춘향이 유폐된 감옥이라는 공간은 일상의 삶에서 죽음의 공간으
로 넘어가는 경계로 기능한다.'라는 서술을 참고할 때 '춘향이 감
옥에 갇힌 상태는 초월적 세계와의 경계로 기능하지 않는다.'는
적절하지 않음을 알 수 있다.
④ 판소리 문학과 영웅 소설의 차이점을 위주로 설명하고 있으므로
공통점을 드러내는 '마찬가지로'라는 표현은 적절하지 않음을 알
수 있다. 또한 '판소리 문학에서도 초경험적 요소가 일정한 역할을
맡지만, 이는 ~ 일시적이고 부분적인 기능 전환 장치로 사용된다.'
는 언급을 통해 판소리 문학은 초경험적 요소가 작중 현실을 유기
적으로 통제하는 기능까지 한다고 단정지을 수 없음을 알 수 있다.

Day 21 해설 영상은 '만점 출좋포 문제 훈련' 강의에서 꼭 해설 강의를
참고해 주세요.

DAY 21 고전 운문, 산문   p.252

01 ▶ ③

'(나)'는 종래의 국문학의 정의를 기본 전제로 하되, 일부 한문문학을
국문학으로 인정하자고 주장하고 있으므로 표기 문자와 상관 없이(=
한자가 쓰여도 상관 없이) 우리나라의 문화를 잘 표현하면 우리나라
문학으로 인정하는 ③은 (나)를 강화하는 사례라고 볼 수 있다.

② 국문학의 정의를 '그 나라 사람들의 사상과 정서를 그 나라 말과
글로 표현한 문학'으로 수정하면 (가)의 주장은 강화되는 것이지,
약화되지는 않으므로 적절하지 않다.
④ 차자 표기는 순수 국문이라고 보기 어려운데 이것이 다수 발견됐
다는 것은 (나)의 논지와 무관하므로 약화된다고 보기 어렵다.

02 ▶ ④

'㉠ 전자'는 '한문으로 쓰여진 문학'을 '㉡ 후자'는 '국문학'을 의미한
다. '㉢ 전자'는 '좁은 의미의 국문학'이므로 '순(純)국문학'을 가리키
며 '㉣ 후자'는 한문으로 쓰여진 학문의 일부를 국문학의 주변부에
위치시킨 '준(準)국문학'에 해당된다. '㉤ 전자'는 '순(純)국문학',
'㉥ 후자'는 '준(準)국문학'을 의미하므로 지시하는 바가 같은 것끼리
짝 지은 것은 '순(純)국문학'을 가리키는 '㉢, ㉤'이다.

03 ▶ ②

본문에 허난설헌의 규원시가 금서로 지정되었다거나 읽히지 못했다
는 언급은 없다. 오히려 허난설헌은 '여성의 문학 활동이 제약된 상
황 속에서도 뛰어난 한시를 창작하며 조선 최고의 여류 문인으로 인
정받았다.'고 하였다.

③ 본문의 '두 사람의 규원시는 시대와 지역을 초월한 공통적인 주제
와 독창적인 개성을 담고 있다.'라는 표현으로 보아 적절한 선지
임을 알 수 있다.
④ 본문의 '이후 정강의 변과 같은 정치적 혼란 속에서 남편과 떨어
져 지내며 규원시를 남기게 되었다.'라는 표현으로 보아 적절한
선지임을 알 수 있다.

04 ▶ ③

본문에서 '오리정은 춘향과 이도령이 이별하는 장소로서 서사의 공
간성을 확장한다'고 하였다. 또한, '오리정 앞에 붙는 "오리", "십리"
와 같은 수치는 거리와 영역을 나타내며, 정자를 단순한 장소가 아닌
이별의 공간으로 탈바꿈시킨다'고 하였으므로, 적절한 선지이다.

② 본문에서 '남원은 작품 초입에서 "지리산 서쪽으로 적성강의 산수
정기가 서려 있어서"라고 묘사되어 있는데, 이는 지리적 위치를
드러내는 동시에 작품 내 장소성을 강화하는 표현'이라고 하였다.
'또한 이는 이도령과 춘향의 만남과 사랑의 서사가 실재하는 공간
속에서 시작된다는 점을 부각함으로써 남원의 장소적 정체성을
작품 속에 뚜렷이 새긴다.'라는 부분이 있기는 하나 춘향전의 배
경이 실재한다는 뜻이지 춘향전이 실제 일어났던 사건임을 강조
하고 있지는 않으므로 적절하지 않다. 미언급의 오류이다.
④ '정자의 공간성은 이본에 따라 다양하게 해석된다.'라고 언급되어
있으므로 정자는 '춘향전이 향유되는 공간'이 아니라 '이본'에 따
라 다양하게 해석되는 것이므로 이 선지는 적절하지 않다. 기준
의 오류이다.

정답 및 해설

05 ▶ ③

본문에서 『삼국유사』의 아이는 단순히 순수함을 상징하는 인물이 아니라, '고대와 중세의 문화적 가치와 상징을 드러내는 중요한 서사적 도구'로 묘사된다고 하였다. 또한, '세속과 신성의 경계를 넘나드는 매개자'로서 서사의 중심적 역할을 수행한다고 하였으므로, 아이를 단순히 순수함의 상징으로 묘사하는 것은 본문의 논지와 합치하지 않는다.

[오답풀이] ① 본문에서 '아이를 세속과 신성의 경계를 넘나드는 매개자로 형상화하며, 왕조사와 불교사 모두에서 중요한 서사적 의미를 부여한다'고 하였다. 따라서 아이가 서사적 긴장감을 강화하는 도구로 활용된다는 서술은 본문과 부합한다.

② 본문에서 '불교 설화에서는 보살의 화신이나 메신저로 등장하여 신성성을 체현한다'라는 표현이 나온다. 이는 아이가 인간과 신성을 연결하는 다리 역할을 한다는 해석과 부합하므로 적절한 선지이다.

④ 본문에서 '<신라시조혁거세왕>에서 혁거세는 보랏빛 알에서 태어난 '동남'으로 묘사되며, 신성한 탄생 서사를 통해 신라 왕조의 권위를 상징한다'고 하였다. 이로써 혁거세의 출생이 신라 왕조의 정당성을 정당화하는 서사임을 확인할 수 있으므로 적절하다.

Part 09 문법＋독해 결합형

Chapter 22 형태론

STEP 01 빈칸 추론
p.258

01 ▶ ④

'그러나 이는 복합어 구분의 기준을 온전히 이해하지 못했기 때문에 나올 수 있는 질문이다.'라는 제시문을 보면, (가)에는 틀린 답이 나와야 함을 알 수 있다. 1문단에 언급된 직접 구성요소의 설명에 따라 '쓴웃음'을 처음 두 개로 쪼개보면 '쓴+웃음'이 나온다. '웃음'은 '웃(어근)+음(접사)'의 구성으로 파생어이지만 이는 어근의 지위를 갖기 때문에 '쓴웃음'은 합성어임을 알 수 있다. (가)는 틀린 답이 나와야 하므로 '파생어'가 들어가야함을 알 수 있다. 또 (나)는 '웃음'이 또 다른 단어 형성에 참여할 때에는 '어근'의 지위를 갖기 때문에 (나)에는 '어근'이 들어가는 것이 적절하다.

2025 출제 기조 반영 독해 PIN POINT

STEP 02 일반 사례 추론
p.260

01 ▶ ④

'비교적으로'의 '으로'는 부사격 조사이다. 따라서 본문의 "예를 들어 명사는 뒤에 격 조사가 결합이 될 수 있고,"라는 부분을 통해 '비교적'은 명사임을 알 수 있다. 하지만 '비교적 교통이 편리하다'의 '비교적'은 뒤의 명사 '교통'을 수식하는 것이 아니므로 관형사라고 하는 것은 적절하지 않다. 이 문장에서의 '비교적'은 형용사 '편리하다'를 수식하므로 '부사'라고 해야 했다. 본문에서도 부사는 뒤의 용언을 꾸미는 특성을 지닌다고 했기 때문이다.

[오답풀이] ① '잘못' 뒤의 '입니다'는 서술격 조사 '이다'의 활용형이다. 따라서 본문의 "예를 들어 명사는 뒤에 격 조사가 결합이 될 수 있고,"라는 부분을 통해 '잘못'은 명사임을 알 수 있다. 또한 '잘못'이 동사 '이해하여'를 수식하므로 본문의 "부사는 뒤에 용언을 꾸미는 특성을 지닌다."을 통해 '잘못'은 부사임을 알 수 있다.

② '오늘' 뒤의 '이'는 주격 조사이다. 따라서 본문의 "예를 들어 명사는 뒤에 격조사가 결합이 될 수 있고,"라는 부분을 통해 '오늘'은 명사임을 알 수 있다. 또한 '오늘'이 동사 '왔다'를 수식하므로 본문의 "부사는 뒤에 용언을 꾸미는 특성을 지닌다."을 통해 '오늘'은 부사임을 알 수 있다.

③ '들어오는'은 관형어인데 이것이 '대로'를 수식하고 있다. 따라서 본문의 "'만큼'은 관형어 '먹은'의 수식을 받고 있으므로 명사라고 볼 수 있지만"이라는 부분을 통해 '대로'는 명사임을 알 수 있다. '멋'은 명사인데 이것 뒤에 '대로'가 결합되고 있다. 따라서 본문의

'"나만큼 너를 좋아하는 사람은 없어'의 '만큼'은 대명사와 결합이 되므로 조사라고 볼 수 있다."라는 부분을 통해 '만큼'은 조사임을 알 수 있다.

> Day 22 해설 영상은 '만점 출좋포 문제 훈련' 강의에서 꼭 해설 강의를 참고해 주세요.

DAY 22 형태론
p.262

01 ▶ ②

'"젊은이'는 용언의 관형사형(젊은)＋명사(이)"라는 제시문의 내용을 통해 '흰머리'는 '용언 어간과 명사'가 아니라 '용언의 관형사형(흰)＋명사(머리)'임을 알 수 있다.

[오답풀이] ① 2문단 끝의 "'젊은이'나 '덮밥'은 앞 성분이 뒤 성분을 수식하는 종속합성어이다"를 통해 '큰아버지'는 종속합성어임을 알 수 있다.

③ 1문단에서 '어휘 의미를 띤 요소끼리 결합한 단어를 합성어라고 한다'를 통해 '늙은이'는 어휘 의미를 지닌 두 요소가 결합해 이루어진 단어인 합성어임을 알 수 있다.

④ 2문단에서 "'덮밥'은 용언 어간(덮) ＋ 명사(밥)로 구성되어 있다."를 통해 '먹거리'는 어간 '먹'에 명사 '거리'가 결합한 비통사적 합성어임을 알 수 있다.

02 ▶ ③

'관형사는 체언(주로 명사)을 꾸며 주며'라는 서술과 '관형사는 명사 앞에 놓여 그 명사에 뜻을 더하는 역할을 한다'라는 서술로 보아 적절하다.

[오답풀이] ① '독립언은 다른 단어와 문법적으로 연결되지 않고'라고 하였으므로 체언과 문법적으로 연결된다는 서술은 적절하지 않다.

② 제시문에 따르면 부사는 동사만을 꾸미는 것이 아니라 용언, 다른 부사, 또는 문장 전체를 꾸밀 수 있다.

④ 제시문에 따르면 독립언은 다른 단어와 문법적으로 연결되지 않으므로 적절하지 않다.

03 ▶ ②

'있다'에 현재 시제 선어말 어미를 결합하여 '있는다'로 수정할 경우, '한강에 귀여운 오리가 있는다'라는 문장은 어색해진다. 제시문에서 '-는-'이 결합되지 못하면 형용사라고 했으므로 해당 문장에서의 '있다'는 형용사이다.

오답풀이 ① '크다'에 현재 시제 선어말 어미 '-ㄴ-'을 결합하여 '큰다'로 수정할 경우, '저 빵은 정말 큰다'가 되기 때문에 어색하다. 따라서 제시문에 따르면 여기에서 '크다'는 형용사이다.

③ '깨다'에 현재 시제 선어말 어미 '-ㄴ-'을 결합하여 '깬다'로 수정할 경우, '찬호가 시끄러운 소리에 잠에서 깬다'가 되는데 이는 어색하지 않다. 제시문에서 '-ㄴ-'을 결합할 수 있으면 동사라고 했으므로 '깨다'는 동사이다.

④ '켜다'에 현재 시제 선어말 어미 '-ㄴ-'을 결합하여 '켠다'로 수정할 경우, '너무 더워서 에어컨을 켠다'가 되는데 이는 어색하지 않다. 따라서 동사이다.

04 ▶ ①

'철수는 바로 눈앞에서 물건을 빼앗기고 말았다.'의 '바로'는 뒤의 명사 '눈앞'을 꾸미는 성분 부사이다. 제시문에서 성분 부사는 이렇게 일부 성분을 수식하는 것이라고 언급되어 있기 때문이다. '바로'가 명사를 수식함에도 사전에는 '부사'로 등재되어 있음을 꼭 기억해야 한다.

오답풀이 ②, ③ '결코, 설마'는 제시문을 통해 볼 때 화자의 판단, 태도를 나타내는 문장 전체를 수식하는 문장 부사이다.

④ '및'은 제시문에서 언급된 문장 접속 부사이므로 문장 부사이다.

05 ▶ ②

빈칸 (가)는 감정 감탄사에 해당하는데 '청자에 대한 의식이 약하므로 혼잣말로 많이 쓰인다.'라는 부분을 통해 "ㄱ. 너무 힘들 때 자기도 모르게 '아이고'"가 적절함을 알 수 있다.

빈칸 (나)는 의지 감탄사에 해당하는데 '청자에 대한 의식이 강하므로 혼잣말로는 잘 쓰이지 않는다.'라는 부분을 통해 "ㄷ. 시끄럽게 떠드는 아이에게 '쉿!'"이 적절함을 알 수 있다.

빈칸 (다)는 간투 감탄사에 해당하는데 '간투 감탄사는 말하기를 준비하고 있거나 대화에 참여하고 있음을 표현하는 감탄사이다.'라는 부분을 통해 "ㄴ. 말할 내용이 생각나지 않을 때 '음'"이 적절함을 알 수 있다.

Chapter 23 통사론

STEP 01 밑줄 사례 추론
p.266

01 ▶ ③

'㉠ 간접 존경'은 '존경의 대상과 긴밀한 관련을 가지는 인물이나 사물 등을 높이는' 표현법이다. 이는 존경의 대상이 아닌 그것과 긴밀한 관련을 가지는 인물이나 사물을 높여야 하는 것이다. 하지만 ③의 '아버지가 너무 건강을 염려하신다'에서 '염려하신다(염려하-+-시-(주체 높임 선어말 어미)+-ㄴ-+-다)'의 주체 높임 선어말어미 '-

시-'는 아버지를 직접 높이는 직접 존경이므로 '㉠ 간접 존경'의 사례가 아님을 알 수 있다.

오답풀이 ① 존경의 대상인 '고모'를 높이는 것이 아니라 '고모'와 긴밀한 관련을 가지는 인물인 '자식'을 간접적으로 높이는 '-시-'이므로 '㉠ 간접 존경'의 사례로 볼 수 있다.

② 존경의 대상인 '할머니'를 높이는 것이 아니라 '할머니'와 긴밀한 관련을 가지는 신체 일부인 '다리'를 간접적으로 높이는 '-시-'이므로 '㉠ 간접 존경'의 사례로 볼 수 있다.

④ 존경의 대상인 '할아버지'를 높이는 것이 아니라 '할아버지'와 긴밀한 관련을 가지는 신체 일부인 '수염'을 간접적으로 높이는 '-시-'이므로 '㉠ 간접 존경'의 사례로 볼 수 있다.

2025 출제 기조 반영 독해 PIN POINT

STEP 02 일반 사례 추론
p.268

01 ▶ ④

본문에 따르면 "관계 관형절의 경우 관형절 안에 쓰인 체언과 그 관형절이 수식하는 체언이 같을 경우 관형절 안에서 생략이 이루어지기 때문에 문장이 불완전한 것처럼 보인다"고 명시되어 있다. 해당 문장의 관형절은 '매일 새벽에 운동하는'이며, 이 문장은 주어가 없어서 불완전한 문장이다. 따라서 주어인 '그는'이 생략되었다고 볼 수 있으며 이는 뒤에 수식하는 대상인 '그'와 동일한 대상이기 때문이다.

오답풀이 ① 본문에 따르면 "관형절 안에 모든 문장 성분이 빠짐없이 들어가 있는"것은 동격 관형절로 명시하고 있다. 해당 관형절에 생략된 성분이 없으면 이는 관계 관형절이 아닌 동격 관형절이다. '민수가 착하다'이라는 관형절 안에 '소문'이라는 성분이 생략되지 않았으므로 동격 관형절이지, 관계 관형절이 아니다.

② 해당 문장에서의 관형절은 '선미가 직접 만든'이며, 여기에는 목적어 '신발을'이 생략되어 있다. 본문에 따르면 "관계 관형절의 경우 관형절 안에 쓰인 체언과 그 관형절이 수식하는 체언이 같을 경우 관형절 안에서 생략이 이루어지기 때문에 문장이 불완전한 것처럼 보인다"고 명시되어 있다. 따라서 '선미가 직접 만든'은 생략된 성분인 '신발을'이 있으므로 관계 관형절이지 동격 관형절이 아니다.

③ 해당 문장에서 관형절은 '내가 어제 읽은'이며, 여기에는 주어가 아닌 목적어 '책을'이 생략된 것이므로 "관형절에서 생략된 주어인 '책은'"이라는 내용은 적절하지 않다. 이 부분은 본문의 "하지만 '나는 먹던 밥을 버렸다.'의 경우 해당 문장의 관형어인 '먹던'은 목적어인 '밥을'이 생략되어 있는 형태이다."를 통해 알 수 있다.

DAY 23 통사론   p.270

01 ▶ ④

[상대+], [주체+], [객체+]를 만족시켜야 한다.

'고모님께서 아버지께 안부를 여쭈어보라고 하셨습니다.'는 이 모두를 만족시킨다. 대화의 상대를 높이고 있다(-습니다). 서술어의 주체인 '고모님'도 높임의 주격 조사 '께서'와 높임 선어말 어미 '-시-'로 높이고 있다. 또 서술어의 객체인 '아주머니'를 높이기 위해 높임의 부사격 조사 '께'와 객체 높임 특수 어휘 '여쭈다'가 쓰였다.

오답풀이 ① [상대-], [주체+], [객체-]: 서술어의 주체인 '선생님'을 높임의 주격 조사 '께서'와 주체 높임 선어말 어미 '-시-'로 높이고 있다. 하지만 객체 높임 특수 어휘 '모시다, 드리다, 여쭈다, 뵈다'가 쓰이지 않았으므로 [객체-]이다. 또한 상대 높임의 종결 어미도 쓰이지 않았으므로 [상대-]이다. 따라서 객체, 상대 높임이 쓰이지 않았으므로 ㉠의 사례로 적절하지 않다.

② [상대+], [주체-], [객체+]: 객체 높임 특수 어휘 '모시다, 드리다, 여쭈다, 뵈다' 중 '거들어드리다'의 '드리다'가 쓰였으므로 [객체+]임을 알 수 있다. 또한 상대 높임의 '해요'체(어떨까요?)가 쓰이고 있으므로 [상대+]임을 알 수 있다. 하지만 주체 높임 선어말 어미 '-시-'가 쓰이지 않았으므로 [주체-]이기 때문에 ㉠의 사례로 적절하지 않다.

③ [상대+], [주체+], [객체-]: 상대 높임의 하십시오체(바랍니다)가 쓰이고 있으므로 [상대+]임을 알 수 있다. 또한 높임 주격 조사 '께서'와 주체 높임 선어말 어미 '-시-'가 쓰였으므로 통해 [주체+]임을 알 수 있다. 하지만 객체 높임 특수 어휘 '모시다, 드리다, 여쭈다, 뵈다'가 쓰이지 않았으므로 [객체-]이기 때문에 ㉠의 사례로 적절하지 않다.

02 ▶ ③

'한복이 우리나라 전통 의복임'은 서술절이 아니라 명사절이다. 제시문에 따르면 '한복이 우리나라 전통 의복이다'라는 문장 끝에 명사형 전성 어미 '-(으)ㅁ'이 붙은 명사절이다. 이 명사절은 전체 문장에 안겨 '보여 준다'는 전체 서술어의 목적어 역할을 하고 있다.

오답풀이 ① 제시문에 따라 보면 [동주가 시를 읽다]라는 절에 관형사형 어미 '는'이 붙은 것이므로 관형절이다.

② 제시문에 따라 보면 [철수에게 사랑한다]라는 절에 간접 인용격 조사 '고'가 붙은 것이므로 인용절이다.

④ 제시문에 따라 보면 [글씨가 잘 보이다]라는 절에 부사형 어미 '도록'이 붙은 것이므로 부사절이다.

03 ▶ ④

'받아들여지다'는 '받아들+이(사동 접미사)+어지(피동 보조 용언)+는'이므로 사동과 피동이 결합된 형태로 문법적으로 옳은 표현이다. 따라서 이중 피동이 아니므로 ㉠의 사례로 옳지 않다.

오답풀이 ① '보+이(피동 접미사)+어지(피동 보조 용언)+는'은 이중 피동이므로 옳지 않다.

② '읽+히(피동 접미사)+어지(피동 보조 용언)+ㄴ'은 이중 피동이므로 옳지 않다.

③ '예상+되(피동 접미사)+어지(피동 보조 용언)+ㅂ니다'는 이중 피동이므로 옳지 않다.

04 ▶ ②

제시문을 통해 볼 때, 용언의 부사형인 '맛있게'라는 부사어가 없어도 문장이 성립하므로 '맛있게'는 필수적 부사어라고 볼 수 없다.

오답풀이 ① '철수는 영희를 친구로 여겼다.'라는 문장에서 체언+부사격 조사 '친구로'를 생략하면 문장의 성립이 이루어지지 않으므로 '친구로'는 필수적 부사어로 적절하다.

③ '나는 아버지와 많이 닮았습니다.'에서 부사 '많이'가 없어도 문장이 성립하므로 '많이'는 필수적 부사어가 아니다.

④ '영호는 한국에서 공무원이 되었다.'에서 체언+부사격 조사 '한국에서'가 없어도 문장이 성립하므로 '한국에서'는 필수적 부사어가 아니다.

Chapter 24 음운론

STEP 01 밑줄 사례 추론   p.274

01 ▶ ①

'모자라다' 와 어미 '-아도'가 만나 '모자라도'가 된 것은 제시문에서 언급된 '동음 탈락'에 해당하므로 '㉠ 음운의 축약'에 해당하지 않는다.

오답풀이 ② '주-'에 '-어라'가 결합되면 '줘라'가 되는데, 이는 'ㅜ+ㅓ=ㅝ'로 이는 두 개의 음운이 하나로 줄어드는 모음 축약이 일어난 것이므로 '㉠ 음운의 축약'에 해당한다.

③ '막혀'[마켜]와 '맞힌'[마친]은 각각 'ㄱ+ㅎ=ㅋ', 'ㅈ+ㅎ=ㅊ'으로 두 개의 음운이 하나로 줄어드는 자음 축약이 일어난 것이다. 따라서 이는 '㉠ 음운의 축약'에 해당한다.

④ '옳다'[올타]와 '옳지'[올치]는 각각 'ㅎ+ㄷ=ㅌ', 'ㅎ+ㅈ=ㅊ'으로 두 개의 음운이 하나로 줄어드는 자음 축약이 일어난 것이다. 따라서 이는 '㉠ 음운의 축약'에 해당한다.

2025 출제 기조 반영 독해 PIN POINT

STEP 02 일반 사례 추론   p.276

01 ▶ ②

'여덟이'의 경우 '덟'뒤에 '이'라는 조사(형식 형태소)가 연결되는 경우이기 때문에 "겹받침 뒤에 모음으로 시작하는 형식 형태소가 오는 경우에 겹받침 중 뒤에 위치한 자음을 형식 형태소의 초성으로 그대로 연음한다"는 본문의 내용에 따라 연음하여 [여덜비]로 발음해야 한다. [여더비]로 발음하는 것은 옳지 않다.

오답풀이 ① 본문 2문단 전체의 내용을 보면 "모음으로 시작하는 형식 형태소, 즉 모음으로 시작하는 조사나 어미, 접사가 오는 경우에 겹받침 중 뒤에 위치한 자음을 형식 형태소의 초성으로 그대로 연음한다."라고 언급되어 있다. '없어'의 '어'는 모음으로 시작하는 형식 형태소, 즉 모음으로 시작하는 어미이다. 따라서 본문의 '값이'가 [갑씨]로 발음되는 것처럼 '없어'도 [업써]로 발음될 것임을 추론할 수 있다.

③ 본문의 "하지만 '값있다'의 경우, 용언의 어간 '있-'은 실질 형태소이므로 겹받침 중 'ㅅ'을 탈락시킨 후 'ㅂ'을 연음하여 최종적으로는 [가빋따]로 발음한다."를 통해 보면, '넋 안에'의 '안'이 실질 형태소이므로 겹받침 중 'ㅅ'을 탈락시킨 후 'ㄱ'을 연음하여 최종적으로 [너가네]로 발음되는 것은 옳음을 알 수 있다.

④ '외곬'은 본문에 따르면 "음절의 끝이나 자음 앞에서 두 개의 자음 중 하나가 탈락"해야 하는 경우에 해당하기 때문에 'ㅅ'을 탈락시켜 [외골]로 발음한다.

> Day 24 해설 영상은 '만점 출종포 문제 훈련' 강의에서 꼭 해설 강의를 참고해 주세요.

DAY 24   음운론   p.278

01 ▶ ②

본문에서 "㉠ ㄴ첨가란 앞말이 자음으로 끝나고 뒷말이 '이, 야, 여, 요, 유'로 시작하는 경우에는 뒷말의 초성 자리에 'ㄴ' 소리가 첨가되는 현상을 의미한다."라는 언급이 있다. 그런데 '계+날'은 ㄴ첨가처럼 뒷말이 '이, 야, 여, 요, 유'로 시작하고 있지 않으므로 ㉠의 사례에 해당하지 않는다.

'[곋날 → (음절의 끝소리 규칙) → 곋날 → (비음화) → 곋날]'의 과정을 겪으므로 '㉠ ㄴ첨가'가 포함되어 있지 않음을 알 수 있다.

오답풀이 ① (직행+열차), ③ (예삿+일), ④ (설+익다)는 모두 앞말이 자음으로 끝나고 뒷말이 '이, 야, 여, 요, 유'로 시작하므로 '㉠ ㄴ첨가'의 사례라고 볼 수 있다.

① '[직행+열차 → (자음 축약) → 지캥열차 → (ㄴ첨가) → 지캥녈차]'의 과정을 겪으므로 '㉠ ㄴ첨가'가 포함되어 있음을 알 수 있다.

③ '[예삿+일 → (음절의 끝소리 규칙, ㄴ첨가) → 예삿닐 → (비음화) → 예산닐]'의 과정을 겪으므로 '㉠ ㄴ첨가'가 포함되어 있음을 알 수 있다.

④ '[설+익다 → (ㄴ첨가, 된소리되기) → 설닉따 → (유음화) → 설릭따]'의 과정을 겪으므로 '㉠ ㄴ첨가'가 포함되어 있음을 알 수 있다.

02 ▶ ①

'법학'이 [버팍]으로 발음되는 것은 두 음운이 하나의 음운으로 줄어드는 현상으로 'ㅂ+ㅎ=ㅍ'의 과정을 보이므로 탈락의 예시가 아니라 축약의 예시이다. 이는 제시문의 '축하'의 예시로 유추할 수 있다.

오답풀이 ② '신라'의 받침 'ㄴ'이 'ㄹ'로 교체되었으므로 교체의 예시이다. 이는 제시문의 '국물'의 예시로 유추할 수 있다.

③ '닭'의 받침 'ㄹ'이 탈락하여 [닥]으로 발음되므로 탈락의 예시이다. 이는 제시문의 '값'의 예시로 유추할 수 있다.

④ '막일'에서 받침 'ㄱ'이 'ㅇ'으로 바뀌고 원래 없던 'ㄴ'이 첨가되었으므로 이는 교체와 첨가의 예시이다. 이는 제시문의 '솜이불'의 예시로 유추할 수 있다.

03 ▶ ②

제시문에서 "둘째, 받침 'ㅁ, ㅇ' 뒤에 연결되는 'ㄹ'은 [ㄴ]으로 교체된다. 예를 들어, '침략'이 [침냑]으로 발음된다."를 통해 보면 '담력'이 [담녁]으로 발음되는 것은 비음화임을 알 수 있다. 그런데 비음화는 "음운 교체 현상 중에서 흔히 일어나는 현상으로 비음화와 유음화가 있다. 이들은 조음 방법 동화에 해당된다."라고 언급되어 있으므로 조음 위치가 비슷해져 일어났다고 보는 것은 적절하지 않다. 조음 방법이 비슷해져 일어난 것이라고 봐야 하므로 이 선지는 적절하지 않다.

오답풀이 ① '잡는'은 [잡는 → (비음화) → 잠는]의 과정을 거친다. 제시문에서 "비음화는 특정 조건하에서 일어나는데, 첫째, 'ㅂ, ㄷ, ㄱ'이 'ㅁ, ㄴ' 앞에서 [ㅁ, ㄴ, ㅇ]으로 교체된다."를 통해 보면 이는 비음화가 일어난 것이다.

③ '칼날'이 [칼랄]로 발음되는 것은 유음화가 일어난 것이므로 제시문을 통해 조음 방법이 비슷해져 일어난 것임을 알 수 있다.

④ '해돋이'가 [해도지]로 발음되는 것은 구개음화이므로 제시문을 통해 조음 위치가 비슷해져 일어난 것임을 알 수 있다.

04 ▶ ④

[굵고 → (자음군 단순화, 된소리되기) → 굴꼬]: 자음군 단순화는 '음운의 탈락'이다. '된소리되기'는 '음운의 교체'이다. 탈락이 일어났기 때문에 음운의 개수가 하나 줄어든 것이 옳다.

오답풀이 ① [알약 → (ㄴ첨가) → 알냑 → (유음화) → 알략]: '알'과 '약'은 앞의 어근이 자음이고 뒤의 말이 '이, 야, 여, 요, 유'로 시작하는 경우이므로 ㄴ이 첨가된다. 그 후 'ㄹ'이 'ㄴ'을 유음화 시킨다.

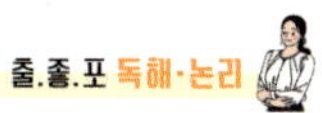

따라서 '첨가'와 '음운의 교체'가 일어남을 알 수 있다. 첨가가 일어나므로 음운의 개수가 한 개가 줄어드는 것이 아니라 늘어난다.

② [솥하고 → (음절의 끝소리 규칙) → 솓하고 → (자음 축약) → 소타고] : '음절의 끝소리 규칙'이라는 '교체'와 '자음 축약'이 나타난다. '축약'은 하나의 음운이 하나 줄기 때문에 음운의 개수가 변하지 않는 것은 옳지 않다.

③ [늑막염 → (ㄴ첨가) → 늑막념 → (비음화) → 능망념] : '늑막염'은 '늑막+염'의 합성어인데 앞의 어근이 자음이고 뒤의 말이 '이, 야, 여, 요, 유'로 시작하는 경우에는 ㄴ이 첨가된다. 그 후에 '각막'에도 비음화가 일어나고 '막념'에도 비음화가 일어나서 [능망념]이 된다. 이때 첨가가 한 번만 일어나므로 음운의 개수는 두 개가 아니라 한 개가 늘어난다.

Chapter 25 · 이외의 문법 영역

STEP 01) 어문 규정(일반 사례 추론) p.282

01 ▶ ②

1문단의 "둘째, 첫음절 이외의 음절에서 'ㅢ'는 이중모음 [ㅢ]로 발음하는 것이 원칙이나 단모음 [ㅣ]로도 발음할 수 있다."를 통해 보면 '거의'의 '의'는 첫음절 이외의 음절이므로 이중모음 [ㅢ]로 발음하는 것이 원칙이나 단모음 [ㅣ]로도 발음할 수 있음을 알 수 있다. 따라서 '거의'는 '[거의(원칙)/거이(허용)]'으로 두 가지 발음이 가능하므로 한 가지 발음만 가능하다는 서술은 적절하지 않다.

오답풀이) ① 1문단의 "셋째, 조사 '의'는 이중모음 [ㅢ]로 발음하는 것이 원칙이나 단모음 [ㅔ]로도 발음할 수 있다."를 통해 보면 '꽃의'의 '의'는 조사 '의'이므로 이중모음 [ㅢ]로 발음하는 것이 원칙이나 단모음 [ㅔ]로도 발음할 수 있음을 알 수 있다. 따라서 '꽃의'는 '[꼬츼(원칙)/꼬체(허용)]'로 두 가지 발음이 가능하다.

③ 1문단의 "둘째, 첫음절 이외의 음절에서 'ㅢ'는 이중모음 [ㅢ]로 발음하는 것이 원칙이나 단모음 [ㅣ]로도 발음할 수 있다."를 통해 보면 '편의점'의 '의'는 첫음절 이외의 음절이므로 이중모음 [ㅢ]로 발음하는 것이 원칙이나 단모음 [ㅣ]로도 발음할 수 있음을 알 수 있다. 따라서 '편의점'은 '[편의점(원칙)/편이점(허용)]'으로 두 가지 발음이 가능하다.

④ 1문단의 "첫째, 초성이 자음인 음절의 'ㅢ'는 단모음 [ㅣ]로 발음해야 한다."를 통해 보면 '띄고'의 '띄'는 초성이 자음인 음절의 'ㅢ'이므로 단모음 [ㅣ]로 발음해야 함을 알 수 있다. 따라서 '띄고'는 '[띠고]'로 한 가지 발음만 가능하다.

STEP 02) 언어의 본질 p.284

01 ▶ ①

이 문제를 보면 제시문에 예시가 나와 있지 않아 제시문만으로 선지를 판단하는 것이 어려움을 알 수 있다. 따라서 문법이라는 과목을 어느 정도는 학습해야 함을 알 수 있다.

"첫째, 언어의 형식인 말소리와 언어의 내용인 의미 간에는 필연적 관계가 없다. 이를 언어의 '자의성'이라 한다."라는 제시문을 통해 ①이 정답임을 이끌어낼 수 있어야 한다. 하지만 자의성을 쉽게 설명해 주는 예시는 제시문에 나타나지 않는다. 따라서 따로 설명해 보면, 지역에 따라 '부추, 솔, 정구지' 등의 말소리로 부른다는 것은 같은 의미에 여러 말소리가 존재한다는 뜻이다. 이는 언어의 형식인 말소리와 언어의 내용인 의미 간에는 필연적 관계가 없음을 보여주는 언어의 자의성을 보여주는 사례임을 알 수 있다.

오답풀이) ② 무관의 오류이다. 제시문에서 언어의 사회성이란 "둘째, 언어에서 형식과 내용의 관계에 대한 사회적 약속은 한번 정해지면 개인이 쉽게 바꿀 수가 없다."라고 언급되어 있다. 따라서 언어라는 사회적 약속이 정해지면 바뀌기 힘들다는 사례가 왔어야 했다. 하지만 선지의 사례는 상황에 따라 다른 표현을 사용해야 한다는 것이므로 이는 언어의 사회성과 무관한 사례임을 알 수 있다.

③ 반대의 오류이다. 제시문에서 언어의 역사성이란 "셋째, 언어는 시간의 흐름에 따라 사회 구성원이 바뀌면서 끊임없이 변화한다. 이를 언어의 '역사성'이라 한다."라고 언급되어 있다. 따라서 언어는 시간이 흐르면 변화한다는 사례가 왔어야 했다. 하지만 선지의 사례는 시간이 흘러도 유행어가 표준어로 변화하지 않는다는 사례이므로 언어의 역사성에 반하는 사례임을 알 수 있다.

④ 무관의 오류이다. 제시문에서 언어의 추상성이란 "넷째, 하나의 언어 형식은 수많은 구체적 대상이 가진 공통적인 속성을 개념화하여 표현한 것이다."라고 언급되어 있다. 따라서 구체적인 대상들을 일반화된 개념으로 표현하는 사례가 왔어야 했다. 하지만 선지의 사례는 새로운 줄임말이 끊임없이 만들어지는, 창조되는 사례를 들고 있으므로 이는 언어의 추상성과 무관한 사례임을 알 수 있다. (제시문에 언급되지는 않았으나 새로운 줄임말이 끊임없이 만들어지는, 창조되는 사례는 '언어의 추상성'이 아니라 '언어의 창조성'을 강화하는 사례이다.)

Day 25 해설 영상은 '만점 출종포 문제 훈련' 강의에서 꼭 해설 강의를 참고해 주세요.

DAY 25 이외의 문법 영역　　　　　　　　　　p.286

01 ▶ ①

'언어의 형식적 요소에는 '음운', '형태', '통사'가 있으며, 언어의 내용적 요소에는 '의미'가 있다.'라는 첫 문장을 통해 '언어는 형식적 요소가 내용적 요소보다 다양하다.'가 적절함을 알 수 있다.

오답풀이 ② '이처럼 언어학은 크게 말소리 탐구, 문법 탐구, 의미 탐구로 나눌 수 있는데, 이때 각각에 해당하는 음운론, 문법론, 의미론은 서로 관련된다.'라는 언급을 통해 언어의 형태 탐구는 의미 탐구와 관련되지 않는다는 것은 적절하지 않음을 알 수 있다. 언어의 형태 탐구는 의미 탐구와 관련된다고 보는 것이 적절하다.
③ 의사소통의 첫 단계는 언어의 형식을 소리로 전환하는 것이라는 내용은 언급되지 않는다.
④ 언어를 발신하고 수신하는 과정에서 통사론은 활용되지 않는다는 내용은 언급되지 않는다.

02 ▶ ④

'무심치'는 '무심하지'의 준말이고, '흔타'는 '흔하다'의 준말이다. 이들은 모두 '하' 앞의 받침의 소리가 [ㄱ, ㄷ, ㅂ]이 아니므로 'ㅎ'이 남아 뒤에 오는 말의 첫소리와 어울려 거센소리가 된다. 따라서 ㉠의 예로 적절하다. '넉넉지'는 '넉넉하지'의 준말이고, '깨끗잖다'는 '깨끗하지 않다'의 준말이다. 이들은 모두 '하' 앞의 받침의 소리가 [ㄱ, ㄷ, ㅂ]이므로, '하'가 통째로 줄어든다. 따라서 ㉡의 예로 적절하다.

오답풀이 ① '무심코'는 제시문에서 언급된 것처럼 "용언의 활용형에서 나온 것이라도 현재 부사로 굳어졌으면 원형을 밝히지 않는" 말로, ㉠의 예로 적절하지 않다. '감탄케'는 '감탄하게'의 준말이고, '하' 앞의 받침의 소리가 [ㄱ, ㄷ, ㅂ]이 아니므로 'ㅎ'이 남아 뒤에 오는 말의 첫소리와 어울려 거센소리가 된다. 따라서 ㉠의 예로 적절하다. '익숙지'는 '익숙하지'의 준말이고, '섭섭지'는 '섭섭하지'의 준말이다. 이들은 모두 '하' 앞의 받침의 소리가 [ㄱ, ㄷ, ㅂ]이므로, '하'가 통째로 줄어든다. 따라서 ㉡의 예로 적절하다.
② '달성코자'는 '달성하고자'의 준말이고, '하' 앞의 받침의 소리가 [ㄱ, ㄷ, ㅂ]이 아니므로 'ㅎ'이 남아 뒤에 오는 말의 첫소리와 어울려 거센소리가 된다. 따라서 ㉠의 예로 적절하다. 그러나 '아무튼'은 제시문에서 언급된 것처럼 "용언의 활용형에서 나온 것이라도 현재 부사로 굳어졌으면 원형을 밝히지 않는" 말로, ㉠의 예로 적절하지 않다. '갑갑잖다'는 '갑갑하지 않다'의 준말이고, '깨끗잖다'는 '깨끗하지 않다'의 준말이다. 이들은 모두 '하' 앞의 받침의 소리가 [ㄱ, ㄷ, ㅂ]이므로, '하'가 통째로 줄어든다. 따라서 ㉡의 예로 적절하다.
③ '다정타'는 '다정하지'의 준말이고, '회상컨대'는 '회상하건대'의 준말이다. 이들은 모두 '하' 앞의 받침의 소리가 [ㄱ, ㄷ, ㅂ]이 아니

므로 'ㅎ'이 남아 뒤에 오는 말의 첫소리와 어울려 거센소리가 된다. 따라서 ㉠의 예로 적절하다. '섭섭지'는 '섭섭하지'의 준말로, '하' 앞의 받침의 소리가 [ㄱ, ㄷ, ㅂ]이므로, '하'가 통째로 줄어든다. 따라서 ㉡의 예로 적절하다. 그러나 '같잖다'는 어간의 끝음절 '하'가 줄어든 말이 아니므로 ㉡의 예로 적절하지 않다.

03 ▶ ④

'마구(馬廄)'와 '간(間)'은 사잇소리 현상이 일어나 [마구깐]으로 발음이 되는 것은 옳다. 하지만 '마구(馬廄)'와 '간(間)'은 순우리말과 한자어의 결합이 아니므로 적절하지 않다. 한자어와 한자어의 결합이기 때문이다.

오답풀이 ① '위'는 순우리말, '층(層)'은 한자어이므로 순우리말이 1개 있어 사이시옷을 표기하는 조건이 하나가 충족된다. 하지만 뒷말의 첫소리가 'ㅊ'으로 거센소리이다. 본문의 "또한 뒷말이 된소리나, 거센소리로 시작하는 경우에도 사이시옷을 표기하지 않는다."라는 부분을 통해 거센소리(ㅊ)가 있는 경우 사이시옷이 표기될 수 없음을 알 수 있다.
② '도매(都賣)'와 '금(金)'은 한자어＋한자어의 결합이 맞다. 또한 본문의 "또한 뒤의 명사가 된소리나, 거센소리로 끝나는 경우에도 사이시옷을 표기하지 않는다. 가령, '화(火)'와 '병(病)'이 결합되는 경우 뒷말의 첫소리가 된소리로 발음 나서 [화뼝]이 되지만 사이시옷이 표기되지 않는다."를 통해 한자어와 한자어의 결합인 '도매금'은 [도매끔]으로 발음이 되더라도 사이시옷을 표기할 수 없음을 알 수 있다.
③ 본문의 "사이시옷은 순우리말로 된 합성어나 순우리말과 한자어로 이루어진 합성어의 어근 사이에 'ㅅ'을 받치어 적는 표기 방식이다."라는 부분을 통해 '순우리말로 된 합성어'가 사이시옷 표기의 중요한 조건임을 알 수 있다. 또한 "사잇소리 현상이란 복합어에서 뒷말의 첫소리가 된소리로 발음되거나"를 통해 순우리말의 결합인 '순대'와 '국'이 결합되면 [순대꾹]으로 발음됨을 알 수 있다. 이를 통해 '순댓국'으로 사이시옷 표기가 가능함을 알 수 있다.

04 ▶ ②

'높다'와 '낮다' 사이에는 중간 단계가 존재하므로 정도 반의어이다. '저 산은 높지 않다.'와 같이 중간 단계에 해당하는 문장을 만들 수 있다.

오답풀이 ① 방향 반의어는 관계나 이동, 공간 측면에 있어서 대립이 된다고 하였다. 아래쪽과 위쪽은 기준이 되는 위치를 중심으로 서로 자리를 바꾸어 나타낼 수 있으므로 방향 반의어에 해당한다는 것은 적절하다.
③ 상보 반의어는 서료 겹치지 않는 두 영역으로 철저히 대립되는 쌍이라고 하였다. 살아있는 것과 죽어있는 것 사이에는 중간 상태가 존재하지 않으므로 상보 반의어에 해당한다는 것은 적절하다.
④ '스승'과 '제자' 사이에는 중간 단계가 존재하지 않고 관계에 대립이 되는 쌍이다. 따라서 방향 반의어에 해당한다는 것은 적절하다.

박혜선

주요 약력

現) 박문각 공무원 국어 1 타 강사
고려대학교 국어국문학과 최우수 수석 졸업
고려대학교 국어국문학과 심화 전공
고려대학교 국어국문학과 중등학교 정교사 2 급 자격증
前) 대치, 반포 산에듀 온라인 오프라인 최연소 대표 강사

주요 저서

2026 박문각 공무원 박혜선 국어 기본서 출좋포 문법·어휘
2026 박문각 공무원 박혜선 국어 기본서 출좋포 독해·논리
2025 박문각 공무원 박혜선 국어 독해 신유형 공부(독해신공)
2025 박문각 공무원 박혜선 국어 천기누설 혜선팍 세트형 독해+어휘
2025 박문각 공무원 박혜선 국어 천기누설 혜선팍 논리 추론
2025 박문각 공무원 박혜선 국어 적중용 콤단문 문법(콤팩트한 단원별 문제풀이)
2025 박문각 공무원 박혜선 국어 콤단문 독해(콤팩트한 단원별 문제풀이)
2025 박문각 공무원 박혜선 국어 적중동형 국가직·지방직 봉투모의고사 Vol.1
2025 박문각 공무원 박혜선 국어 적중동형 봉투모의고사 Vol.2
2025 박문각 공무원 박혜선 국어 족집게 적중노트
2024 박문각 공무원 박혜선 국어 기본서 출좋포 어휘·한자
2024 박문각 공무원 박혜선 국어 개념도 새기는 기출 문법
2024 박문각 공무원 박혜선 국어 개념도 새기는 기출 문학&독해
박문각 공무원 박혜선 국어 최단기간 어문 규정
박문각 공무원 박혜선 국어 최단기간 고전 운문
박문각 공무원 박혜선 국어 문법 출·좋·포 80

박혜선 국어
출좋포 독해·논리 ☆☆☆☆☆ All In One

초판 발행 2025. 7. 21. | **2쇄 발행** 2025. 9. 10. | **편저자** 박혜선

발행인 박 용 | **발행처** (주)박문각출판 | **등록** 2015년 4월 29일 제2019-000137호

주소 06654 서울시 서초구 효령로 283 서경 B/D 4층 | **팩스** (02)584-2927

전화 교재 문의 (02)6466-7202

저자와의
협의하에
인지생략

정가 24,000원
ISBN 979-11-7262-994-6